Blockcha on

블록체인

BLOCKCHAIN IN ACTION

블록체인 인 액션

1쇄 발행 2021년 7월 26일
2쇄 발행 2022년 5월 26일

지은이 비나 라마머시
옮긴이 정우현
펴낸이 장성두
펴낸곳 주식회사 제이펍

출판신고 2009년 11월 10일 제406-2009-000087호
주소 경기도 파주시 회동길 159 3층 3-B호 / **전화** 070-8201-9010 / **팩스** 02-6280-0405
홈페이지 www.jpub.kr / **원고투고** submit@jpub.kr / **독자문의** help@jpub.kr / **교재문의** textbook@jpub.kr

편집부 김정준, 이민숙, 최병찬, 이주원, 송영화
소통기획부 이상복, 송찬수, 박재인, 배인혜 / **소통지원부** 민지환, 김수연 / **총무부** 김정미

진행 이주원 / **교정 · 교열** 김은미 / **내지디자인** 이민숙 / **내지편집** 북아이
용지 에스에이치페이퍼 / **인쇄** 한승문화사 / **제본** 일진제책사

ISBN 979-11-91600-12-4 (93000)
값 30,000원

Blockchain in Action
블록체인 인 액션

비나 라마머시 지음 / 정우현 옮김

Jpub
제이펍

※ 드리는 말씀

- 이 책에 기재되어 있는 웹 사이트 등의 링크는 예고 없이 변경될 수 있습니다.
- 이 책에 기재된 내용을 기반으로 한 운용 결과에 대해 역자, 소프트웨어 개발자 및 제공자, 제이펍 출판사는 일체의 책임을 지지 않으므로 양해 바랍니다.
- 이 책에 등장하는 각 회사명, 제품명은 일반적으로 각 회사의 등록 상표 또는 상표입니다. 본문 중에는 ™, ©, ® 마크 등이 표시되어 있지 않습니다.
- 이 책에서 사용하고 있는 제품 버전은 출간일 기준 최신 버전으로 작성되었으며, 독자의 학습 시점이나 환경에 따라 책의 내용과 다를 수 있습니다.
- 이 책의 내용은 기본적으로 영어권 국가의 실정을 바탕으로 집필되었으나, 가능한 부분은 국내 실정에 맞도록 변경하거나 편집하였습니다.
- 이 책에 나오는 예제 코드는 다음 URL에서 다운로드할 수 있습니다.
  https://bit.ly/BlockchainInAction
- 책 내용과 관련된 문의사항은 옮긴이나 출판사로 연락 주시기 바랍니다.
  - 옮긴이: a@atomrigs.io
  - 출판사: help@jpub.kr

나에게 무한한 사랑과 보살핌을 베풀어 주시고,
모든 사람에게 연민과 관용을 보여주신 나의 할머니께 이 책을 바친다.

— 비나 라마머시

차례

옮긴이 머리말

이더리움을 처음 접한 것은 2014년 중반쯤이었다. 비트코인 잡지에서 글을 쓰던 비탈릭이 비트코인보다 훨씬 범용적인 활용이 가능하고 더 탈중앙화된 새로운 플랫폼을 개발하겠다는 계획을 발표했다. 처음에는 '이게 과연 가능한 것인가' 하는 의구심마저 들었다. 하지만 비탈릭의 진지한 글을 읽고 개념 증명 수준에서 발표된 코드를 리뷰해 보면서 조금씩 확신이 들기 시작했다. 2015년 3월에 직접 솔리디티 PoC 버전을 이용해 예측 시장 DappDecentralized Application(댑)을 만들어 서울 이더리움 밋업에서 직접 시연을 해 보였다. '이게 정말 돌아가는구나' 하는 체험을 직접 해본 것이다. 그해 여름에 이더리움 메인넷이 정식으로 론칭된 이후 지난 6년간은 정말 정신없이 흘러갔다. 모든 생활과 생각의 중심이 이더리움과 블록체인에 집중되어 있었다고 해도 과언이 아니다.

매우 빠른 속도로 진화해 가는 기술에 대해 좋은 개발 안내서를 만든다는 것은 매우 어려운 일이다. 글을 쓰고 탈고하다 보면 어느새 새로운 툴이 나오고, 트렌드도 자주 바뀌게 된다. 그래서인지 전반적인 블록체인 개념에 대한 서적은 비교적 많이 출간되었지만, 스마트 컨트랙트를 기반으로 한 탈중앙화 애플리케이션 개발에 도움이 될 만한 좋은 서적은 찾아보기 쉽지 않은 상황이다. 너무 단편적이거나, 아니면 좀 지나치게 특정한 영역에 한정되어 있거나, 단순히 매뉴얼을 편집한 수준에 머무르는 경우가 많다. 이와 관련된 좋은 책을 직접 써보고 싶은 생각도 있었지만, 사실 실행에 옮기기가 쉽지 않았다.

그러던 참에 《마스터링 이더리움》 감수를 할 때 알게 된 제이펍 출판사 장성두 대표님의 번역 권유를 덜컥 받아들이게 되었다. 책을 읽어 보니 처음 스마트 컨트랙트를 접하고, 이를 기반으로 한 애플리케이션 개발을 배우고 싶어 하는 사람에게 안성맞춤이라는 생각이 들었다. 기본적인 개념에 대한 소개는 물론이거니와 무엇보다 실제 작동 가능한 많은 예제를 중심으로 매우 실용적인 관점에서 설명하고 있다는 점이 마음에 들었다. 독립적으로 작동하는 애플리케이션을 직접 만들어 보는 게 스마트 컨트랙트를 가장 빨리 배울 수 있는 방법이기 때문이다.

저자는 대학에서 분산 컴퓨팅을 오랫동안 강의했던 분이고, 특히 이 책의 주된 내용은 블록체인과 스마트 컨트랙트에 대한 여러 온라인 코스를 통한 풍부한 강의 경험을 토대로 하고 있다. 그래서 강의 교재로 활용하기에도 매우 좋다. 비단 블록체인 개발자가 아니더라도, 탈중앙화 애플리케이션에 대해 궁금한 개발자는 물론 심지어 일반인이 읽어 볼 만한 내용도 상당하다. 기업용 블록체인 개발서가 주로 프라이빗 블록체인에 초점을 맞추는 경우가 많은데, 이 책은 왜 퍼블릭 블록체인인 이더리움에 기반해서 기업용 애플리케이션을 개발해야 하는지를 잘 보여주고 있다. 결국 중앙화된 권위에 의존하지 않는 탈중앙화된 신뢰를 확립하기 위해서는 이더리움을 사용하는 것이 가장 효과적인 경우가 많다.

이더리움을 론칭한 지 6년의 시간이 지났지만, 이더리움은 아직도 지속적인 발전을 거듭하고 있다. 사실 재탄생이라고 해도 좋을 만큼 큰 변화를 앞두고 있다. 막대한 에너지 낭비와 중앙화를 초래하는 작업 증명 방식의 블록 생성 메커니즘을 종료하고, 보다 탈중앙화되고 본격적인 스케일링이 가능한 지분 증명 방식에 기반을 둔 이더리움 2로의 전환을 진행하고 있다. 이 작업을 완료하기까지 앞으로도 몇 년의 세월이 더 필요할지도 모른다. 하지만 이더리움 생태계에 모여든 많은 개발자와 커뮤니티 구성원이 강력한 지지와 성원을 보내는 한, 결국은 인터넷 전체를 새로운 가치 네트워크 단계로 전환하는 역사의 한 페이지를 기록할 것이라고 확신한다.

끝으로 너무나 꼼꼼하게 교정을 해주신 김은미 교정자님과 베타리딩에 참여하신 모든 분, 그리고 제이펍 출판사의 이주원 편집자님과 장성두 대표님께 깊은 감사의 말씀을 드린다. 한 권의 책을 제대로 번역해서 출간하기까지가 이렇게 어려운 일이라는 점을 새삼 깨달을 수 있는 시간이었다.

옮긴이 **정우현**

머리말

통합 칩integrated chip에서부터 인터넷에 이르기까지 컴퓨팅의 경이로운 발전 시대에 컴퓨터 과학자로 살아온 것을 행운이라고 생각한다. 나는 프린터 드라이버부터 장애 허용fault tolerance 알고리즘에 이르기까지 여러 종류의 시스템을 설계했다. 그리고 PL/1에서 파이썬에 이르기까지 다양한 고수준high-level 언어를 사용해 프로그래밍을 해왔다. 그리드grid 컴퓨팅에서 데이터 과학까지 첨단 기술 과목을 강의해 온 교육자이기도 했다. 물론, 현재 내가 열광하고 열정을 쏟아붓고 있는 것은 블록체인 기술이다.

2013년경 처음 비트코인에 대해 들어 보았는데, 당시엔 암호 화폐를 만들기 위한 또 하나의 시도 정도라고 생각하고 무시했다. 2016년에 이르러 비트코인의 바탕을 이루고 있는 기술, 즉 블록체인에 다시금 주목하게 되었다. 블록체인과 관련된 더 많은 정보를 찾아보았지만, 찾을 수 있는 것이 많지 않았다. 2016년 1월 어느 추운 겨울밤, 버팔로에서 열린 지역 밋업에서 어느 발표자가 블록체인의 분산 장부에 관한 마술 같은 유튜브 영상 몇 개를 보여주었다. 그때 나는 '바로 이것이구나' 하는 깨달음을 얻었다. 놀라웠다. 그때부터 비트코인 백서를 읽기 시작했다. 처음에는 에리스Eris와 나중에는 모낙스Monax도 합세해 함께 오픈소스 블록체인 코드를 파고들었다. 2017년, 유망 기술에 대한 강의에서 블록체인을 가르치기 시작했다. 이 코스는 인도 코임바토르Coimbatore의 암리타 대학에서 열렸는데, 엄선된 자동차 엔지니어 그룹을 위한 강의였다. 그다음 해(2017년 8월에서 2018년 5월까지), 네 개의 MOOC 전문화 코스를 만들고 공개한 이후 현재도 계속 운영 중이고, 전 세계에 걸쳐 14만 명 이상의 수강자들이 있다.

수많은 자료, 영상, 오리지널 다이어그램, 코세라Coursera 비디오 제작을 위한 220페이지에 이르는 스크립트도 만들었다. 그러다 이 내용을 하나의 책으로 묶어야겠다는 결심을 했다. 그러던 차에 2018년 여름, 매닝 출판사의 기술 편집자로부터 전화를 받게 되었고, 마침내 이 책 《블록체인 인 액션》 프로젝트에 돌입했다. 이 프로젝트를 완성하는 데 2년이 걸렸다. 실습용 예제가 들어간 출판용 책을 집필하는 것은 MOOC에서 강의를 준비하는 것과는 사뭇 달랐다. 훨씬 복잡하고 어려운 일이었지만, 결국 최종본을 완성했다. 이 책을 집필하는 내내 매 순간 즐거웠을뿐더러, 많은 노력을 기울일 만큼 가치 있는 작업이었다. 블록체인 개념을 생각해 보고, 그것을 더 탐구해 보며, 해결해야 할 실용적인 문제들을 발견하고, 이것을 보이지 않는 독자를 향해 설명하는 과정이 즐거웠다.

블록체인은 이제 떠오르는 기술인지라 이 영역에서 애플리케이션 개발을 시작해 보려는 사람에게 도움이 될 만한 자료들이 부족한 편이다. 이 책은 바로 이런 상황을 해소하는 데 도움이 되고자 한다. 이 책은 블록체인 기반 Dapp 개발의 처음부터 끝까지 모든 측면을 다룬다. 스마트 컨트랙트smart contract를 위한 솔리디티Solidity 컴파일러 같은 도구, 탐색을 위한 리믹스Remix IDE, Dapp 개발과 테스팅을 위한 트러플Truffle 스위트, 가나쉬Ganache와 롭스텐Ropsten 같은 테스트넷, 스마트 컨트랙트 클라우드 배포를 위한 인퓨라Infura, 메타마스크MetaMask 지갑 등은 지난 4년간 우리 팀이 쓰는 동안 매우 잘 작동했다. 이런 도구들을 함께 모아 매끄러운 학습과 프로토타이핑 환경을 마련할 수 있다.

이 책을 집필하는 과정에서 느꼈던 즐거움을 여러분도 이 책을 읽으면서 함께 맛보기를 바란다.

이 어려운 프로젝트를 진행하는 동안 아낌없는 지원을 보내 준 내 가족에게 감사를 보낸다. 특별히 남편 쿠마는 여러 해 동안 용기를 북돋워 주고 큰 힘이 되어 주었다. 또한, 이 프로젝트 내내 치어리더 역할을 맡아 준 내 딸 네드라와 나이니타에게도 고마움을 전한다.

매닝 팀원들 또한 빼놓을 수 없다. 개발 에디터인 크리스티나 테일러Christina Taylor, 프로젝트 에디터인 디어드러 하이엠Deirdre Hiam, 카피 에디터인 키어 심슨Keir Simpson, 교정자인 멜로디 도랩Melody Dolab, 기술 개발 에디터인 카일 스미스Kyle Smith, 리뷰 에디터인 이반 마틴노빅Ivan Martinovic에게 마음을 담아 감사 인사를 전한다. 그리고 이 책의 내용이 유용하고 기술적으로 올바르도록 피드백을 남겨 준 리뷰어들에게도 이 자리를 빌려 감사 인사를 드린다. 알레산드로 캠페이스Alessandro Campeis, 안젤로 코스타Angelo Costa, 아토-오킨 니Attoh-Okine Nii, 볼코 줄코빅Borko Djurkovic, 크리스토프 보쉬만스Christophe Boschmans, 대니 친Danny Chin, 데이비드 디마리아David DiMaria, 프레드릭 쉴러Frederick Schiller, 개리 터킹턴Garry Turkington, 글렌 스웡크Glenn Swonk, 힐드 밴 지셀Hilde Van Gysel, 호세 샌 레안드로Jose San Leandro, 크시슈토프 카미체크Krzysztof Kamyczek, 루이스 무Luis Moux, 마이클 젠센Michael Jensen, 노린 데틴거Noreen Dertinger, 리처드 B. 워드Richard B. Ward, 론 리스Ron Lease, 샘바시바 안달루리Sambasiva Andaluri, 셰이크 우두만 알리 엠Sheik Uduman Ali M, 쇼바하 아이어Shobha Iyer, 팀 홈즈Tim Holmes, 빅터 듀란Victor Durán, 자란 소모지베리Zalán Somogyváry. Dapp과 토큰 스탠더드에 대한 귀중한 피드백을 해준 기술 교정자인 발렌틴 크레차Valentin Crettaz에게 특별한 감사를 드린다.

블록체인을 배우고자 하는 끊임없는 열정을 보여준, 그래서 내 영감의 원천이 된 모든 학생들과 연구팀원들에게도 감사드린다.

이 책에 대하여

《블록체인 인 액션》은 블록체인 기반 탈중앙화 애플리케이션을 디자인하고 개발하기 위한 포괄적인 안내서다. 이 책의 내용을 숙지하면 스마트 컨트랙트와 블록체인 애플리케이션 개발을 바로 시작할 수 있다. 블록체인을 이해하기 위해 다른 이론적인 자료들을 다시 참조할 필요가 없을 정도로 매우 상세한 설명을 제공한다.

일곱 개의 예제 애플리케이션을 통해서 스마트 컨트랙트와 탈중앙화 애플리케이션Decentralized Application, Dapp을 설계하고 개발하는 과정을 보여줄 텐데, 이 애플리케이션들은 각각 블록체인의 특정한 측면들에 초점을 맞춘다. 이더리움 테스트 체인에서 Dapp을 어떻게 개발하는지 보여주기 위해 여러 가지 핵심적인 툴(리믹스, 가나쉬, 메타마스크, 트러플, 롭스텐, 인퓨라)과 테크닉(암호화, 디지털 서명)도 소개할 것이다. 블록체인의 핵심적인 아이디어들, 즉 신뢰와 무결성, 보안과 프라이버시, 온체인과 오프체인 데이터, 그리고 실행 등을 예제들과 더불어 상세히 다룬다. 150개가 넘는 주석이 들어간 도표와 스크린샷은 블록체인 개념을 이해하는 데 많은 도움이 될 것이다.

개발을 완료한 Dapp 코드 베이스 여섯 개는 블록체인 애플리케이션 개발자를 위한 매우 가치 있는 자료일 것이라고 자신한다. 스마트 컨트랙트와 Dapp의 개발 과정을 단계적인 방식으로 소개할 것이다. 표준적인 디렉터리 구조와 단일 페이지 웹 UI는 손쉽게 Dapp을 설정하고, 마이그레이션하고, 트랜잭션을 처리할 수 있도록 도와줄 것이다. 몇몇 장은 좀 분량이 많은데, 간단한 Dapp 예제를 가지고 새로운 블록체인 개념을 우선 설명한 다음, 두 번째 Dapp을 통해 더 상세한 설명을 곁들였기 때문이다. 강력한 스마트 컨택트와 Dapp 개발을 위한 로드맵을 제공하기 위해 오프체인과 온체인 데이터 같은 특수한 기법, 설계 원칙, 베스트 프랙티스 등도 소개한다.

이 책의 대상 독자

이 책은 블록체인 기술을 배우고 스마트 컨트랙트와 탈중앙화 애플리케이션을 개발하고자 하는 개발자를 위한 것이다. 블록체인 프로그래밍을 처음 시작하고자 하는 초보자부터 숙련 개발자 모두 이 책에서 소개하는 애플리케이션을 읽고 작동시켜 보면 도움을 받을 수 있을 것이다. 비즈니스 전문가와 실무자도 여기서 다루고 있는 다양한 애플리케이션과 Dapp을 통해 블록체인의 고유한 사례를 개관해 볼 수 있을 것이다. 학부나 대학원 과정에서 블록체인 활용법을 가르칠 강사를 위해서도 이 책은 좋은 교재가 될 수 있다. 또한 자가 학습자, 예를 들어 어느 정도의 프로그래밍 지식을 갖춘 고등학생의 경우에도 이 책을 읽고 주어진 예제들을 실행시켜 봄으로써 블록체인 프로그래밍을 배울 수 있다.

이 책의 구성 로드맵

이 책은 세 개의 파트와 12장으로 구성되어 있다.

파트 I(1-4장)에서는 블록체인 기초와 스마트 컨트랙트 설계와 개발을 다룬다.

- 1장은 블록체인의 3D, 즉 탈중앙화decentralization, 탈중개disintermediation, 변조 불가능한 분산 장부distributed immutable ledger를 소개하고, 블록체인을 개념적인 측면에서 조망한다.
- 2장에서는 이더리움 블록체인의 스마트 컨트랙트를 상세히 소개한다. 스마트 컨트랙트를 개발하기 위한 설계 원칙을 적용해 보고, 솔리디티 언어로 스마트 컨트랙트를 코딩하고, 웹 기반 리믹스 통합 개발 환경을 사용해 컨트랙트를 배포하고, 트랜잭션 처리를 해 볼 것이다. 탈중앙화된 카운터(Counter.sol)와 항공사 컨소시엄(ASK.sol) 스마트 컨트랙트를 개발해 본다.
- 3장에서는 스마트 컨트랙트 코드에 신뢰와 무결성을 추가하는 기법들을 다룬다. 디지털 민주주의 투표를 보여주는 투표용 스마트 컨트랙트(Ballot.sol)를 소개하고 단계적인 방식으로 개발하는 과정을 보여줄 것이다.
- 4장에서는 스마트 컨트랙트 로직과 웹 기반 유저 인터페이스를 가진 탈중앙화 애플리케이션의 설계와 개발을 소개한다. 스마트 컨트랙트와 웹 애플리케이션을 개발하고 실행하기 위해 Node.js 기반 트러플 스위트를 소개한다. 트러플을 가지고 개발하는 과정과 가나쉬 테스트 체인에 배포하는 것을 보여주기 위해 투표 애플리케이션(Ballot-Dapp)을 사용할 것이다.

파트 II(5-8장)는 처음부터 끝까지 전 과정에 걸친, 즉 종단 간 Dapp 개발에 관한 내용을 소개하는데, 온체인 데이터, 보안, 프라이버시 같은 블록체인에 특수한 기능을 아울러 다룬다.

- 5장에서는 블록체인 프로그래밍 문맥 안에서 보안과 프라이버시를 다룬다. 암호학, 해싱hashing 알고리즘과 기술을 고수준에서 살펴본다. 블라인드 경매 스마트 컨트랙트를(BlindAuction.sol) 이용해 그 개념을 설명할 것이다.
- 6장에서는 블록체인 프로그래밍에 고유한 온체인과 오프체인 데이터 개념을 소개한다. 블라인드 경매와 ASK 스마트 컨트랙트가 Dapp(BA-Dapp, ASK-Dapp)으로 확장되는데, 이를 통해 온체인과 오프체인 데이터를 사용하는 개발 과정을 보여준다. 블록체인 이벤트와 로그를 정의하고, 에미팅emitting하고 접근하는 방법도 소개할 것이다.
- 7장에서는 블록체인 서비스를 사용하는 웹 애플리케이션을 가능케 하는 이더리움 web3 API에 초점을 맞춘다. web3가 대량의 플라스틱 제거 Dapp(MPC-Dapp)을 위한 마이크로페이먼트 채널(MPC) 애플리케이션에 어떻게 사용되는지를 보여주기 위해 블록체인 사이드 채널이라는 개념을 소개한다.
- 8장에서는 인퓨라Infura와 같은 퍼블릭 클라우드류 인프라를 이용해 개발된 스마트 컨트랙트를 어떻게 배포하는지에 대해 논의한다. 인퓨라는 web3 프로바이더provider이고, 롭스텐(메인넷과 IPFS 포함)과 같은 퍼블릭 블록체인에 대한 게이트웨이로서 작동한다. MPC와 블라인드 스마트 컨트랙트를 이용해 어떻게 인퓨라와 롭스텐에 공개 및 배포하는지를 설명한다.

파트 III(9-12장)에서는 이더리움 Dapp 에코 시스템으로 시야를 넓히는데, 토큰, 이더리움 표준, 자동화된 테스팅, 실전 애플리케이션 개발을 위한 로드맵 등을 소개한다.

- 9장에서는 디지털 자산의 토큰화에 대해 다룬다. ERC721 이더리움 스탠더드에 기반하여 부동산 토큰인 RES4-Dapp을 개발한다.
- 10장에서는 트러플의 자바스크립트 기반 테스팅 프레임워크를 사용해 테스트 스크립트 작성과 실행을 다룬다. 이 책에서 이미 소개한 세 개의 컨트랙트, 카운터, 투표, 블라인드 옥션 컨트랙트를 사용해 어떻게 자동화된 테스트 스크립트를 작성할 수 있는지를 소개한다.
- 11장에서는 지금까지 소개한 개념, 툴, 테크닉들을 총망라해서 개발의 처음부터 끝까지의 로드맵을 보여주는데, 교육 자격 증명educational credentialing DCC-Dapp을 위한 애플리케이션 개발을 사례로 들 것이다.
- 12장에서는 앞으로 해결해야 할 과제들에 대해 리뷰하고, 여러분들이 기여할 수 있는

멋진 기회에 대해 살펴볼 것이다.

설계 프로세스를 돕기 위해 두 개의 부록을 제공한다.

- 부록 A에서는 통합 모델링 언어(UML)를 사용한 설계 형상을 소개하며, 스마트 컨트랙트 설계에 구조적, 행동적, 그리고 상호작용interaction 모델링과 다이어그램을 사용하는 방법을 보여준다.
- 부록 B에서는 이 책에서 소개한 블록체인 애플리케이션 개발을 가이드해 줄 설계 원칙을 요약한다.

일반적으로 독자들은 1장에서 시작해서 8장까지 단계적으로 읽는 것이 좋다. 파트 III에 있는 내용은 관심 순서에 따라 특별한 순서 없이 읽어도 좋다. 예를 들면, 10장은 5장을 읽은 후 아무 때나 읽어도 된다.

스마트 컨트랙트 설계와 Dapp 개발을 능숙하게 하고 싶은 개발자라면 각 장에서 소개한 코드 예제들을 따라서 실행해 보면 많은 도움이 될 것이다.

코드에 대해

이 책에는 많은 소스 코드 예제들이 있는데, 번호가 매겨진 리스트도 있고 일반 텍스트로 인라인 처리한 것도 있다. 완벽히 작동하는 여섯 개의 Dapp을 포함하고 있는데, 여기에는 여러 개념을 설명하기 위해 수많은 코드와 스마트 컨트랙트 부분이 들어가 있다. 리스트에 넣기에 코드가 너무 길 경우, 간략화를 위해 일부 코드 라인들이 '...'이라는 표시로 생략되어 있지만, 전체 코드는 이 책에서 제공하는 코드 베이스에 포함되어 있다. 중요한 콘셉트들을 강조하기 위해 여러 리스트에 코드 주석을 붙여 놓았다. 이 책에 사용한 예제들의 소스 코드는 다음 URL에서 다운로드받을 수 있다. *https://bit.ly/BlockchainInAction*

라이브북 토론 포럼

이 책을 구매하면 매닝 출판사가 운영하는 사설 웹 포럼liveBook에 무료로 입장할 수 있는데, 이 포럼에서 이 책에 대한 코멘트를 남기거나 기술적인 질문을 할 수도 있고, 저자나 다른 독자로부터 도움을 받을 수도 있다. 포럼에 접근하려면 *https://livebook.manning.com/book/blockchain-in-action/welcome/v-8*에 입장하면 된다. 매닝 포럼과 운영 규칙에 대해 더 알고 싶은 분은 *https://livebook.manning.com/#!/discussion*을 방문하기 바란다.

매닝이 독자들에게 한 약속은 각 개별 독자 간에, 독자와 저자 사이에 의미 있는 대화를 나눌

수 있는 공간을 제공한다는 것이다. 이것은 저자 입장에서 얼마나 참여해야 하는지에 대한 약속은 아니다. 이 포럼에 대한 저자의 기여는 자발적이며, 이에 대한 비용 지급도 없다. 저자의 흥미가 지속적으로 이어지도록 어려운 질문을 하기를 권한다. 포럼과 이전 토론의 모든 자료에 대한 접근은 책이 절판되지 않는 한 출판사의 웹사이트에서 이용할 수 있다.

다른 온라인 리소스

나는 이 책을 교재로 사용해 학부와 대학원 과정에서 블록체인 과목을 가르친다. 이 강의에서 일어나고 있는 일과 강의 발표, 슬라이드, 기타 과제물들에 대해 리뷰해 보고 싶다면 다음의 사이트를 방문하자. *https://www.cse.buffalo.edu/~bina/cse426*

비나 라마머시Bina Ramamurthy

뉴욕 버팔로에 있는 버팔로대학교 컴퓨터과학 및 엔지니어링과의 강의 교수다. 뛰어난 강의 실력을 인정받아 2019년 뉴욕주립대학교The State University of New York, SUNY 우수교수상을 수상했다. 버팔로대학교에 있는 블록체인 싱크랩의 디렉터이기도 하다. 2018년 여름, 전 세계 수강생을 대상으로 코세라 플랫폼 위에 네 개의 코스로 이루어진 블록체인 전문 과정을 출범시켰다. 이 코스는 블록체인 기술에 대한 가장 우수한 강좌들 중 1위를 차지했으며, 전 세계에서 14만여 명 이상이 수강하였다.

국립과학재단(NSF)으로 받은 네 번의 보조금 프로젝트에서 책임 연구자를 맡았으며, SUNY가 발주한 혁신 교육 기술 보조금Innovative Instruction Technology Grants, IITG에서 공동 연구자를 여섯 번 맡았다. 데이터 인텐시브data-intensive와 빅 데이터 컴퓨팅 영역의 여러 콘퍼런스에서 수많은 프레젠테이션을 진행해 왔다. 또한, 고성능 컴퓨팅 콘퍼런스High-Performance Computing Conference와 컴퓨터 사이언스 교육에서 특수 관심 그룹Special Interest Group in Computer Science Education, SIGGSE과 같은 유명한 콘퍼런스에서 프로그램 위원으로 일하기도 했다.

비나 라마머시는 인도 첸나이Chennai에 있는 Guindy 엔지니어링 대학에서 학사(BE) 학위를 받았고, 캔자스주에 있는 위치타주립대학에서 컴퓨터과학 석사(MS) 학위를 받았으며, 버팔로대학에서 전자공학 박사 학위(Ph.D)를 받았다.

표지에 대하여

자크 그라세 드 생소뵈르Jacques Grasset de Saint-Sauveur

《블록체인 인 액션》 표지에 있는 그림의 제목은 불가리의 소녀Fille de Bulgarie, Bulgarian Girl다. 이 그림은 프랑스의 자크 그라세 드 생소뵈르(1757-1810)가 1788년 출간한 《다른 나라의 의상들Costumes de Différents Pays》에 있는 여러 나라의 의복 컬렉션 중에서 따온 것이다. 각 삽화는 손으로 정교하게 그리고 색칠한 것이다. 그라세 드 생소뵈르 컬렉션의 풍부한 다양성을 보면, 불과 200년 전에 세계의 마을과 지역들이 문화적으로 얼마나 분리되었는가를 생생하게 상기하게 된다. 당시에는 도시 거리나 시골길에서 옷만 보아도 그 사람이 어디에 사는지, 무엇을 거래하는지, 어디 출신인지 쉽게 알 수 있었다.

그 이후로 우리가 옷을 입는 방식은 변했고, 풍부했던 지역별 다양성은 사라져 갔다. 지금은 마을, 지역, 나라는 고사하고, 서로 다른 대륙에 사는 사람들을 구분하는 것도 힘들다. 아마도 우리는 문화적 다양성 대신에 더 다양해진 개인적 삶, 또는 빠른 속도로 변해 가는 기술적인 생활을 선택했던 것 같다.

비슷비슷한 책들이 가득한 요즘, 매닝Manning 출판사는 두 세기 전 여러 지역의 다채로운 생활상을 보여주는 자크 그라세 드 생소뵈르의 그림 중 하나를 표지에 실어 IT 업계의 독창성과 진취성을 기리고자 한다.

베타리더 후기

강상진(Akamai Korea)

최근에 가장 핫한 IT 분야는 블록체인이라고 해도 과언이 아닐 만큼 우리 일상에서 블록체인을 많이 사용하고 있습니다. 이 책은 쓰임새가 다양한 블록체인의 개념부터 탈중앙화 애플리케이션(Dapp) 개발을 돕는 내용을 아우르고 있습니다. 블록체인에 입문하는 개발자부터 이미 프로그래밍을 진행 중인 중급 개발자에게까지 두루 도움을 주는 유용한 책입니다. 전반적인 피드백과 더불어 예제 코드 및 개발 과정의 내용이 매우 훌륭합니다.

김승언(GS홈쇼핑)

Dapp 개발을 공부해 본 사람이라면 블록체인에 어떤 데이터를 저장해야 하고, 일단 배포하면 수정이 안 되는데 어떻게 테스트해야 할지에 대한 고민을 한 번쯤은 해봤을 것입니다. 이 책은 이러한 궁금증을 다양한 예제를 통해 설계, 구현, 테스트, 배포까지 모든 과정을 찬찬히 보여줍니다. 또한, 그 과정에서 실수할 수 있는 부분에 대해 꼼꼼하게 짚어 줍니다. 블록체인을 공부해 본 경험이 있다면 11장부터 읽기를 추천합니다. 전반적으로 번역이 깔끔한 편이기는 하나 종종 직역한 부분이 있는 것이 약간 아쉽습니다.

김진영(야놀자)

블록체인의 개념에 대해서만 접해 본 상태에서 이 책을 리뷰하게 되었습니다. 실제로 코드를 작성하고, 가나쉬라든가 메타마스크 등 낯선 것을 사용하면서 실습을 진행하는 과정이 쉽지는 않았습니다. 다수의 스크린샷이 포함되어 있긴 하지만, 완전 초보자의 입장에서는 스크린샷 자료가 조금 더 많았으면 좋았을 듯합니다. 완전 초보자보다는 중급 개발자에게 더 유용할 듯싶습니다.

유태민(디블랩)

블록체인의 초보는 물론이거니와 기존에 많이 다루어 본 전문가에게도 추천해 주고 싶은 책입니다. 최신의 개발 환경 위주로 설명해 주는 덕분에 기존에 나온 다른 책들과는 달리 오류 해결 등이 매우 빠를 뿐 아니라 다양한 예제를 통해 전문가도 놓쳤던 부분까지 쏙쏙 알려 주고 짚어 줍니다. 전체적으로 최신화된 데이터만 담아낸 것이 매우 감탄스러웠습니다. 그간 놓쳤던 부분도 알게 되고 다시 공부하게 된 계기가 된 것 같습니다.

이진우(리디주식회사)

전반적으로 번역은 잘된 것 같습니다. 다만 전문적이고 새로운 개념이 많다 보니 적절한 용어 선택에 어려움을 겪었던 흔적이 보이는 듯합니다. 그래도 역자님의 고심 덕에 무난히 읽을 수 있었습니다. 아울러 저자의 노하우가 녹아 있는 적절한 예제 코드가 정말 알찬 책이라고 생각합니다.

이현우(Ground X)

실습용 코드가 상당히 잘되어 있습니다. 《블록체인 인 액션》이라는 책의 타이틀답게 실제 실습 위주로 블록체인을 이해할 수 있게끔 다양한 예제를 담고 있습니다. 블록체인에 익숙하신 개발자분께 추천드리고 싶은 책입니다.

정태일(삼성SDS)

블록체인 기반 애플리케이션을 개발하는 데 필요한 충분한 설명이 담겨 있습니다. 리믹스 IDE를 활용해 예제 코드를 작성하고 수행하는 과정에서 이론을 실제 애플리케이션에 어떻게 적용하는지를 자연스럽게 배울 수 있는 책입니다. 블록체인 관련 개념을 빠르게 습득하고 핵심 툴을 활용해 블록체인 기반 애플리케이션을 개발해 보고자 하는 분께 많은 도움이 될 것 같습니다. 블록체인에 대한 단편적인 지식만 알고 있었는데, 이 책의 예제를 통해 실제 블록체인 기반 애플리케이션을 코딩하고 실행하다 보니 한 단계 성장하는 데 많은 도움이 되었습니다.

제이펍은 책에 대한 애정과 기술에 대한 열정이 뜨거운 베타리더의 도움으로
출간되는 모든 IT 전문서에 사전 검증을 시행하고 있습니다.

PART

I

블록체인 프로그래밍 시작하기

블록체인은 신뢰 레이어(trust layer)로서 기존 컴퓨팅 시스템의 필수 요소로 자리 잡을 준비가 되었다. 파트 I은 탈중앙화된(decentralized) 인프라, 탈중개자(disintermediator), 그리고 분산된(distributed) 장부 기술로서의 블록체인, 즉 블록체인의 3D 개념을 조망하는 것부터 시작한다. 3D는 스마트 컨트랙트라는 핵심적인 코딩 요소의 도움으로 탈중앙화 애플리케이션에 대한 신뢰를 만들어 낸다. 파트 I은 단계적인 스마트 컨트랙트 설계와 개발에 초점을 맞춘다. 스마트 컨트랙트 설계를 가이드하기 위해 설계 다이어그램, 설계 원칙과 더불어 솔리디티(Solidity) 언어를 사용해 스마트 컨트랙트를 코딩하는 방법, 웹 기반 리믹스 IDE를 사용해 이를 배포하고 테스트하는 방법도 설명한다. 그런 다음, 스마트 컨트랙트에서 신뢰와 무결성을 위한 규칙을 코딩하는 방법을 소개한다. 마지막으로 상세한 설치 방법과 함께 트러플(Truffle) 스위트에 대해 설명한다. 이 책 전반에 걸쳐 트러플을 사용해 스마트 컨트랙트를 배포하고 테스트할 것이다.

1장에서는 블록체인 기초에 대해 다룬다. 2장에서는 스마트 컨트랙트의 핵심적인 코딩 요소들을 소개하는데, 카운터(Counter.sol) 애플리케이션과 좌석 트레이딩을 위한 항공사 컨소시엄(ASK.sol) 컨트랙트를 예제로 설명한다. 3장에서는 디지털 민주주의 애플리케이션 예제를 통해 스마트 컨트랙트의 확인(verification)과 검증(validation)을 위한 테크닉을 보여준다. 4장에서는 트러플을 사용해 테스트 체인인 가나쉬(Ganache)에 스마트 컨트랙트를 마이그레이션하고 웹 UI를 가진 Ballot-Dapp을 테스트하는 방법을 알아본다.

PART I

Getting started with blockchain programming

CHAPTER 1

블록체인 기초

이 장에서 다룰 내용

- 블록체인 이해하기
- 탈중앙화 시스템 인프라 알아보기
- 분산 장부 기술 탐구하기
- 신뢰 창출(trust-enabling) 프로토콜 분석하기
- 실전 시나리오에서 블록체인 애플리케이션 사용 동기

2008년 후반기와 2009년 초, 은행과 투자 회사와 같은 대형 중개자가 이끌어 오던 중앙화된 세계 금융시장 시스템이 무너져 내렸다. 이 시스템에 대한 신뢰가 깨지면서 금융시장의 붕괴와 함께 전 세계는 패닉에 빠져들었다. 바로 이 시점에 신비에 싸인 어떤 사람(또는 사람들)이 실제로 작동 가능한 피어-투-피어peer-to-peer 탈중앙화 디지털 화폐 시스템(중앙화된 권력과 행정기관이 필요 없는) 모델을 전 세계에 공개했는데, 이것이 바로 비트코인이다. 이 시스템에서 신뢰 중개trust intermediation는 이후 **블록체인**blockchain이라 불리는 소프트웨어가 실현했다. 블록체인은 화폐 송금을 위한 소프트웨어 기반 확인, 검증, 저장, 무결성을 위한 수단 등을 제공했다.

비트코인은 2009년에 갑자기 나타난 것으로 보일지 모르겠지만, 작동 가능한 디지털 화폐라는 아이디어는 컴퓨팅이 시작된 이후 줄곧 추구해 온 과제였다. 블록체인 기술은 40년 이상의 강력한 과학적인 암호학 연구를 기반으로 한다. 그림 1.1은 블록체인의 간략한 역사, 그것의 혁신과 견고한 과학적인 기반, 그리고 현대 네트워크 시스템을 전환시킨 영향을 보여준다.

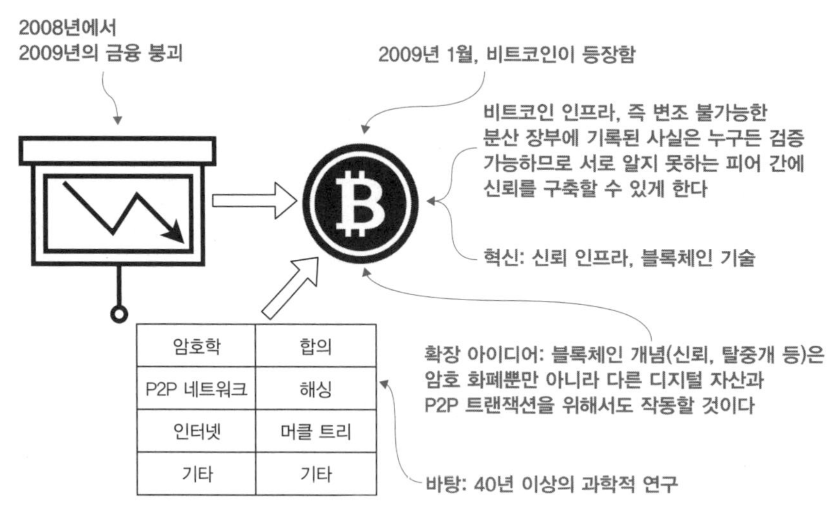

그림 1.1 **블록체인의 탄생**

이 장을 다 읽고 나면 블록체인과 탈중앙화 애플리케이션의 근본적인 개념들, 즉 트랜잭션, 블록의 체인, 노드, 노드의 네트워크, 그리고 이들 요소를 함께 묶어 주는 프로토콜들에 대해 알게 될 것이다. 이렇게 많은 컴포넌트가 존재하는 블록체인은 대단히 복합적인 시스템이라 할 수 있다. 이러한 근본적인 개념에 대한 이해는 2-11장에서 설명할 블록체인 애플리케이션을 설계하고 개발하는 데 필수적이다.

1.1 비트코인에서 블록체인으로

초기에 블록체인에 열광한 이유는 은행과 같은 중개자 없이 인간이 만든 경계(예: 국경)를 넘어 전 세계 누구에게나 디지털 통화를 P2P로 전송할 수 있다는 점이었다. 이런 열풍은 비암호 화폐 유형의 트랜잭션에 대해서도 P2P 기능을 적용할 수 있다는 사실이 알려지면서 더욱 고조되었다. 트랜잭션은 소유권, 증서, 음악, 예술, 비밀 코드, 회사들 간의 계약, 자율 운행 결정, 매일 일어나는 일상 활동에서 비롯되는 수많은 결과물을 포함한다. 트랜잭션 레코드는 블록체인 프로토콜과 애플리케이션에 기반한 다른 상세 정보도 아우른다.

정의 **트랜잭션(transaction)**은 어떤 오퍼레이션을 실행할지, 그 오퍼레이션을 실행하기 위한 데이터 파라미터, 그리고 메시지 송신인, 수신인, 트랜잭션 수수료, 저장할 때의 타임스탬프 등을 포함하는 P2P 메시지로서 블록체인에 기록된다.

비트코인은 론칭 이후 계속 작동해 오고 있다. 현재 이 책을 서술하고 있는 시점을 기준으로 블록체인 차트(*https://www.blockchain.com/en/charts*)에 의하면, 하루 24만 트랜잭션을 처리하고 있다. 이런 초기의 성공 이후 사람들은 '디지털 화폐를 전송할 수 있다면 다른 디지털 자산은 왜 안 돼?'라는 질문을 던졌다. 2013년 또 다른 유명한 블록체인인 이더리움(*https://ethereum.org*)에 코드를 실행할 수 있는 환경이 추가됨으로써 이러한 질문에 대한 답을 얻을 수 있었다. 이더리움은 검증, 인증, 그리고 저장 능력이 다른 디지털 자산과 연관된 트랜잭션과 시스템으로 확장할 수 있다는 점에서 혁신을 이루었다. 블록체인은 마침내 다른(비암호 화폐) P2P 트랜잭션을 위한 소프트웨어 기반 중개를 제공함으로써 탈중앙화 시스템을 구현하기 위한 결정적인 역할을 차지했다.

트랜잭션, 블록, 블록의 체인들이 무엇인지 감을 잡기 위해 블록체인을 직접 살펴보자. 이 예시를 통해 다음 절에서 다루게 될 블록체인 맥락과 문제 영역을 시각화해 볼 수 있을 것이다. 이더리움 퍼블릭 블록체인(*https://etherscan.io*)의 트랜잭션과 블록을 먼저 살펴보자. 그림 1.2는 피어peer 참여자인 두 어카운트(From과 To) 간에 이루어진 메시지를 나타내는 트랜잭션(Transaction, 이하 Tx)을 보여준다. 이러한 Tx들은 블록체인의 블록 위에 정보를 저장할 수 있게 한다.

그림 1.2 **이더리움 퍼블릭 블록체인의 스냅샷**

그림 1.2는 Tx들의 블록도 보여준다. 각 블록(Bk)은 트랜잭션들의 집합으로 이루어져 있고, 블록 넘버로 식별한다. 블록 #10163275는 142개의 Tx들을 가지고 있고, 블록 #10163274는 60개의 Tx들을 가지고 있다. 사이트를 방문할 때마다 보여주는 블록들은 매번 달라진다. 하지만

특정 블록 넘버(이 경우에는 #10163275)로 검색해 볼 수 있고, 몇 개의 Tx를 포함하고 있는지 확인할 수 있다. 해당 블록은 여기서 보여준 것과 동일한 수의 Tx들을 가지고 있는데, 이것은 블록체인 기술의 변조 불가능 속성을 보여주는 예시라 할 수 있다.

1.2 블록체인이란 무엇인가?

블록체인blockchain은 피어 참여자들 간의 트랜잭션으로 이루어진 탈중앙화 시스템에 신뢰를 구축해 주는 기술이다. 블록체인의 목적은 참여자들이 올린 트랜잭션을 확인하고 검증(검증에 실패했을 때는 거부)해 주고, 그 트랜잭션을 실행해 주며, 각 참여자의 동의하에 이러한 행위들의 증거를 기록해 주는 것이다. 그림 1.3이 보여주는 것처럼 블록체인 기반 신뢰 인프라는 이보다 더 큰 시스템 안에 자리 잡고 있다. 블록체인 인프라는 특정한 목적, 즉 많은 수의(대개는 서로 알지 못하는) P2P 참여자들 간에 신뢰 중개를 만드는 소프트웨어를 포함하고 있다. 그림 1.3의 왼쪽에 있는 부분은 일상적인 오퍼레이션을 수행하는 분산(클라이언트/서버) 시스템이다. 이 시스템은 이를 둘러싼 더 큰 시스템에 신뢰를 제공하기 위해 블록체인에서 확인하고 검증하고 기록한 데이터를 포함한 메시지를 보낼 수 있다. 블록체인 프로그래밍은 기존 시스템을 전부 대체한다기보다는 확인과 검증을 하는 신뢰 중개 코드를 바탕으로 기존 시스템을 개선하는 것이다.

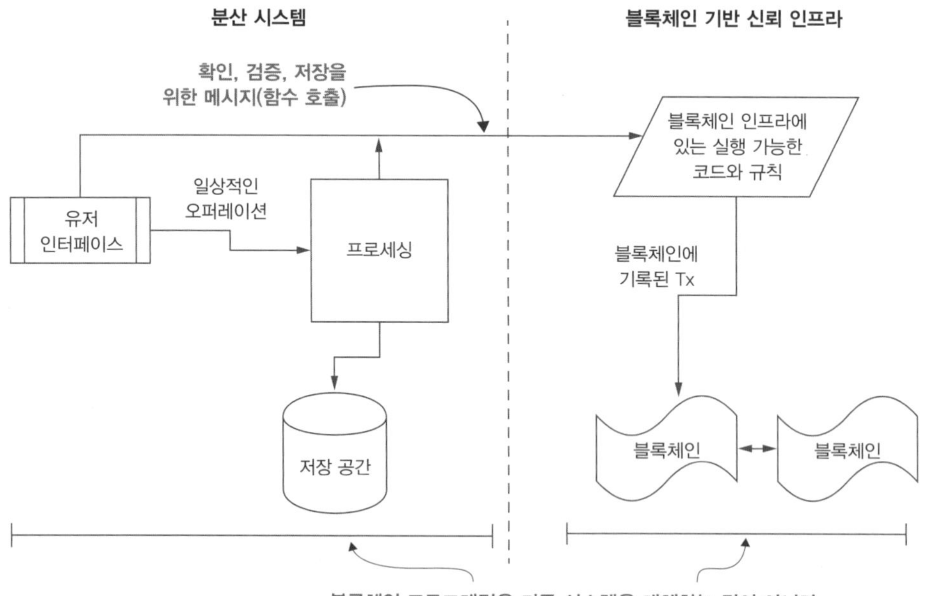

그림 1.3 블록체인 프로그래밍 콘텍스트

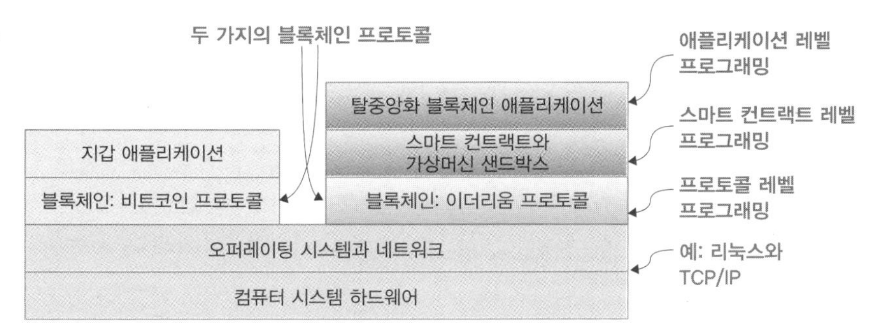

그림 1.4 **블록체인 스택과 프로그래밍 종류**

블록체인 프로그래밍에 대한 이해를 돕기 위해 그림 1.4가 보여주는 비트코인과 이더리움을 위한 블록체인 스택에 대해 알아보자. 이것은 짧은 블록체인 역사에서 나타난 두 개의 블록체인 모델을 보여준다. 비트코인은 오직 지갑 애플리케이션만을 가지고 있지만, 이더리움은 **스마트 컨트랙트**smart contract(2-4장에서 소개하는)라는 프로그래밍이 가능한 코드 기능을 제공한다.

그림 1.4는 세 가지 레벨에서의 프로그래밍을 보여준다.

- **프로토콜 레벨 프로그래밍**protocol-level programming – 이 레벨은 블록체인 자체의 배포와 오퍼레이션을 위해 필요한 소프트웨어와 관련된 것이다. 이 소프트웨어는 오퍼레이팅 시스템이나 네트워킹 소프트웨어와 유사하다. 만일 시스템 프로그래머이거나 운영자라면 이 레벨에서 프로그래밍을 한다. 이 책은 프로토콜 프로그래밍은 다루지 않는다.
- **스마트 컨트랙트 레벨 프로그래밍**smart contract-level programming – 이 레벨은 확인과 검증을 위한 규칙을 설계하고 프로그래밍하며, 해당 블록체인에 기록할 데이터와 메시지를 규정하는 스마트 컨트랙트(또는 룰 엔진) 프로그래밍에 대한 것이다. 스마트 컨트랙트는 사용자 애플리케이션을 대신해 블록체인을 가동해 줄 엔진이다. 2-4장에서 스마트 컨트랙트의 설계, 개발, 테스팅에 대해 자세히 다룬다.
- **애플리케이션 레벨 프로그래밍**application-level programming – 이 레벨은 블록체인 프로토콜 외부에 있는 웹(또는 엔터프라이즈, 모바일) 애플리케이션 프레임워크와 유저 인터페이스 설계 콘셉트들을 사용해 프로그래밍하는 것이다. 5-11장에서 웹 프로그래밍과 해당 스마트 컨트랙트를 연결하고, 처음부터 끝까지 전 과정을 포함하는 탈중앙화 애플리케이션decentralized application, Dapp을 블록체인에 배포하는 것을 상세히 소개한다.

정의 Dapp은 신뢰 중개를 구현한 블록체인 함수들을 구동시키는 애플리케이션 로직을 가진 웹 또는 엔터프라이즈 애플리케이션이다

Dapp은 스마트 컨트랙트라는 중요한 코드 요소를 내장하고 있다. 배포 트랜잭션을 통해 모든 스마트 컨트랙트의 똑같은 복사본을 블록체인 네트워크에 참여하는 노드들에게 배포한다.

정의 **스마트 컨트랙트(smart contract)**는 Dapp의 로직을 표현해 주는 변조 불가능하고 실행 가능한 코드(immutable executable code)다. 스마트 컨트랙트에서 정의한 데이터 변수와 함수들은 블록체인에서 확인, 검증, 저장을 가능케 하는 애플리케이션(Dapp)의 규칙을 강제하기 위한 상태와 오퍼레이션을 집합적으로 표현한다.

1.3 블록체인 프로그래밍

절차적 프로그래밍에서 구조적 프로그래밍, 함수형 프로그래밍, 객체지향 프로그래밍object oriented programming, OOP, 웹과 데이터베이스 프로그래밍, 그리고 빅 데이터 프로그래밍 등으로 진화하는 과정에서 프로그래머는 접근 방식, 아티팩트artifacts, 아키텍처(OOP에서의 클래스와 객체, 빅 데이터 프로세싱에서 하둡Hadoop이나 맵리듀스MapReduce 같은)의 전환을 경험하게 된다. 마찬가지로 블록체인 프로그래밍도 또 하나의 패러다임 전환이다.

블록체인 프로그래밍을 차별화하는 네 가지의 근본적인 개념을 소개한다. 2장에서 다룰 프로그래밍을 시작하기에 앞서 이러한 콘셉트를 먼저 이해할 필요가 있다. 이것은 객체지향 프로그래밍을 하기 전에 클래스와 객체 개념을 먼저 이해해야 하는 것과 같은 맥락이다. 그럼 블록체인이 수행할 네 가지의 핵심 역할을 알아보자.

- **블록체인 인프라**decentralized infrastructure - 블록체인 프로토콜, 스마트 컨트랙트, 애플리케이션을 지원하는 특정한 컴퓨팅 하드웨어와 소프트웨어 스택. 이러한 인프라의 주 구성 요소는 컴퓨팅 노드와 이들 노드를 연결하는 네트워크다(1.3.1절).
- **분산 장부 기술**distributed ledger technology - 인프라 위에 장부가 있는데, 모든 참여자의 장부에 트랜잭션과 데이터를 동시에 기록한다. 장부는 모든 참여자가 동일한 사실을 저장하고 있기 때문에 분산되어 있다고 할 수 있다. 각 블록은 이전 블록의 서명과 연결되어 변조 방지가 되므로 변조 불가능immutable하다(1.3.2절).
- **탈중개 프로토콜**disintermediation protocol - 탈중앙화 시스템의 참여자들은 상호 간에 연결하고 통신하고 거래하기 위해 동일한 블록체인 프로토콜을 사용한다. 프로토콜은 모두가 따라야 할 규칙의 집합이다. 예를 들어, 이더리움과 하이퍼레저는 서로 다른 두 개의 블록체인 프로토콜이다(1.3.3절).

- **신뢰 확립자**trust enabler – 탈중앙화 참여자 시스템은 중앙화된 정부 기관이나 은행과 같은 중개자들이 없다. 그러므로 중개자 없이도 거버넌스governance, 검사, 준수compliance 등에 대한 규칙을 구현하여 거의 자동으로 처리하는 인프라가 필요하다. 블록체인 소프트웨어는 신뢰 확립자의 역할을 맡는다(1.3.4절).

1.3.1 블록체인 인프라

블록체인 인프라는 도시를 연결하는 철로나 도로처럼 내재적으로 탈중앙화가 이루어져 있다. Dapp을 배포한다는 것은 마치 철로나 도로 위에 기차나 자동차를 배치하는 것과 비슷하다. 이런 그림을 떠올리면서 그 인프라에 대해 살펴보자. 기술적인 상세한 설명이나 애플리케이션 코딩은 나중에 소개한다. 이 장의 목표는 탈중앙화 시스템을 지원하는 블록체인 인프라가 수행해야 할 역할을 이해하는 것이다.

탈중앙화 시스템이란 무엇일까? 탈중앙화 시스템은 분산 시스템의 일종으로, 이 안에서 다음과 같은 일이 일어난다.

- 참여자들은 P2P로 소통한다.
- 참여자들은 디지털이든 아니든 자신의 자산(예를 들어 오디오 파일, 디지털 건강 기록, 또는 토지)을 통제한다.
- 참여자들은 자신의 의사에 따라 참여하거나 떠날 수 있다.
- 참여자들은 통상의 신뢰 경계(예를 들어, 대학이나 나라)를 넘어서서 행위를 한다.
- 결정은 중앙화 기관이 아니라 분산된 참여자들이 내린다.
- 블록체인과 같은 자동화된 소프트웨어가 상호 간 중개intermediation를 담당한다.

탈중앙화 시스템이 고유하게 필요로 하는 이런 조건들을 충족시켜 주는 블록체인의 아키텍처적인 요소들을 살펴보자.

블록체인 노드, 네트워크, 그리고 애플리케이션

항공 교통을 생각해 보자. 비행기는 출발지와 도착지를 가지고 있고, 경유 공항과 경로가 항공 네트워크를 구성한다. 이와 비슷하게 블록체인 노드는 트랜잭션의 엔드포인트로서 작동에 필요한 컴퓨팅 환경을 호스팅하고, 트랜잭션을 릴레이하며, 브로드캐스팅하는 기능을 수행한다.

정의 **노드(node)**는 탈중앙화 시스템의 참여자를 위한 블록체인 소프트웨어와 그것이 설치된 장비 또는 하드웨어를 집합적으로 부르는 말이다.

그림 1.5는 단일 블록체인 노드의 논리적인 아키텍처를 보여준다. 하나의 노드는 탈중앙화 네트워크에서 피어 참여자들의 아이덴티티를 나타내는 다수의 어카운트를 지원할 수 있다. 256비트 주소가 각 어카운트를 나타낸다. 이 크기를 전통적인 컴퓨터의 주소 크기인 64비트와 비교해 보자!

정의 **어카운트(account)**는 트랜잭션을 수행하는 주체의 고유한 아이덴티티를 나타낸다. 트랜잭션을 시작하기 위해서는 어카운트가 필요하다.

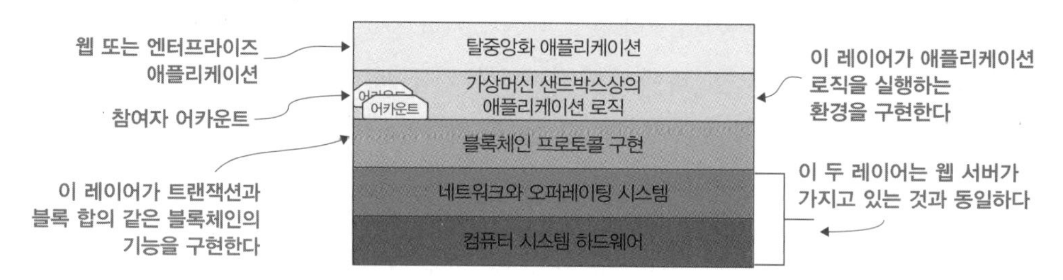

그림 1.5 **블록체인 노드와 애플리케이션 스택**

블록체인 노드는 그림 1.5의 스택이 표현하고 있는 요소들을 호스팅한다. 노드는 블록체인 애플리케이션 개발을 하기 위해 반드시 이해해야 하는 기초 구성 부분이다.

자, 그럼 바닥에서부터 위로 올라가 보자. 아래쪽 두 개의 레벨은 대부분의 컴퓨팅 시스템이 가진 표준적인 하드웨어와 소프트웨어다. 그 위는 블록체인 프로토콜 레벨인데, 블록체인 컴포넌트들을 포함하고 있지만, 이 책에서는 이 레벨에서의 프로그래밍은 다루지 않는다. 다음은 애플리케이션 로직을 호스팅하고 있는 레벨이다. 바로 이 레벨에서 데이터 액세스 컨트롤, 확인, 검증, 그리고 저장을 위한 함수 코딩과 같은 문제들을 해결한다. 가장 상위 레벨은 사용자를 마주하는 인터페이스인데, 여기서 HTML, 자바스크립트, 그리고 관련된 프레임워크와 같은 웹(또는 엔터프라이즈) 프로그래밍이 이루어진다. 이러한 요소들은 Dapp과 유저 인터페이스(UI) 레이어를 구성한다.

블록체인 애플리케이션은 휴대용 게임이나 소득세 계산기 같은 단일 사용자 애플리케이션이 아니다. 블록체인 애플리케이션은 일반적으로 많은 수의 참여자를 노드 네트워크를 통해 연결한다. 각 노드는 이를 이용하는 서로 다른 사용자들을 식별할 수 있는 다수의 어카운트를 지원한다. 하나의 노드는 다수의 Dapp을 호스팅할 수 있는데, 예를 들어, 탈중앙화 공급망 관리 시스템 Dapp과 탈중앙화 지급 시스템 Dapp 같은 것들을 동시에 호스팅할 수 있다.

그림 1.6은 네트워크로 연결한 세 개의 노드 네트워크를 보여준다. 이 네트워크에서 다음과 같

은 것을 브로드캐스팅할 수 있다.

- 사용자가 기동한 트랜잭션
- 트랜잭션들로 이루어진 블록

이러한 트랜잭션과 블록은 네트워크의 페이로드payload를 구성하며, 최종적으로 확인과 검증을 거쳐 분산된 장부에 기록된다.

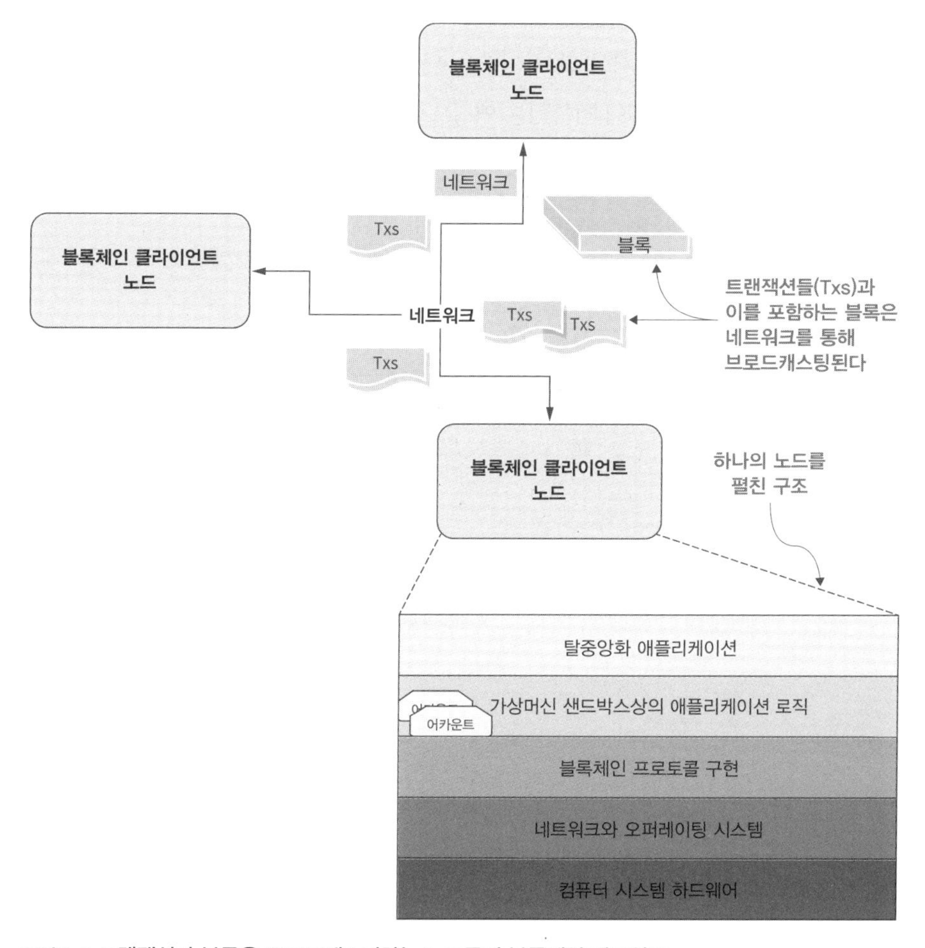

그림 1.6 **트랜잭션과 블록을 브로드캐스팅하는 노드들의 블록체인 네트워크**

네트워크 식별자를 가지고 블록체인 노드 네트워크를 식별한다. 예를 들어, 네트워크 ID #1은 메인 이더리움 퍼블릭 네트워크이고, 네트워크 ID #4는 링키비(*https://www.rinkeby.io*)라고 불리는 퍼블릭 테스트 네트워크라는 식이다. 스마트 컨트랙트를 네트워크에 배포할 때 네트워크의 식별자를 사용해서 어느 네트워크를 사용하는 것인지를 표시해 주어야만 한다. 주어진 단일한 네트워크를 이용하는 참여자들은 트랜잭션 내용을 저장하기 위해 단일한 분산 장부를 공유한다.

스마트 컨트랙트는 블록체인 노드가 호스팅하는 가상머신(VM)과 같은 샌드박스 환경에서 실행된다. 스마트 컨트랙트의 구문은 객체지향Object Oriented 언어의 클래스와 유사하다. 이것은 데이터, 함수, 함수를 실행하기 위한 규칙들을 담고 있다. 스마트 컨트랙트 함수를 호출하거나 실행하면, 그림 1.7에서 예시한 것처럼 블록체인에 기록할 트랜잭션을 생성한다. 만일 함수 호출이 확인과 검증 규칙에 위배되면, 이 함수 호출은 취소된다. 그러나 함수 수행이 성공적이면, 생성된 트랜잭션(Txs)은 그림 1.7에서와 같이 저장을 위해 네트워크에 브로드캐스팅된다. 그림 1.7은 함수 호출이 어떻게 블록체인에 기록되는 액션으로 전환되는지를 보여주는 것이다.

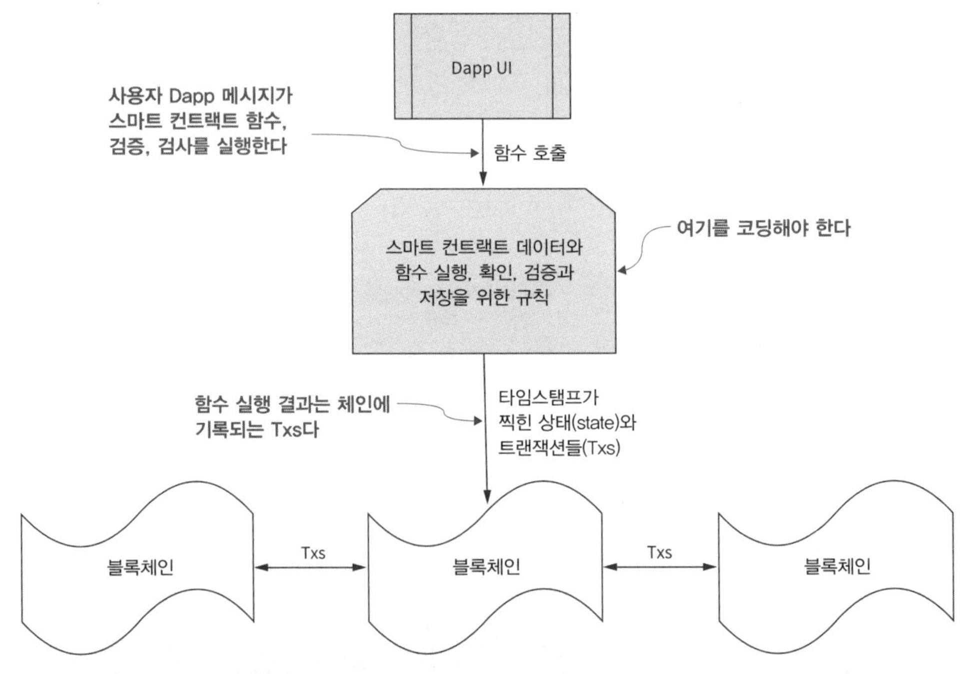

그림 1.7 **애플리케이션 메시지로부터 블록체인상의 Tx가 되기까지**

1.3.2 분산 장부 기술

인프라를 탐구해 보았으니 이제 이 인프라가 지원하는 기술에 초점을 맞추어 보자. 이 핵심 블록체인 기술은 분산 장부 기술Distributed Ledger Technology, DLT로서 알려져 있다. 이 절에서 이 기술을 좀 더 깊이 파고 들어가 볼 텐데, 다음과 같은 내용을 설명한다.

• 블록체인 DLT를 구성하는 요소
• 트랜잭션을 저장하는 블록을 위한 DLT의 물리적 구조
• 애플리케이션이 어떻게 의도한 목적, 즉 신뢰 구축을 위한 확인, 검증 및 변조 불가능한 저장을 위해 DLT를 사용하는지에 대한 상세한 작동 과정 설명
• DLT의 무결성을 위한 합의 알고리즘(고수준에서)

트랜잭션, 블록, 그리고 블록의 체인

애플리케이션은 트랜잭션과 스마트 컨트랙트 코드 실행을 시작한다. 예를 들어, 애플리케이션에서 어카운트 간에 단순한 암호 화폐 송금을 하면 'send'라는 트랜잭션을 생성한다. 블록체인 네트워크를 통해 이 트랜잭션을 브로드캐스팅한 후, 변조 불가능한 분산 장부에 기록한다. 리스트 1.1은 두 가지 유형의 트랜잭션을 기동하는 함수 호출 예제 코드를 보여준다. Tx1은 암호 화폐 전송을 위한 것이다. Tx2는 한 소유자가 다른 소유자에게 소유권을 넘기는, 아마도 자산의 매각을 수행하는 것과 같은 어떤 애플리케이션의 전송 함수다. 또한, `transferOwnership` 함수에 `onlyByOwner`라는 규칙을 사용하고 있는 것을 볼 수 있는데, 이것이 의미하는 것은 오직 해당 어카운트의 소유자만이 이 트랜잭션을 실행시킬 수 있다는 것이다. 이러한 규칙은 블록체인이 통제하는 자율적인 시스템을 위해서 필요하다. 3-5장에서 이러한 규칙을 코딩하는 것을 상세히 다룰 것이다.

리스트 1.1 **트랜잭션을 기동하는 두 개의 함수를 위한 예제 코드**

```
/*Tx1: */ web3.eth.sendTransaction(fromAccount, toAccount, value);
/*Tx2: */ transferOwnership(newOwner);

function transferOwnership onlyByOwner (account newOwner)..
```

한 어카운트에서 다른 어카운트로 암호 화폐를 전송

비암호 화폐 트랜잭션: 이 Tx의 전송자는 현재 소유자라는 것을 가정한다

OnlyByOnwer라는 규칙은 전송자가 소유자인지를 검사한다. 만일 그렇지 않은 Tx는 취소한다

트랜잭션을 어떻게 생성하고 네트워크에 전파하는지 살펴보았으니 이제 이것을 어떻게 블록체인에 저장하는지에 대해 알아보자. 그림 1.8에서처럼 트랜잭션의 집합이 블록을 만들고, 블록의 집합이 블록체인을 만든다. 그 과정은 다음과 같다.

1 수집한 네트워크의 트랜잭션들은 검증 단계를 거쳐 풀로 모인다. 노드는 블록을 만들기 위해 풀에서 트랜잭션들을 골라서 세트를 만든다. 트랜잭션들을 고르는 기준은 일반적으로 트랜잭션에 책정된 수수료다. 수수료가 비싼 트랜잭션부터 선택받는다.

2 참여 노드들은 합의 알고리즘을 사용해 기존 체인에 추가될 트랜잭션들을 포함하는 하나의 블록에 대해 집합적으로 동의, 즉 합의를 한다.

3 체인의 현재 리드 블록을 나타내는 값, 즉 해시를 새롭게 추가될 블록에 더해서 체인 링크chain link를 만든다.

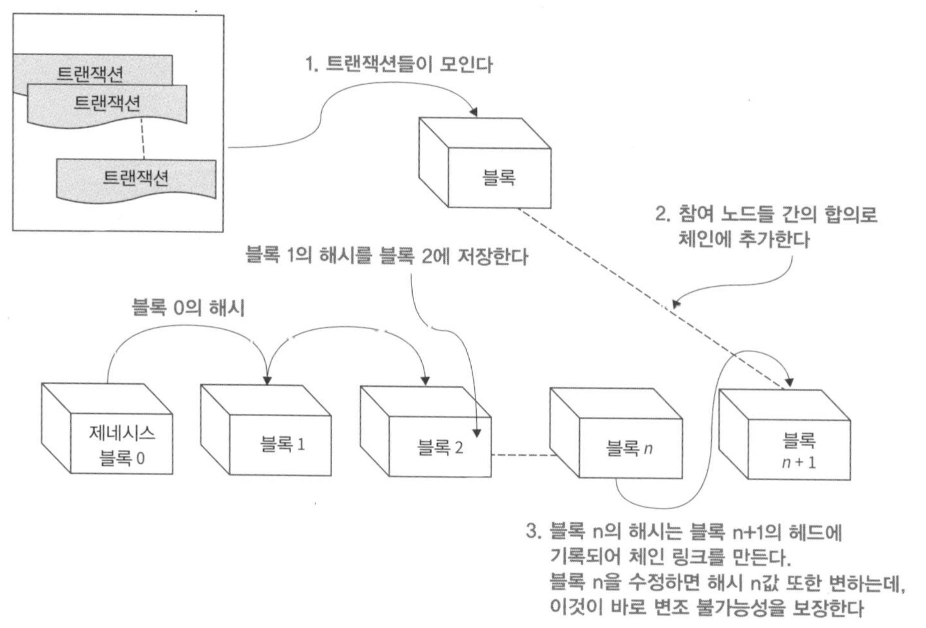

그림 1.8 트랜잭션을 포함하는 블록과 블록을 포함하는 블록체인

그림 1.8이 보여주는 바와 같이 블록체인은 **추가만 허용하는**append-only 분산된 변조 불가 장부다. **제네시스 블록**genesis block이라 불리는 첫 번째 블록에서 블록체인을 생성한다. 블록체인에 참여하는 모든 노드는 제네시스 노드로부터 시작해서 모두 동일한 블록체인 복사본을 가진다. 블록체인 DLT의 특징은 다음과 같다.

- **분산되어 있다.** 블록체인 프로토콜은 분산된 각각의 참여 노드들이 동일한 블록의 체인 복사본을 가지고 있다는 것을 보장해 주기 때문이다.
- **변조가 불가능하다.** 그림 1.8에서 예시한 것처럼 새로 생성되는 모든 블록은 현재 블록체인 헤드의 해시값을 통해 기존 블록체인에 링크되어 있기 때문이다.

일단, 기억해 두어야 할 점은 변조 불가능성을 보장하기 위해 블록 n을 나타내는 서명값이 블록 n+1에 저장되어 있다는 것이다. 노드의 데이터에 조금만 변화가 와도, 그것이 의도적이건 아니었건 간에 해당 블록의 해시값은 바뀌고, 결국 그 노드의 체인은 유효하지 않게 된다(5장에서 이 해시값과 그 계산법에 대해 더 자세히 소개한다). 그림 1.9가 보여주는 것처럼 블록체인의 블록은 참여 노드들의 로컬 파일 시스템에 저장된다. 각 노드에 있는 블록들의 체인은 해당 블록에 있는 트랜잭션들과 그와 관련된 데이터를 저장하고 있는 분산 장부다. 그림 1.9는 각 노드가 동일한 블록체인 복사본을 가지고 있다는 사실을 표현하고 있다.

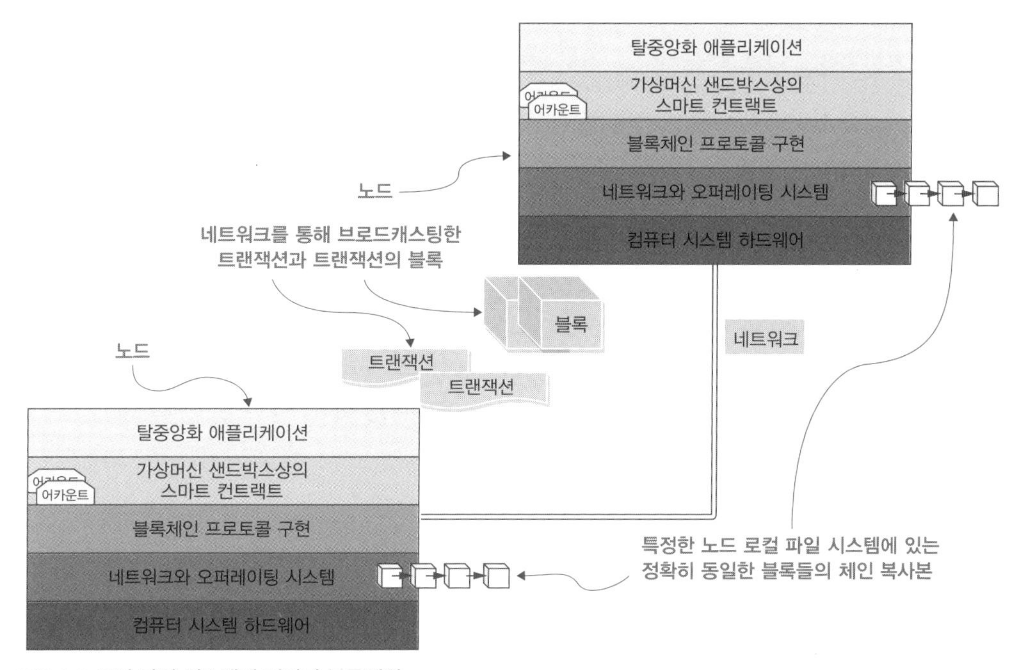

그림 1.9 로컬 파일 시스템에 저장된 블록체인

이 책을 서술하고 있는 시점(2020년)을 기준으로 비트코인 블록 생성(또는 채굴) 주기, 즉 트랜잭션 컨펌 주기는 약 10분이다. 이더리움에서는 블록 컨펌이 약 10초에서 19초 안에 일어난다. 반면에 신용카드에서는 트랜잭션 컨펌이 1초 안에 이루어진다. 아직은 신용카드보다 느리지만, 10년 또는 20년 전의 인터넷 속도를 떠올려 보자. 블록체인 기술도 인터넷 초기 때와 유사한 상황을 경험하고 있다. 블록체인 프로토콜 레벨을 다루고 있는 개발자 커뮤니티는 여러 합의consensus 알고리즘과 네트워크 레벨에서 릴레이하는 테크닉들을 사용하여 트랜잭션 컨펌 타임을 줄이기 위해 노력하고 있다.

1.3.3 탈중개 프로토콜

교통 인프라와 마찬가지로 블록체인 인프라도 따라야 할 규칙들을 가지고 있다. 만일 운전자들이 도로 규칙을 따르지 않는다면 혼란과 차량 정체가 일어날 것이다. 마찬가지로, 프로토콜 또는 규칙의 집합이 블록체인의 구조와 오퍼레이션을 관할한다. 블록체인 프로토콜은 주요하게 다음과 같은 것을 규정한다.

- 블록체인의 구조(트랜잭션, 블록, 그리고 블록의 체인)
- 암호화, 해싱, 그리고 상태 관리를 위한 기반 알고리즘과 표준
- 블록의 합의와 일관성 있는 체인을 구현하기 위한 방법
- 불일치하는 장부를 초래할 수 있는 예외들을 처리하는 테크닉
- 이러한 맥락에서 일관성, 정확성, 변조 불가능성을 유지하기 위한 블록체인의 코드와 규칙들의 실행 환경

블록체인의 구조와 오퍼레이션은 임의적인 것이 아니라 프로토콜에 따른다. 프로토콜 구현은 블록체인 애플리케이션을 만들 베이스 레이어를 확립하는 것이다.

이더리움 블록체인 프로토콜이 도입한 코드 실행을 위한 프레임워크는 탈중앙화 영역에서 완전히 새로운 기회의 장을 열어 주었다. 스마트 컨트랙트는 이더리움 프로토콜의 구심점이자 이더리움이 기여한 핵심이기도 하다.

비트코인과 이더리움 블록체인을 비교하는 그림 1.10을 참고해 보자. 비트코인은 암호 화폐 전송을 위한 것이고, 이 기능을 매우 잘 수행한다. 비트코인은 트랜잭션을 기동하기 위한 지갑 애플리케이션만을 가지고 있다. 이더리움은 스마트 컨트랙트와 이것을 실행할 수 있는 이더리움 VM(EVM)이라 불리는 VM 샌드박스를 지원한다. 이로 인해 스마트 컨트랙트는 탈중앙화 애플리케이션의 작동을 실현해 준다.

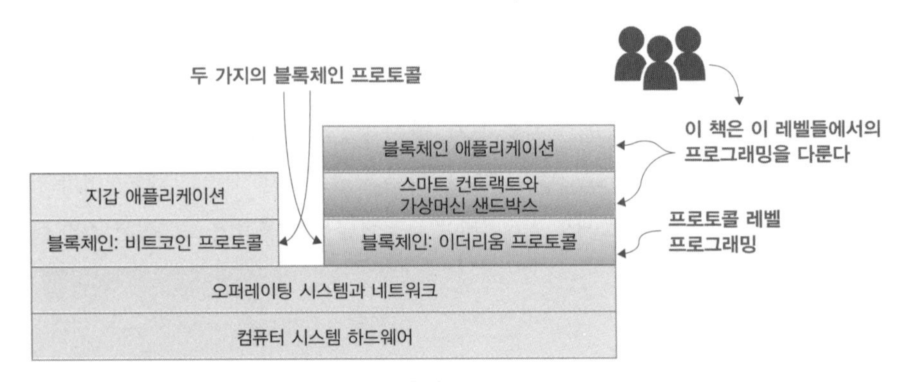

그림 1.10 **비트코인과 이더리움 프로토콜 스택 비교**

현재 많은 블록체인(예를 들어 EOS, ZCash, IOTA)이 난립하고, 각자 다른 프로토콜을 사용하고 있지만, 결국 몇 개의 체인으로 통합될 것이다. 이 장의 목표는 특정 기술과는 독립적으로 블록체인의 여러 가지 기능들에 대한 일반적인 아이디어들을 소개하는 것이다. 이러한 조망은 더 나은 블록체인 설계자와 개발자로 성장하는 데 도움이 될 것이다. 이어서 2-11장에서는 이

더리움 스마트 컨트랙트와 Dapp을 프로그래밍하기 위한 이더리움 블록체인 프로토콜을 다룬다.

1.3.4 신뢰 확립자

신뢰는 비즈니스와 개인 간 거래에서 매우 중요하다. 물론 무역, 상업, 법, 의료, 결혼, 개인 간의 영역, 금융 등을 막론하고 대부분의 곳에서 그렇다. 100만 달러를 송금하기 위한 비즈니스 트랜잭션을 상상해 보자. 설사 송금을 위한 채널이 비교적 안전하다고 할지라도, 과연 관련 당사자들을 신뢰할 수 있겠는가? 아마도 거래 당사자들의 신용을 확보하기 위해 은행과 같은 중개자를 이용하고 싶을 것이다. 하지만 탈중앙화 시스템에서는 신분을 확인하는 사람도 없고, 신원을 검증하는 은행도 없다. 따라서 다른 메커니즘, 즉 소프트웨어 메커니즘이 필요하다. 블록체인은 인터넷에 신뢰 레이어를 만들어 신뢰 중개를 함으로써 이러한 필요를 충족시킨다. 탈중앙화decentralized 인프라, 분산distributed 장부 기술, 탈중개disintermediation 프로토콜, 이 세 가지의 3D가 집합적으로 시스템에 신뢰를 구축한다.

탈중앙화 시스템에서 신뢰 중개(trust intermediation)는 블록체인 인프라(1.3.1절), 분산 장부 기술(1.3.2절), 그리고 탈중개 프로토콜(1.3.3절)에 의해 이루어진다.

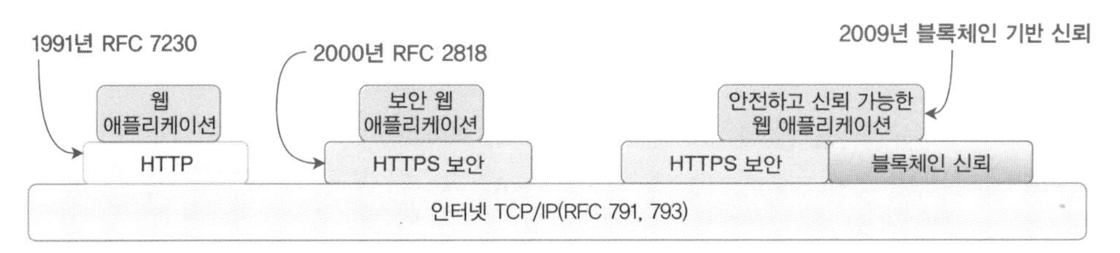

그림 1.11 **인터넷과 블록체인 기반 신뢰 레이어의 진화**

과학자들이 연구를 서로 공유하기 위해 탄생시킨 인터넷은 집합적으로 컴퓨팅 머신들 간의 연결과 상호 네트워킹을 가능하게 했다. 하이퍼텍스트 트랜스퍼 프로토콜(HTTP)은 웹을 위한 기반 기술로 도입한 것이다. 1991년경에 표준이 된 HTTP는 웹 애플리케이션을 통해 많은 상업적 활동이 가능하도록 만들었다.

이 당시에 보안은 표준의 일부분이 아니었음에 주목하자. 증가한 디지털화, 온라인 활동의 활성화는 온라인 사기와 해킹의 증가를 동반했다. 그러다 보니 점차 보안은 웹 애플리케이션을 위한 매우 중요한 영역으로 떠올랐고, 2000년경 하나의 표준(HTTPS)으로서 HTTP를 개선하기에 이른다. 이것은 보다 보안성이 있는 웹 애플리케이션을 실현해 주었다. 글로벌 표준도 IETFInternet Engineering Task Force의 공식적인 RFCRequest for Comments 표준 문서(RFCs 7230, 2818 등)

로 확립되었다. 2009년에 도입된 블록체인은 인터넷의 보안 레이어와 더불어 신뢰 레이어로 자리 잡았다. 현재 중앙화 시스템들로 구현한 신뢰는 특별한 수단들에 의존하거나(예를 들어 인증서 검사, 추천 시스템, 또는 리뷰/평점 등) 공항이나 식료품점에서 체크아웃하는 경우처럼 사람이 개입해야 한다. 반면에 블록체인은 Dapp을 위한 신뢰 레이어를 제공해 주는데, 이는 트랜잭션과 사실들의 소프트웨어 기반 확인, 검증, 변조 불가능한 저장을 통해 이루어진다.

다음으로, 블록체인의 DLT와 신뢰 레이어를 이용해 효과를 볼 수 있는 설득력 있는 탈중앙화 시나리오를 검토해 보자.

1.4 사용 동기 시나리오

이 장에서는 일상생활에서 경험할 수 있는 여러 시스템에 만연된 문제들을 검토해 보고자 한다. 그 예로서 정부, 비정부기구(NGO), 자선단체와 재난구호기구 등의 크고 작은 조직의 예산과 비용 관리라는 폭넓은 이슈에 대해 생각해 보자. 여기서 회계 책임accountability이 중요한 이슈가 된다. 할당 예산을 지정한 아이템이나 서비스에 사용했는가? 예상한 결과를 실현했는가? 지출을 낭비한 것은 아닌가? 적절한 사람들이 이를 허가했는가? 재난 구호 시 지급한 명세를 보여줄 수 있는가? 그 프로세스는 투명한가? 그 노력의 효과성을 보여줄 정확한 데이터를 수집할 수 있는가? 이와 유사한 여러 가지 다른 문제들도 생각해 볼 수 있을 것이다.

다음의 절에서 이러한 문제들의 일부를 탐구해 보고, 스마트 컨트랙트가 어떻게 블록체인 프로토콜 인프라에서 이런 문제를 다룰 수 있는지 알아보자.

1.4.1 자동화되고 일관성 있는 데이터 수집

유엔총회의 지속 가능한 개발 목표는 유엔 프로그램들의 목적을 특정한다. 다른 조직들도 이와 유사하게 할당받은 예산을 이용해서 성취하고자 하는 목표를 가지고 있으며, 여러 가지 보고와 데이터 수집 메커니즘을 활용해 그 목표와 관련한 비용을 추적한다. 비록 이 과정에서 다수의 중앙화 컴퓨팅 시스템이 상호작용을 하기는 하지만, 종종 비효과적으로 처리해 버리는 사례들이 있다. 예를 들어, 데이터가 아예 없거나 또는 설문 조사와 같은 비효과적인 방법으로 데이터를 수집함으로써 유엔 개입의 효과성을 입증하기에 불충분한 경우들이 많다. 여기서 관심 대상 항목들을 DLT 장부에 기록한다고 생각해 보자. 기록할 항목들은 다음과 같다.

- 각 에이전시에 할당한 자금과 지급 날짜
- 에이전시로부터 실제 자금 사용자로 송금한 시작 날짜와 금액

- 프로젝트 완료 날짜와 상태

스마트 컨트랙트에 의해 작동되는 코드는 조직의 자금을 분배하고 사용할 때 데이터를 자동으로 수집할 수 있도록 해준다. 이 경우에 Dapp의 유저 인터페이스로 직관적인 모바일 앱을 사용할 수 있는데, 이 앱이 스마트 컨트랙트 함수를 호출해서 분산되고 변조 불가능한 활동 명세 복사본을 블록체인 장부에 저장할 수 있도록 해준다. 모든 이해 당사자, 즉 유엔기구, 로컬 정부, 그리고 NGO들은 자동으로 일관성 있는 장부의 복사본을 갖게 되는 것이다.

1.4.2 시의적절한 정보 공유

미국 정부기구에서 또 다른 중요 이슈를 발견할 수 있는데, 이것은 9/11 사태를 분석한 전문가들이 지적한 정보의 공유 부재 현상이다. 9/11 사태 때 FBI의 본부와 지부들(특히 미애나폴리스 지부) 사이에 정보 공유 부재가 발생했다. 만일 블록체인 시스템을 사용한다면, 지부에서 업데이트가 일어나면 본부의 정보도 자동으로 업데이트된다. 이러한 정보는 필요한 시점에 적절하게 활용할 수 있다. 예를 들어, 테러리스트가 비행기에 탑승하는 것을 사전에 막는 방식으로 활용하는 것이다.

이와 유사한 FBI의 중앙 데이터베이스의 정보 공유 부재는 2017년 텍사스 교회에서 24명이 사망한 사건에서도 찾아볼 수 있다(*http://mng.bz/X0dY*). 만약 블록체인의 스마트 컨트랙트가 통제를 하는 분산 장부를 사용했었더라면 데이터에 대한 적절한 사용자 권한을 부여할 수 있기 때문에 발포자에게 무기를 파는 행위를 사전에 차단하는 데 도움이 되었을 것이다. 이런 예들은 시의적절한 정보 공유를 위한 분산 메커니즘의 중요성을 잘 보여준다. 공유 규칙, 조건, 접근 레벨 등은 스마트 컨트랙트에 코딩할 수 있고, 관련 정보를 다시 블록체인의 분산 장부에 기록할 수 있다.

1.4.3 검증 가능한 준수

스마트 컨트랙트를 활용할 수 있는 가능성이 많은 또 다른 영역을 알아보자. 의료는 규제 및 법과 관련한 요구 사항이 많은 방대한 영역이다. 블록체인 기반 준수, 증명, 거버넌스는 이 도메인에 있는 많은 비효율성을 해결해 줄 수 있다. 환자 데이터의 프라이버시와 기밀성을 보장하기 위한 의료보험 이전과 책임법Health Insurance Portability and Accountability Act, HIPAA을 예로 들어보자. 이 법을 위반하는 의료기관이나 개인에게는 1000달러에서 25만 달러까지의 벌금을 물릴 수 있는데, 의료 데이터의 처리 과정을 추적하는 것이 모두에게 이익이 된다.

스마트 컨트랙트에 HIPAA 규칙 준수 내용을 코딩할 수 있고, 이해 당사자들의 블록체인 노드에 자동으로 기록할 수 있으며, 원치 않는 민감한 데이터의 유출을 방지할 수 있다. 관련 비즈니스들은 검증 가능한 준수 여부를 확인할 수 있다. 또한, 블록체인은 규제 당국에도 이러한 준수 내용을 보여주는 메커니즘을 제공할 수 있다.

1.4.4 증명을 위한 감사 가능한 행위

의료 행위나 재난 복구 같은 활동을 할 때 종종 어떤 행위나 중재가 적절한 시간에 이루어졌는가 하는 질문을 제기할 때가 있다. 진단 검사 지시가 적시에 내려졌다면 환자의 사망을 막을 수 있었을지도 모른다는 식의 이야기를 들어 봤을 것이다. 이런 스토리도 들을 수 있다. 의사가 검사 지시를 내렸는데, 다른 누군가가 그 지시를 취소했다. 이 케이스는 결국 법정 싸움으로 이어졌다. 의사는 자신의 주장을 증명해야만 했다. 이 경우에 만일 의사가 내린 지시의 순서가 분산 원장에 기록되어 있었다면, 이 의사는 쉽게 자신을 방어할 수 있었을 것이다. 스마트 컨트랙트는 의사가 적시에 특정한 치료를 제공했다는 것을 증명하는 자료가 될 수 있기 때문이다.

스마트 컨트랙트가 생성한 분산 장부는 다른 많은 경우에서도 적절한 행위가 취해졌음을 증명하는 감사 가능한 기록을 제공한다. 어느 조직 안에서나 이해 당사자들의 블록체인 인프라 안에 저장된 감사 기록을 통해 증명할 수 있는 여러 사례들을 생각해 볼 수 있을 것이다.

1.4.5 거버넌스를 위한 지침

의료 서비스 영역에서 또 다른 예를 살펴보자. 미국에서 만연한 아편유사제[1]의 남용과 그 처참한 결과에 대해 들어 본 적이 있을 것이다. 스마트 컨트랙트는 잘못된 사용자에게 아편유사제를 공급하는 것을 방지하고, 실제로 필요한 환자에게 치료 약으로 공급하는 것을 확인하는 데 활용할 수 있다. 약의 유통을 관할하는 규칙들을 스마트 컨트랙트에 코딩할 수 있고, 이 스마트 컨트랙트는 의사, 약사, 정부기관을 포함하는 의료 서비스 시스템 내의 모든 이해 관계자가 공유할 수 있다. 이러한 블록체인 기반 거버넌스 접근 방식은 모든 통제 물질과 의약품의 일반적인 유통을 관할하는 것으로 쉽게 확대할 수 있다.

1.4.6 행위 귀속

연구 활동이나 비즈니스 작업 흐름에서 시스템에서 일어난 행위들의 귀속, 즉 누가 누구에게 무엇을 한 것인지를 정확히 파악하는 것은 매우 중요하다. 예를 들어, 멀리 떨어진 시골에 있

1 옮긴이 아편 비슷한 작용을 하는 합성 진통·마취제

는 환자가 응급상황 때문에 구급차에 실려 대형 병원에 이송되고 있는 경우를 생각해 보자. 의료보험 회사는 이송 과정에서 발생한 비용 청구에 대해서 누구에게 얼마를 지급해야 할 것인지 어떻게 결정할 수 있을까? 블록체인 분산 장부를 활용한다면, 환자의 요청을 받아서 환자를 치료하기 시작한 시점을 분산 장부에 기록할 수 있을 것이다. 제공한 서비스와 그 요율을 관할하는 규칙들을 이용해 스마트 컨트랙트에서 자동으로 지급 결제를 처리할 수 있다. 이러한 모든 정보가 스마트 컨트랙트에 기록된다.

스마트 컨트랙트는 전통적인 분산 시스템을 탈중앙화 시스템으로 탈바꿈시키는데, 이것은 준수, 거버넌스, 증명을 위한 규칙을 만들고, 정보를 공유하며, 필요한 상세한 정보를 블록체인에 기록함으로써 이루어진다.

1.4.7 유행병 관리

이 책의 집필을 마칠 즈음, 100년에 한 번 있을 법한 COVID-19 범유행병이 전 지구를 덮치는 상황이 벌어졌다. 우리 모두는 탈중앙화한 지구적 수준의 문제를 난생처음 경험했다. COVID-19는 모든 개인과 커뮤니티를 분리시키고 탈중앙화된 세계를 초래했다.

블록체인은 이러한 상황에서 많은 문제를 해결하기에 적합하지만, 그중에서도 이 치명적인 질병의 확산을 완화하는 데 결정적인 역할을 할 수 있는 것은 바로 접촉 추적contact tracing이다. 미국질병통제국CDC에 따르면, 접촉 추적을 이용해 감염된 환자들을 테스트하고 전파자와 감염 경로를 추적할 사례들을 식별한다고 한다. 접촉 추적은 비트코인 암호 화폐의 오리지널 송신자를 추적하는 것과 유사하다. 암호 화폐의 송신 내역trace은 블록체인의 DLT에 자동으로 기록된다. 그러므로 블록체인 인프라와 DLT는 스마트 컨트랙트 코드와 함께 유행병의 접촉 추적을 위한 혁신적인 솔루션이 될 수 있다.

블록체인이 도움을 줄 수 있는 또 다른 영역은 조 단위 달러 규모의 구호 패키지와 자원 분배의 투명한 관리다. 범유행병은 탈중앙화된 세계를 초래했는데, 여기서 사람들은 각자 자신들의 상황을 관리한다. 블록체인 인프라는 이런 환경하에서 많은 문제를 해결하는 데 이상적이다.

1.5 되돌아보기

컴퓨터 시스템은 그림 1.12가 보여주는 것처럼 탈중앙화 시스템을 향해 진화해 왔다. 그림 1.12의 진전 과정에서 블록체인은 탈중앙화 네트워크 작동을 위해 필수적인 신뢰 레이어를 제공한다. 이러한 탈중앙화 시스템은 지구적인 수준의 혁신적인 유스 케이스를 위한 강력한 환경을 제공하기 위해 중앙화 시스템과 다른 분산 시스템들과 공존한다.

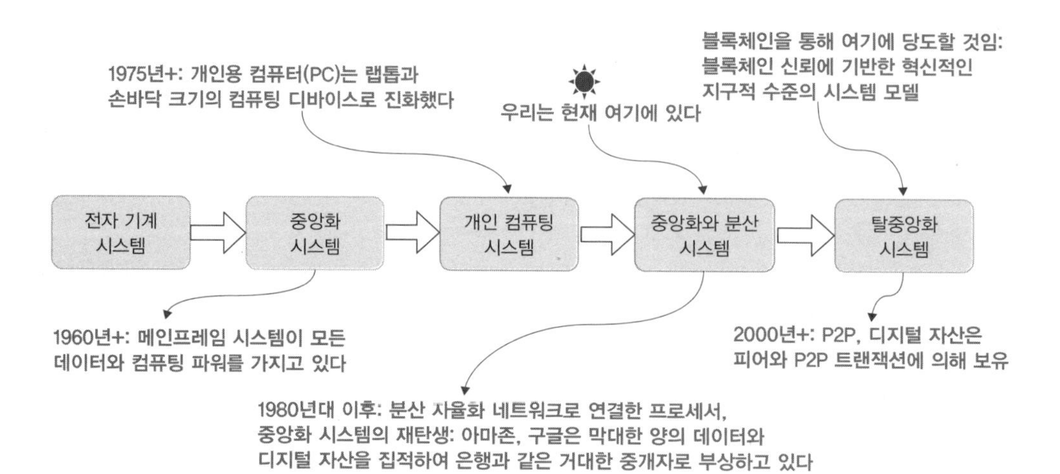

그림 1.12 탈중앙화 시스템을 향한 여정

운전 배울 때를 생각해 보자. 운전을 시작하기 전에 액셀러레이터, 브레이크, 기어 등 핵심 부품 등은 물론이거니와 도로 규칙도 알아야만 한다. 블록체인 프로그래밍도 비슷하다. 이번 장에서는 블록체인을 사용하는 이유, 구조적 컴포넌트, 세부적인 작동 내용, 블록체인이 가능하게 할 시스템의 신뢰와 정합성 등을 통해 블록체인을 작동하는 법의 첫걸음을 내디뎠다. 또한, 블록체인이 3D, 즉 탈중앙화decentralization, 탈중개disintermediation, 분산distributed을 지원하는 수단이라는 것도 알아보았다.

운전을 배우고 나면 가고 싶은 곳에 갈 수 있다. 마찬가지로, 이 장을 통해 배운 지식은 블록체인을 이용해 문제를 해결하고 설계하고 코딩하는 단계로 나갈 수 있게 길을 닦아 줄 것이고, 창조적인 유스 케이스를 개념화하고, 이 기술을 활용할 수 있는 새로운 애플리케이션 영역을 찾아 나가는 데도 도움을 줄 것이다.

2-11장에서는 블록체인을 이용해 어떻게 문제를 해결하고, 스마트 컨트랙트와 Dapp을 어떻게 설계, 개발, 테스트하는지에 대해 설명한다. 또한, 블록체인 솔루션을 개발하기 위한 설계 원칙을 소개한다. 어떤 경우에 블록체인 솔루션이 잘 작동하고, 어떤 경우에 블록체인이 좋은 선택이 아닌지를 판단하는 것도 살펴볼 것이다. 또한, 애플리케이션 도메인을 혁신적으로 파괴할 아이디어와 많은 애플리케이션 영역에서 진행 중인 디지털화와 자동화를 전환할 아이디어도 만나게 될 것이다.

1.6 요약

- 컴퓨팅 시스템은 분산되고 중앙화된 시스템으로부터 탈중앙화 시스템으로 변화하는 추세인데, 탈중앙화 시스템에서 참여자들은 P2P 트랜잭션을 하며 일상의 신뢰 경계를 넘어서서 활동하게 된다.
- 블록체인은 신뢰 레이어, 인프라, 블록체인의 오퍼레이션을 관할하는 프로토콜을 제공함으로써 탈중앙화 오퍼레이션을 가능하게 한다.
- 블록체인은 탈중앙화, 탈중개, 그리고 애플리케이션의 실행과 관련된 정보의 저장을 위한 변조 불가능한 분산 장부를 가능하게 한다.
- 블록체인 프로토콜은 참여자를 관할하는 규칙을 정의한다: 컴퓨팅 노드, 노드를 연결하는 네트워크, 노드 위에 올려진 탈중앙화 애플리케이션 스택, 그리고 트랜잭션, 블록, 블록들의 체인
- 이더리움 블록체인 애플리케이션 스택은 스마트 컨트랙트와 그것의 실행 환경을 위한 연산 프레임워크를 제공한다.
- 수많은 영역에서 블록체인 기술을 사용해 획기적인 탈중앙화 애플리케이션을 개발하고, 현재 진행 중인 디지털화 노력을 창조적으로 혁신할 많은 기회가 있다.
- 이러한 혁신을 진전시키기 위해서는 사고방식의 리더, 설계자, 개발자가 필요하다. 사물인터넷(IoT)에서 웹에 이르기까지 모든 레벨에서 블록체인을 배우는 것은 이제 필수다. 이런 블록체인 지식을 제공하고 관련된 설계와 개발 스킬을 키우는 것을 돕는 것이 이 책의 목표다.

CHAPTER 2

스마트 컨트랙트

이 장에서 다룰 내용

- 스마트 컨트랙트 이해하기
- 스마트 컨트랙트 개발을 위한 설계 원칙 적용하기
- 솔리디티 언어를 사용해 컨트랙트 코딩하기
- 리믹스 IDE를 사용해 스마트 컨트랙트를 작동시키고 트랜잭션을 처리해 보기
- 두 가지 유스 케이스를 위한 스마트 컨트랙트를 설계, 개발, 배포, 테스팅해 보기

스마트 컨트랙트는 암호 화폐 프레임워크를 신뢰 프레임워크로 전환시켜, 보다 폭넓은 영역에서 탈중앙화 애플리케이션을 활용할 수 있게 해주는 블록체인의 핵심적인 컴포넌트다. 이 장에서는 스마트 컨트랙트의 개념, 설계, 개발에 대한 상세한 설명과 더불어 블록체인에서 실행 가능한 코드로 어떤 것을 할 수 있는지를 살펴볼 것이다.

구조적으로 **스마트 컨트랙트**smart contract는 객체지향 프로그램에서 클래스와 유사한 독립적인 코드다. 또한, 데이터와 함수를 가진 배포 가능한 코드 모듈이다. 함수는 확인, 검증, 그리고 전송된 메시지를 저장하는 등의 특정한 목적을 수행한다. 현실 세계에서 컨트랙트는 규칙, 조건, 법, 강제해야 하는 규정, 기준, 상황, 날짜 및 서명 같은 증명을 위한 항목 등을 다룬다. 마찬가지로, 블록체인 문맥에서 스마트 컨트랙트는 탈중앙화 문제들을 풀기 위한 컨트랙트 규칙들을 구현한다. 게이트키퍼로서뿐만 아니라 규칙 엔진으로서도 작동하므로 스마트 컨트랙트를 설계할 때 신중하게 고려해야 한다. 다음은 스마트 컨트랙트가 코드라는 점을 유의해서 다시 정의해 본 것이다.

정의 **스마트 컨트랙트**는 애플리케이션의 규칙과 규정들을 디지털로 정의하고, 검증하고, 검사하며, 강제하기 위한 블록체인에서 작동시킬 수 있는 실행 가능한 코드다. 스마트 컨트랙트는 제삼자 없이도 신뢰할 수 있는 트랜잭션의 수행을 지원한다. 이런 트랜잭션은 추적 가능하고 되돌릴 수 없다.

이 장에서는 스마트 컨트랙트와 블록체인 프로그래밍의 설계와 개발을 가이드해 줄 개발 원칙을 설명한다. 이런 원칙을 단순한 유스 케이스(탈중앙화한 카운터)를 위한 스마트 컨트랙트 설계에 먼저 적용해 본 다음, 좀 더 큰 유스 케이스(탈중앙화한 비행사 컨소시엄)에도 적용해 볼 것이다. 코드의 형식으로 설계를 구현하기 위해서는 다음과 같은 것이 필요하다.

- 블록체인 플랫폼
- 스마트 컨트랙트를 코딩하기 위한 언어
- 개발, 컴파일, 배포, 테스트하기에 적합한 환경

우리는 이더리움(*https://ethereum.org*)을 플랫폼으로 사용할 것이고, 스마트 컨트랙트를 코딩하기 위해 솔리디티(*https://solidity.readthedocs.io/en/v0.6.2*)라고 불리는 특수한 언어를 사용할 것이다. 그런 후에 리믹스(*https://remix-ide.readthedocs.io/en/latest*)라는 통합 개발 환경(IDE)을 통해 코드를 배포하고 작동 테스트를 진행할 것이다. 이 세 가지의 기술은 다목적 개발 환경을 제공해 주고, 블록체인 프로그래밍을 좀 더 빠르게 배우는 데 도움을 줄 것이다. 6장부터는 이런 초기 개발 환경에서 프로덕션 셋업으로 전환하는데, 이를 통해 퍼블릭 블록체인의 처음부터 끝까지 전 과정을 포괄하는 Dapp(댑)을 개발하고 배포할 수 있다.

이 장을 마칠 때쯤이면 문제를 분석하고, 스마트 컨트랙트 솔루션을 설계하고, 솔리디티를 사용해 구현하고, 이것을 리믹스 IDE가 제공하는 테스트 블록체인에 배포할 수 있을 것이다.

2.1 스마트 컨트랙트 개념

스마트 컨트랙트는 비트코인 블록체인 프로토콜이 제공했던 기본적인 신뢰를 확장시키는 코드다. 스마트 컨트랙트는 암호 화폐 이외의 디지털 자산을 위한 트랜잭션을 지원할 수 있는 **프로그래밍을 가능**하게 해준다. 스마트 컨트랙트는 각 블록체인 애플리케이션이 필요로 하는 특정한 확인과 검증을 가능하게 한다. 범용적인 애플리케이션을 위한 블록체인의 신뢰 레이어를 열어 주는 것이다. 이제 스마트 컨트랙트를 좀 더 자세하게 탐구해 보자.

여기서는 이더리움의 스마트 컨트랙트 정의를 사용하는데, 이더리움은 가장 많이 사용하는 범용적인 퍼블릭 블록체인이기 때문이다. 또한, 이더리움은 대형 금융 트랜잭션을 위한 JP 모건의 쿼럼Quorum(*https://consensys.net/quorum/*)과 비즈니스 애플리케이션을 위한 R3의 코다Corda(*https://www.r3.com/corda-platform*)와 같은 수많은 다른 산업 블록체인을 위한 표준 구현체reference implementation로도 활약해 왔다. 1장에서 소개한 레이어 다이어그램을 그림 2.1로 다시 가져왔는데, 여기에서 스마트 컨트랙트는 애플리케이션 상세 로직을 담당한다. 스마트 컨트랙트는 샌드박스 환경에 배포되고, 블록체인 네트워크의 참여자들을 식별하는 데 사용하는 160 비트의 어카운트 주소를 사용해 식별한다. 스마트 컨트랙트는 블록체인 노드의 가상머신 위에서 실행된다.

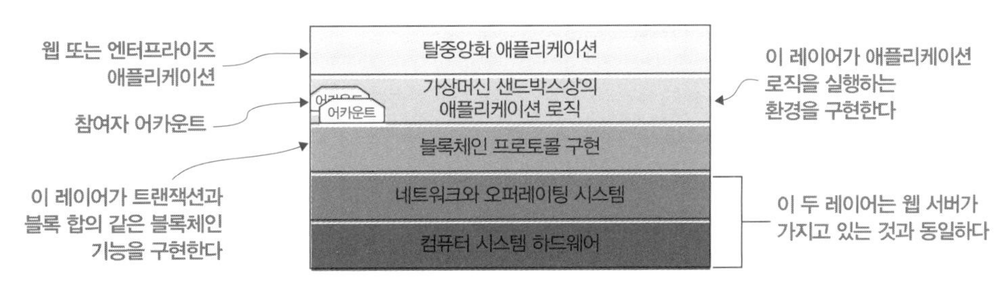

그림 2.1 **블록체인 애플리케이션 스택과 레이어**

2.1.1 비트코인 트랜잭션 vs. 스마트 컨트랙트 트랜잭션

암호 화폐 트랜잭션과 비화폐적인 애플리케이션 종속적인 함수 호출 간의 차이를 이해하기 위해 그림 2.2와 같이 비트코인 트랜잭션과 이더리움 스마트 컨트랙트를 비교해 보자. 비트코인의 경우, 모든 트랜잭션은 가치(`Tx(sendValue)`)를 전송하기 위한 것이다. 스마트 컨트랙트를 지원하는 블록체인의 경우, 트랜잭션은 스마트 컨트랙트가 구현한 기능을 임베드한다. 그림 2.2에서 이 기능은 투표 스마트 컨트랙트이고, 여기에는 `validateVote()`, `vote()`, `count()`, `declareWinner()` 함수가 있다. 이들 함수를 호출하면 블록체인에 기록될 트랜잭션들(`Tx(validateVoter)`, `Tx(vote)` 등)을 생성한다. 블록체인에 이러한 임의적인 코드를 올리고 실행할 수 있는 기능은 단순한 암호 화폐 전송을 넘어서서 블록체인의 활용도를 크게 향상시킨다.

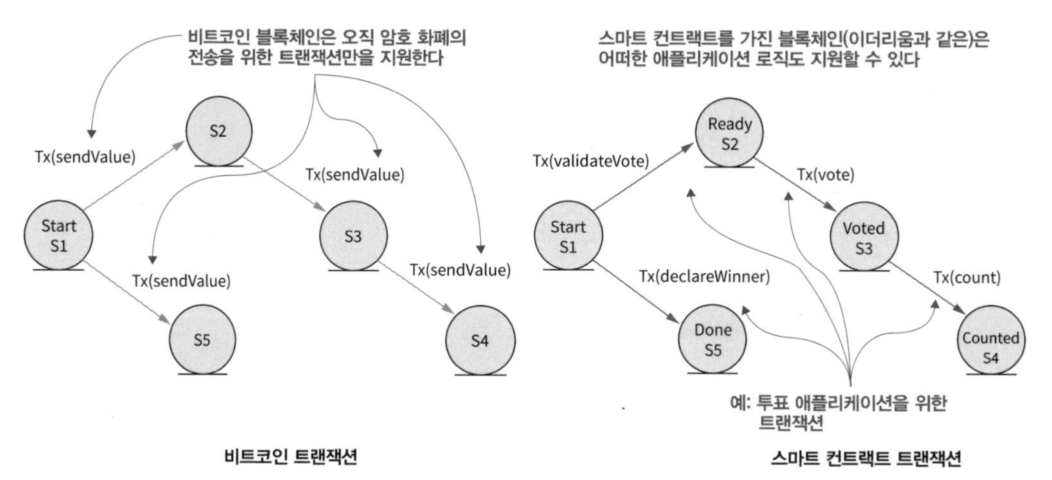

그림 2.2 **비트코인 트랜잭션과 스마트 컨트랙트 트랜잭션 비교**

2.1.2 스마트 컨트랙트는 무엇을 하나?

스마트 컨트랙트는 블록체인 애플리케이션의 두뇌와 같은 역할을 한다. 사람의 두뇌와 마찬가지로, 스마트 컨트랙트는 다음과 같은 많은 중요한 기능을 수행한다.

- 각 애플리케이션의 특수한 조건에 맞는 확인과 검증을 할 수 있는 비즈니스 로직 레이어를 표현한다.
- 블록체인에서 작동하기 위한 규칙의 명세specification of rules를 설정할 수 있게 한다.
- 탈중앙화 네트워크에서 자산의 전송을 위한 정책을 구현하기 쉽도록 한다.
- 메시지나 다른 함수의 호출에 의해 실행되는 함수를 내장하는데, 개인 어카운트나 다른 스마트 컨트랙트 어카운트가 이런 호출을 하게 된다. 이 메시지는 블록체인의 분산 장부에 트랜잭션 일부로 기록되는데, 여기에는 입력 파라미터, 송신자의 주소, 타임스탬프 등과 같은 추가적인 메타 데이터를 포함한다.
- 탈중앙화 블록체인 기반 애플리케이션을 위한 소프트웨어 기반 중개자로서 기능한다.
- 스마트 컨트랙트 기능의 구체적인 설정을 통해 블록체인에게 프로그래밍 가능성programmability와 지능성을 제공해 준다.

이런 핵심적인 기능성을 가지고 있는 스마트 컨트랙트는 의심할 여지 없이 탈중앙화 블록체인 애플리케이션의 중심 컴포넌트라 할 수 있다.

2.2 스마트 컨트랙트의 설계

스마트 컨트랙트로 해결해야 할 문제 설정에서부터 코드의 배포에 이르기까지 전 과정을 살펴 볼 수 있는 간단한 예제를 통해 스마트 컨트랙트 설계를 탐구하자. 첫 번째 예제는 탈중앙화 카운터다. 카운터는 일상 애플리케이션에서 공통으로 사용한다. 표 2.1은 카운터를 사용하는 유형을 보여준다. 회전식 개찰구는 놀이공원에 출입하는 사람들의 숫자를 센다. 주식 시장 인덱스는 중앙화 시스템에서의 주식의 매출 실적에 따라 오르고 내린다. 국가 무역 지표는 다양한 무역 영역을 나타내는 분산된 주체들의 리포트에 기반하여 변동성이 나타난다. 우리가 살고 있는 세계는 태생적으로 탈중앙화 시스템의 좋은 예인데, 총인구는 전 세계 각 지역에서의 출생과 사망 숫자에 의해 결정된다. 이러한 예들을 좀 더 생각해 보길 바란다.

표 2.1 **다양한 시스템의 카운터 예들**

시스템 타입	카운터 예
수동 시스템	놀이공원의 입출입자 집계를 위한 회전식 개찰구
중앙화 시스템	주식 인덱스
분산 시스템	국가 무역 적자
탈중앙화 시스템	세계 인구

카운터는 단순하지만, 스마트 컨트랙트 개발의 다양한 유스 케이스를 보여줄 수 있는 좋은 예다. 당장 코딩부터 시작해 보고 싶은 마음이 굴뚝같겠지만, 우선 컨트랙트를 설계하는 것부터 시작하는 것이 좋다. 코드를 개발하기에 앞서 올바른 설계를 하는 것이 중요하다. 더욱이 설계 자체는 스마트 컨트랙트 언어와는 독립적인 것이므로 다른 언어로도 구현할 수 있는 설계도와 같은 것이다.

트랜잭션을 통해 스마트 컨트랙트를 블록체인에 배포하는데, 블록의 일부분에 포함됨으로써 블록체인에 영구히 기록되고, 되돌릴 수 없으며, 수정할 수 없다. 이를 설계 원칙 1로 요약할 수 있다.

테스트 체인에서 스마트 컨트랙트를 코딩, 개발, 배포하기 전에 우선 설계부터 한다. 또한, 프로덕션 블록체인에 배포하기 전에 철저한 테스트를 거쳐야 한다. 왜냐하면 스마트 컨트랙트는 변조 불가능하기 때문이다.

설계 과정의 목표는 스마트 컨트랙트의 내용을 정의하는 것인데, 구체적으로 다음과 같은 점을 설정하는 것이다.

- 데이터
- 데이터를 처리할 함수
- 처리를 위한 규칙

설계 원칙 2는 해당 애플리케이션을 사용할 시스템 사용자를 정의하는 것이 설계의 출발점이라는 것이다.

2 설계 원칙 시스템 사용자와 유스 케이스를 정의한다. 사용자란 행위와 입력값을 발생시키고, 설계하고 있는 해당 시스템으로부터 그 출력값을 받는 주체다.

2.2.1 카운터를 위한 유스 케이스 다이어그램

이런 원칙을 적용해서 카운트 문제를 해결하기 위한 설계 과정을 시작해 보자. 유스 케이스와 클래스 다이어그램을 보여주기 위해 표준적인 통합 모델 언어(UML, *https://www.uml.org/index.htm*)를 사용할 것이다. 숙련된 개발자에게는 UML 설계 표현이 익숙하겠지만, 초보 개발자에게는 생소할 수도 있다. UML 다이어그램을 어떻게 만드는지에 대해서는 부록 A에 있는 UML 설명을 참고하기 바란다.

UML 유스 케이스 다이어그램은 해결해야 할 문제와 스마트 컨트랙트를, 정확히는 그것의 함수들을 어떻게 사용해야 할지에 대해 숙고할 수 있도록 해준다. 그림 2.3에서 액터actor(액터의 정의는 부록 A 참고 요망)는 하나뿐인데, 카운터를 사용할 탈중앙화 애플리케이션을 막대 그림으로 표현하고 있다.

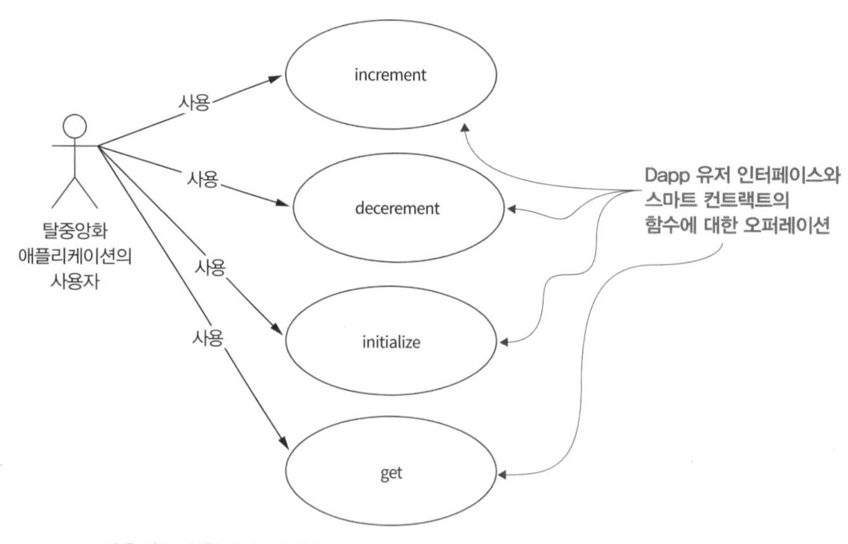

그림 2.3 **카운터를 위한 유스 케이스**

우선, 카운터의 함수들을 생각해 보자.

- `initialize()` - 값에 대한 초기화
- `increment()` - 주어진 값만큼 증가
- `decrement()` - 주어진 값만큼 감소
- `get()` - 카운터값을 가져오기

해당 스마트 컨트랙트가 의도하는 바를 명확히 표현해 주는 이 다이어그램은 설계 과정의 출발점이자 개발팀원들과 이 문제 해결에 관심 있는 관계자들이 같이 논의해 볼 수 있는 자료가 된다. 또한, 체계적인 다음 설계 단계로 이끄는 도입부다. 여기서 한 가지 주목할 점은 이 단계에서 만든 설계 내용이 해결해야 하는 문제에는 종속적이지만, 특정한 코딩 또는 시스템에는 종속적이지 않다는 점이다.

다음으로, 위에서 정의한 함수들을 사용할 주체와 (만일 있다면) 그 규칙이 무엇인지에 대해 탐구해 보자.

2.2.2 데이터 애셋, 피어 참여자, 역할, 규칙, 그리고 트랜잭션

유스 케이스 다이어그램이 나왔고, 이제 문제 해결을 위한 블록체인 기반 컴포넌트들의 여러 속성attributes에 대해 설명할 차례다. 이 단계를 설계 원칙 3, **데이터 애셋 분석**data asset analysis으로 요약해 보자.

3 설계 원칙 데이터 애셋, 피어 참여자, 그들의 역할, 강제할 규칙, 설계하고 있는 시스템에 기록해야 할 트랜잭션을 정의한다.

탈중앙화 카운터 문제에서 설계 원칙 3을 적용하면 다음과 같은 아이템을 설정할 수 있다.

- **추적해야 할 데이터 애셋** - 카운터값
- **피어 참여자** - 카운터값을 업데이트할 애플리케이션
- **참여자의 역할** - 카운터값을 업데이트하고 그 값에 액세스하는 것
- **데이터와 함수에 검증, 검사해야 할 규칙** - 이 유스 케이스에는 없음
- **디지털 장부에 기록해야 하는 트랜잭션** - `initialize()`, `increment()`, `decrement()`

카운터값을 바꾸는 함수나 트랜잭션만을 기록하면 된다는 점에 주목하자. 스마트 컨트랙트에 정의된 모든 함수가 블록체인의 분산 장부에 기록을 남기는 트랜잭션을 생성하는 것은 아니

다. get() 함수는 카운터의 내용을 보기만 할 뿐이므로 이 함수의 호출을 블록체인에 기록할 필요는 없다. 이런 특성을 **읽기 전용**view-only 함수로 정의할 수 있다. 읽기 전용 함수의 실행은 블록체인에 기록하지 않는다.

2.2.3 클래스 다이어그램에서 컨트랙트 다이어그램으로

이 단계에서는 카운터 문제 해결 설계를 위해 UML 클래스 다이어그램을 설정한다. 클래스 다이어그램은 솔루션의 여러 가지 구조적 요소들을 정의한다. 이전의 두 단계(유스 케이스와 디지털 애셋 분석)에서 나온 아이템들을 바탕으로 클래스 다이어그램을 그린다. 전통적인 객체지향 프로그래밍(OOP)의 전형적인 UML 클래스 다이어그램은 그림 2.4의 왼쪽 표가 보여주듯이 다음의 세 가지 요소를 포함한다.

- 클래스의 이름
- 데이터 정의
- 함수 정의

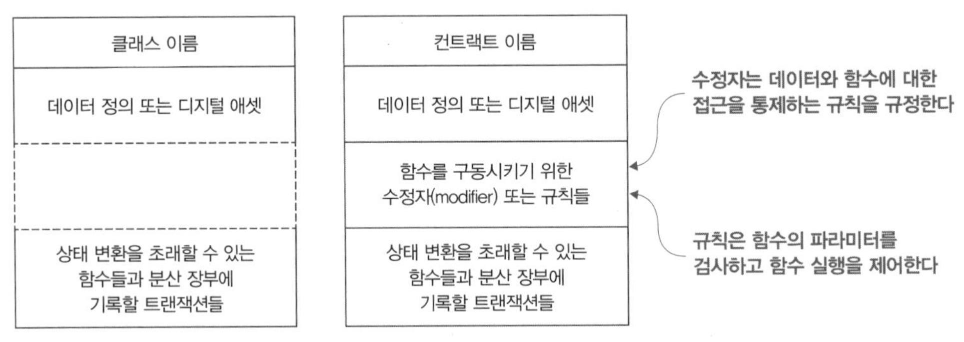

그림 2.4 **클래스 다이어그램과 컨트랙트 다이어그램 템플릿 비교**

그림 2.4 오른쪽의 스마트 컨트랙트 다이어그램은 추가적인 컴포넌트를 가지고 있는데, 함수와 데이터에 대한 접근 규칙이다. 이 컴포넌트 때문에 스마트 컨트랙트 다이어그램이 전통적인 클래스 다이어그램과 차이 나게 된다. 설계 원칙 4는 컨트랙트 다이어그램을 다룬다.

4 설계 원칙 컨트랙트 이름, 데이터 애셋, 함수, 함수의 실행과 데이터 접근을 위한 규칙을 정의하는 컨트랙트 다이어그램을 작성한다.

단순한 카운터 유스 케이스에서는 조건이나 규칙을 사용하지 않는다. 반드시 있어야 하는 것은 아니다. 이 유스 케이스에서 해결하고자 하는 문제는 설계 프로세스를 보여주기 위해 설정한 단순한 것이기 때문이다. 그림 2.5는 카운터를 위한 **컨트랙트 다이어그램**contract diagram을 보여준다. 이 다이어그램에서 컨트랙트의 여러 가지 요소(데이터 변수와 함수)의 구분자로 캐멀 케이스camel-case 양식을 사용했다. 다이어그램은 컨트랙트 이름이 Counter라는 것을 보여주고, value라고 명명한 유일한 데이터인 정숫값이 있고, 그림 2.3의 유스 케이스 다이어그램에서 나온 함수들을 열거하고 있다. 세 개의 함수, 즉 initialize(), increment(), decrement()가 있고, 이외에도 constructor() 함수와 get() 함수가 추가되어 있다. constructor() 함수는 스마트 컨트랙트가 블록체인 인프라에서 작동하는 VM 샌드박스에 처음 배포되었을 때 한 번만 작동한다. constructor에는 컨트랙트의 초깃값을 설정할 수 있는데, 이때 이 함수에 주어진 파라미터들을 이용할 수도 있다. get() 함수는 카운터의 현재 값을 리턴하는 유틸리티 함수다.

그림 2.5의 다이어그램을 개념적으로 이해하는 것은 스마트 컨트랙트 설계의 핵심적인 단계다. 그림 2.5의 내용은 일반 객체지향 클래스 설계와 크게 다르지 않다. diagrams.net(*https://www.diagrams.net*)을 사용해서 그리거나 익숙한 다른 UML을 사용해도 좋다. 이 컨트랙트 다이어그램은 개발팀원이나 이해 관계자들과 설계 논의 시 사용할 수 있는 편리한 자료다.

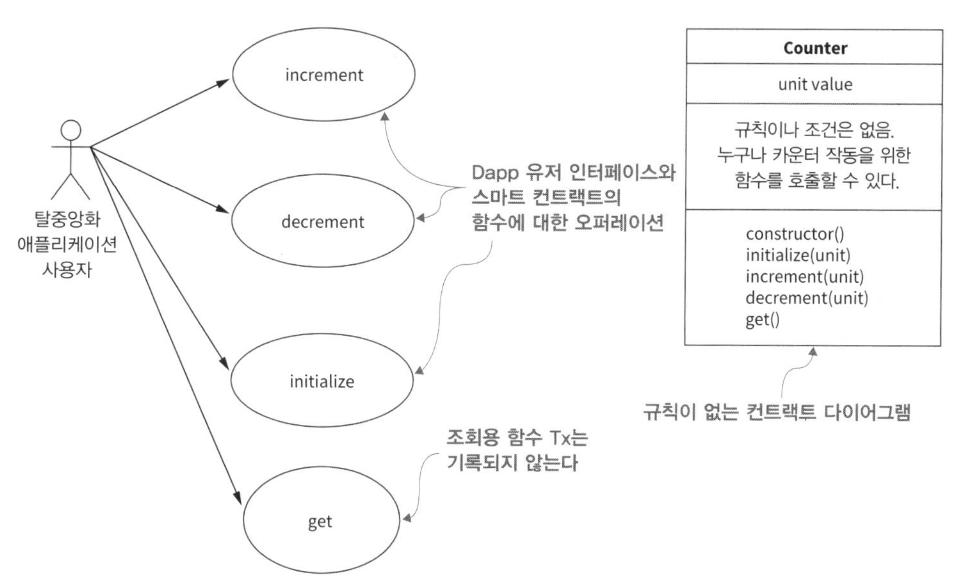

그림 2.5 **카운터 컨트랙트 다이어그램**

2.3 스마트 컨트랙트 코드 작성

이제 고수준high-level 언어를 사용해 스마트 컨트랙트 코드를 작성할 준비를 마쳤다. 자바Java, 파이썬Python, 고Go와 같은 방대한 라이브러리와 풍부한 구문, 시맨틱스를 가진 범용 언어가 많이 있지만, 스마트 컨트랙트 개발을 위해서는 블록체인 오퍼레이션에 특화된 전용 언어가 필요하다. 솔리디티는 그러한 언어 중 하나다. 이더리움 재단이 이 언어를 처음 도입했는데, 하이퍼레저와 같은 다른 블록체인 플랫폼도 이를 사용한다. 우리도 스마트 컨트랙트 코딩을 하기 위해서 이 솔리디티를 사용할 것이다.

블록체인 프로그래밍이 단순히 전통적인 고수준 언어로 작성한 코드를 솔리디티 코드로 포팅하는 것이 아님을 일단 염두에 두어야 한다. 컨트랙트 코드를 작성하는 것은 블록체인 기반의 기록을 위해 정밀한 명령을 만드는 것이다. 스마트 컨트랙트 코드는 범용 언어가 가진 모든 세세한 기능이 다 필요한 것이 아니다. 다만 어카운트 주소, 규칙 사양, 트랜잭션 되돌림reversal과 같은 블록체인에 특화된 특정 기능이 언어에 내장되어 있어야 한다. 또한, 스마트 컨트랙트 코드는 여러 블록체인 노드에서 실행될 때 일관성을 유지하기 위해 **제한된**restricted 샌드박스 환경에서 실행된다. 이러한 이유로 스마트 컨트랙트를 코딩하기 위해 특수한 언어를 사용한다.

실제 코딩에 앞서 솔리디티 언어의 기능에 대해 좀 더 알아보자.

2.3.1 솔리디티 언어

솔리디티 언어는 스마트 컨트랙트를 코딩하기 위한 객체지향 고수준 언어인데, C++, 파이썬, 자바스크립트 등의 영향을 받았다. 솔리디티는 정적 타입statically typed 언어이고, 상속, 라이브러리, 사용자 정의 타입 등을 지원한다. 또한, 블록체인 애플리케이션 개발을 위한 유용한 기능을 많이 제공한다. 솔리디티 언어의 구문과 시맨틱스가 여러분들이 이미 익숙한 기존 언어들과 매우 유사하므로 이런 요소들에 대해서는 명시적으로 따로 설명하지는 않겠지만, 코드 예제 등을 살펴보면서 함께 소개하고 검토해 볼 것이다. 시뮬레이트된 블록체인 위에 스마트 컨트랙트 코드를 작성, 수정, 컴파일하고, 이를 배포하고 테스트하기 위해 리믹스 통합 개발 환경을 사용할 것이다.

2.3.2 카운트를 위한 스마트 컨트랙트 코드

이 절에서는 그림 2.5의 디자인 다이어그램에서 설계한 스마트 컨트랙트를 위한 코드를 개발하고자 한다. 솔리디티로 작성한 전체 코드는 리스트 2.1과 같다.

리스트 2.1 **Counter 스마트 컨트랙트를 위한 솔리디티 코드(Counter.sol)**

```
pragma solidity ^0.6.0;
// 전 세계가 공유할 수 있는 큰 정수 카운터를 상상해 보자
contract Counter {
    uint value;                                   ← 카운터값을 위한 공유 데이터
    function initialize (uint x) public {         ← 카운터의 함수들
        value = x;
    }

    function get() view public returns (uint) {
        return value;
    }

    function increment (uint n) public {
        value = value + n;
        // return (optional)
    }

    function decrement (uint n) public {
        value = value - n;
    }
}
```

첫 번째 라인은 이 코드를 작성하는 데 사용한 언어의 버전을 지정한다. 코딩에 사용한 언어의 버전과 컴파일할 때 사용할 버전을 일치시키기 위해서 버전을 지정하는 이 구문이 필수 사항이다. 여기서 사용한 버전은 솔리디티 0.6.0이다. 버전 번호를 지정할 때 pragma 지시문을 사용한다. 이 pragma 지시문 이후, contract 키워드와 컨트랙트의 이름(이 경우에는 Counter)으로 컨트랙트 코드 정의를 시작한다.

이 책을 작성하는 시점에 솔리디티의 가장 최신 버전은 0.6이었다. 예제들에는 이 버전을 사용했다.[2] 이후 업데이트된 다른 버전을 사용한다면 정상적인 작동을 위해 일부 코드 수정이 필요할 수도 있다.

다음으로, 스마트 컨트랙트의 데이터 컴포넌트를 정의한다. 솔리디티의 데이터 타입은 다른 고수준 언어와 비슷하다. 이 예제에서는 uint unsigned integer 데이터 타입을 카운터값을 저장하는 식별자를 정의하기 위해 사용하였다. 블록체인 환경에서 uint 타입은 다른 주류 컴퓨팅에서 사용하는 정수 데이터 타입과 상당히 다른데, 범용 언어에서는 64비트인 데 반해 솔리디티에서는 256비트 값이다. uint, int, int256, uint256는 모두 같은 값의 별칭이다.

함수는 function 키워드와 함수명에 의해 정의하며, 파라미터 타입과 이름이 괄호에 묶여

2 옮긴이 번역하는 현재 시점에서 솔리디티 최신 버전은 0.8.1이며, 이 책의 예제는 0.8.1에서 테스트를 진행했다.

그 뒤에 따라오고, 함수의 본문은 중괄호({})로 묶어 표현한다. 리스트 2.1에는 initialize(), get(), increment(), decrement()라는 네 개의 함수가 정의되어 있다. 이 예제처럼 명시적인 생성자constructor 함수를 정의하고 있지 않을 때는 기본 생성자가 컨트랙트를 배포하기 위해 사용한다.

모든 함수는 public으로 선언되어 있는데, 이것은 공개적 가시성(프라이빗 가시성에 반대되는)을 가진다는, 즉 블록체인상에 있는 어떠한 외부의 참여자(또는 어카운트)도 이 함수를 호출할 수 있다는 것을 의미한다. 함수 정의는 return 문을 포함할 수 있는데, 이를 이용해 함수 호출의 결과로 반환될 값을 명시적으로 정의할 수 있다. 이 예제에서는 get() 함수가 반환값을 가지고 있다. initialize(), increment(), decrement() 함수는 파라미터값을 받아서, 이 값을 가지고 함수 본문 안에서 변수 value를 갱신하는 역할을 한다. 이들 함수의 호출은 자동적으로 각각 분산 장부상의 트랜잭션으로 기록된다. 변수 value의 상태 변화state change 또한 모두 기록된다.

get() 함수는 'view' 함수임에 주목하자. 이 함수를 호출하는 것은 블록체인상에 기록되지 않는데, 그 이유는 카운터값 상태를 변화시키지 않기 때문이다.

이 스마트 컨트랙트를 만들기 위해 다음의 단계를 실행하자.

1. 브라우저에서 리믹스 IDE를 오픈한다(*https://remix.ethereum.org/*).
2. 솔리디티 언어를 선택한다(바이퍼Vyper는 스마트 컨트랙트를 위한 또 하나의 언어다).
3. IDE에서 왼쪽 패널 맨 위에 있는 🗋 아이콘을 클릭해서 새 파일을 만든다.
4. 열린 팝업 윈도우에서 Counter.sol이라고 이름을 설정한다(.sol은 솔리디티 언어를 위한 파일 타입이다).
5. 리스트 2.1의 Counter 코드를 입력하거나 복사해서 에디터 창에 붙여넣는다.

2.4 스마트 컨트랙트 코드를 배포하고 테스트하기

스마트 컨트랙트를 배포하고 그 기능을 시험해 볼 준비가 되었는가? 솔리디티로 작성한 카운트를 위한 스마트 컨트랙트 코드(2.3.2절)를 입력한 리믹스 개발 환경에서 바로 스마트 컨트랙트를 배포할 수 있다. 스마트 컨트랙트를 테스트해 보기 전에 리믹스 IDE에 대해 좀 더 살펴보자.

> **리믹스**
>
> 솔리디티 스마트 컨트랙트를 작성, 컴파일하고, 블록체인을 셋업하고 구성하며, 코드를 이 체인에 배포하고 테스트하는 전체 개발 환경에 대해 궁금한가? 리믹스는 이를 위한 별도의 설치 과정 없이 웹/클라우드 기반으로 통합 개발 환경을 제공한다. 그뿐만 아니라 자바스크립트 기반의 테스트 체인 환경을 제공하고, 작성한 컨트랙트 코드를 이 체인 위에 바로 배포해서 실행할 수 있도록 지원해 준다. 이 일체형의 개발 환경에서 테스트한 스마트 컨트랙트 코드는 리믹스 테스트 체인뿐만 아니라 외부 블록체인으로도 쉽게 배포할 수 있다.

2.4.1 리믹스 IDE

리믹스 IDE(그림 2.6)는 *https://remix.ethereum.org*에서 직접 사용할 수 있다. 오픈해서 기능들을 살펴보자. 리믹스 IDE 레이아웃은 사용자 경험을 향상시키기 위해 해마다 업데이트를 하는데, 기본 콘셉트는 동일하다. 다음 해에 레이아웃이 새롭게 바뀔 수도 있고, 종종 버튼 색상이 바뀌기도 한다.

그림 2.6은 스마트 컨트랙트를 개발할 때 사용하는 일곱 가지의 기능을 보여준다. 리믹스 IDE를 오픈하여 제시된 아이템을 살펴보고, 설명을 보면서 하나씩 확인해 보자(이 그림은 책 출판에 잘 맞도록 라이트Light 테마를 선택했는데, 왼쪽 하단의 톱니바퀴 모양의 설정 버튼을 눌러 Themes를 변경해서 이를 바꿀 수 있다).

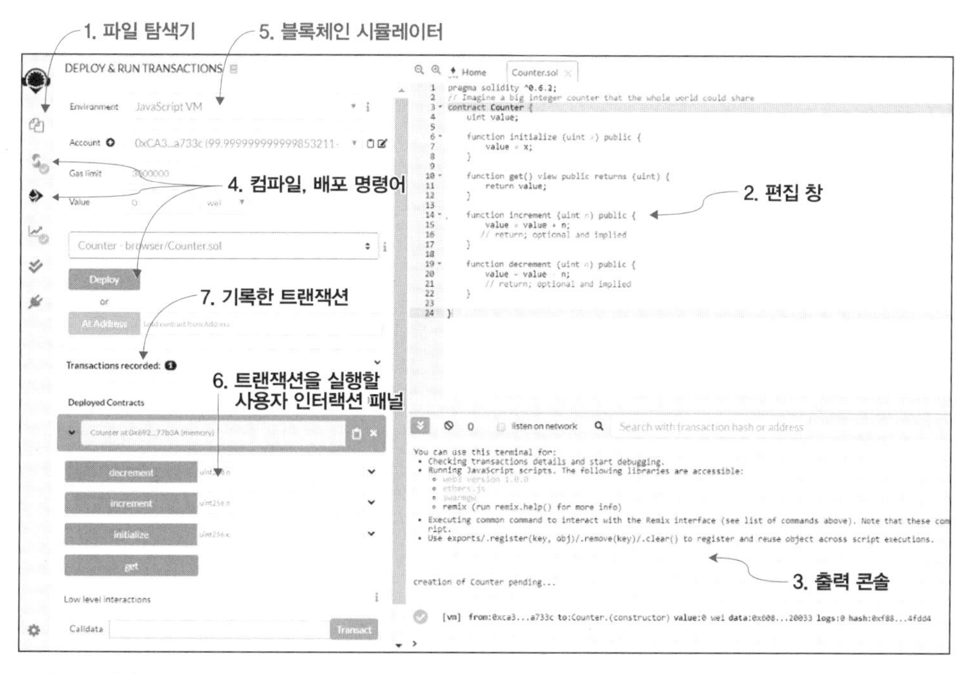

그림 2.6 리믹스 IDE

리믹스 IDE의 주요 기능은 다음과 같다.

1 왼쪽의 **파일 탐색기**file explorer에서 파일을 만들고 관리할 수 있는데, 즉 여기서 파일을 열고, 닫고, 생성하고, 삭제한다. 파일은 자동으로 리믹스(클라우드) 서버에 저장된다. 여기에서 생성된 파일들을 로컬 드라이브와 폴더로 싱크할 수 있다.

2 가운데 있는 **편집**edit 창에 코드를 입력하고 스마트 컨트랙트의 .sol 파일 내용이나 저장된 트랜잭션의 .json 파일을 리뷰할 수 있다. 또한, 방금 입력한 코드의 에러를 just-in-time 컴파일 기능(옵션임)을 이용해 바로 확인할 수도 있다.

3 편집 창 아래에 있는 **출력 콘솔**output console을 이용해 트랜잭션을 볼 수 있는데, 그 기록뿐만 아니라, 모든 에러와 디버깅 상세 정보를 확인할 수 있다.

4 왼쪽 패널에 있는 **도구 모음**toolchain은 코드를 컴파일하고 배포하기 위한 명령어들을 표시하는 아이콘들을 보여준다. 스마트 컨트랙트를 배포하기 위해서는 컴파일과 배포 아이콘을 클릭한 다음, 배포 버튼을 누르면 된다.

5 **블록체인 시뮬레이터**blockchain simulator는 스마트 컨트랙트의 실행 환경(자바스크립트 VM)을 제공할 뿐만 아니라, 외부 라이브 블록체인 네트워크로 연결할 수 있도록 해준다. 리믹스 IDE는 테스트 블록체인을 위한 어카운트 주소들과 아이덴티티를 제공한다. 어카운트 번호는 참여자를 나타낸다. 테스트를 위해 열 개의 어카운트를 제공하는데, 필요한 경우 더 추가할 수 있다.

6 왼쪽 아래쪽 코너에 있는 **사용자 인터랙션 패널**user interaction panel을 이용해 트랜잭션을 실행시키기 위한 스마트 컨트랙트와의 상호작용을 할 수 있다. 퍼블릭 함수와 데이터를 불러오기 위한 함수를 실행하는 버튼들이 자리하고, 입력받아야 할 파라미터가 있는 경우 이를 위한 텍스트 박스도 제공한다. 만일 리턴되는 결괏값이 있다면 버튼 아래에 이를 표시한다.

7 블록체인에 기록된 모든 트랜잭션은 쉽게 리뷰할 수 있도록 .json 파일로 제공해 준다. 왼쪽 패널의 중간에 있는 Transactions recoded: 버튼을 클릭하면 된다.

이로써 리믹스에 복사한 스마트 컨트랙트 코드를 테스트해 볼 수 있는 준비를 마쳤다. 단순한 Counter.sol 컨트랙트로 작업해 보면 리믹스 IDE의 기능뿐만 아니라 스마트 컨트랙트의 구조와 개발 과정에 대해 더 잘 이해할 수 있을 것이다.

2.4.2 배포와 테스팅

이제 Counter 스마트 컨트랙트를 배포하고 테스트할 차례다. 리믹스 웹 IDE에서 다음의 단계들을 따라 한다.

1 파일 탐색기를 오픈해서 + 심벌을 클릭한다. 팝업된 창에 Counter.sol이라는 컨트랙트 이름을 입력해 보자. Counter.sol 파일의 내용을 편집 창으로 복사해 넣고, 컴파일 아이콘을 클릭한다. 컴파일 버튼이 나타나면 이것을 클릭하자(이 단계를 스킵하기 위해 자동 컴파일 체크 박스를 클릭할 수도 있다).

2 배포와 트랜잭션 실행에 있는 환경 항목이 자바스크립트 VM으로 설정되어 있는지 확인하자.

3 배포할 준비가 되었다. 배포와 트랜잭션 실행 아이콘을 클릭한다. 왼쪽 패널에 있는 Deploy 버튼을 클릭한 후, 그림 2.7과 같이 Deployed Contracts 옆에 있는 작은 아래 방향 화살표를 클릭하자. 스크린 바닥에 인터랙션 패널이 나타날 것이다.

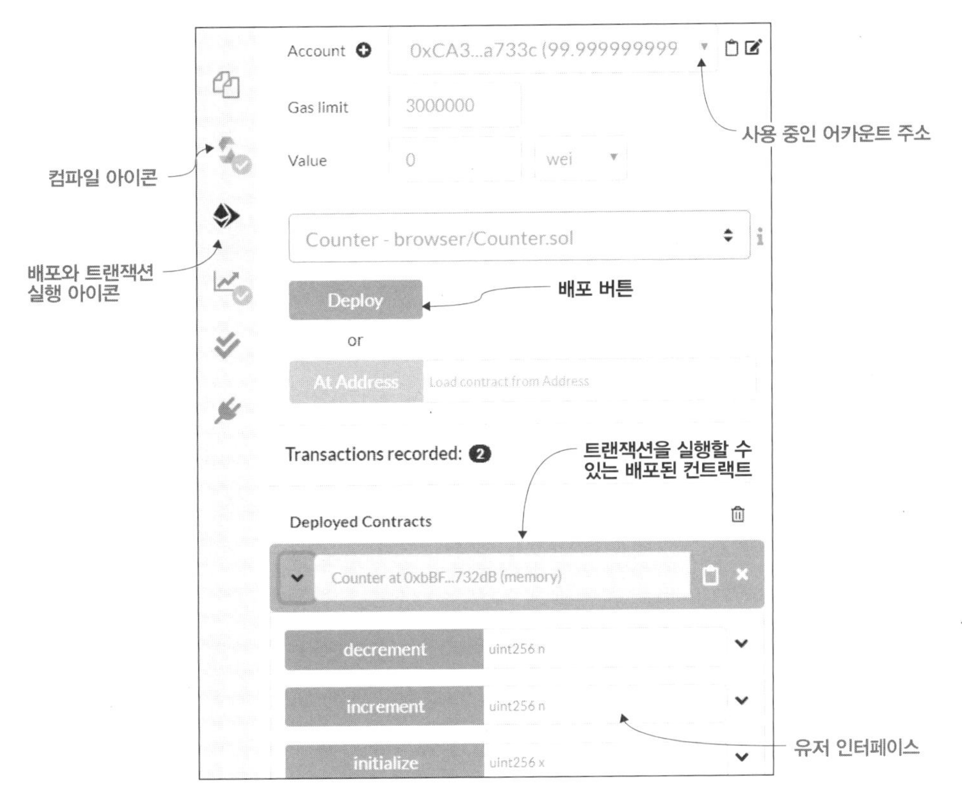

그림 2.7 리믹스 IDE의 왼쪽 패널

4 스마트 컨트랙트와 상호작용을 하고 그 작동을 관찰할 준비가 다 되었다. 샘플로 initialize 박스에 456을 입력하고, initialize 버튼을 클릭해 보자. 그런 후 get 버튼을 눌러 그 값을 확인해 본다. increment와 decrement 박스에 값들을 집어넣고 반복적으로 실행해 본 후에 get 버튼을 클릭해 보자.

위의 오퍼레이션을 테스트하면서 리믹스 IDE 편집 창 아래에 있는 출력 콘솔의 내용도 반드시 확인하기 바란다. 이 오퍼레이션(initialize, get, increment, decrement)에서 생성한 트랜잭션이 처음에는 대기 상태에 있다가 성공적인 실행 상태로 변하는 것을 확인할 수 있을 것이다. 그림 2.7에서 왼쪽 맨 위에 있는 드롭박스에서 각기 다른 사용자를 표현하는 어카운트 번호를 넣어서 다른 참여자를 시뮬레이션해 볼 수 있다.

이로써 첫 번째 스마트 컨트랙트를 배포하고 테스트해 보았다. 이 셋업을 본격적인 Dapp을 만들기 위한 빠른 프로토타이핑 환경의 기초로 사용할 수 있다. 2.5절과 2.7절에서, 또한 이후의 장에서 더 복잡한 유스 케이스를 설계할 때 리믹스 IDE의 다른 기능도 살펴볼 것이다.

2.4.3 핵심 사항

지금까지 설계 프로세스에서 수행한 내용을 되돌아보고, 이것을 전통적인 카운터 설계와 비교해 보자.

여기서 설계한 Counter 스마트 컨트랙트 코드는 전통적인 카운트와 유사해 보인다. 이것은 커맨드 라인에서 실행할 수 있는 일반적인 자바 애플리케이션으로 보일지도 모르겠지만, 사실은 그렇지 않다.

스마트 컨트랙트 코드를 블록체인에 배포하였을 때 블록체인에 정의된 아이덴티티를 가진 누구나 이것에 접근할 수 있다. 이 아이덴티티는 뉴욕주의 올버니 또는 인도네시아 발리에 있는 참여자(사람이건 컴퓨터이건)를 나타낼 수도 있다. 참여자가 어카운트 번호를 가지고 있고 동일한 블록체인 네트워크에 접속해 있으면 누구나 동일하게 이 컨트랙트를 사용할 수 있다. 이런 특성을 두고 혹자는 다른 웹 애플리케이션 또는 분산 시스템도 동일한 것이 아닌가 하는 의문을 제기할 수도 있을 것이다. 하지만 분산 웹 애플리케이션은 변조 불가능한 분산 장부를 사용하지는 않는다. 반면 블록체인은 이러한 장부를 사용함으로써, 모든 참여자는 해당 스마트 컨트랙트상에 일어난 모든 트랜잭션 리스트와 동일한 카피를 가지게 된다. 이러한 정보는 네트워크의 모든 이해 관계자의 동의(합의)에 의해 자동으로 로그인된다. 변조 불가능한 장부는 각 트랜잭션을 누가, 언제, 무슨 내용으로 실행했는지에 대한 출처 추적이 가능하다. 블록체인의 변조 불가능한 분산 장부는 서로 알지 못하는 탈중앙화 참여 노드 간에 신뢰를 구축하고, 혁신적인 Dapp을 위한 새로운 차원의 기회를 제공해 준다.

2.5 블록체인 컨트랙트는 왜 스마트한가?

스마트 컨트랙트를 스마트하게 만드는 몇 가지 훌륭한 기능이 있다. 스마트 컨트랙트는 블록체인 네트워크의 다른 참여자와 동등한 지위를 갖는데, 스마트 컨트랙트가 다음과 같은 속성을 갖고 있기 때문이다.

- 이름
- 주소
- 암호 화폐(여기서는 이더ether) 잔액
- 암호 화폐(여기서는 이더)를 송금하고 수신할 수 있는 내장 기능
- 데이터와 함수
- 메시지를 수신하고 함수를 호출할 수 있는 내장 기능
- 함수 실행을 계산할 수 있는 능력

이러한 요소들이 스마트 컨트랙트가 일반적인 코드와 다른 점이다. 스마트 컨트랙트는 스마트하다. 또 다른 애플리케이션 예제로 넘어가기 전에 스마트 컨트랙트의 이러한 기능에 대해 좀 더 살펴보자.

전통적인 컴퓨팅 시스템에서는 사용자 이름과 암호로 참여자를 식별한다. 이러한 요소를 이용해 인증하는 것이다. 이 〈사용자 이름, 암호〉 조합은 탈중앙화 시스템에서는 작동하지 않는데, 그 이유는 피어peer가 통상적인 신뢰 범위(대학과 학생 또는 국가와 시민 등과 같은) 밖에 있기 때문이다. 해결책은 각 참여자에게 암호학적 알고리즘에 기반한 고유한 식별자를 제공하는 것이다(5장에서 이것에 대해 상세히 다룬다). 블록체인과 상호작용을 하는 모든 참여자(스마트 컨트랙트 포함)는 고유하게 식별 가능한 어카운트 번호, 즉 주소를 가진다.

- 이더리움은 두 가지 종류의 어카운트가 있는데, 하나는 외부 소유 어카운트externally owned accounts, EOA이고, 다른 하나는 스마트 컨트랙트 어카운트smart contract accounts, SCA다. 이 두 어카운트 모두 160비트 또는 20바이트 크기의 주소로 식별한다. 리믹스 IDE에서 이 숫자를 볼 수 있다.
- EOA와 스마트 컨트랙트 어카운트 모두 이더 밸런스를 가질 수 있다. 따라서 모든 어카운트는 `address`와 `balance`라는 **묵시적**implicit 속성을 가진다. 스마트 컨트랙트상에서 명

시적으로 이 속성을 발견할 수 없음에도 address(this).balance와 같이 스마트 컨트랙트가 가진 밸런스를 조회해 볼 수 있다.

- EOA와 스마트 컨트랙트는 스마트 컨트랙트에 메시지를 보냄으로써 함수를 호출할 수 있다. 이러한 메시지는 두 가지의 **묵시적**implied 속성을 가지고 있는데, msg.sender와 msg.value가 그것이다. 메시지는 가치를 전송할 수 있는데, 호출한 스마트 컨트랙트의 함수를 실행할 때 그 금액은 호출한 스마트 컨트랙트의 밸런스에 더해진다. 이렇게 금액을 전송받기 위해서는 해당 함수에 payable 수정자modifier를 포함해 선언해야 한다.

리스트 2.2의 AccountsDemo.sol 스마트 컨트랙트에 이러한 개념을 나타냈다. 이 스마트 컨트랙트를 리믹스 IDE에 복사해 넣고 배포해 보자. 그림 2.8과 같은 스크린을 볼 수 있을 것이다.

리스트 2.2 Accounts.sol

```
pragma solidity ^0.6.0;
contract AccountsDemo {

    address public whoDeposited;
    uint public depositAmt;
    uint public accountBalance;

    function deposit() public payable {
        whoDeposited = msg.sender;
        depositAmt = msg.value;
        accountBalance = address(this).balance;
    }
}
```

deposit() 함수는 페이먼트를 수신할 수 있다(payable)

모든 함수 호출은 msg.sender라는 내포적 속성을 가진다

모든 함수 호출은 msg.sender가 보내는 msg.value를 전송할 수 있다

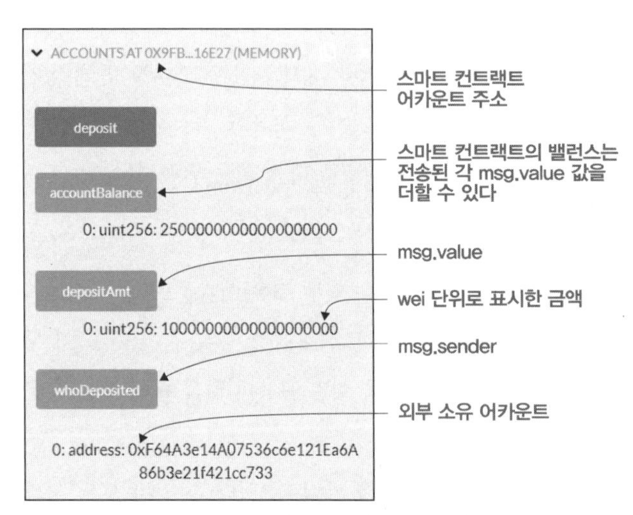

그림 2.8 AccountsDemo 스마트 컨트랙트 인터페이스

리믹스 IDE의 배포와 트랜잭션 실행에서 시뮬레이팅된 VM상의 EOA를 확인할 수 있을 것이다. 또한, 표시된 것처럼 왼쪽 패널 바닥의 스마트 컨트랙트 주소도 확인할 수 있을 것이다. 리믹스 IDE 왼쪽 패널에서 어카운트를 선택하고 deposit 버튼 위에 있는 Value 박스에 이더 금액을 입력한 후에 deposit 버튼을 클릭한다. 그런 후 `accountBalance`, `depositAmt`, `whoDeposited` 버튼을 클릭해서 AccountsDemo 스마트 컨트랙트가 가진 속성값들을 확인해 보자. 다른 어카운트(EOA)와 전송 이더 값을 바꾸어서 반복적으로 실행해 보자. 스마트 컨트랙트가 자율적으로 암호 화폐를 받고, 저장하고, 보내는 것을 확인할 수 있을 것이다. 이러한 스마트 컨트랙트의 특수한 특성이 새로운 기회의 세계를 열어 준다.

2.6 탈중앙화 항공사 시스템 유스 케이스

지금까지 배운 것을 또 다른 유스 케이스에 적용해 보자. 이 예제에서 서로 다른 어카운트 타입의 차이를 살펴보고, 블록체인 프로그래밍의 또 다른 주요 고려 사항, 즉 블록체인에 저장할 정보량을 최소화해야 한다는 점을 강조하고자 한다.

항공산업을 위한 **항공사 시스템 컨소시엄**airline system consortium, ASC 대신 ASK 블록체인은 참여 항공사 간에 좌석의 P2P 트랜잭션을 가능케 해주는 시스템이다. 앞으로 이 유스 케이스를 ASK라는 약자로 표기한다. ASK는 서로 코드를 공유하지 않는 항공사들이 좌석을 P2P로 거래할 수 있는 시장이라고 보면 된다.

2.6.1 ASK 정의

기본 문제 설정 차원에서, 항공사가 전통적인 중앙화된 분산 시스템과 이를 운영하는 수동 에이전트를 통해 이용하던 일상적인 비즈니스를 개선하려고 한다고 가정하자. 또한, 이들 항공사는 허가형이며 탈중앙화 컨소시엄에 참여할 수 있다고 가정하자. 이 컨소시엄을 ASK라고 부르기로 하겠다. 이 시나리오는 가상적인 것이며, 예제를 위해 만들어 본 것이다.

전통적인 시스템과는 달리, 항공사는 언제든지 원하는 바에 따라 시스템에 합류하거나 탈퇴할 수 있다. 각 항공사는 ASK 트랜잭션에서 좌석의 정산에 사용될, 미리 설정된 최소 에스크로escrow 금액을 예치함으로써 ASK에 합류할 수 있다. 컨소시엄은 항공사 간 좌석을 트레이딩(사고파는)할 수 있게 허용하는데, 이를 관장하는 조건과 상황을 제시한다. 트레이딩을 위한 규칙은 시스템 안에 코드로 포함하고 있으므로 애매모호한 경우가 없고, 모든 결과가 결정론적deterministic(결정론적이라는 것은 같은 니모닉을 사용하면 항상 동일한 주소의 집합을 얻게 된다는 의미다)이다. ASK의 문제 설정, 이슈, 블록체인 기반 솔루션, 결과물 등을 그림 2.9의 사분면 차트로 요약할 수 있다.

유스 케이스: 항공사 컨소시엄(ASK)	기존 중앙화된 모델의 이슈
문제 설정: 탈중앙화 블록체인 기반 항공사 네트워크	1. 예약 취소와 지연에 대한 불충분하고 비효율적인 대처 2. 동일한 도착지에 다수의 노선이 서로 너무 밀접하게 스케줄이 잡힘 (인기 있는 항로나 도착지에 대한 경쟁 가능성) 3. 비효율적인 라우팅과 고객에 높은 비용 전가 4. 서로 연계가 없는 항공사 간 좌석 트레이딩 불가 5. 서로 연계가 없는 항공사 간의 지급 정산 모델이 없음
블록체인 기반 솔루션 제안:	**혜택:**
1. 항공사들은 기존의 전통적인 비즈니스와 컴퓨팅 시스템을 그대로 사용 2. 별도로, 항공사들은 블록체인 플랫폼(이더리움)을 사용한 탈중앙화 컨소시엄에 참여 3. ASK 컨소시엄은 스마트 컨트랙트 함수를 사용해 ASK 규칙과 조건을 확인하고 검증함으로써 임시 좌석 판매를 통해 위의 이슈를 해결함 4. 원활한 지급 정산이 가능해짐 5. 분쟁 해결과 비즈니스 분석을 위해 모든 트랜잭션은 블록체인에 저장	1. 고객과 항공사 모두를 위해 시간, 노력, 비용 절감 2. 고객 만족도 향상 3. 항공사 자원(좌석, 항공편)의 효율적 활용 4. 항공사들 간의 협력 기회가 늘어나고, 이는 고객과 항공사 모두에게 혜택 5. 원활한 지급 정산 시스템 6. 비상 상황 대처 향상 7. 토큰 기반 항공사 간의 비즈니스 모델 잠재 가능성 8. 항공 여객 산업 전체를 위한 혁신적인 모델

그림 2.9 **ASK 사분면 차트: 유스 케이스 이슈, 블록체인 솔루션, 혜택**

항공사 직원은 (항공사를 대리해서) 고객의 요구에 대응하거나 날씨 관련 취소 같은 상황이 발생할 경우, 사전 또는 사후에 이를 처리하기 위한 거래를 시작할 수 있다. 이 유스 케이스는 기본적인 항공사 간의 P2P 좌석 거래로 허용 범위를 한정한다. 블록체인은 합의한 규칙을 강제하거나 원활한 지급 시스템을 가능하게 함으로써 경쟁 항공사 간의 통상적인 비즈니스 우려도 덜어 준다. 참여 항공사는 항공편 좌석의 가용성을 조회해 볼 수 있는 안전하고 간단한 표준 API를 제공한다. 이런 조회는 여행사 사이트인 카약Kayak이나 익스피디아Expedia 같은 여행 웹사이트에서 비행기편을 조회하는 것과 언뜻 유사하게 보이지만, 중요한 차이점이 있다. 이 조회는 소프트웨어 애플리케이션에 의해 프로그래밍적으로 호출되며, 중개자가 필요 없다. 애플리케이션의 요청은 직접 항공사로 보내진다.

2.6.2 오퍼레이션 단계

여기 두 개의 항공사 A와 B가 있는데, 이들은 반드시 서로 알고 있는 관계일 필요가 없고, 서로 간에 전통적인 신뢰 범위를 벗어나서 운영하고 있다고 가정해 보자. 다시 말해, 이들은 코드셰어링code-sharing과 얼라이언스alliances 같은 통상적인 비즈니스 파트너십을 가지고 있지 않다고 가정해 보는 것이다. 이 두 항공사는 어떻게 서로를 신뢰하며 트랜잭션을 처리할 것인가?

이런 일상적인 경우를 가정해 보자. 여동생이 1달러 지폐로 10달러를 빌려 달라고 한다. 당신은 지갑을 꺼내서 1달러짜리 열 장을 세서 10달러를 동생에게 주고, 동생은 이를 받아서 다시 세어 보지 않고 떠난다. 동생이 다시 세어 보지 않은 이유는 당신을 신뢰하기 때문이다.

체크아웃 카운터에서 똑같은 트랜잭션을 처리한다고 가정해 보자. 당신이 점원이 보는 앞에서 1달러짜리 열 장을 세어서 점원에게 주었다 하더라도 점원은 다시 한번 세어 볼 것이다. 왜? 당신과 점원은 탈중앙화된 독립 주체이고, 신뢰할 만큼 서로를 충분히 알지 못하기 때문이다.

서로 알지 못하는 항공사 A와 B도 같은 상황에 놓여 있다. ASK에서는, 항공사는 트랜잭션을 검증하고 저장하는 블록체인이 제공하는 신뢰에 의존한다. 이 둘 항공사 이외에 다른 이해 관계자들이 증인으로서 트랜잭션을 검증하고 저장하는 것과 마찬가지다.

탈중앙화 시스템에서 확인자, 검증자, 보관자로의 역할을 하는 블록체인을 이해하기 위해 그림 2.10에 나타나 있는 오퍼레이션을 분석해 보자. 그림 2.10은 각 오퍼레이션 단계를 번호로 매겨 놓았다. 각 단계의 오퍼레이션 내용을 파악하기 위해 단계 번호대로 따라가 보자.

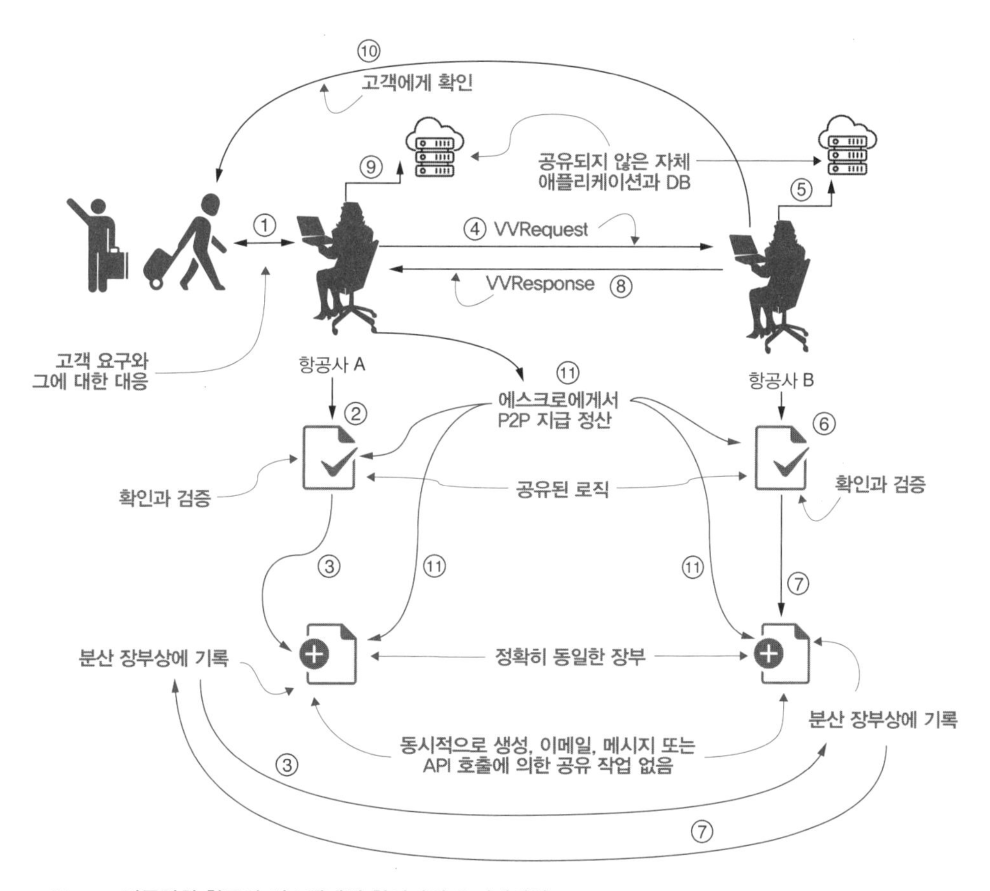

그림 2.10 **탈중앙화 항공사 시스템에서 참여자의 오퍼레이션**

1 고객이 항공사 A에 예약해 두었던 좌석을 바꾸어 달라는 요청을 한다.

2 항공사 A의 에이전트나 애플리케이션은 ASK 컨소시엄 회원들에게 공유된 스마트 컨트랙트 로직을 사용해 이 요청을 확인하고 검증한다.

3 확인 후에 이 요청 Tx는 컨펌되고 변조 불가능한 분산 장부에 기록된다. 이제 컨소시엄에 속해 있는 모든 주체는 정당한 요청이 생성되었음을 알게 된다.

4 가장 단순한 설계에서는 항공사 A의 에이전트가 확인 및 검증된 요청(VVRequest)을 항공사 B에게 보낸다. (대안적인 방식으로 브로드캐스팅 모델을 사용할 수도 있는데, 이 경우 많은 항공사들이 요청을 받게 되고, 이 중 한 곳만이 응답할 수 있다.)

5 항공사 B의 에이전트 또는 애플리케이션이 자사의 데이터베이스를 검색해 가용성을 확인한다.

6 항공사 B의 에이전트는 컨소시엄의 공동 이해관계와 공유된 규칙을 확인하고 검증하는 공유 스마트 컨트랙트 로직을 통해서 응답을 한다.

7 확인 후에 응답 Tx는 컨펌되고 변조 불가능한 분산 장부에 기록된다. 이제 컨소시엄의 모든 참여자가 응답이 보내졌음을 알 수 있다.

8 항공사 B는 이 응답(VVResponse)을 항공사 A의 에이전트에게 보낸다.

9 항공사 A는 자기의 데이터베이스를 업데이트하고 변화된 것을 기록한다.

10 항공사 B의 에이전트는 고객에게 좌석과 기타 상세 정보를 보낸다. (여기서 항공사 B는 항공사 A에게 자신이 가진 정보를 보내는 것이 아니고 직접 고객에게 보낸다는 점에 주목하자.)

11 지급은 참여 항공사들이 공유하고 있는 스마트 컨트랙트에 에스크로해 두었거나, 예치했던 금액을 이용한 P2P 트랜잭션을 통해 정산한다. 지급 정산은 시스템 내의 다른 오퍼레이션에서도 포함할 수 있지만, 모두 공유 스마트 컨트랙트로 처리하여 장부에 기록한다. 스마트 컨트랙트의 로직이 자동으로 정산을 수행하는 것이다.

요청, 응답, 지급 정산이 컨소시엄의 이해 관계자들에 의해 동시적으로 기록된다는 점에 주목하자. 이 개념은 그림 2.10의 3, 7, 11단계에서 각각 두 번씩만 표현했는데, 이것은 항공사 A와 항공사 B라는 오직 두 개의 항공사만을 다루었기 때문이다. 이것을 N개의 항공사가 참여하는 보다 큰 스케일의 시나리오로 발전시켜 볼 수 있을 것이다.

그림 2.10은 단순한 오퍼레이션을 해부해 본 것이다. 그럼에도 불구하고 자동화된 확인, 검증, 분산 장부 등이 어떻게 항공사 시나리오에서 지적한 여러 문제를 해결할 수 있을지 충분히 상상해 볼 수 있다. 이러한 기능은 다른 지능형 애플리케이션과 토큰 기반 지급 시스템 등에서

더 확장 가능하다는 것을 10장에서 확인할 수 있다.

2.7 항공사 스마트 컨트랙트

이제 설계 원칙 1, 2, 4(설계, 유스 케이스, 컨트랙트 다이어그램)를 적용해서 유스 케이스와 컨트랙트 다이어그램을 설계해 보자. 그림 2.11은 ASK 유스 케이스와 컨트랙트 다이어그램을 보여준다. 이 다이어그램은 스마트 컨트랙트 코드를 구조화하고 개발하는 데 도움을 준다.

> **1 설계 원칙** 테스트 체인에서 스마트 컨트랙트를 코딩, 개발, 배포하기 전에 우선 설계부터 한다. 또한, 프로덕션 블록체인에 배포하기 전에 철저한 테스트를 거쳐야 한다. 왜냐하면 스마트 컨트랙트는 변조 불가능하기 때문이다.
>
> **2 설계 원칙** 시스템 사용자와 유스 케이스를 정의한다. 사용자란 행위와 입력값을 발생시키고, 설계하고 있는 해당 시스템으로부터 그 출력값을 받는 주체다.
>
> **4 설계 원칙** 컨트랙트 이름, 데이터 애셋, 함수, 함수의 실행과 데이터 접근을 위한 규칙을 정의하는 컨트랙트 다이어그램을 작성한다.

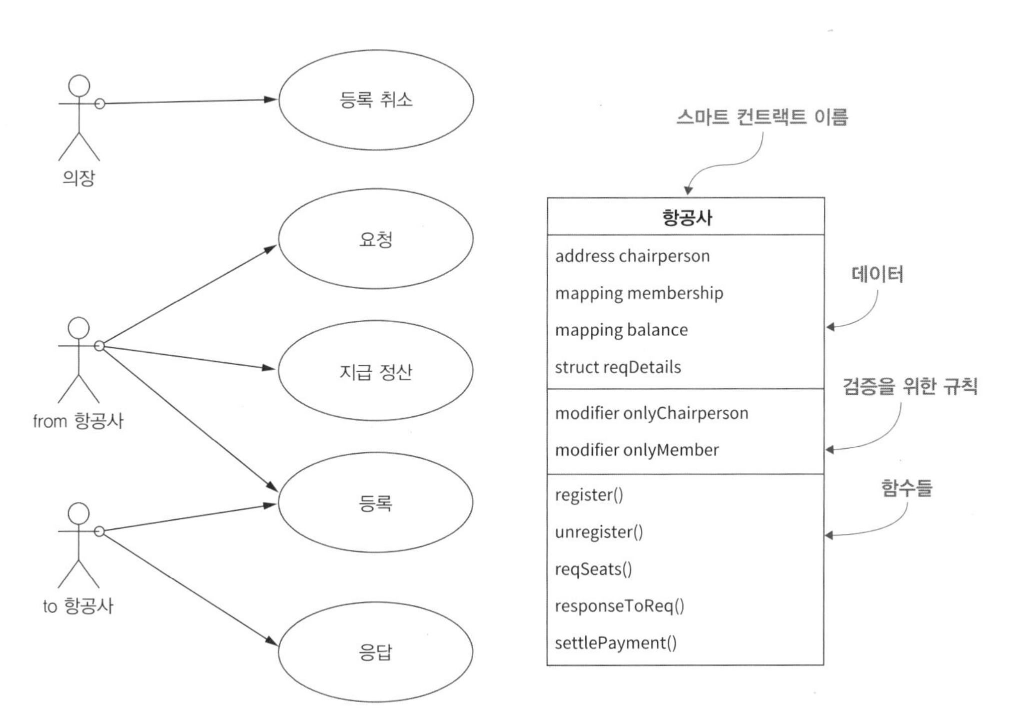

그림 2.11 ASK 유스 케이스와 컨트랙트 다이어그램

그림 2.11의 두 설계 다이어그램을 이용해 사용자, 데이터 애셋, 규칙, 역할, 함수 등을 알 수 있다.

2.7.1 피어 참여자, 데이터 애셋, 역할, 트랜잭션, 규칙

이제 스마트 컨트랙트 데이터 구조와 함수를 코딩하기 위해 설계 원칙 3을 적용해 보자. 참여자, 그들의 역할, 그들이 컨트롤하고 있는 애셋, 관련 트랜잭션을 구분하는 것은 표준적인 설계 과정의 공통된 첫 번째 단계다. 이 단계는 같은 환경과 같은 회사 내에 있지 않을 수도 있는 사용자들을 위해서 더욱 중요하다.

데이디 애셋, 피어 참어자, 그들의 역할, 강제할 규칙, 설계하고 있는 시스템에 기록해야 할 트랜잭션을 정의한다.

피어 참여자

우선 피어 참여자로서의 시스템 사용자를 식별해야 한다. 피어 참여자라는 말은 중개자 없이 P2P 형식으로 참여자들이 서로 상호작용한다는 점을 강조하기 위한 것이다. ASK 유스 케이스에서는 항공사를 대신해서 활동하는 에이전트가 피어 참여자다. 이들은 항공 예약 편을 취소해 달라는 고객의 요구에 대응한다. ASK 컨소시엄 관리 기관은 컨소시엄 **의장**chairperson으로 불리는 감시자를 둔다. 그렇다고 해서 이것이 중앙화를 의미하는 것은 아닌데, 감시자 또는 의장은 참여사들 간에 정기적으로 서로 순환하여 임명되기 때문이다. 의장은 어떤 중앙화된 데이터베이스도 관리하지 않는다. 각 항공사의 데이터베이스는 자신의 방화벽 안에 안전하게 보관한다. 공유 데이터는 공유된 블록체인의 분산 원장에 저장한다.

데이터 애셋

여기서 데이터 애셋은 피어 참여자들에 의해 처리되고 있는 비행기 좌석과 자금fund이다. 1장에서 설명했듯이, 탈중앙화 시스템의 가장 근본적인 원리는 그들의 애셋을 중개자가 아닌 피어 참여자 자신들이 보유하고 있다는 점이다.

역할

다음과 같은 규칙이 있다.

- 항공사를 대신해서 에이전트는 에스크로/예치와 `register()` 함수를 이용해 직접 ASK(항공사) 회원으로 등록할 수 있다.

- 에이전트(회원일 경우만)는 비행기 좌석을 요청할 수 있다.
- 항공사를 대신해서 에이전트는 좌석 가용성을 확인하기 위해 자신들의 중앙화 데이터베이스를 조회하고 응답할 수 있다.
- 피어 에이전트는 만일 좌석 이용이 가능할 경우 서로 지급 정산을 할 수 있다.
- 컨소시엄의 의장은 회원을 탈퇴시키고 남은 예치금을 반환할 수 있는 단독 권한을 가지고 있다.

역할 정의는 자동화된 탈중앙화 시스템에서 매우 중요하기 때문에 오직 허가받은 참여자만이 요청할 수 있도록 해야 한다. 에이전트는 사람일 수도, 소프트웨어 애플리케이션일 수도 있다.

트랜잭션

비행기 좌석을 사는 것은 보통 여러 오퍼레이션과 데이터베이스 같은 다양한 하부 시스템과의 상호작용을 통해 이루어진다. 여기서 확인, 검증, 컨펌하고 모든 참여자에 의해 저장되어야 할 오퍼레이션을 트랜잭션, 또는 줄여서 **Txs**라고 부르자.

규칙

그림 2.11(2.7절)의 컨트랙트 다이어그램에는 카운터 유스 케이스에서 없었던 새 요소가 있는데, **수정자**modifier가 그것이다. 수정자는 스마트 컨트랙트의 특수한 요소로서, 데이터와 함수에 대한 접근을 통제하기 위한 규칙을 나타낸다. 오직 유효한 회원(`onlyMember`)만이 시스템에서 트랜잭션을 생성할 수 있고, 오직 의장(`onlyChairperson`)만이 항공사를 회원에서 탈퇴시킬 수 있다.

정의 **수정자(modifier)**는 검증과 확인을 위한 규칙을 명시적으로 표현하는 것을 가능하게 하는 언어적 기능이다. 이 수정자는 검증과 확인을 하는 게이트키퍼이기 때문에 신뢰 확보를 위해 특히 중요하다.

1장에서 블록체인은 신뢰 중개자라고 했던 것을 기억하는가. 이것이 의미하는 바는 코드(스마트 컨트랙트)에서 신뢰 구축을 위한 확인 및 검증 과정을 자동화한다는 것이다. 수정자는 이러한 신뢰 중개를 가능하게 하는 기능이다. 다음은 이것이 작동하는 방식이다.

- 수정자라 불리는 컨트롤 구조를 이용해 규칙 또는 조건을 명시한다. 솔리디티 언어는 이러한 규칙을 코딩하기 위한 수정자 기능을 제공한다.
- 수정자는 누가 함수에 접근할 수 있고, 누가 데이터에 접근할 수 있는지를 규정할 수 있고, 데이터를 일관되게 검증하는 데도 사용한다.

ASK 코드는 두 개의 수정자, onlyMember와 onlyChairperson을 통해 스마트 컨트랙트의 수정자 사용을 보여주고 있다. 3장에서 이에 대해 더 상세히 소개한다.

2.7.2 항공사 스마트 컨트랙트 코드

이제 리믹스 IDE(리스트 2.3을 살펴보자)를 이용해 기본적인 항공사 스마트 컨트랙트를 코딩해 보자. 만일 pragma 버전 정보에서 에러가 발생한다면, 리믹스 IDE 윈도우 왼쪽 상단에 있는 컴파일러 버전과 일치하도록 수정하자.

리스트 2.3 ASK를 위한 스마트 컨트랙트 코드(Airlines.sol)

```
pragma solidity ^0.6.0;
contract Airlines {
    address chairperson;
    struct details {          ← 항공사 데이터 구조
        uint escrow; // 지불 정산을 위한 예치
        uint status;
        uint hashOfDetails;
    }

    mapping (address=>details) public balanceDetails;   | 항공사 어카운트
    mapping (address=>uint) membership;                 | 페이먼트와 회원 매핑

    // 수정자 또는 규칙들
    modifier onlyChairperson {    ← onlyChairperson 규칙을 위한 수정자
        require(msg.sender==chairperson);
        _;
    }
    modifier onlyMember {    ← onlyMember 규칙을 위한 수정자
        require(membership[msg.sender]==1);
        _;
    }

    // 생성자 함수
    constructor() public payable {

        chairperson=msg.sender;    ← payable 함수를 위한
        membership[msg.sender]=1; // 자동으로 등록    msg.sender와
        balanceDetails[msg.sender].escrow = msg.value;    ← msg.value 사용
    }

컨트랙트의 함수들 →
    function register() public payable {
        address AirlineA = msg.sender;
        membership[AirlineA]=1;                          | payable 함수를 위한
        balanceDetails[msg.sender].escrow = msg.value;   ← msg.sender와 msg.value 사용
    }

    function unregister (address payable AirlineZ) onlyChairperson public {
```

```
        membership[AirlineZ]=0;
        // 출발 항공사에게 에스크로를 반환: 다른 조건들 확인
        AirlineZ.transfer(balanceDetails[AirlineZ].escrow);
        balanceDetails[AirlineZ].escrow = 0;
    }

    function request(address toAirline, uint hashOfDetails) onlyMember
      public {
        if(membership[toAirline]!=1) {
            revert(); }
        balanceDetails[msg.sender].status=0;
        balanceDetails[msg.sender].hashOfDetails = hashOfDetails;
    }

    function response(address fromAirline, uint hashOfDetails, uint done)
                                onlyMember public {

        if(membership[fromAirline]!=1) {
            revert(); }
        balanceDetails[msg.sender].status=done;
        balanceDetails[fromAirline].hashOfDetails = hashOfDetails;
    }

    function settlePayment (address payable toAirline) onlyMember payable
                                        public {
        address fromAirline=msg.sender;
        uint amt = msg.value;

        balanceDetails[toAirline].escrow =
            balanceDetails[toAirline].escrow + amt;
        balanceDetails[fromAirline].escrow =
            balanceDetails[fromAirline].escrow - amt;

        // msg.sender로부터 amt를 차감해 toAirline에게 보냄
        toAirline.transfer(amt);
    }
}
```

외부 어카운트로 금액을 전송하는 스마트 컨트랙트 어카운트

이 스마트 컨트랙트를 통해 새로 소개되는 솔리디티 데이터 타입에 대해 살펴보자.

- address - 의장chairperson의 아이덴티티를 나타냄
- struct - 에스크로 또는 예치금을 포함한 항공사의 데이터를 집합적으로 정의
- mapping - 회원의 어카운트 주소(아이덴티티)를 그들의 상세 정보에 매핑(해시 테이블과 유사)
- modifier - memberOnly와 chairpersonOnly를 정의(3장에서 이에 대해 상세히 다룬다)

이러한 데이터 타입 뒤에 `constructor()`, `register()`, `request()`, `response()`, `settlePayment()`, `unregister()` 같은 함수 정의가 따라온다. 항공사들은 기존에 수행하던 일상적인 작업은 기존의 시스템을 통해 그대로 수행해야 한다는 점을 상기할 필요가 있다. 2.5절에서 소개한 `msg.sender`, `msg.value`, `payable` 기능의 사용도 주목하자. 여기서 스마트 컨트랙트는 다른 항공사들과 탈중앙화된 상호작용을 하기 위한 추가 기능 부분만을 다룬다.

2.7.3 ASK 스마트 컨트랙트의 배포와 테스팅

항공사 스마트 컨트랙트 작업을 하기 전에 2.3절에서 다룬 카운터 예제를 가지고 리믹스 IDE 전반에 대해 익숙해질 필요가 있다. 이제 Airline.sol이라는 파일을 만들고, 여기에 리스트 2.3의 코드를 입력하자(이 장의 코드 베이스에 있다). 메뉴에 있는 Compile 명령을 사용해 컴파일하고, 자바스크립트 VM을 선택한 후에 Deploy & run transactions 아이콘을 클릭하자. 자, 이제 리믹스 IDE가 제공하는 시뮬레이팅된 VM 위에서 애플리케이션을 배포하고 테스트할 준비가 되었다.

의장은 적법한 피어 항공사이므로 VM 시뮬레이터의 아래 왼쪽 패널에서 의장의 주소를 선택하고, 예치금 50이더를 입력한 후에 Deploy & run transactions 아이콘을 클릭하자. 마지막으로, 왼쪽 패널의 중간에 있는 Deploy 버튼을 클릭한다. 패널 아래쪽에 배포된 스마트 컨트랙트의 주소와 아래 방향 화살표가 보일 것이다. 아래 방향 화살표를 클릭하면 배포된 애플리케이션을 위한 웹 인터페이스가 나타날 텐데, 여기에는 사용 가능한 모든 퍼블릭 함수와 데이터들이 있다. 이 함수들을 실행해서 그 결괏값을 관찰하면 된다. 그림 2.12는 이 아이템들을 보여준다. 리믹스 IDE에서 유저 인터페이스 함수가 다음과 같이 컬러로 코딩되어 있다.

- 오렌지는 검증 규칙이 없는 퍼블릭 함수
- 빨강은 수정자로 코딩된 규칙을 가진 함수
- 파랑은 퍼블릭 데이터를 읽기 위한 접근 함수를 보여준다. 모든 읽기용 퍼블릭 함수들은 파랑 버튼을 이용해 실행할 수 있다.

색상 구성(color scheme)은 계속 변하고 있다. 현재 버전에서는 다른 색으로 표현될 수 있다.

`constructor`는 Deploy 버튼을 클릭했을 때 컨트랙트 배포를 위해 사용한다. 생성된 트랜잭션은 그림 2.13처럼 리믹스 콘솔에 나타난다.

그림 2.12 **배포된 항공사 스마트 컨트랙트와 UI**

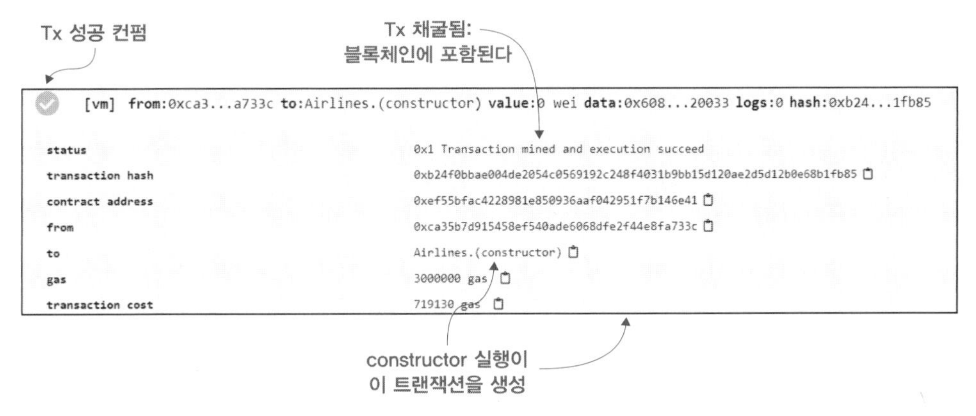

그림 2.13 **항공사 constructor를 위한 트랜잭션(저장되고 마이닝됨)**

자, 이제 `register()`, `request()`, `response()`, `settlePayment()`, `unregister()` 함수들을 테스트해 볼 차례다. 시뮬레이션된 VM은 테스팅 목적으로 여러 개의 어카운트를 가지고 있는데, 왼쪽 패널의 맨 위쪽에 있는 Account 드롭다운 박스에서 확인해 볼 수 있다. 몇 개의 어카운트 넘버(아래에서부터 다섯 개)를 담당할 역할, 즉 ASK 컨소시엄 의장, `fromAirline`, `toAirline`에 따라 구분해 보았다.

리믹스 IDE(2019) 버전은 표 2.2와 같이 다섯 개의 어카운트만 보여주는데, 리믹스 IDE(2020) 버전은 열 개 이상의 랜덤한 어카운트를 나타내고, 리로딩할 때마다 매번 다른 어카운트를 보여준다. 이 예제에서는 리믹스 IDE의 드롭다운 리스트 바닥에 있는 다섯 개의 어카운트를 영구적으로 사용하도록 설정했는데, 앞으로도 이와 유사한 변화가 생기면 이에 맞추어 적당히 응용하면 된다.

표 2.2 항공사 스마트 컨트랙트를 위한 어카운트 넘버

어카운트 주소와 아이덴티티	항공사
0xca35b7d915458ef540ade6068dfe2f44e8fa733c	ASK 컨소시엄 의장
0x14723a09acff6d2a60dcdf7aa4aff308fddc160c	fromAirline(항공사 A를 테스트하기 위한)
0x4b0897b0513fdc7c541b6d9d7e929c4e5364d2db	toAirline(항공사 B를 테스트하기 위한)
0x583031d1113ad414f02576bd6afabfb302140225	다른 항공사
0xdD870fA1b7C4700F2BD7f44238821C26f7392148	또 다른 항공사

테스팅을 위해서 처음 세 개의 어카운트만 필요하다. 유저 인퍼페이스에 쉽게 복사 및 붙여넣기를 하기 위해 이 주소를 노트패드에 따로 복사해 두라.

테스트 계획 설명

테스트 계획 뒤에 실제 명령도 설명해 두었다. 초보자라면 둘 다 리뷰해 보는 게 좋고, 숙련된 개발자라면 어느 것을 선택해도 좋다.

IDE에서 함수들의 실행을 확인하기 위한 간단한 테스트 플랜을 다음과 같이 정리했다.

- `constructor()` **함수** - `constructor`는 컨트랙트가 배포될 때 실행된다. 그림 2.14와 같이 왼쪽 맨 위에 있는 블록체인 시뮬레이터의 Value에 50이더를 입력하자. 그런 후에 Deploy 버튼을 클릭하자. `constructor`를 실행하고 나면 어카운트 밸런스가 Value에 입력했던 것만큼 내려갔다는 것을 알 수 있을 것이다.
- `register()` **함수** - 어느 항공사나 예치금과 함께 자체 등록을 할 수 있다. 왼쪽 패널 맨 위의 어카운트 드롭다운 리스트에서 `fromAirline` 어카운트를 선택하자. 이 함수는 어카운트 주소와 에스크로 금액이라는 두 개의 파라미터를 필요로 한다. 어카운트 주소는 `msg.sender`에 의해 **묵시적으로 제공된다**implicitly provided. 에스크로 금액으로 50이더를 입력한 후, register 버튼을 클릭해서 이 함수를 실행해 보자. 어카운트 박스에 있는 `toAirline` 주소에 대해서도 똑같은 방식으로 함수를 실행하자.

그림 2.14 항공사 스마트 컨트랙트의 배포 전과 배포 후

- `request()` **함수** - 어카운트 박스에서 `fromAirline` 어카운트를 선택한다. 그런 후에 파라미터 박스에 `toAirline` 주소를 붙여넣고, 오프체인의 상세한 데이터와 그 해시값을 나타내는 임의의 숫자(예를 들어, 123)를 입력하자. (5장에서 오프체인과 해시에 관해 설명한다.) request 버튼을 클릭해서 함수를 실행한다.
- `response()` **함수** - 어카운트 박스에서 `toAirline` 어카운트를 선택한다. 함수 파라미터 박스에 `fromAirline` 주소를 붙여넣고, 오프체인의 상세한 데이터와 그 해시값을 나타내는 임의의 숫자(예를 들어, 345)를 입력하고, 요청을 승인했는지(1) 거부했는지(`0`)를 나타내는 (물론 좌석의 가용성에 기반한) 세 번째 파라미터값을 입력한다. Response 버튼을 클릭해서 함수를 실행한다.
- `settlePayment()` **함수** - 어카운트 박스에서 `fromAirline` 어카운트를 선택한다. 함수 파라미터 박스에 `toAirline` 주소를 붙여넣고, 정산을 위해 지급해야 할 금액(예를 들어, 2이더)을 설정한다. settlePayment 버튼을 클릭해서 함수를 실행한다.
- `balanceDetails()` **함수** - `fromAirline` 주소를 파라미터로 넣고 balanceDetails 버튼을 클릭하자. 지금까지 입력한 정보가 나올 텐데, 여기서 좌석을 위해 지급한 2이더만큼 에스크로 밸런스가 줄어들었음을 확인할 수 있을 것이다. 같은 작업을 `toAirline` 주소에 대해서도 반복해 보면, (`toAirline`) 에스크로 금액이 2이더 늘어났음을 알 수 있고, 이

것은 함수들이 예상한 대로 잘 작동하고 있다는 것을 보여준다. 이러한 값의 변화는 배포와 트랜잭션 실행 화면의 어카운트의 밸런스에서도 확인할 수 있다.

- unregister() **함수** – 회원 등록 취소는 오직 의장만이 할 수 있는데, 왜냐하면 항공사에 에스크로 금액을 반환할 때, 확인해 봐야 할 조건들이 존재할 수도 있기 때문이다

테스트 설명

이전 절에서 다룬 테스트 단계를 위한 상세한 설명을 다시 리스트로 정리해 보려고 한다. 이 리스트는 리믹스 UI에서 다룬 항공사 컨트랙트의 모든 아이템을 테스트한다. 실행된 결과의 상세한 내용은 출력 콘솔에 나타난다. 콘솔에서 녹색 체크 마크를 확인함으로써 테스트가 성공적으로 이루어졌는지 알 수 있고, 트랜잭션 실행 및 컨펌과 관련된 다른 상세한 정보도 볼 수 있다. 다음의 테스트 단계를 따라서 실행해 보자.

1. 리믹스 IDE를 재시작하자. 이렇게 하면 블록체인 환경이 처음 시작 상태로 리셋된다. 배우는 동안 뭔가 실수를 했으면 언제든지 다시 재시작하면 된다. 콘솔(아래쪽 패널)의 상단 왼쪽에 있는 O 심벌을 사용해 콘솔 출력 내용을 클리어시킬 수 있다.
2. 리스트 2.3(Airlines.sol) 내용을 편집 창으로 복사해 넣는다. pragam 라인에 정확한 컴파일러 버전이 들어가 있는지 확인하자.
3. 오른쪽 맨 위에 있는 Compile 버튼을 클릭한 후 Deploy를 클릭하자.
4. 배포와 트랜잭션 실행 화면에서 다음과 같이 세팅을 설정한 후 Deploy를 클릭하자.
   a. **Environment** – 자바스크립트 VM
   b. **Account** – 첫 번째 주소(0xCA3...과 같은 의장의 어카운트)
   c. **Value** – 50이더(wei가 아닌)

   그림 2.14의 상세한 설명 참고
5. Deployed Contracts 옆에 있는 아래 방향 화살표를 눌러 스마트 컨트랙트를 오픈한다.
6. 항공사 A와 B 자체 등록
   a. Account를 fromAirline(항공사 A) 주소(0x147...)로 설정
   b. Value를 50이더(wei가 아닌)로 설정
   c. register를 클릭
   d. 같은 작업을 toAirline(항공사 B) 주소(0x4B0...)에 대해서도 반복
7. 항공사 A에서 항공사 B로 요청을 보내고 응답을 받는 트랜잭션 처리

a 어카운트 박스에 항공사 A의 주소(0x147...)를 선택하고, `request()` 함수의 파라미터로 항공사 B의 주소(0x4B0...)를 붙여넣고, 해시 정보로 123을 입력한 후에 request를 클릭하자.

b 어카운트 박스에 항공사 B의 주소(0x4B0...)를 선택하고, `response()` 함수의 파라미터로 항공사 A의 주소(0x147...)를 붙여넣고, 해시 정보로 123을 입력하고, 성공을 의미하는 1을 입력한 후에 response를 클릭하자.

8 `settlePayment()` 함수를 테스트하기 위해 어카운트 박스에 항공사 A의 주소를 선택하고, Value 박스에는 2이더를 입력하며, 함수의 파라미터로 항공사 B의 주소를 붙여넣은 후에 settlePayment를 클릭하자. 그림 2.15는 이 단계가 완료된 후 갱신된 어카운트 밸런스를 보여준다.

9 `unregister()` 함수에 항공사 B의 주소(0x4B0...)를 파라미터로 넣는다. 어카운트 박스에는 의장의 주소(0xCA3...)가 선택되어 있어야 한다. 그렇지 않다면 함수 실행은 실패할 것이다.

10 항공사 B의 주소(0x147...)를 파라미터로 설정하고 `balanceDetails()` 함수를 실행해 보자. 이 어카운트의 밸런스를 확인할 수 있을 것이다. 왼쪽 맨 위의 패널에 있는 어카운트 밸런스에서 모든 어카운트의 밸런스를 확인해 볼 수도 있다.

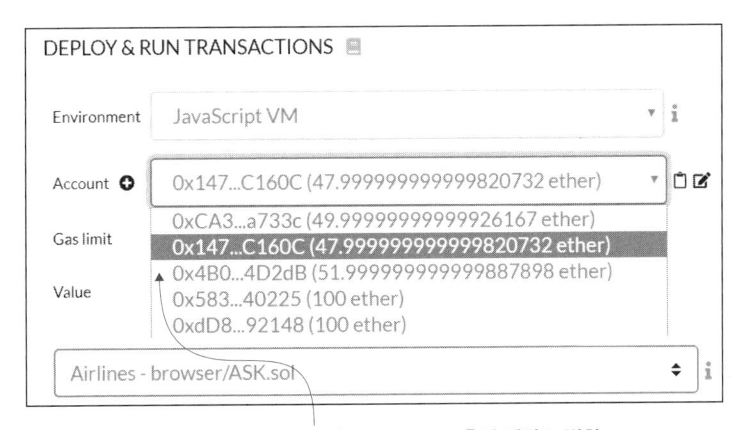

그림 2.15 **단계 8을 끝낸 후 어카운트 밸런스**

이로써 리믹스 IDE에서 스마트 컨트랙트의 설계, 배포, 그리고 테스트 전 과정을 알아보았다. 이 코드와 설계 내용을 살펴보고 잘 이해하기 바란다. 3장에서는 스마트 컨트랙트의 핵심 블록체인 개념을 더 확장해서, 하나의 완성된 Dapp을 만들기 위해 어떻게 개선해야 하는지를 알아볼 것이다.

> **변조 불가능한 장부는 어디에 있는가?**
>
> 블록체인의 변조 불가능한 장부가 어디에 있는지 궁금하다면 배포와 트랜잭션 실행 화면의 가운데 있는 Transactions recorded:를 클릭하고, 다시 저장 공간 아이콘(플로피디스크)을 클릭해 보자. 편집창에 .json 파일이 열릴 것이다. 이 파일의 내용이 트랜잭션의 타임스탬프를 비롯한 상세한 정보를 담고 있는 변조 불가능한 기록이다. 이 파일은 데이터 분석용 애플리케이션에 사용할 수도 있고, 검증과 리뷰를 위해서도 활용할 수 있다.

2.8 스마트 컨트랙트 설계 고려 사항

스마트 컨트랙트는 랩톱, 스마트폰, 컴퓨터 기기의 집적회로와 같이 변조 불가능 코드다. 하드웨어 칩에서는 코드가 실리콘 집적회로에 각인etching되어 있다. 스마트 컨트랙트 역시 이와 비슷한데, 배포하고 나면 그 코드는 특별한 설정이나 탈출 장치escape hatches를 미리 내장하고 있지 않는 한, 더 이상 그 코드를 수정할 수 없는 영구적인 최종 상태가 되기 때문이다. 이후 장에서 이러한 탈출 방법에 대해 설명할 것이다.

우리는 스마트 컨트랙트를 모든 이해 관계자가 공유함으로써 그들 모두 독립적으로 확인, 검증하며, 블록체인의 변조 불가능 분산 장부에 기록하는 트랜잭션에 대해 합의를 한다는 것을 알고 있다. 그러므로 프로덕션용으로 사용하기 전에 스마트 컨트랙트를 철저하게 설계하고 테스트해야 한다. 스마트 컨트랙트는 소프트웨어 모듈이기는 하지만, 그 내용을 변경할 수 없다(많은 애플리케이션과 오퍼레이팅 시스템에서 주간 업데이트를 받을 수 있는 것과는 다르게). 이러한 스마트 컨트랙트의 특성 탓에 코딩 이전 단계에서 세심하게 설계하고 코딩 이후 철저하게 테스트해야 한다.

스마트 컨트랙트는 블록체인 기술의 장점이자 단점이며 성가신 존재다. 분명히 강력한 기능이지만, 잘못된 설계와 코딩은 심각한 피해를 초래하기 십상이다. 예를 들어, 이더리움 초기에 탈중앙화 자율 조직(DAO) 해킹(*http://mng.bz/yrYJ*)은 수억 달러의 손해를 초래했으며, 최근 패리티 지갑의 록업(*https://blog.zeppelin.solutions/on-the-parity-wallet-multisig-hack-405a8c12e8f7*)은 잠긴 코드 때문에 출금이 불가능해진 사례도 보여준다. DAO의 아이디어는 투자자의 자금을 스마트 컨트랙트를 통해서 모집하고, 스마트 컨트랙트에 의해 결정한 여러 대상에 투자하는 것이었다. 이 스마트 컨트랙트 코드의 취약성을 악용해 해커는 자금을 해커의 어카운트로 이전시켰다. 패리티 지갑의 경우에는 라이브러리로 사용한 함수가 실수로 지워지는 바람에 이 스마트 컨트랙트에 보관 중이던 자금이 록업되는 결과를 초래하고 말았다. 이러한 대형 실패 사례를 통해 배울 수 있는 것은 더 꼼꼼한 설계와 배포 전 테스팅이 필요하다는 점이다. 또한, 스마트 컨트랙트의 설계와 개발을 위한 베스트 프랙티스의 중요성을 더욱 부각시켰다.

2.9 베스트 프랙티스

지금까지 스마트 컨트랙트 설계와 개발 과정 및 블록체인 애플리케이션 개발의 특수한 기능 등을 소개했는데, 이를 위한 베스트 프랙티스에 대해서도 정리를 해보자.

- **블록체인 기능이 개발할 애플리케이션에 반드시 필요한지 확인하자.** 블록체인은 모든 애플리케이션을 위한 솔루션이 아니다. 다시 말하면, 블록체인 기반 솔루션과 스마트 컨트랙트는 모든 문제에 대한 만병통치약이 아니다. 그렇다면 블록체인은 무엇에 좋은가? 블록체인은 다음과 같은 애플리케이션을 위해 가장 좋은 선택이라는 1장 내용을 상기해 보자.
  - 중개자가 없는 P2P 트랜잭션
  - 신뢰 범위를 넘어서는 서로 알지 못하는 피어 간에 작동
  - 보편적으로 타임스탬프를 가진 변조 불가능한 장부에서 확인, 검증, 저장이 필요한 경우
  - 규칙과 정책에 의해 가이드된 자율적인 오퍼레이션을 가진 경우
- **스마트 컨트랙트가 개발할 애플리케이션에 반드시 필요한지 확인하자.** 스마트 컨트랙트는 체인에 있는 모든 참여자에게 보이고, 그들의 풀 노드full node상에서 실행된다는 점을 염두에 두라. 스마트 컨트랙트가 필요한 경우는 강제할 규칙, 규정, 정책 등에 대한 공동의 합의가 필요하고, 그 결정(그것의 출처와 함께)을 반드시 기록해야 할 필요가 있을 때다. 스마트 컨트랙트는 단일 노드 연산을 위한 것이 아니다. 스마트 컨트랙트는 기존의 클라이언트/서버 또는 내재적인 스테이트리스stateless 분산 솔루션을 대체하는 것이 아니다. 스마트 컨트랙트는 보통 보다 넓은 영역의 분산 애플리케이션의 일부분, 즉 블록체인이 제공하는 서비스가 필요한 부분이다.
- **스마트 컨트랙트 코드는 간단하고 일관성 있고 감사 가능auditable하게 작성하자.** 스마트 컨트랙트에서 명시한 상태 변수와 함수는 각각 하나의 문제를 다루어야 한다. 중복적인 데이터와 관계없는 함수를 포함하지 말자.
- **솔리디티는 자주 업데이트된다는 점을 감안하자.** 솔리디티는 여전히 초기 단계이고, 자바와 같은 보다 성숙된 언어보다 훨씬 자주 기능과 버전이 바뀐다. 작성하고 있는 스마트 컨트랙트 코드와 일치하는 컴파일러 버전으로 맞추는 것을 잊지 말자.

2.10 요약

- 블록체인 기반 P2P 상호작용은 당사자 간에 확장성 있고 자동화된 직접적인 트랜잭션을 가능하게 함으로써 중개자의 비용을 제거해 준다.
- 스마트 컨트랙트는 블록체인상에서 코드를 실행할 수 있게 함으로써 암호 화폐 송금 이외의 다른 트랜잭션들도 가능하게 해준다.
- 각 블록체인마다 스마트 컨트랙트를 개발하기 위해 고수준의 언어를 사용하는데, 이 책에서는 솔리디티와 이더리움을 사용한다.
- 일반적인 프로그래밍과는 달리 블록체인상의 스마트 컨트랙트를 테스트하기 위해 특정한 블록체인 환경이 필요하다. 리믹스 IDE는 컨트랙트를 배포하고 테스트하기 위한 통합 웹 기반 개발 환경을 제공한다.
- 블록체인 발전 덕분에 항공 산업뿐만 아니라 소비자를 상대하는 많은 산업에서 고객 경험과 이익을 증가시키고, 비용을 줄이며, 비상 상황에 더 나은 대처 방법을 제안하는 새로운 혁신적인disruptive 비즈니스 모델들이 출현하게 되었다.

CHAPTER 3

신뢰와 무결성을 위한 기법

이 장에서 다룰 내용

- 확인, 검증, 기록을 통한 신뢰 구축
- 솔리디티 언어 기능을 이용한 신뢰 창출
- 애플리케이션의 단계를 개념화하기 위한 유한 상태 머신 사용하기
- 리믹스 IDE를 사용한 스마트 컨트랙트의 점진적 개발
- 스마트 컨트랙트를 테스트하기 위한 요령

신뢰와 무결성integrity은 모든 시스템의 필수 조건이지만, 피어 참여자들이 통상적인 신뢰 영역을 넘어서서 작업해야 하는 탈중앙화 시스템에서는 특히 중요하다. 이 장에서는 블록체인 기반 시스템에 신뢰와 무결성을 확립하고, 안정적인 탈중앙화 오퍼레이션을 지원하는 요소를 어떻게 추가하는지를 설명한다.

이웃 사람이 당신에게 믹서기food processor를 빌려 달라고 하는 상황을 가정해 보자. 이 사람을 잘 알고 있고 이전 경험을 통해 그를 신뢰하는 당신은 별 의심 없이 믹서기를 빌려줄 것이다. 두 사람 간에 중개자가 필요 없는 P2P 트랜잭션이 가능하다. 만일 온라인에서 뭔가를 사야 한다면 어떨까? 신용카드나 은행 계좌 또는 당신의 신원을 확인할 수 있는 어떤 지급 수단이 필요할 것이다. 신용카드 회사가 당신을 대신해서 판매자에게 신뢰를 구축해 주는 책임을 담당한다. 이 경우 신뢰는 당신의 신용 평가 점수나 다른 인증 방법으로 확인한 정보에 기반해 수량화된다. 즉, 신뢰를 구축하기 위해서 판매자와 당신 간에 최소한 하나 이상의 중개자가 개입한다.

여기서 설명한 사례는 단순한 이웃 간의 P2P 트랜잭션에서부터 복잡한 금융 시스템에 이르는 신뢰 체계의 많은 가능성 중 단지 두 가지 경우를 예시했을 뿐이다. 그렇다면 중개자 역할을 할 기관이나 개인이 없는 탈중앙화 시스템에서는 어떻게 신뢰를 해결할 수 있을까? 누구 또는 무엇이 그 역할을 대신할 수 있는가? 블록체인이 그렇게 할 수 있다. 블록체인은 혁신적인 인프라, 고유한 프로토콜, 그리고 분산 장부 기술을 사용해 자동화된 신뢰 중개 역할을 한다. 블록체인은 확인, 검증, 프로토콜 수준에서의 합의, 변조 불가능한 분산 기록 등을 통해 신뢰와 무결성 문제를 해결한다.

이 장에서는 블록체인 기반 탈중앙화 시스템의 문맥에서 신뢰와 무결성에 대해 알아본다. 2장에서 개발했던 시스템의 신뢰를 개선하기 위한 추가적인 기법들을 가지고 스마트 컨트랙트를 설계하는 법 또한 소개한다. 종종 접근 통제, 암호화, 디지털 서명과 같은 신뢰 구축을 위해 사용하는 기법들은 시스템의 무결성 요구 사항을 다루는 데도 이용된다. 이 장에서는 접근 통제에 초점을 두고, 5장에서 암호학과 해싱 기법들에 대해 다룰 것이다.

이 장에서는 전자 민주주의 투표를 위한 새 탈중앙화 애플리케이션과 유한 상태 머신(FSM)의 새로운 설계 다이어그램을 소개한다. 또한, 확인과 검증을 위한 수정자와 `require()`, `assert()` 같은 솔리디티 기능의 활용에 관해서도 알아본다.

3.1 신뢰와 무결성의 핵심

신뢰와 무결성의 구성은 그림 3.1의 두 개의 사분면 차트로 나타낼 수 있는데, 하나는 신뢰의 요소를 보여주고, 다른 하나는 무결성의 요소를 보여준다. 이 개념에 대해 더 탐구하기 전에 그림 3.1을 리뷰하고 신뢰와 무결성의 여러 가지 요소를 확인해 보자.

3.1.1 신뢰

신뢰는 문맥에 따라 다른 의미를 가질 수 있다. 신뢰는 모든 성공적인 시스템을 위한 필수 조건이다. 그렇다면 블록체인 기반 탈중앙화 시스템이라는 문맥에서 신뢰에 대해 정의해 보자.

신뢰는 시스템에 참여하는 피어 참여자의 신용(credibility)에 대한 척도다. 블록체인 기반 시스템에서는 참여자의 관련 데이터와 트랜잭션에 관해 확인과 검증을 하고, 이해 관계자들의 합의에 따라 적절한 정보를 변조 불가능하게 저장함으로써 신뢰를 확립한다.

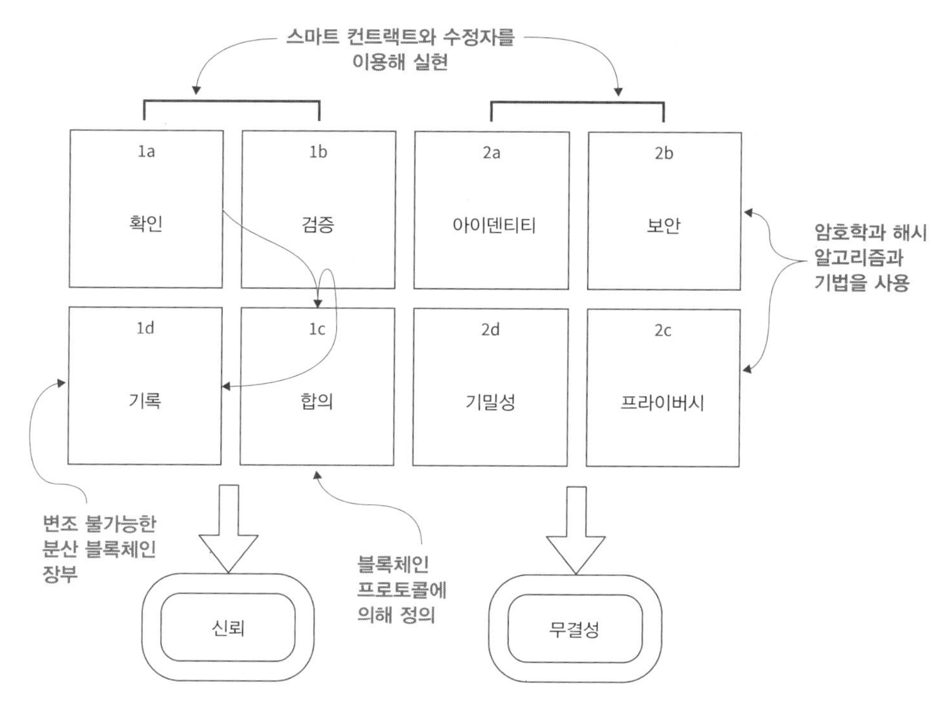

그림 3.1 **신뢰와 무결성의 핵심적인 요소**

그림 3.2에서 신뢰의 근본적 구성 요소인 확인과 검증(1a와 1b)에 의해 신뢰를 확립한다. 종종 **확인**verification과 **검증**validation은 혼용해서 사용하기도 하는데, 우리는 스마트 컨트랙트 개발을 위해 이 두 가지 용어를 차별적으로 정의한다. 이러한 구분은 스마트 컨트랙트를 더 잘 설계하고 개발하는 데 도움이 된다.

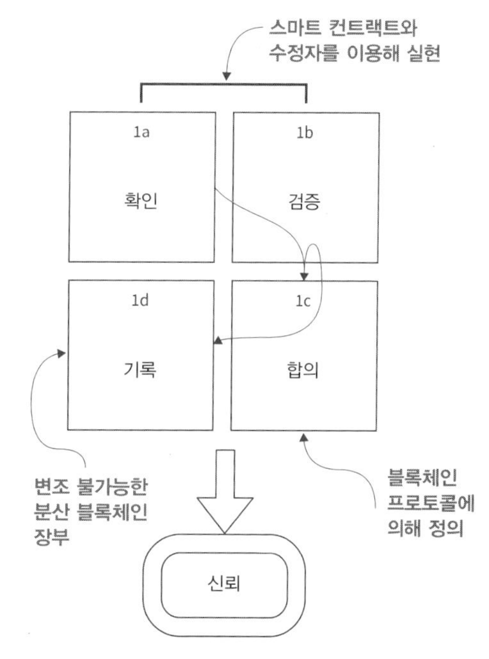

그림 3.2 **신뢰의 요소**

확인과 검증의 차이를 잘 이해하기 위해 다음의 실제 예들을 검토해 보자.

- 확인(1a)은 공항의 보안 체크 포인트에서 당신의 신분을 확인하는 교통안전국Transportation Security Administration, TSA 에이전트와 유사하다. 확인은 일반적인 규칙에 관한 것이다.

- 검증(1b)은 당신이 유효한 탑승권을 가지고 있는지를 체크하는 항공사의 에이전트와 유사하다. 검증은 애플리케이션에 특정한 규칙에 관한 것이다.
- 기록(1d)은 여행객의 상태에 따라 업데이트되는 TSA와 항공사의 중앙화된 데이터베이스와 유사하다. 블록체인의 경우에는 탈중앙화된 변조 불가능 장부에 기록한다는 것과 합의 프로토콜(1c)을 사용한다는 점이 다르다.

확인은 문제 영역의 일반적인 또는 전역적인 요구 조건을 다루는 것이라 생각할 수 있고, 검증은 애플리케이션 또는 데이터에 특정한 조건을 다루는 것으로 생각해도 좋다. 블록체인 애플리케이션에서 트랜잭션들은 일반적인 규칙뿐만 아니라, 애플리케이션의 특정한 규칙과 조건들에 의해 확인하고 검증한다.

그림 3.2 신뢰 사분면 차트의 아래쪽 두 개의 셀(1c와 1d), 즉 합의와 변조 불가능한 분산 기록은 블록체인 프로토콜이 담당한다. 합의 과정의 목적은 일관된 트랜잭션 집합(블록)이 블록체인에 저장되도록 하는 것이다. 1장에서 배운 대로, 노드들이 블록체인 네트워크를 구성한다. 합의 과정에서 선택한 똑같은 블록 복사본이 모든 분산 노드들에 저장된다. 블록들의 체인은 변조가 불가능한데, 그 이유는 이해 관계자 각 노드가 동일한 복사본을 가지고 있기 때문이다. 하나의 노드가 내용을 수정하면 다른 노드가 가진 장부의 내용과 불일치함으로써 싱크가 깨진다. 블록체인 프로토콜과 인프라는 신뢰 차트의 이 두 개의 셀(합의와 기록)을 위해 필요한 규칙과 소프트웨어를 결정한다. 만일 프로토콜 레벨에서 개발하고 기여하고자 한다면, 신뢰의 이 두 가지 측면에 초점을 맞추면 된다. 애플리케이션 개발자로서, 우리는 오직 애플리케이션에 특정한 확인과 검증(위쪽 두 개의 셀, 1a와 1b)만을 설계할 것이다.

3.1.2 무결성

무결성이란 대상 시스템의 참여자와 그들이 보낸 메시지, 데이터, 오퍼레이션의 정확성 truthfulness에 관한 것이다.

정의 블록체인 문맥에서 **무결성**(integrity)은 데이터의 보안과 프라이버시, 그리고 트랜잭션의 기밀성을 보장하는 것을 말한다.

무결성은 그림 3.1의 두 번째 사분면 차트와 같이 노드에 있는 피어 참여자를 고유하게 식별하는 방법부터 다룬다. 탈중앙화 시스템에서는 중앙화 시스템처럼 사용자 이름과 비밀번호를 가지고 당신이 누군지를 식별하지 않는다. 블록체인 어카운트 주소는 참여자를 고유하게 식별하는 간단한 방법이다. 무결성의 요소들, 즉 아이덴티티, 보안, 프라이버시, 기밀성(그림 3.1의

2a에서 2d)은 프라이빗-퍼블릭 키 쌍 개념을 주로 기반하고 있다. 5장에서 암호학과 해시 알고리즘을 결합해 어떻게 참여자의 데이터를 위한 보안과 프라이버시를 다루는지를 설명한다. 마찬가지로 7장에서 기밀성(그림 3.1, 2d)과 마이크로 페이먼트 애플리케이션에 그것을 적용하는 방법에 관해 알아본다.

이 장에서는 애플리케이션에 특정한 신뢰와 무결성을 제공하는 스마트 컨트랙트를 설계할 것이다. 투표 스마트 컨트랙트는 확인, 검증, 아이덴티티, 프라이버시 측면을 모두 보여줄 수 있다. 이러한 기능을 이미 잘 알려진 문제를 해결하는 데 적용해 보자. 인터넷 등장 이후 전자 민주주의는 지속적인 탐구 과제였다. 투표는 많은 사람의 관심을 끌 만한 재미있는 주제다. 우리는 탈중앙화된 참여자의 집합에 의한 전자 투표를 가능케 하는 시스템을 만들어 보고자 한다.

3.2 전자 민주주의 문제

전자 민주주의digital democracy란 인도의 간단한 디지털 신분 카드에서부터 에스토니아Estonia의 전자 영주권에 이르기까지 매우 다양한 것을 포함한다. 이 장에서 인터넷 기반 통신이나 정보 시스템과 같은 디지털화를 통한 전자 민주주의, 특히 종이 투표나 기계 대신 인터넷 기반 전자 투표에 관해 알아본다. 자, 이제 문제 설정부터 해보자.

온라인 투표 시스템을 기획해 보자. 사람들은 다수의 제안 가운데 하나에만 투표한다. 의장은 투표할 수 있는 사람을 등록하고, 오직 등록된 사람만이 제안 선택지 중 하나에 투표(오직 한 번만)한다. 의장의 표는 가중치를 주어서 두 표로 계산한다. 투표 과정은 네 개의 상태(`Init`, `Regs`, `Vote`, `Done`)를 거치며, 이 상태에 따라 각각 다른 오퍼레이션(initialize, register, vote, count votes)을 수행한다.

3.2.1 솔루션을 설계하기

2장에서 배운 설계 원칙(부록 B에 첨부되어 있다)을 적용해 보자. 설계 과정을 시작하기 전에 이 원칙들을 반드시 확인하기 바란다. 투표 문제를 해결하기 위해 다음과 같은 단계를 추천한다.

1. **유스 케이스 다이어그램**use case diagram을 설계하기 위해 설계 원칙 1, 2, 3을 적용하자. 이 다이어그램을 이용해 사용자, 데이터 애셋, 트랜잭션을 식별하자.
2. 설계 원칙 4를 사용해 데이터, 수정자, 확인과 검증을 위한 규칙, 함수를 정의하는 **컨트랙트 다이어그램**contract diagram을 설계하자.
3. 컨트랙트 다이어그램을 사용해 솔리디티로 **스마트 컨트랙트**smart contract를 개발하자.
4. 리믹스 IDE에서 스마트 컨트랙트를 컴파일하고 배포, 테스트하자.

투표 문제는 **유한 상태 머신**Finite State Machine, FSM 모델이라는 UML 설계 다이어그램 한 가지를 더 추가시켜 주는데, 이것은 투표 과정의 각 단계를 표현한다.

3.2.2 유스 케이스 다이어그램

투표 문제를 UML 유스 케이스 다이어그램을 이용해 분석해 보자. 이 다이어그램은 사용자, 애셋, 트랜잭션을 식별하는 설계 원칙을 달성하기 위해 첫 번째로 할 일이다. 그림 3.3은 이 유스 케이스 다이어그램을 보여준다. 주요 행위자와 역할은 다음과 같다.

- **의장**chairperson은 투표자를 등록하며, 자신도 스스로 등록하고 투표할 수 있다.
- **투표자**voters는 투표를 한다.
- **불특정 다수**anybody 누구나 투표 과정의 승자나 결과를 요청할 수 있다.

이 간단한 예제에서는 `reqWinner()` 함수를 호출하면 항상 투표 수를 카운트한다. 비록 이 구현 방식이 효율적이지는 않지만, 일단 이대로 놔두자. 이후의 버전에서 이 부분을 개선해 볼 수 있을 것이다. 또한, 이 다이어그램은 의장 역시 투표자의 한 사람이라는 규칙을 보여주고 있다. 이것은 그림 3.3이 보여주는 것처럼, IS-A 특수화 관계, 즉 의장은 하나의 투표자라는 것을 의미한다. 유스 케이스에는 `register`, `vote`, 그리고 `reqWinner`가 있고, `count votes` 함수는 다이어그램 count votes 유스 케이스가 보여주는 것처럼 내부 함수다.

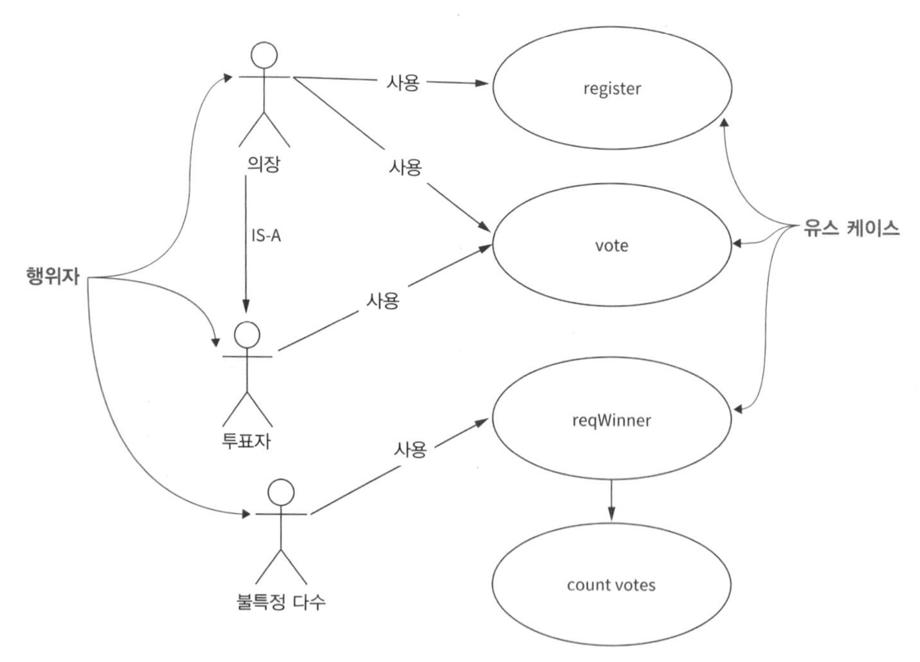

그림 3.3 투표 유스 케이스 다이어그램

3.2.3 코드의 점진적 개발

스마트 컨트랙트의 개발 과정을 잘 보여줄 수 있도록 투표 문제를 해결하기 위한 코드를 네 개의 점진적incremental 단계를 거쳐 개발할 것이다. 또한, 솔리디티 언어의 기능을 예제를 통해 알아본다. 네 개의 점진적 단계는 다음과 같다.

1 **BallotV1** - 스마트 컨트랙트의 데이터 구조를 정의하고 테스트

2 **BallotV2** - constructor와 투표 상태를 변화시키기 위한 함수를 추가

3 **BallotV3** - 스마트 컨트랙트의 다른 함수와 신뢰 구축을 위한 솔리디티 기능을 보여주기 위한 수정자 추가

4 **BallotV4** - 신뢰 요소인 `require()`, `revert()`, `assert()`와 함수 접근 수정자를 추가

자, 이제 문제 설정과 유스 케이스 분석을 통해 시스템의 사용자, 데이터 애셋, 트랜잭션을 리스트업해 보자.

3.2.4 사용자, 애셋, 트랜잭션

지금이 설계 원칙 3을 적용할 차례다. 문제 설정에서 정의한 목표는 사용자가 많은 제안 중에 투표를 해서 하나를 선정하는 것임을 상기하자. 그림 3.3 유스 케이스 분석에 기반하여, 투표 시스템의 유저는 의장, 투표자(의장을 포함한), 그리고 투표 과정의 결과에 관심이 있는 불특정 다수anybody다.

이 케이스에서 데이터 애셋은 투표자들이 투표할 제안들이다. 또한, 투표자들이 투표했는지 여부와 투표의 가중치를 관리하는 것도 필요하다. (의장은 투표자이기도 하고, 가중치=2를 갖는다는 점을 상기하자.) 이 분석을 가이드라인으로 이용해 식별한 두 개의 데이터 아이템을 리스트 3.1에서와 같이 `voters`와 `proposals`로 코딩하자. 문제 설정에서 정의한 투표의 단계를 열거 데이터 타입인 `enum`으로 코딩하자. `enum`은 솔리디티가 제공하는 내부 데이터 타입이다. `Voter` 타입과 `Proposal` 타입은 `struct` 구조체를 이용해 정의했으며, 특수한 투표자인 `chairperson`도 정의했다. `mapping` 데이터 구조는 투표 어카운트 주소를 투표자 상세 정보에 매핑하고, 투표할 대상인 제안들(숫자들)을 담는 배열도 정의했다.

리스트 3.1 **데이터 아이템(BallotV1.sol)**

```
pragma solidity >=0.4.2 =<0.6.0;
contract BallotV1 {

    struct Voter {          ◄── Voter 타입은 투표자 상세 정보를 담고 있다
        uint weight;
        bool voted;
        uint vote;
    }
    struct Proposal {       ◄── Proposal 타입은 제안의 상세 정보를 담고 있는데,
        uint voteCount;         현재는 voteCount만을 가지고 있다
    }

    address chairperson;
    mapping(address => Voter) voters;   ◄── 투표자 주소를 투표자 상세 정보로 매핑
    Proposal[] proposals;

    enum Phase {Init, Regs, Vote, Done}   ◄── 투표의 여러 단계(0, 1, 2, 3)를 나타내고,
    Phase public state = Phase.Init;          Init 단계로 상태가 초기화된다
}
```

이 코드를 리믹스 IDE에 입력해 보자. 여기서 데이터 아이템의 구문과 공개 변숫값들을 체크해 볼 수 있다. BallotV1.sol 스마트 컨트랙트를 만들고, 리스트 3.1의 코드를 복사하자. 만일 just-in-time 컴파일러 옵션(리믹스 IDE 왼쪽 패널에 있는)을 켜두었다면, 코드에 에러가 있을 때 빨간 X 마크가 그 코드 라인에 나타날 것이다. 에러가 있다면 고치고 코드를 컴파일해 보자. 컴파일이 성공적으로 끝났다면, 왼쪽 패널 컴파일 아이콘이 체크되어 있는 것을 확인할 수 있을 것이다. 배포와 트랜잭션 실행 화면에서 환경이 자바스크립트 VM으로 설정되어 있는지 확인하자. 그런 후, 왼쪽 패널의 중간에 있는 Deploy 버튼을 클릭하자.

state라는 유저 인터페이스 버튼이 생겨났을 것이다. 이 버튼을 클릭하면, `state`값으로 `0`이 나타날 텐데, `0`은 현재 상태가 `Phase.Init`라는 것을 의미한다. 코드 편집 창에서 `state`를 `Phase.Done`으로 바꾸어 보자. 그런 후 다시 컴파일하고 배포한 후 state 버튼을 눌러 보자. 이번에는 `state`의 값이 `Phase.Done`을 의미하는 3으로 바뀌었음을 알 수 있다. 그림 3.4는 세 가지 테스트를 보여준다. `state` 변수를 유저가 사용(테스팅)할 수 있는 이유는 코드에서 `public`으로 선언했기 때문이다. 만일 `state` 선언문에서 `public` 가시성 수정자visibility modifier를 지우면, 유저 인터페이스에서 state 버튼이 사라질 것이다.

모든 데이터 정의에 구문적 에러가 없다는 것을 확인하는 연습을 이제 끝냈다. 이 과정에서 새로운 솔리디티 언어 타입인 enum과 array를 사용했고, `struct`, `mapping`, `public` 가시성 수정자도 사용해 보았다. 리믹스 IDE는 함수를 추가하기 전에 데이터 요소들의 구문상 에러

를 먼저 체크할 수 있도록 해서 점진적으로 코딩할 수 있도록 도와준다. 이 단계는 함수를 코딩하기 전에 데이터 타입을 먼저 테스트하는 데 매우 유용하다.

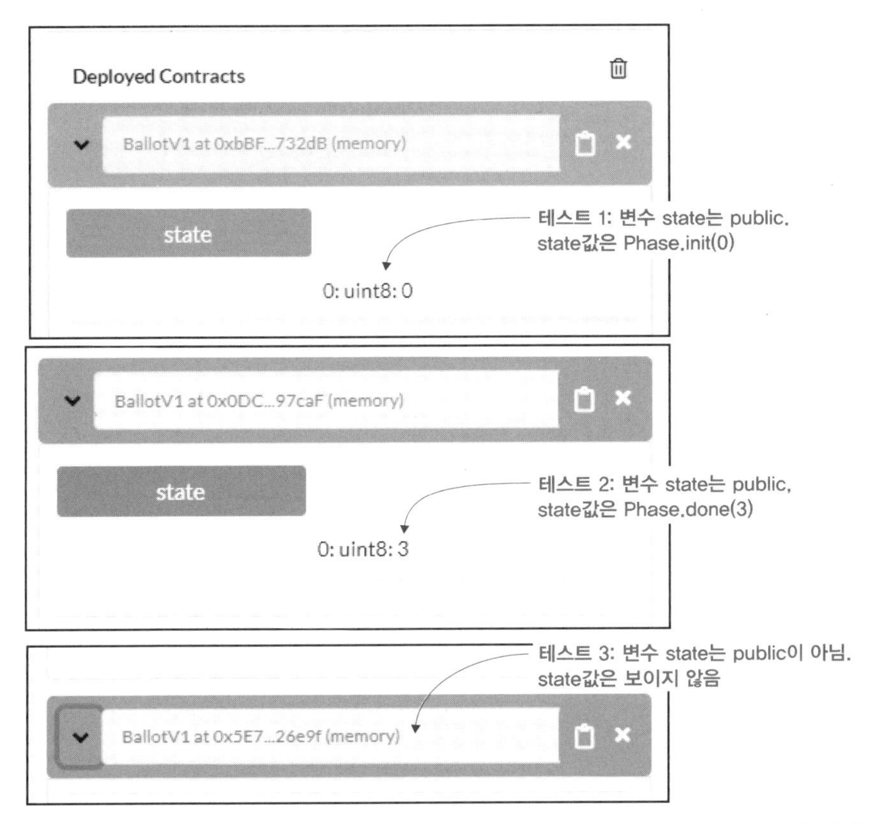

그림 3.4 세 가지 경우를 보여주는 리믹스 유저 인터페이스(state=0, state=3, public을 지운 경우)

3.2.5 유한 상태 머신 다이어그램

그림 3.3 투표 유스 케이스 다이어그램은 오직 정적인 정보만을 보여준다. 투표 과정에서 일어나는 다이내믹한 타이밍과 상태 변화를 보여줄 방법이 없다. 더구나 이 다이어그램은 각 오퍼레이션, 즉 등록 시기, 투표 시기, 승자를 결정하는 단계가 일어나는 순서를 부여할 수가 없다. 시스템 역동성을 표현할 수 있는 또 다른 다이어그램이 필요하다.

시스템 다이내믹스를 보여주기 위해 우리는 UML 유한 상태 머신 또는 FSM 다이어그램을 사용한다. FSM은 정규 컴퓨터공학과 수학에서 창안한 것인데, 다양한 용도로 활용할 수 있는 UML 설계 다이어그램이기도 한다. 이 다이어그램은 시간과 여러 조건에 의해 변화해 가는 스마트 컨트랙트의 상태 변화를 나타내므로 매우 중요하다. 종종 이 조건과 규칙은 실제 세계의 계약과 프로세스에 기반하고 있는 경우가 많고, 이것은 설계 원칙 5로 요약할 수 있다.

5 설계 원칙 스마트 컨트랙트 내에서 일어나는 상태 변화와 같은 시스템 역동성을 표현하기 위해 유한 상태 머신 UML 다이어그램을 활용한다.

투표 과정에서 투표자는 미리 등록을 해야 하는데, 대개 등록과 투표를 마쳐야 하는 종료 시간이 있다. 일부 미국의 주에서는 선거일 30일 전까지 등록해야 하고, 하루 동안 열리는 투표장에 직접 가서 투표해야만 한다. 우리는 다음과 같은 규칙을 가정해 보자.

- 등록은 투표 전에 마쳐야 하고, 특정한 종료 시간 전에 이루어져야 한다.
- 투표 과정을 위한 함수는 특정한 순서에 따라 실행한다.
- 투표는 오직 정해진 기간만 가능하다.
- 투표가 종료되어야만 승자를 판단할 수 있다.

그림 3.5가 보여주는 것처럼 설계 원칙을 적용하고, 상태 다이어그램을 보면서 다이내믹스를 포착해 보자. FSM의 구성 요소는 다음과 같다.

- **states** - 시작 상태와 하나 이상의 종료 상태를 가지고 있는데, 이 두 상태는 관례적으로 이중 원으로 표시한다.
- **transitions** - 하나의 상태에서 다른 상태로 변화하는 것을 말한다.
- **inputs** - 상태 변화를 일으키는 입력값을 의미한다(T=0, T+10일, T+11일).
- **outputs** - 상태 변화 동안 출력되는 것. 없을 수도 있고 하나 이상일 수도 있다. 예를 들면 표시된 상태에 따라 등록(Regs), 투표(Vote), 집계(Done) 등이 일어난다.

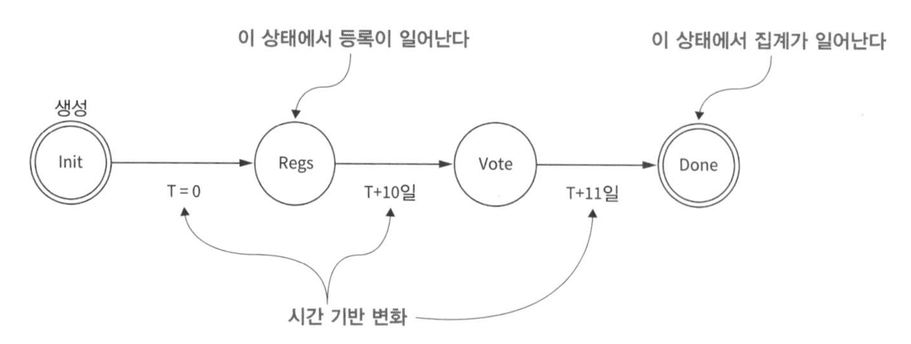

그림 3.5 **투표 상태 변화의 FSM 설계**

앞에서 투표 과정을 나타내는 네 개의 단계 또는 상태를 정의했다. 이 네 개의 단계는 `Init`,

Regs, Vote, Done이다. 시스템은 우선 초기화된 Init 단계에서 시작하여 Regs 단계로 전이되는데, 여기서 등록이 일어난다. 10일간의(이 경우에는) 등록 기간 이후, 시스템은 Vote 단계로 이동하는데, 여기서 하루 동안 투표가 일어난다. 마지막으로 Done 단계로 들어가서 어느 제안이 선정되었는지 판별한다. 이 케이스에서 상태 변화는 시간 기반으로 일어난다. 그림 3.5의 T=0, T+10, T+11은 각 단계의 지속 시간을 설정하는 것이다. 신뢰를 구축하는 스마트 컨트랙트를 코딩할 때 투표 프로세스를 통해 일어나는 변화를 위한 다이내믹한 규칙들을 잘 포착해야 한다.

자, 이제 이런 설계 내용을 리스트 3.2와 같이 코드로 전환해 보자. 이 BallotV2.sol 리스트는 리스트 3.1의 BallotV1.sol의 모든 내용을 포함하고, 여기에 constructor와 함수 changeState()를 추가했다. 상태 변수 state를 세팅하기 위해 나열enumerated 타입인 Phase를 사용했다. 우리의 목표는 상태 변화를 일으키고 관찰해 보는 것이다. 투표 시스템의 의장이 언제 상태 변화를 일으킬지에 대한 통제를 changeState()라는 함수를 호출해서 행사한다고 가정해 보자. 이때 이 함수의 파라미터값은 네 개의 단계를 표현하는 0, 1, 2 또는 3이다.

리스트 3.2 **투표 states를 가진 솔루션(BallotV2.sol)**

```
// 여기서는 생략했지만, BallotV1.sol의 코드를 여기에 포함하자

enum Phase {Init, Regs, Vote, Done}   ◄── 내부적으로 0, 1, 2, 3으로 코딩된다
    // 단계는 오직 0, 1, 2, 3 값만 가질 수 있고, 다른 값은 모두 무효다

Phase public state = Phase.Init;
                                              constructor는 컨트랙트
constructor (uint numProposals) public {     배포자로서 의장을 설정한다
    chairperson = msg.sender;
    voters[chairperson].weight = 2; // 테스트를 위해 가중치를 2로 설정
    for (uint prop = 0; prop < numProposals; prop ++) {
        proposals.push(Proposal(0));                      제안 개수는 constructor의
    }                                                     파라미터다
}

상태 변화 함수
// 단계를 변화시키는 함수: 오직 의장만이 실행할 수 있다
function changeState(Phase x) public {
    if (msg.sender != chairperson) revert();  ◄── 오직 의장만이 상태를 바꿀 수 있으며
                                                  그렇지 않을 경우 되돌린다
    if (x < state) revert();  ◄──
    state = x;            state는 0, 1, 2, 3 순서대로 진행하며,
}                              그렇지 않을 경우 되돌린다
```

리스트 3.2는 오직 BallotV2의 constructor와 changeState() 함수만을 보여준다. 이 코드를 리믹스에 복사해 넣을 때 리스트 3.1의 내용을 앞에다 추가해서 넣는 것을 잊지 말기 바란다.

합친 전체 BallotV2.sol 코드는 이 장의 코드 베이스에 수록되어 있다.

코드를 리뷰해 보자. 초기화에 의해서 처음에 state 변수는 Init 상태로 시작한다. constructor를 호출하는 어카운트(msg.sender)는 의장으로 지정된다. 좀 더 정확하게는 의장이 스마트 컨트랙트를 배포함으로써 투표를 시작한다고 할 수 있겠다. 제안 수가 초기화되고, 의장의 투표는 가중치 2(임의적임)를 갖는다. 투표 단계의 변화는 changeState() 함수에 의해 영향을 받는다. 오직 의장만이 하나의 상태에서 다른 상태로 변화시킬 수 있도록, 그리고 Phase의 값은 {Init, Regs, Vote, Done}에 대응해 오직 {0, 1, 2, 3}만을 갖도록 강제할 수 있다. 단계는 Init에서 출발해서 Regs와 Vote를 거쳐 Done으로 진행해 나간다. 이것이 어떻게 작동하는지 살펴보자.

1 BallotV2 스마트 컨트랙트 코드를 리믹스 IDE에 입력하고, 상태 변화 기능을 체크해 보자.

2 컨트랙트를 컴파일하고, 파라미터값으로 3을 설정한 후 Deploy 버튼을 클릭하자. Deploy 버튼을 클릭할 때마다 오른쪽 박스에 있는 파라미터값은 투표할 제안의 숫자로 설정된다.

3 UI에 있는 state 버튼을 클릭하면 state의 현재 값으로 0을 보여준다.

4 파라미터를 1로 설정한 상태에서 changeState를 클릭하고, state의 값이 Regs를 나타내는 1로 바뀐 것을 확인하자.

5 이 과정을 다른 파라미터값을 가지고 반복하자.

파라미터값으로 유효하지 않은 것을 입력하면 함수가 실행이 안 된다. 만일 changeState() 함수에 파라미터로 음숫값을 주면, 이더리움 VM은 에러로 처리할 것이다.

리스트 3.2의 코드는 상태 변화를 일으키는 스마트 컨트랙트의 일반적 패턴을 보여준다. 리스트 3.2에서 상태 변화를 위한 규칙(검증을 위한)은 다른 일반적인 코드와 마찬가지로 if 문으로 표현할 수 있기는 하다. 다만, 규칙을 정의하는 코드를 함수의 내용과 분리함으로써 신뢰 중개자로서의 스마트 컨트랙트의 역할을 강조할 수 있다. 이게 바로 다음으로 할 작업이다.

3.2.6 신뢰 중개

통상적으로 어떤 문제에서 처리해야 할 확인, 검증, 예외는 강제해야 할 규칙과 체크해야 할 조건들에 따라 명시한다. 또한, 블록체인 기반 애플리케이션에서는 신뢰(규칙으로 표현되는)를 위반하는 트랜잭션을 되돌리거나 중단시켜서 허가받지 않은 트랜잭션이 블록체인의 변조 불가능 장부에 포함되는 것을 방지해야 한다. 바로 이 측면이 블록체인 프로그래밍과 전통적인 분산 애플리케이션 개발의 주요한 차이를 만들어 낸다. 어떻게 이러한 규칙과 요구 조건을 구현할 것인가?

솔리디티는 이러한 신뢰 요구 조건을 다룰 여러 가지 언어적 기능과 함수를 제공한다. 언어적 기능에는 다음과 같은 것이 있다.

- **modifier**는 **확인**verify해야 할 접근 통제 규칙을 명시하고 신뢰와 프라이버시를 구축하기 위해 누가 데이터와 함수에 대한 통제권을 갖는지를 관리한다(예를 들어, 오직 의장만이 회원을 등록시킬 수 있다는 식의). 이러한 수정자는 가시성 수정자visibility modifer와 구분해서 데이터와 함수의 **액세스 수정자**access modifier라고 부르기도 한다.
- `require(condition)` 선언은 파라미터로 전달된 조건을 **검증**validate하고 만일 실패할 경우 함수를 중단한다. 이러한 기능은 파라미터의 일반적 검증(예를 들어, 나이 > 21)을 위해 공통으로 사용한다.
- `revert()` 선언은 트랜잭션을 **중단**revert시키고, 블록체인에 기록되는 것을 막아준다. 이 기능은 보통 수정자 정의에 사용한다.
- `assert(condition)` 선언문은 변수의 조건이나 함수의 실행 과정에서 데이터를 **검증**하는데, 만일 실패할 경우 트랜잭션을 되돌린다. 이 기능은 어떤 조건을 만족시키지 못해서 예외 상태가 일어나지 않도록 하기 위해서 사용한다. 예를 들어, 크루즈 여행 중인 바다 한가운데서 인원수를 검증하거나, 은행에 잔고가 충분하지 않을 때 청구서를 지급하지 못하도록 하는 경우다.

3.2.7 수정자를 정의하고 사용하기

2장에서 알아보았듯이, 수정자는 스마트 컨트랙트에서 확인과 검증 구현을 위한 솔리디티의 특수한 프로그래밍 언어 구조다. 어떻게 이를 정의하는지 살펴보고 보다 효과적으로 사용하는 법에 대해서도 탐구해 보자.

리스트 3.3은 수정자 구문을 보여주는데, 함수 정의와 상당히 유사하다.

- 이름과 파라미터를 가진 헤더 라인이 있다.
- `require` 문 안에 체크해야 할 조건들을 명시하는 본문이 있다.
- 마지막으로 _; 라인이 있는데, 이것은 수정자의 조건을 통과하고 난 후 실행해야 할 코드를 나타낸다. 즉, 수정자가 보호하고 있는 코드 내용을 상징한다.

리스트 3.3 수정자 정의 구문과 예

```
modifier name_of_modifier(parameters) {    ◀── 수정자 구문
    require { conditions_to_be_checked};
    _;
}

modifier validPhase(Phase reqPhase) {    ◀── validPhase 규칙을 위한 실제 수정자 정의
    require(state == reqPhase);
    _;
}
```

리스트 3.3 역시 수정자의 예를 보여준다. 여기서는 파라미터 reqPhase에서 설정한 대로, 투표 과정의 상태가 올바른 단계에 있는지를 확인한다. 왜 함수 정의로부터 수정자 정의를 분리해 내는가? 신뢰와 무결성 구축을 위해 스마트 컨트랙트가 강제하는 규칙을 명확하게 보여줄 수 있도록 확인, 검증, 예외를 다루는 부분을 분리하는 것이다. modifier 키워드는 스마트 컨트랙트 감사인(사람이 하든지 자동화하든지)이 모든 규칙이 미리 잘 설정되어 있고, 기대한 바대로 사용되는지 확인하는 데도 도움이 된다. 어떤 규칙을 표현하는 수정자를 정의하고 나면 마치 다른 함수처럼 여러 번에 걸쳐 사용할 수 있다. 이러한 패턴을 이용해 같은 규칙을 적용한 곳을 쉽게 찾아 리뷰할 수 있다.

자, 그럼 코드 안에서 수정자를 어떻게 호출하는지에 대해 살펴보자. 리스트 3.4는 수정자 validPhase을 사용한 실제 함수 register()를 보여준다. 조건 체크를 위한 전통적인 코드도 두 번째 라인의 코멘트 처리로 함께 보여준다. 이 라인(if 구문)과 비교해서 수정자가 얼마나 간결한지 확인할 수 있을 것이다. 함수의 헤더만 봐도 함수가 다른 것을 처리하기 전에 투표 프로세스의 상태를 체크했다(Phase.Regs 상태라는 것)는 것을 알 수 있다.

리스트 3.4 수정자의 사용

```
function register(address voter) public validPhase(Phase.Regs) {   ◀── 함수 헤더에 있는 수정자. 만일 조건이 맞지 않는다면 트랜잭션을 되돌린다
    // if (state != Phase.Regs) {revert();}   ◀── 전통적인 코드로 표현한 동일 내용
    if (msg.sender != chairperson || voters[voter].voted) return;
    voters[voter].weight = 1;
    voters[voter].voted = false;
    ...
}
```

신뢰 구현자(중개)로서 수정자의 사용은 설계 원칙 6이 된다.

스마트 컨트랙트에서 규칙과 조건을 명시하는 수정자를 사용함으로써 신뢰 중개를 위한 확인과 검증을 구현한다. 통상적으로 확인은 참여자에 대한 일반적인 규칙을 담당하고, 검증은 애플리케이션에 특정한 데이터를 체크하는 역할을 맡는다.

자, 이제 지금까지 다룬 내용을 종합해서 컨트랙트 다이어그램으로 정리해 보자.

3.2.8 수정자를 포함한 컨트랙트 다이어그램

이 절에서는 지금까지 분석하고 설계한 것을 이용해 투표 스마트 컨트랙트를 코딩하기 위해 필요한 데이터 구조와 함수를 정의하는 컨트랙트 다이어그램(설계 원칙 4, 부록 B 참조)을 만들어 보자. 그림 3.6에 예시한 투표 컨트랙트 다이어그램에는 데이터 정의 아래에 있는 수정자 박스에 `validPhase`라는 한 개의 수정자 정의가 있다. 이 예제에서는 수정자 기능을 이해하기 위해 오직 한 개만 정의해 보았다.

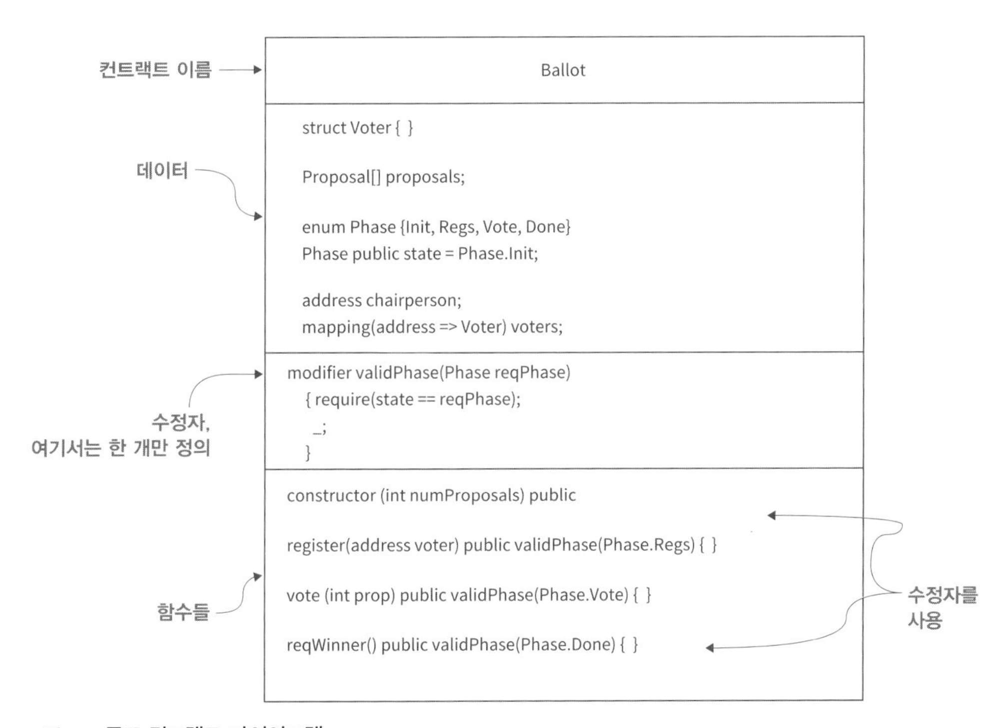

그림 3.6 **투표 컨트랙트 다이어그램**

수정자 `validPhase`가 `Phase reqPhase` 파라미터를 가지고 있다는 것에 주목하자. 컨트랙트의 함수 박스에서 세 개의 함수 헤더에 `validPhase` 수정자를 반복적으로 사용하고 있음을 볼 수 있다. 또한, 다른 함수에서 `validPhase` 수정자가 세 개의 다른 파라미터—`Regs`, `Vote`, `Done`—를 가지고 호출되었다는 것에 주목하자. 이것은 수정자의 유연성과 재활용성을 보여준다. 각 함수 앞에서 수정자는 실제 파라미터값을 적용하고 실행한다. 수정자 내에서 이 실제 파라미터값을 현재 투표 상태와 비교한다. 만일 함수가 호출된 시점의 상태와 일치하지 않는다면 그 함수의 호출을 중단하고, 블록체인상에 실행하거나 기록하지 않는다. 이러한 검증이 수정자의 역할이다.

이제 컨트랙트 다이어그램에서 정리한 상세 내용에 근거해서 투표 컨트랙트를 위한 솔리디티 코딩을 완성해 보자.

3.2.9 완성한 전체 코드

리스트 3.5는 솔리디티로 완성한 전체 코드다. 오직 함수만 보여주는데, 데이터와 수정자 정의는 리스트 3.1에서 3.4까지 이미 리뷰를 했기 때문이다. 앞의 절에서는 함수의 템플릿만 나왔는데, 여기서 완성한 전체 코드를 볼 수 있다. 이 코드에 포함된 Phase 컴포넌트는 상태 변화, 즉 FSM 기반의 다이내믹스 설계와 수정자를 사용한 검증 예시를 보여준다.

리스트 3.5 수정자 validPhase을 가진 솔루션(BallotV3.sol)

```
// 리스트 3.1 데이터를 여기에 포함시키자

    // 수정자
    modifier validPhase(Phase reqPhase) {
        require(state == reqPhase);
        _;
    }

    constructor (uint numProposals) public {
        chairperson = msg.sender;
        voters[chairperson].weight = 2; // 테스트 목적으로 가중치 2 설정
        for (uint prop = 0; prop < numProposals; prop ++) {
            proposals.push(Proposal(0));
        }
        state = Phase.Regs; // Regs 단계로 변경
    }

    function changeState(Phase x) public {      ← 투표 상태 변화는 의장에 의해 순서대로 지워진다
        if (msg.sender != chairperson) {revert();}
        if (x < state ) revert();
        state = x;
    }

    function register(address voter) public validPhase(Phase.Regs) {
        if (msg.sender != chairperson || voters[voter].voted) revert();
        voters[voter].weight = 1;
        voters[voter].voted = false;
    }                                           if 문을 사용한 명시적 검증

    function vote(uint toProposal) public validPhase(Phase.Vote) {   ← 함수 헤더에 validPhase 수정자를 사용

        Voter memory sender = voters[msg.sender];
        if (sender.voted || toProposal >= proposals.length) revert();
        sender.voted = true;
        sender.vote = toProposal;
        proposals[toProposal].voteCount += sender.weight;
```

```
    }

    function reqWinner() public validPhase(Phase.Done) view returns (uint
    ➥ winningProposal) {          ← 읽기용 함수, 체인에 Tx를 기록하지 않는다

        uint winningVoteCount = 0;
            for (uint prop = 0; prop < proposals.length; prop++) {
                if (proposals[prop].voteCount > winningVoteCount) {
                    winningVoteCount = proposals[prop].voteCount;
                    winningProposal = prop;
                }
            }
    }
```

스토리지 vs. 메모리 변수

vote 함수에서 사용하는 로컬 변수인 Voter struct를 살펴보자. 솔리디티에서 변수는 storage(지속되고 블록에 보관됨) 또는 memory(일시적이고 블록에 저장되지 않음)로 정의할 수 있다. 기본적으로 간단한 변수는 memory 타입인 데다 임시적이므로 블록에 저장되지 않는다. struct 데이터 구조는 디폴트로 storage 변수이기 때문에 이것을 사용할 때는 memory 타입인지 storage 타입인지를 선언해 줄 필요가 있다. vote 함수의 경우에 로컬 변수 Voter 구조체를 memory 타입으로 설정해 블록체인의 저장 공간을 낭비하지 않도록 했다. 함수 안에서 로컬 변수로 구조체를 정의할 때, memory 타입인지 storage 타입인지를 명시적으로 선언해 주어야만 한다.

함수 상세 설명

constructor를 포함해 다섯 개의 함수가 있다.

- constructor() - 스마트 컨트랙트를 배포할 때 constructor 함수를 호출한다. 컨트랙트를 배포하는 어카운트의 주소는 의장의 것이다. 이 함수는 파라미터로 투표할 제안 수를 받는다. 데이터 요소들과 투표 단계의 상태를 초기화한다(Init에서 Regs로).
- changeState() - 이 함수는 투표 상태를 매칭하는 단계로 변화시킨다. 오직 의장만이 실행할 수 있고, 파라미터는 올바른 순서(1, 2, 3)가 되어야 한다. register(), vote(), reqWinner()으로 전환되기 전에 처음 한 번씩만 의장 주소로 이 함수를 실행하자. if (x < state) revert(); 문은 간단한 상태 진전만을 해준다. 이런 기본적인 상태 변화 버전을 4장에서 일반적인 버전으로 개선해 볼 것이다.
- register() - 이 함수는 오직 의장만이 실행할 수 있다. 그렇지 않다면 실행되지 않을 것이다. 또한, 만일 voted 불Boolean 변수가 true이거나 state가 Phase.Regs가 아니면

함수는 중단된다.

- vote() - 이 함수는 오직 투표 단계(Phase.Vote)에서만 실행할 수 있다. 이 규칙은 수정자(규칙) validPhase (Phase.Vote)에 의해 강제된다. '1인 1표' 규칙의 검증과 제안 수를 확인할 수 있다. (투표 시기가 끝나면 의장에 의해서 state는 Phase.Done으로 바뀐다.)
- reqWinner() - 이 함수는 투표를 집계하고 투표수로 어느 제안이 승리했는지 식별한다. 이 함수 호출 시마다 매번 카운팅을 한다. 테스트할 때에는 함수를 한두 번 실행할 테니 별문제가 없지만, 실제 프로덕션 환경에서는 최적화해야 한다. (또한 이후의 설계에서는 이 함수를 오프체인으로 빼거나 스마트 컨트랙트 코드에서 제외할 것이다.) 이 함수는 체인에 기록되지 않는 'view' 함수임에 주목하자.

리믹스 IDE에서 전체 컨트랙트를 테스트하기 전에 이 함수들의 역할을 리뷰해 보자.

3.3 테스팅

Dapp 설계에 있어서 스마트 컨트랙트를 테스팅하는 것은 매우 중요한 단계다. 10장에서는 자동화된 테스트 스크립트를 만드는 데에만 포커스를 맞출 것이다. 이 장에서는 테스트 주도test-driven 개발의 기초를 확립하기 위한 테스팅의 기초에 대해 알아보자.

BallotV3.sol 파일을 리믹스 IDE에 로딩하고 컴파일하자. 자바스크립트 VM으로 환경을 설정한 상태에서, 왼쪽 맨 위의 Account 박스에서 어카운트 주소 하나를 선택하고, Deploy & Run Transactions 아이콘을 클릭하자. Deploy 버튼 오른쪽에 제안 개수를 입력하기 위한 박스가 보일 것이다. 텍스트 박스 안에 제안 개수(3과 같은)를 입력하고 Deploy 버튼을 클릭하자. 이것은 제안 개수(이 경우는 3)를 파라미터로 해서 constructor 함수를 실행한다.

리믹스 IDE의 여러 영역에 관해 이미 친숙할 것이다. 그림 3.7은 투표 스마트 컨트랙트를 테스팅하는 과정에서 찍은 스크린샷을 보여준다. 왼쪽 패널 아래쪽에 있는 유저 인터페이스를 이용해 테스트 작업을 진행한다. 함수 실행에 나오는 출력 결과는 가운데 패널 코드 아래쪽에 있는 출력 콘솔에서 확인할 수 있다. 제안 개수 3을 파라미터로 해서 Ballot 스마트 컨트랙트를 배포한 후 state 버튼을 클릭하자. Phase.Regs(enum에서 1로 매핑된)를 나타내는 1이 출력될 것이다. 이 단계에서 어카운트(투표자) 등록을 시작할 수 있다. 여기서 Init 상태는 문제 설정에서 정의되어 있기는 하지만, 사용하지 않았다는 것에 주목하자.

보다 쉽게 테스트팅하기 위해 의장과 투표자들의 주소를 리믹스에서 따로 복사해 전자 노트

패드 등에 기록해 두는 것(표 3.1에서 보여준 것처럼)이 좋다. 이 어카운트들은 리믹스 IDE의 열 다섯 개 테스트 어카운트 중 바닥에 있는 다섯 개를 나타낸 것이다. 문제 설정(3.2절)과 투표 유스 케이스 다이어그램(그림 3.3)에서 정의했듯이 의장 역시 투표자이며, 두 표의 가중치를 갖고 있음을 상기하자.

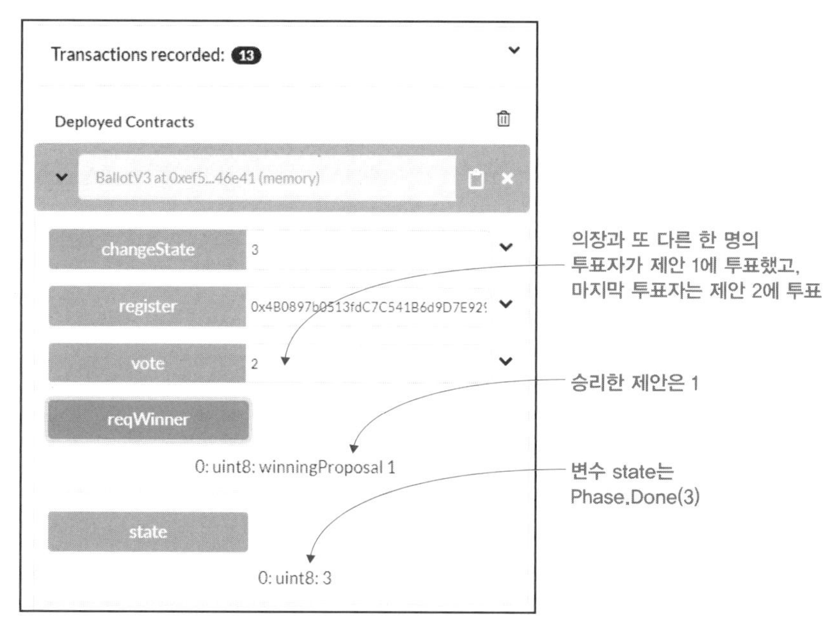

그림 3.7 BallotV3.sol을 실행한 후의 리믹스 유저 인터페이스

리믹스 IDE(2019) 버전은 표 3.1처럼 다섯 개의 어카운트만 보여주었는데, 리믹스 IDE(2020) 버전은 열 개 이상의 랜덤한 어카운트를 보여주고, 리로딩할 때마다 매번 다른 어카운트를 출력해 준다. 이 예제에서는 리믹스 IDE의 드롭다운 리스트 바닥에 있는 다섯 개의 어카운트를 영구적으로 사용하도록 설정했는데, 앞으로도 이와 유사한 변화가 생길 경우, 이에 맞추어 적당히 응용하면 된다.

표 3.1 어카운트와 각각의 역할

어카운트 주소	역할
0xca35b7d915458ef540ade6068dfe2f44e8fa733c	의장이자 투표자(가중치=2)
0x14723a09acff6d2a60dcdf7aa4aff308fddc160c	투표자(가중치=1)
0x4b0897b0513fdc7c541b6d9d7e929c4e5364d2d	투표자(가중치=1)
0x583031d1113ad414f02576bd6afabfb302140225	투표자(가중치=1)
0xdD870fA1b7C4700F2BD7f44238821C26f7392148	또 한 명의 투표자

강력한 테스트 프로세스는 두 가지 유형의 테스팅을 포함한다.

- **긍정**positive **테스트** - 유효한 입력값이 주어졌을 때 스마트 컨트랙트는 기대한 바대로 올바르게 작동한다.
- **부정**negative **테스트** - 유효하지 않은 입력값이 주어졌을 때 스마트 컨트랙트는 확인과 검증을 통해 오류를 잡아내고 함수를 중단시킨다.

3.3.1 긍정 테스트

긍정 테스트부터 시작해 보자. 리믹스 IDE에서 다음의 단계들을 따라 해보자.

1. 세 명의 투표자를 더 등록하자(constructor가 이미 의장을 등록했음을 상기하자). Account 드롭박스에서 두 번째 어카운트 주소(0x147...)를 복사해서 register() 함수의 파라미터 박스에 복사하자. 미리 준비한 노트패드에서 복사해 오거나 IDE에서 어카운트 주소 옆에 있는 조그만 복사 버튼을 이용해도 좋다. Account 박스에서 의장의 주소(0xCA3...)를 선택한 상태에서, 유저 인터페이스에 있는 register 버튼을 클릭하자. (오직 의장만이 투표자를 등록할 수 있음을 상기하자.)
2. 다른 두 투표자에 대해서도 단계 1의 과정을 반복하자.
3. stateChange() 함수를 이용해 state를 2 또는 Phase.Vote로 변경하자. (stateChange 버튼을 누르기 전에 의장의 주소가 Account 박스에 선택되어 있는지 확인하자.) 퍼블릭 변수 state를 나타내는 state 버튼을 클릭해 보자. 2가 나타나면 투표할 준비가 된 것이다.
4. 어카운트 박스에 의장의 주소가 선택된 상태에서 vote() 함수의 파라미터 박스에 2를 입력한 후 vote 버튼을 클릭하자. 이것은 의장이 제안 번호 2에 투표한다는 것을 의미한다.
5. Account 박스에 테스트 단계 1에서 등록한 두 번째 어카운트를 선택하자. vote() 함수의 파라미터 박스에 1를 입력한 후 vote 버튼을 클릭하자.
6. 다른 두 투표자 어카운트에 대해서도 단계 5를 반복하자. 자, 이제 결과를 테스트할 준비를 마쳤다.
7. 의장의 어카운트가 선택된 상태에서, 파라미터를 3으로 해서 stateChange() 함수를 실행함으로써 state를 변화시켜라. state는 Phase.Done 또는 3이 되어야 한다. 이제 집계를 위해 reqWinner() 함수를 호출할 수 있다. reqWinner 버튼을 클릭하면 승리한 제안은 제안 번호 1임을 알 수 있다.

이로써 긍정 테스트를 완료했다. 원하다면 리믹스가 테스트 체인에서 제공하는 모든 어카운트에 대해 전수 테스트를 해볼 수도 있을 것이다.

유저 인터페이스를 이용해 테스트하는 데 약간의 훈련이 필요할 수도 있다. 인내심을 가지기 바란다. 리믹스 어카운트 번호는 달라질 수도 있다.

3.3.2 부정 테스트

이제 부정 테스트로 넘어가 보자. 이 테스트는 일어날 가능성이 있는 모든 경우들을 총망하라는 전수 테스트일 수도 있고, 자주 일어날 만한 경우들만을 포함하는 최소한의 테스트 케이스만을 가질 수도 있다. 여기서 보여줄 테스트 시나리오와 실행 계획 등을 참조해서 앞으로 만들 애플리케이션에 필요한 다른 테스트들도 만들 수 있을 것이다. 리믹스 IDE에서 수행할 수 있는 세 가지의 부정 테스트 시나리오와 실행 방법을 아래와 같이 정리해 보았다.

- 의장이 아닌 어카운트가 투표자를 등록한다. `register()`가 가진 일반적인 코드 검증 기능에 따라 이 트랜잭션을 거부해야 한다.

  왼쪽 패널 Account 박스에서 의장의 어카운트(0x147...)가 아닌 다른 어카운트를 선택하자. 첫 번째 어카운트는 의장 어카운트로 할당되었음을 상기하자. 이제 표 3.1의 왼쪽 칼럼에 있는 투표자 주소 중 하나를 복사해서 `register()` 함수의 파라미터로 넣고 register 버튼을 클릭해 보자. 이 함수는 에러 메시지를 출력하는데, 중간 패널 아래에 있는 출력 콘솔에서 그림 3.8과 같이 에러와 되돌림 메시지를 확인할 수 있다.

```
transact to BallotWithModifiers.register errored: VM error: revert.
revert  The transaction has been reverted to the initial state.
```

그림 3.8 **리믹스 콘솔에서 register() 함수 에러와 되돌림 메시지**

- 스마트 컨트랙트가 `Phase.Done` 상태에서 어카운트가 투표를 시도한다. 수정자 `validPhase`가 이 트랜잭션을 거부해야 한다.

  유저 인터페이스에 있는 State 버튼을 클릭해서 컨트랙트가 `Phase.Done` 상태에 있는지, 즉 3을 보여주는지 확인한다. 왼쪽 패널의 드롭박스에서 의장 어카운트(0xCA3...)를 선택한다. `vote()` 함수의 파라미터 박스에 0에서 2까지의 숫자 중 하나를 입력한 후 `vote` 버튼을 클릭한다. 이 트랜잭션은 올바른 단계인지를 검증하는 `vote()` 함수의 `validPhase` 수정자에 의해 에러가 나고 중단되어야 한다. 콘솔에서 이 오류를 확인할 수 있다.

- 존재하지 않는 제안 번호에 투표하려고 한다. 이 트랜잭션은 `vote()` 함수에 설정된 조건에 의해 거부되어야 한다.

  이 테스트는 다시 `vote()` 함수에 대한 것이다. 유저 인터페이스의 오른쪽 상단에 있는 X 버튼을 눌러서 현재 배포된 컨트랙트를 닫는다. `constructor` 파라미터에 3을 입력하고 Deploy 버튼을 눌러서 컨트랙트를 재배포하자. 어카운트 하나를 투표자로 등록한 후, state를 2, 즉 Phase.vote로 수정하자. 이제 vote() 함수의 파라미터로 3 이상의 숫자를 입력하고, vote를 클릭하자. 유효한 제안 번호는 0, 1, 2 중의 하나여야 하는데, 이 트랜잭션은 vote() 함수에서 설정한 조건, toProposal >= proposals.length에 해당하므로 오류가 발생해야 한다.

이 테스트 예제들을 통해 스마트 컨트랙트를 어떻게 테스트해야 하는지 아이디어를 얻었을 것이다. 여기서는 리믹스 IDE가 제공하는 인터페이스를 이용해 수동으로 테스트하고, 그 에러 메시지를 콘솔에서 확인하는 방식을 사용했다. 10장에서 전체 애플리케이션 스택을 개발한 후에는 스크립트를 이용해 어떻게 수동 테스트를 자동화하는지 설명한다.

3.4 수정자, require(), revert() 사용하기

이제까지 솔리디티의 수정자 기능을 이용해 어떻게 규칙을 설정하는지 배웠다. 그런데 만일 함수를 실행하는 데 다수의 규칙이 필요한 경우는 어떻게 해야 할까? 함수 호출에 다수의 규칙(액세스 수정자)을 적용할 수 있다. 만일 하나의 함수 내에서 구문의 실행 과정 중이나 후에 어떤 조건을 검사해야 한다면? 이런 경우 require() 조항을 이용해 조건을 충족하지 못했을 때 함수를 중단시킬 수 있다. 투표 스마트 컨트랙트에서 정의한 수정자 validPhase의 경우에도 이 안에서 조건을 체크하고 이를 어기면 트랜잭션을 중단시키기 위한 require() 조항을 사용했다. 또한, vote() 함수에서도 한 투표자가 중복 투표를 하지 못하도록 검증하기 위해 revert()를 사용했다.

투표 예제에서, 시스템 파라미터를 검증하기 위해 함수 헤더에 한 개의 수정자를 사용했다. 세 개의 함수, vote(), register(), reqWinner() 모두에서 올바른 단계인지를 검증하기 위해 validPhase 수정자를 사용했음을 기억하자. 수정자를 더 잘 이해하기 위해서 새 수정자를 하나 더 정의해 보자. 같은 스마트 컨트랙트에서 register() 함수에 이 검증을 추가해 보자. 다음의 리스트에서 이 수정자 정의와 사용을 보여준다. 문제 설정(3.2절)에서 오직 의장만이 다른 투표자를 등록할 수 있음을 상기하자. 우리는 이 규칙을 onlyChair라는 수정자로 강제할 수 있다.

리스트 3.6 onlyChair 수정자의 정의와 사용

```
if (msg.sender != chairperson ..)   ◄── onlyChair 수정자를 통해 교체해야 할 구문

modifier onlyChair () {   ◄── 수정자 onlyChair 정의
```

```
        require(msg.sender == chairperson);
        _;
    }

    function register(address voter) public validPhase(Phase.Regs) onlyChair {
        ...
    }
```

register() 함수 헤더에 두 개의 수정자 사용

하나의 함수에 빈칸으로 분리된 리스트로 다수의 수정자를 적용할 수 있다. 수정자는 표시된 순서대로 실행하기 때문에 만일 앞 수정자의 실행이 뒤쪽에 있는 수정자의 판단에 영향을 미칠 수 있다면, 순서가 뒤바뀌지 않도록 주의해야 한다. BallotV3.sol에서는 validPhase가 먼저 나오기 때문에 onlyChair보다 먼저 적용한다. 달리 말하자면, 만일 단계가 잘못되었다면 누가 register() 함수를 호출했는지 확인할 필요조차 없다는 것이다. 이를 나타내는 register() 함수의 헤더는 다음과 같다.

```
function register(address voter) public validPhase(Phase.Regs) onlyChair
```

온라인 구매 유스 케이스에서는 다음과 같은 예도 가능하다.

```
function buy(..) payable enoughMoney itemAvail returns (..)
```

buy() 함수의 호출은 해당 아이템이 있는지 여부를 체크하기 전에 우선 돈이 충분한지 (enoughMoney 수정자로) 확인한다. 만일 돈이 충분하지 않다면, 아이템이 있는지 여부를 수정자 itemAvail로 체크하기 전에 함수를 중단시킨다.

3.5 assert() 선언

지금까지 수정자를 살펴보면서 솔리디티의 두 가지 특수 내장 함수인 require()와 revert()만을 다루었다. 이 절에서는 또 하나의 특수 내장 함수인 assert()를 사용하는데, 이 함수는 어떤 함수 내에서의 연산 과정에서 특정한 조건을 충족했는지 여부를 확인해 준다.

우리가 지금까지 다룬 투표 시스템에서 이기기 위해서는 최소한 세 표(또는 과반수)가 필요하다고 가정해 보자. 우리는 reqWinner() 함수에 assert() 문을 추가해서 이 규칙을 강제할 수 있다. 스마트 컨트랙트에 입력되는 파라미터뿐만 아니라, 함수 내에서 연산이 일어나는 여러 단계에서도 검증할 수 있다. assert(winningVoteCount >= 3)을 사용해 만일 가장 많은 투표를 받은 수가 1 또는 2이거나 전체 투표자 수가 3 미만일 경우 함수를 중단시킬 수 있다.

여기서 30이라는 값을 사용한 것은 빠른 테스팅을 위해 임의적으로 적용한 것뿐이다. 더욱 실제적인 케이스인 경우에는 assert() 함수에 과반수 값을 사용하거나 점검해야 할 다른 예외적 조건을 사용할 수 있다.

리스트 3.7은 이러한 점진적인 개선, 즉 새로운 수정자인 onlyChair와 assert() 함수를 사용한 Ballot 스마트 컨트랙트 코드를 보여준다. revert(), require(), 그리고 assert()를 수정자와 결합해서 적절히 사용하면 확인과 검증을 통해 예외들 처리가 가능하고, 결국 스마트 컨트랙트에 의한 강력한 신뢰 중개를 확립할 수 있다. if 구문 대신 require()를 사용하여 조건이 실패하면, 이 트랜잭션이 중단된다는 것을 더 확실히 알 수 있다. 만일 함수가 중단되면, 이 함수에 의해서는 어떠한 Tx도 블록체인에 기록되지 않는다. revert()가 Tx가 일어나지 못하도록 막아 준다는 점을 이해하는 것이 매우 중요하다.

리스트 3.7 **모든 신뢰 규칙을 코딩한 상태(BallotV4.sol)**

```
// 수정자
modifier validPhase(Phase reqPhase) {      ◀── onlyChair를 포함한 두 개의 수정자
    require(state == reqPhase);
    _;
}

modifier onlyChair() {
    require(msg.sender == chairperson);
    _;
}

constructor (uint numProposals) public. {
    chairperson = msg.sender;
    voters[chairperson].weight = 2; // 테스트 목적으로 가중치를 2로 설정
    for (uint prop = 0; prop <numProposals; prop ++)  {
        proposals.push(Proposal(0));
        state = Phase.Regs;
    }
}

function changeState(Phase x) onlyChair public {   ◀── onlyChair 수정자 사용
    require (x >state );       ◀── 통상적인 if 대신에 require() 사용
    state = x;
}

function register(address voter) public validPhase(Phase.Regs)
    onlyChair {   ◀── 로컬 변수를 위해 스토리지 타입 대신 메모리 타입 사용
    require (! voters[voter].voted);
    voters[voter].weight = 1;
    // voters[voter].voted = false;
}
```

```
function vote(uint toProposal) public validPhase(Phase.Vote) {
    Voter memory sender = voters[msg.sender];
    require (!sender.voted);
    require (toProposal <proposals.length);    | 통상적인 if 대신에 require() 사용
    sender.voted = true;
    HYPERLINK "http//sender.vote/"sender.vote  = toProposal;
    proposals[toProposal].voteCount += sender.weight;
}

function reqWinner() public validPhase(Phase.Done) view
    returns (uint winningProposal) {
    uint winningVoteCount = 0;
    for (uint prop = 0; prop <proposals.length; prop++) {
        if (proposals[prop].voteCount >winningVoteCount) {
            winningVoteCount = proposals[prop].voteCount;
            winningProposal = prop;
        }
    }
    assert(winningVoteCount>=3);  ←— assert() 사용
}
```

함수 asssert()와 require()는 조건을 체크한다는 점도 그렇고, 체크에 실패할 경우 트랜잭션을 되돌린다는 점에서도 유사하다. require()는 변숫값의 리미트(예를 들어, age >= 18)을 체크하는 것과 같은 일반적인 검증에 사용한다. 때로는 이 체크에 실패할 가능성이 있다고 예상하는 경우다. 반면 assert()는 예외를 다루기 위한 것이다. 이 조건은 보통 실패하지 말아야 한다고 가정한다. 예를 들어, 여름 캠프에서 인원수를 체크하기 위해서 assert(headcount == 44)를 사용하는 것처럼 말이다. 한밤중에 이 체크가 실패하길 바라지는 않을 것이다! 한 가지 더 염두에 두어야 할 것은 assert()의 실패가 require()에 의한 되돌림보다 낭비되는 블록체인 가스(실행) 비용이 훨씬 크기 때문에 언제 assert()를 사용할지 잘 선택해야 한다는 점이다. assert()는 예외 처리를 위한 곳에 간헐적으로 사용하고, require()는 데이터, 연산, 파라미터값 등을 검증하는 데 사용하자.

이제 리믹스 IDE에 리스트 3.7을 로딩해 보자. 지금까지 적용해 온 점진적 개선(수정자, require(), revert(), assert())을 리뷰하고 잘 작동하는지 확인해 보자.

3.6 베스트 프랙티스

지금까지 블록체인 애플리케이션 개발에 특화된 중요한 추가 기능에 대해 알아보았다. 이제 이와 관련된 베스트 프랙티스를 정리해 보자.

- 스마트 컨트랙트 코드는 간결하고 일관성 있고 감사하기 쉽도록 작성하자. 스마트 컨트랙트에서 정의한 각 상태 변수와 함수는 한 가지 문제만을 다루도록 하자. 중복적인 데이터 또는 관계없는 함수를 포함하지 말아야 한다. 함수 실행 시 사전 또는 사후 조건을 확인해야 할 필요가 있을 경우, 인라인(if/else) 코드 대신, 커스텀 함수 수정자를 사용함으로써 감사하기 쉽도록 한다.
- 함수 접근 수정자는 다음과 같은 경우에 사용하자.
  - 모든 참여자의 데이터 접근을 위한 규칙, 정책, 규정을 구현할 때
  - 함수에 접근할 수 있는 모든 참여자를 위한 공통 규칙을 구현할 때
  - 애플리케이션에 특정한 조건을 선언적으로 검증할 때
  - 스마트 컨트랙트의 정확성을 검증하기 위해 감사 가능한 요소를 제공하고자 할 때
- 블록체인에 저장할 필요가 없는 로컬 변수는 memory 타입을 사용하자. 메모리 변수는 임시적이며 저장되지 않는다(리스트 3.7에서 이 예제를 확인할 수 있다).
- 스마트 컨트랙트를 점진적인 단계로 개발하고 매 단계마다 디버깅을 하자.
- 솔리디티 언어는 성능과 보안 향상을 위해 자주 업데이트된다는 점을 기억하자. 업데이트가 발생할 경우 여러분의 코드를 최신 버전의 요구 조건에 맞게 변경해야 한다.

3.7 되돌아보기

이 장에서 다룬 일련의 개발 과정, 다시 말해 유스 케이스 다이어그램을 만들어 사용자, 데이터 애셋을 식별하고, FSM 상태 변이, 컨트랙트 다이어그램을 만들며, 스마트 컨트랙트 코딩을 작성하는 것은 문제를 체계적으로 분석하고 이에 대한 적절한 컨트랙트 솔루션을 제공할 수 있도록 도와준다. 스마트 컨트랙트 구문은 객체지향형 프로그래밍의 클래스와 유사한데, 다만 신뢰와 무결성 요소의 구현을 위해 신중하게 설계해야 할 필요가 있다.

또한, 신뢰 요소를 구현하는 몇 가지 특수한 기법도 알아보았는데, 스마트 컨트랙트 내에서 조건을 확인하고 검증하는 수정자를 통해 신뢰 중개를 구축하는 것과 같은 것이다. 그뿐만 아니라 수정자는 데이터와 함수에 대한 접근을 관리함으로써 프라이버시, 보안, 기밀성, (결과적으로) 무결성을 지원할 수 있다.

3.8 요약

- 전통적인 신뢰 영역을 넘어선 탈중앙화 시스템에서 신뢰와 무결성은 매우 중요하다. 탈중앙화 시스템에서는 사람이 운전면허증과 같은 신원을 검사하지도 않고, 인증을 위해 사용자 이름/암호의 조합을 확인하는 시스템도 없다.
- 블록체인 기반 애플리케이션에서 신뢰는 세 가지 기능—수정자, `require()`, `assert()`—을 이용한 확인, 검증을 통해 확립한다.
- `revert()` 선언은 함수 호출을 되돌리고, 트랜잭션이 블록체인의 변조 불가능 장부에 기록되는 것을 막음으로써, 잘못된 정보가 장부에 누적되지 않도록 한다.
- FSM 설계는 또 하나의 매우 중요한 설계 다이어그램을 제공하는데, 특히 상태 변화를 가진 스마트 컨트랙트의 설계를 위해 필요하다.
- 리믹스 IDE는 어카운트 번호, 트랜잭션, 기록을 포함한 블록체인 기반 애플리케이션 개발 전반을 위한 통합적인 웹 플랫폼을 제공한다. 6-11장을 통해 데스크톱 환경에서 Dapp을 개발하기 위해 이를 이용한다.
- 설계 원칙, 설계 과정, 신뢰를 위한 기법 등의 지식으로 무장한 여러분은 블록체인 문제를 해결하기 위한 준비를 마쳤다. 이제 다양한 설계 다이어그램을 사용해 솔루션을 설명하고, 솔리디티 언어로 스마트 컨트랙트 코드를 작성할 수 있을 것이다. 5-7장에서 암호학과 보안 해싱을 이용한 알고리즘적 접근 방식을 통해 탈중앙화 애플리케이션을 더욱 강화하는 것에 관해 알아보자.

CHAPTER 4

스마트 컨트랙트에서 Dapp으로

이 장에서 다룰 내용

- Dapp의 디렉터리 구조와 코드 요소 설계하기
- 트러플 스위트를 이용한 Dapp 개발하기
- Dapp 프런트엔드를 스마트 컨트랙트에 연결하기
- 메타마스크를 탑재한 브라우저에서 어카운트 관리하기
- 종단 간(end-to-end) Dapp 배포와 테스팅하기

이전 장에서 우리는 블록체인 애플리케이션의 핵심 구성 요소인 스마트 컨트랙트를 설계하고 개발하는 것을 살펴보았다. 하지만 스마트 컨트랙트에 코딩된 로직 로직은 혼자서 작동하지 않는다. 스마트 컨트랙트 함수와 블록체인 서비스를 호출하는 사용자 애플리케이션이 있어야 한다. 이러한 애플리케이션이 스마트 컨트랙트 함수를 호출하면 블록체인의 탈중앙화된 장부에 기록할 트랜잭션 결과와 데이터를 확인하고 검증한다. 우리는 이 장에서 **탈중앙화 애플리케이션**이라고 불리는 보다 넓은 의미의 시스템 구조를 배우고, Dapp을 개발하기 위한 기법과 도구를 알아볼 것이다. 그림 4.1에서 보여주는 것처럼 1장에서 소개한 Dapp 스택과 정의를 기억해 보자.

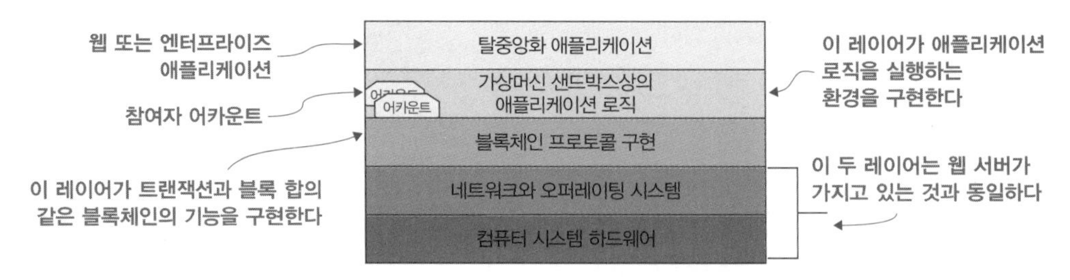

그림 4.1 Dapp 스택

정의 Dapp은 블록체인 함수를 호출하는 탈중앙화 스마트 컨트랙트의 로직이 포함된 웹 또는 엔터프라이즈 애플리케이션이다.

그림 4.2는 블록체인 네트워크로 연결한 두 개의 노드를 나타낸다. Dapp 스택(그림 4.1)의 두 번째 레이어(가상머신 샌드박스상의 애플리케이션 로직)를 다른 레이어와 분리해 보면(그림 4.2에서 점선 표시 부분), 여기에는 API, 포트, 서버 코드, 레이어들을 결합하는 다른 스크립트들이 있음을 알 수 있다. Dapp을 개발할 때 실제 다루게 될 내용이 바로 이들 요소다.

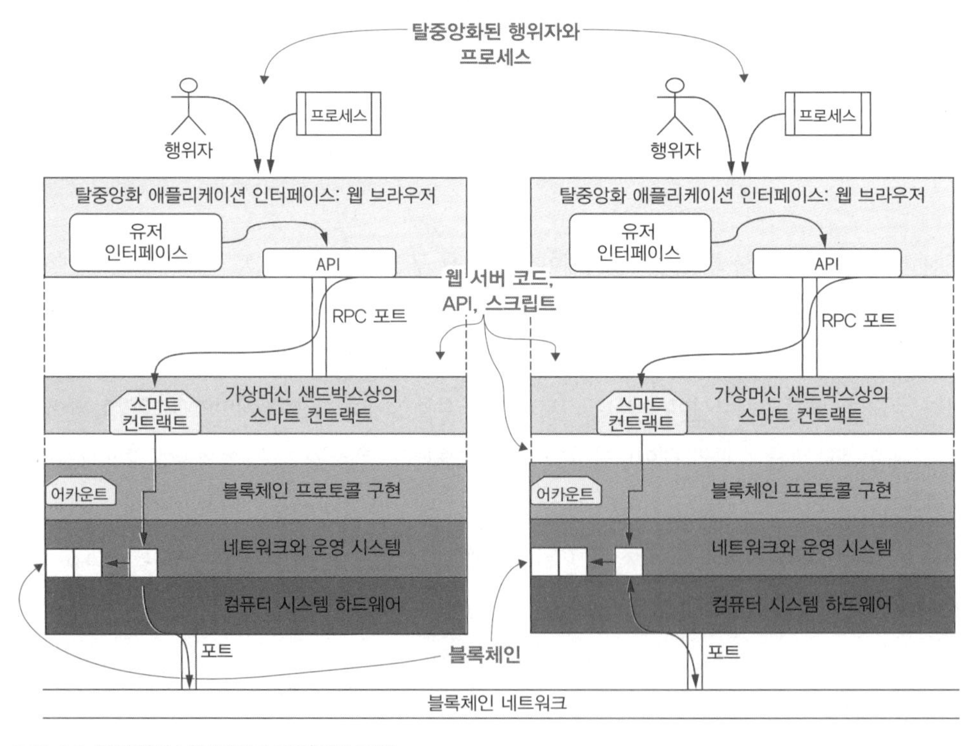

그림 4.2 블록체인 네트워크의 아키텍처 모델

이제 그림 4.2에서 보여준 아키텍처 모델의 흐름을 따라가 보자. 맨 상단에 있는 사용자(행위

자) 또는 사용자를 대신하는 프로세스가 UI 함수를 호출한다. 이 함수는 웹 애플리케이션 소프트웨어와 블록체인 API를 사용해 스마트 컨트랙트 함수를 연결한다. 스마트 컨트랙트 함수 호출을 나타내는 Txs를 블록체인 체인에 기록한다. (오직 필요한 일부 Txs만 저장한다는 것에 유의하자.) 이러한 작동 흐름, 즉 행위자로부터 일관된 블록체인 기록은 블록체인 네트워크에 연결된 양쪽 노드 모두에서 일어난다는 것을 알 수 있다. 이 그림은 또한 블록체인 기반 Dapp이 독립 실행형standalone 애플리케이션이 아니라, 그것을 호스팅하고 있는 시스템의 파일 시스템, 포트, 네트워크 기능에 의존하고 있다는 것을 보여준다.

그림 4.2 아키텍처는 단지 두 개의 노드만을 보여준다. 실제로는 같은 블록체인 환경 설정을 가진, 예를 들어 같은 네트워크 ID 번호와 같은 제네시스 블록을 가진 많은 노드가 탈중앙화 시스템의 블록체인 네트워크를 구성하고 있다.

이 장에서는 블록체인 네트워크의 맨 위의 두 레이어를 개발하고 프로그래밍하는 방법을 설명한다. 시작하기 전에 먼저 알아 두어야 할 것은 블록체인 프로그래밍은 복잡하고 Dapp 스택은 전통적인 웹 스택과 상당히 다르다는 점이다. Dapp 개발을 위해 사용하는 아티팩트artifacts와 기법들은 다음과 같다.

- 모든 Dapp 프로젝트에 필요한 웹 애플리케이션용 `<project>-app` 모듈과 스마트 컨트랙트용 `<project>-contract` 모듈
- 웹 서버와 패키지 매니저[Node.js와 노드 패키지 매니저(npm)]
- web3 프로바이더로 불리는 블록체인 프로바이더(가나쉬와 같은)
- Dapp을 배포하고 테스트할 통합적인 환경을 제공하는 개발 도구인 트러플 스위트(IDE)
- 메타마스크 브라우저 플러그인을 이용한 어카운트 관리

이 장에서 살펴볼 종단 간 개발 과정은 이후의 장에서 소개할 여러 가지 Dapp을 통해 더욱 확장해 나갈 것이다.

4.1 트러플을 사용한 Dapp 개발

트러플은 통합 Dapp 개발 환경과 테스팅 프레임워크를 제공하는 도구다. 이더리움 기반 종단 간 Dapp 개발을 위한 여러 가지 기능과 명령어를 제공하는데, 다음과 같은 것을 포함한다.

- Dapp을 위한 템플릿, 즉 기본 디렉터리 구조를 생성(`truffle init`)
- 스마트 컨트랙트를 컴파일하고 배포(`truffle compile`)

- 콘솔에서 테스트를 하기 위한 개인 블록체인 론칭(truffle develop)
- 스마트 컨트랙트를 배포하기 위한 마이그레이션 스크립트 실행(truffle migrate)
- Dapp UI 없이 테스팅하기 위한 커맨드 라인 인터페이스를 트러플에 오픈(truffle console)
- 배포된 컨트랙트를 테스팅[truffle test(10장에서 상세한 다룸)]

트러플로 할 수 있는 몇 가지 핵심적인 오퍼레이션을 열거했는데, 이것만으로도 Dapp을 개발하고 배포하는 데에는 충분하다.

이미 리믹스 IDE를 배웠는데, 왜 또 다른 것을 소개하는지 의아해하는 사람이 있을 것 같다. 리믹스 IDE는 스마트 컨트랙트 개발을 위한 환경이다. 트러플은 Dapp 개발을 프로덕션 수준으로 이끈다. 프로젝트 개발, 디펜던시dependency 관리, 시스템 마이그레이션 등을 위해 npm 모듈을 사용한다. 트러플 툴셋(IDE)은 스크립팅을 통한 컨트랙트 배포 처리, 스마트 컨트랙트 스테이징을 위한 마이그레이션 프레임워크를 제공하며, 이식성portability과 통합integration을 위한 패키지 관리 기능도 제공한다. 이 장에서 트러플을 사용하기 위해서는 커맨드 라인 인터페이스에 익숙하고 gedit나 Atom 같은 에디터를 사용해 본 경험 등도 필요하다.

4.1.1 개발 과정

개발 과정에서 다음과 같은 주요 단계를 밟아 가면 된다.

1 문제 설정을 분석하자. 설계 원칙과 UML 다이어그램을 이용해 솔루션을 설계하고 표현하자.

2 리믹스 웹 IDE를 사용해 스마트 컨트랙트를 개발하고 테스트하자.

3 트러플 IDE를 사용해 종단 간 Dapp을 코딩하고 테스트 블록체인에 배포해 테스트하고 나면, 메인 네트워크에 마이그레이션하자.

자, 이제 Dapp 개발 프로젝트를 론칭할 준비가 되었는가?

4.1.2 트러플 설치

유저 인터페이스를 위한 종단 간 웹 클라이언트를 개발해 보자. 이 프로젝트를 위해 다음과 같은 것이 필요하다.

- **운영 시스템**operating system - 리눅스 우분투 18.04, macOS(시에라 또는 이후 버전), 또는 윈도우 10(또는 이후 버전)
- **클라이언트 인터페이스를 위한 웹 서버**web server for the web client interface - Node.js v12.16.0 또는 이후 버전
- **패키지 매니저**package manager - npm 6.13 또는 이후 버전
- **IDE** - 트러플 5.1.X 또는 이후 버전
- **스마트 컨트랙트 언어 툴체인**smart contract language toolchain - 솔리디티 0.5.16 또는 이후 버전 (트러플 툴셋에 따라옴)
- **브라우저/웹 클라이언트**browser/web client - 크롬과 메타마스크(LTS) 플러그인
- **에디터**editor - Atom, gedit, VSCode 또는 선호하는 에디터

Node.js는 Dapp 프런트엔드를 위한 웹 서버로 기능한다. 메타마스크는 특정한 블록체인에 연결해 어카운트를 관리하도록 지원하는데, 이는 그림 4.2에서 보여준 애플리케이션 프런트엔드와 어카운트를 호스팅하고 있는 블록체인 노드를 연결하는 파이프 같은 역할이라 할 수 있다.

여기서 보여줄 모든 명령어는 **터미널 윈도우(terminal window)**에 입력하거나 붙여넣기를 해야만 한다. 입력 후 엔터키를 치면 명령어를 실행한다. 혹시 npm install을 실행할 때 버전 번호가 상이할 수 있는데, Npm이 필요한 모듈에 맞는 버전을 찾아 주므로 별문제는 없을 것이다.

필요한 소프트웨어 패키지를 다음 순서에 따라 설치하자.

1 오퍼레이팅 시스템을 설치하자.

리눅스는 우분투 리눅스 LTS 버전을 다운로드받아서 설치한다. 물론 CentOS, Arch 리눅스, OpenSUSE 또는 다른 배포 버전을 사용해도 된다. 최신 버전보다는 보안과 안정성을 위해 장기 지원(LTS) 버전을 사용하는 게 좋다.

macOS는 Homebrew을 다운로드해서 설치하자(*https://brew.sh*).

윈도우는 윈도우 10이 탑재된 64비트 시스템을 선택하면 된다.

2 브라우저를 설치하자.

크롬을 다운로드(*https://www.google.com/chrome*)해서 설치하자. 구글 크롬은 설치 후 자동으로 실행될 것이다.

3 Node.js와 npm LTS을 다운로드하고 설치하자(*https://nodejs.org*).

이 패키지는 터미널 윈도우에서 다음의 명령어를 실행해 리포지터리repositories로부터 설치할 수도 있다.

- 리눅스 - `sudo apt-get install nodejs npm`

- macOS - `brew install node`

윈도우는 64비트 버전 인스톨러를 받아서 .exe 파일을 실행하면 되는데, 설치 시 모든 디폴트 옵션을 선택한다.

4 맞는 버전으로 제대로 설치가 되었는지를 터미널 윈도우에 다음의 명령어를 실행시켜 확인하자.

```
node -v
npm -v
```

5 깃허브GitHub 저장소(*https://github.com/trufflesuite/truffle*)에서 트러플 스위트(IDE)를 다운받아 설치하거나 npm을 이용한다. 이때 버전이 5.1.X 또는 그 이후 버전인지 확인한다.

```
npm install -g truffle
```

만일 버전 호환성으로 인해 오류가 발생하면, nodeLTS 버전으로 시도해 보자.

```
npm uninstall -g truffle
npm install -g truffle@nodeLTS
```

설치한 소프트웨어의 버전을 다음의 명령어로 확인할 수 있다.

```
truffle version
```

다음처럼 버전 정보가 나온다(여러분의 버전은 더 높을 수 있다).

```
Truffle v5.1.14(core: 5.1.13)
Solidity v0.5.16(solc-js)
Node v12.16.2
web3.js v1.2.1
```

드디어 이 책의 Dapp 개발을 위해 사용할 세 가지 개발 툴—Node.js, npm, 트러플 IDE—의 설치를 완료했다. 트러플을 설치하면 자동적으로 솔리디티 컴파일러도 함께 설치해 준다.

이러한 셋업은 한 번만 해주면 된다. 5-11장에서 다룰 Dapp이나 앞으로 여러분의 Dapp을 직접 만들 때 같은 셋업을 사용하면 된다. 다음 단계로 넘어가기 전에 각 단계를 완전하게 실행하는 것이 좋다. 버전 번호는 여기서 보여주는 것보다 높을 수도 있다는 것을 기억하자. 만일 데스크톱에 소프트웨어를 설치할 관리자 권한이 없거나 엔터프라이즈 레벨로 설치가 필요한 경우라면, 여러분의 IT 관리자와 상의하자.

4.1.3 Dapp 스택 구축

다음 단계로 초점을 맞출 것은 Dapp 스택(그림 4.3)의 상위 레이어들이다. 다음의 작업 리스트가 이에 해당한다(1장에서 이 스택에 관해 소개한 바 있다).

1 로컬 블록체인 레이어를 설치하자(4.2절).

2 스마트 컨트랙트를 개발하고 배포하자(4.3절).

3 웹 애플리케이션 UI를 개발하자(4.4절).

4 웹 서버 환경 설정을 하고 UI와 스마트 컨트랙트 레이어를 연결하는 결합glue 코드를 개발하자(4.4절).

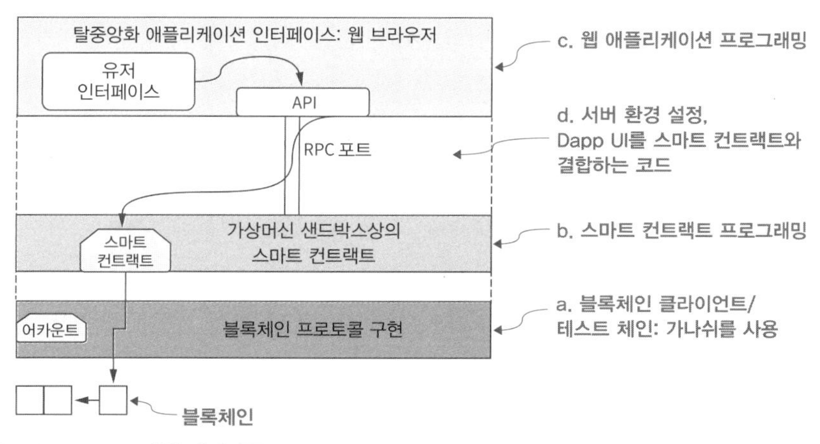

그림 4.3 **Dapp 개발 레이어들**

Dapp의 많은 파일과 스크립트들을 체계적으로 관리하기 위해서는, 표준적인 디렉터리 구조를 따르는 것이 좋다. 2장에서 소개한 카운터 예제의 경우, 다음의 Counter-Dapp 디렉터리에 스마트 컨트랙트와 관련된 파일은 counter-contract 디렉터리에 보관하고, 웹 애플리케이션과 관련된 파일은 counter-app 디렉터리에 저장했다.

```
.
├─ Counter-Dapp
|  ├─ counter-app
|  └─ counter-contract
```

4.2 가나쉬 테스트 체인 설치

블록체인 레이어를 설정하는 방법에는 리믹스 IDE에서 사용한 시뮬레이팅된 VM에서 시작해 본격적인 Geth Go Ethereum 클라이언트에 이르기까지 여러 옵션이 있다. 이 장에서는 가나쉬라고 불리는 트러플 스위트의 테스트 블록체인을 사용할 것이다. 가나쉬를 다운로드(*https://www.trufflesuite.com/ganache*)받고 설치한다. 설치 후 QUICKSTART 버튼을 클릭해 보자. 쉽게 실행할 수 있도록 태스크 바에 등록해도 좋을 것이다.

가나쉬는 이더리움 클라이언트로 디폴트로 로컬 호스트에서 실행하도록 설정되어 있다. Dapp의 프로토타입을 테스트해 보기에 안성맞춤인데, 열 개의 테스트 어카운트를 제공하고, 각 어카운트는 테스트용 100이더씩을 가지고 있는데, 이를 이용해 필요한 가스비를 지급하고 어카운트 간에 이더를 이전시켜 볼 수도 있다. 그림 4.4는 가나쉬의 블록체인 인터페이스를 보여준다. 상단 쪽에 시드 단어 또는 **니모닉** mnemonics이 있는데, 이것을 복사해서 다른 곳에 저장해 두기 바란다. 나중에 Dapp을 테스트할 때 체인에 액세스하기 위한 인증에 필요하다.

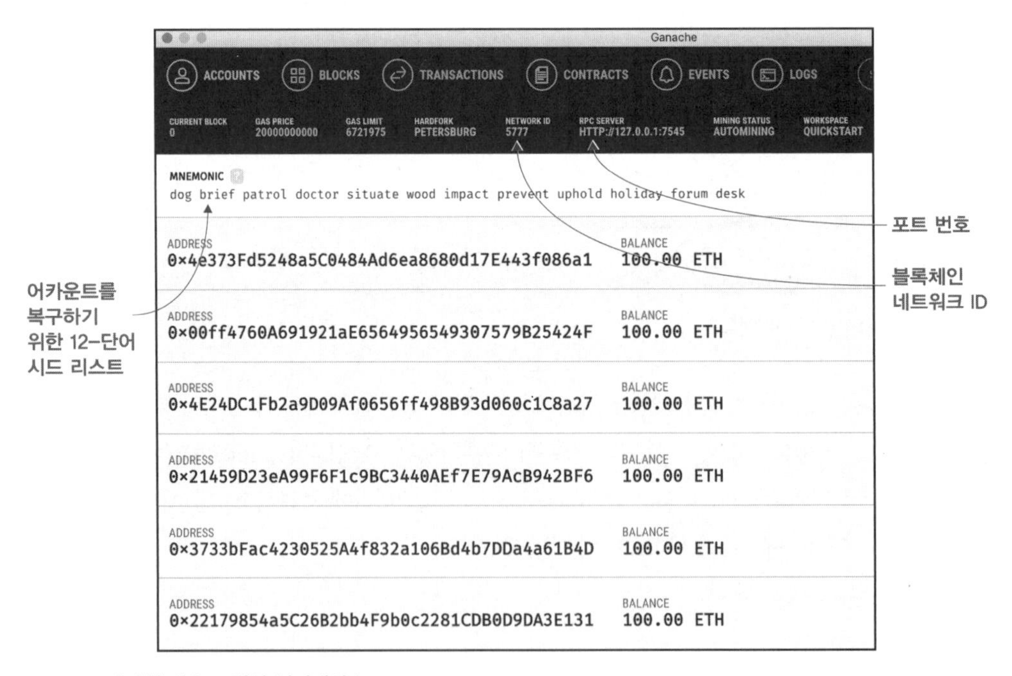

그림 4.4 가나쉬 테스트 체인 인터페이스

4.3 스마트 컨트랙트 개발

Dapp 설계 과정을 빨리 시작하기 위해 3장에서 다루었던 투표 문제 설정을 다시 사용하자. 편의를 위해 아래와 같이 문제 설정을 반복해 보았다.

온라인 투표 시스템을 기획해 보자. 사람들은 다수의 제안 가운데 하나에만 투표한다. 의장은 투표할 수 있는 사람을 등록하고, 오직 등록된 사람만이 제안 선택지 중 하나에 투표(오직 한 번만)한다. 의장의 표는 가중치를 부여해 두 표로 계산한다. 투표 과정은 네 개의 상태(`Init`, `Regs`, `Vote`, `Done`)를 거치며, 이 상태에 따라 각각 다른 오퍼레이션(initialize, register, vote, count votes)을 수행한다.

투표 단계의 변화는 보통 투표 과정 외부에서 처리한다. 따라서 이 예제에서는 상태와 관련된 {`Init`, `Regs`, `Vote`, `Done`}를 3장의 스마트 컨트랙트에서 제외할 수 있다. 우리는 투표 단계를 관리하는 체인 외부의 기관(투표 감독 기관 같은)이 있다고 가정한다.

리스트 4.1의 투표 스마트 컨트랙트 버전은 state를 제외하고, 간결성을 위해 오직 골격skeleton 함수만 포함했다. 3장에서 소개한 설계 원칙을 이용해 솔리디티로 이를 개발했음을 상기하자. 추가 수정자는 투표 전 투표자가 등록되어 있는지를 검증한다. 이제 리뷰를 위해 투표 Dapp을 위한 모든 파일을 다운로드받을 차례다. 이 장의 코드 베이스에서 Ballot.sol의 전체 리스트를 찾을 수 있다. Dapp을 개발하기 위한 스마트 컨트랙트로서 이 리스트를 사용한다.

`pragma` 커맨드는 솔리디티 버전 0.4.22에서 0.6.0을 사용한다. 0.7.0 또는 0.4.0의 기능은 리스트 4.1을 컴파일하는 데 사용하지 않는데, 만일 그런 것이 포함되었다면 오류를 발생시킬 수도 있다.

리스트 4.1 **투표 유스 케이스를 위한 스마트 컨트랙트(Ballot.sol)**

```
pragma solidity >=0.4.22 <=0.6.0;
contract Ballot {

    struct Voter {

    }
    struct Proposal {

    }
    address chairperson;                          
    mapping(address => Voter) voters;             주소 데이터 타입과 매핑 구조 사용
    Proposal[] proposals;

    modifier onlyChair() {  ◄── 수정자 정의
        require(msg.sender == chairperson);
        _;
```

```
    }
    modifier validVoter() {   ◀── 수정자 정의

        require(voters[msg.sender].weight > 0, "Not a Registered Voter");
        _;
    }

    constructor(uint numProposals) public { }

    function register(address voter) public onlyChair { }

    function vote(uint toProposal) public validVoter { }

    function reqWinner() public view returns (uint winningProposal) { }
}
```

수정자를 가진 스마트 컨트랙트 함수 헤더

우리의 투표 Dapp은 다음과 같은 디렉터리 구조를 가진다.

```
.
├─ Ballot-Dapp
│  ├─ ballot-app
│  └─ ballot-contract
```

ballot-contract 디렉터리는 모든 스마트 컨트랙트 아티팩트를 위한 루트 또는 베이스 디렉터리가 되고, ballot-app은 모든 UI 관련 아티팩트를 위한 루트 디렉터리가 된다.

이러한 디렉터리 구조를 만들기 위해 다음의 명령어를 터미널에서 실행하자.

```
mkdir Ballot-Dapp
cd Ballot-Dapp
mkdir ballot-app
mkdir ballot-contract
```

다음 절은 트러플 기반 투표 컨트랙트 모듈 개발에 초점을 맞춘다.

4.3.1절은 Dapp 프로젝트의 상세한 커맨드 단위의 구성을 나타낸다. 이 장의 코드 베이스는 이 과정을 위한 코드 내용을 포함하고 있다. 모든 컴포넌트들과 어떻게 이를 실행하는지에 관한 상세한 설명을 담은 완성된 프로젝트 또한 이용할 수 있다.

4.3.1 프로젝트 폴더 만들기

가장 먼저 할 일은 컨트랙트를 담을 표준화 디렉터리 구조를 만들고 초기화하는 것이다. 트러플은 이러한 구조를 가진 디렉터리 템플릿을 제공한다. ballot-contract 디렉터리에서 기본 프로젝트 구조를 초기화하기 위해 다음의 명령을 실행하자.

```
cd ballot-contract
truffle init
ls
```

`ls` 명령어는 그 디렉터리의 내용을 리스트해 준다. 만일 윈도우 OS를 사용하고 있다면 `dir` 명령어를 사용하면 된다. 출력은 다음과 같이 나올 것이다.

```
contracts migrations test truffle-config.js
```

이것은 투표 스마트 컨트랙트의 아티팩트들을 담고 있는데, 다음과 같은 파일과 폴더를 포함한다.

- **contracts/** - 스마트 컨트랙트를 위한 솔리디티 소스 파일. Migrations.sol이라는 매우 중요한 컨트랙트도 여기에 있다. 이 스마트 컨트랙트는 프로젝트의 다른 스마트 컨트랙트 배포를 쉽게 하는 스크립트를 가지고 있다.
- **migrations/** - 트러플은 스마트 컨트랙트의 배포를 위해 마이그레이션 시스템을 사용한다. 마이그레이션은 (자바스크립트로 작성된) 추가적인 스크립트로서, 개발 중인 스마트 컨트랙트의 변화를 관리한다.
- **test/** - 스마트 컨트랙트를 위한 자바스크립트와 솔리디티 테스트
- **truffle-config.js** - 트러플 설정 파일인데, 여기에는 블록체인 네트워크 ID, IP, RPC 포트 번호 같은 설정 정보가 들어 있다.

그림 4.5는 `truffle init` 명령어로 이루어진 디렉터리 구조를 보여준다. 트러플 명령어는 그에 맞는 디렉터리에서 실행해야 하는데, 그러지 않으면 오류가 난다. 이 디렉터리 구조를 트러플 기반 개발을 위한 지침으로 사용할 것이다.

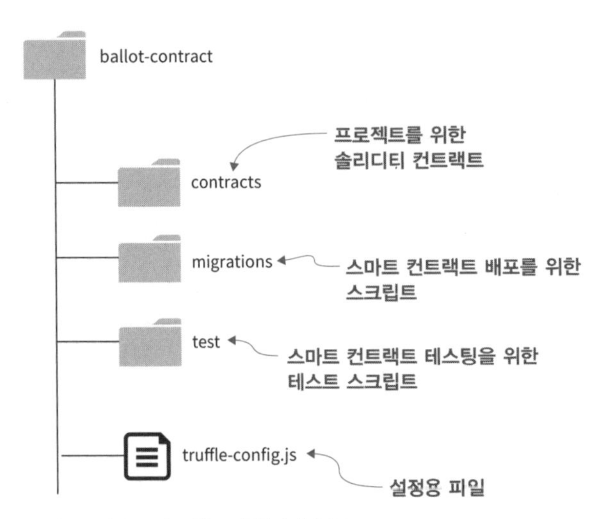

그림 4.5 **투표 컨트랙트 디렉터리 구조**

다음 절부터 트러플 명령어를 (리눅스, 맥, 또는 윈도우) 커맨드 라인에서 입력할 때 `truffle compile`, `truffle migrate`, `truffle console`처럼 앞에 접두사 `truffle`을 붙일 것이다. 이 접두사를 붙이면 트러플 스위트에서 정의한 디폴트 도구와 기법을 사용할 수 있다.

4.3.2 스마트 컨트랙트 추가 및 컴파일

이제 스마트 컨트랙트를 추가할 차례다. 사용할 솔리디티 스마트 컨트랙트는 리스트 4.1의 투표 컨트랙트다. 다음의 명령어를 입력하고 해당 컨트랙트 디렉터리로 이동하자.

```
cd ballot-contract
cd contracts
```

Ballot.sol 파일을 이 디렉터리에 복사하자. 다시 ballot-contract 디렉터리로 돌아간 다음, 다음의 명령어를 입력하자.

```
cd ..
truffle compile
```

반드시 ballot-contract 디렉터리에서 이 명령어를 실행해야 한다. 만일 오류가 없었다면, 컨트랙트를 위한 컴파일 아티팩트가 생성되었을 것이다. 새로 생성된 build/contracts 디렉터리에 컴파일 코드가 저장되어 있을 것이다. 컴파일에 성공하면 다음의 메시지를 확인할 수 있다.

```
Compiling ./contracts/Ballot.sol...
Compiling ./contracts/Migrations.sol...
Artifacts written to ./build/contracts
Compiled successfully using: -- solc: 0.5.16+commit.id4f565a...
```

build/contracts 디렉터리는 웹 애플리케이션과 블록체인 서버 간 통신(JSON-RPC)을 위해 사용하는 JSON 파일들을 포함하고 있다. 컴파일에 성공했다면 build/contracts 디렉터리에 가서 Ballot.json 파일이 생성되었는지 확인하자.

정의 스마트 컨트랙트 JSON 파일은 스마트 컨트랙트 코드의 **애플리케이션 바이너리 인터페이스**(Application Binary Interface, ABI)라고 부른다. 이 파일은 웹 애플리케이션에서 스마트 컨트랙트로 보내는 호출과 모듈간의 데이터 송신에 사용될 인터페이스다.

만일 컴파일 과정에서 구문 오류가 발생했다면, 두 가지 방법으로 이를 고칠 수 있다. (만일 아무런 오류가 없음에도 불구하고 이 옵션을 실행해 보고 싶다면, Ballot.sol 파일을 편집 창에 열고 세미콜론(;) 하나를 컴파일 과정에서 반복적으로 지워 보자. `truffle compile` 명령어 실행 시 에러가 출력되는 것을 볼 수 있을 것이다.)

첫 번째 옵션은 Ballot.sol 파일을 Atom이나 gedit 같은 에디터에서 열고 디버깅해서 저장한 후, `truffle compile` 명령어를 다시 실행해 컴파일하는 것이다. 두 번째 방법은 이전 장에서 사용했던 리믹스 IDE를 사용하는 것이다. 리믹스는 저스트-인-타임just-in-time 컴파일러를 가지고 있다는 것을 기억하는가. 이 컴파일러는 스마트 컨트랙트 코드를 입력하는 순간 구문 에러를 찾아서 오류가 난 부분을 강조해 준다. 오류를 수정한 후 스마트 컨트랙트 코드를 트러플 컨트랙트 디렉터리에 다시 저장한다.

4.3.3 블록체인 네트워크 설정

이제 리스트 4.2와 똑같이 ballot-contract 디렉터리에 있는 truffle-config.js 파일을 수정하자. 이 파일은 컨트랙트를 배포할 테스트 블록체인을 설정하는 파일이고, 여기에 웹 애플리케이션을 스마트 컨트랙트로 연결하기 위한 RPC 포트를 설정한다. 이 예제에서 우리는 테스트 블록체인을 위해 로컬 호스트를 사용하고, 포트 7545에 바인딩키고, 네트워크 ID는 5777로 설정했다. (1장에서 이더리움 메인넷은 1을 사용한다는 것을 설명했다.) 로컬 호스트와 포트 번호(*http://127.0.0.1:7545*)는 가나쉬를 위한 표준적인 설정이다. 이 장의 코드 부록에 있는, 미리 설정해 놓은 파일을 복사해서 사용해도 된다.

리스트 4.2 **테스트 체인 설정하기(truffle-config.js)**

```
module.exports = {
  // RPC 포트를 위한 트러플 설정을 커스터마이징하기 위해서
  // <http://truffleframework.com/docs/advanced/configuration>을 참고하자
  networks: {
    development: {
        host: "localhost",    ◀── 로컬 머신을 서버로 설정
        port: 7545,    ◀── 이것은 가나쉬 블록체인 클라이언트를 위한 RPC 포트다
        network_id: "5777"
    }
  }
};
```

이 예제 개발에서는 localhost로 표현한 로컬 머신을 서버로 사용하며, 로컬 개발 테스트 체인을 바인딩하는 RPC 포트는 7545다. 가나쉬 인터페이스와 포트 번호, 네트워크 ID는 아이콘의 첫 번째 라인 아래에서 발견할 수 있다(그림 4.4 참고). 만일 다른 블록체인 네트워크상에 컨트랙트를 배포하려면, 이 네트워크 ID와 포트 번호를 그것에 맞게 설정해 주어야 한다.

4.3.4 스마트 컨트랙트 배포하기

스마트 컨트랙트를 배포하기 전 마지막 단계는 마이그레이션 디렉터리에 파일을 하나 추가하는 것이다. 이 예제에서 스마트 컨트랙트는 Ballot이라고 불리고, 이것을 배포하기 위해 2_deploy_contracts.js라는 이름으로 마이그레이션 스크립트를 마이그레이션 디렉터리에 추가해야 한다. 파일 내용은 리스트 4.3에서 확인할 수 있다. 가장 맨 위 라인에 있는 아티팩트의 이름은 스마트 컨트랙트의 이름과 일치해야 하는데, 이 경우에는 Ballot이다.

리스트 4.3 **Ballot 스마트 컨트랙트를 위한 배포 스크립트(2_deploy_contracts.js)**

```
var Ballot = artifacts.require("Ballot");    ◀── 배포해야 할 스마트 컨트랙트를 명시

module.exports = function(deployer) {
    deployer.deploy(Ballot,4);    ◀── Ballot constructor는 제안 수를 의미하는 4를 파라미터로 받아 보낸다
};
```

2_deploy_contract.js 파일은 배포해야 할 컨트랙트를 명시하고, 파라미터값이 있을 경우 이를 constructor에게 전달한다. 이 경우에는 Ballot의 constructor의 파라미터를 4로 초기화했는데, 이는 투표할 제안 수가 네 개라는 것을 의미한다. 이 스크립트로 다수의 스마트 컨트랙트를 배포할 수 있는데, 여기서는 Ballot 컨트랙트 하나만을 배포하지만, 2_deploy_contract.js에 개발한 다른 스마트 컨트랙트를 포함할 수 있다. 마이그레이션 디렉터리에 또 다른 파일,

1_initial_migration.js가 있는데, 이것은 `truffle migrate` 명령어가 필요로 하는 최초의 마이그레이션인 Migrations.sol이라는 컨트랙트를 배포하기 위한 스크립트다. 접두어 1과 2는 마이그레이션 단계 1, 2를 나타내는 숫자이므로 파일 이름을 함부로 바꾸면 안 된다.

ballot-contract 디렉터리(ballot-contract)의 루트로 이동하자. 가나쉬 체인을 론칭해 사용할 수 있도록 해두자(4.2절). 가나쉬 테스트 체인에 Ballot 컨트랙트를 배포하기 위해 다음의 명령어를 입력하자.

```
truffle migrate --reset
```

`reset` 옵션은 Migrations.sol을 포함한 모든 컨트랙트를 재배포한다. `reset` 옵션 없이 실행하면 트러플은 이미 배포한 스마트 컨트랙트들은 재배포하지 않을 것이다. 이 옵션은 오직 스마트 컨트랙트를 디버깅하고 테스팅하는 개발 단계에서만 사용하고 프로덕션 환경에서는 사용하면 안 된다. 왜냐하면 프로덕션 환경에서 이미 배포한 컨트랙트는 변조 불가능하며, 리셋으로도 덮어쓸 수 없기 때문이다. 배포가 성공했는지는 다음과 같은 출력문을 보고 확인할 수 있다.

```
Summary
=======
> Total deployments:   2
> Final cost:          0.016526 ETH
..
```

스마트 컨트랙트 배포를 위해 약간의 ETH(테스트 이더)를 사용했음에 주목하자. 이것은 가나쉬 UI의 첫 번째 어카운트에서 지출한 ETH양을 통해서도 확인할 수 있다. 이제 스마트 컨트랙트는 배포했고 호출할 준비 또한 마쳤다. 다음으로 배포한 스마트 컨트랙트에 접근할 웹 애플리케이션을 만들어 보자.

4.4 웹 애플리케이션을 개발하고 설정하기

블록체인 인프라는 스마트 컨트랙트와 그것을 실행시킬 이더리움 VM(그림 4.3)을 호스팅한다. 웹 애플리케이션은 사용자가 스마트 컨트랙트와 상호작용을 하기 위한 편리한 수단을 제공한다. 웹 클라이언트 프런트엔드를 만들기 위해서는 다음의 것이 필요하다.

- 사용자 상호작용을 위한 서버 콘텐츠를 렌더링하는 HTML, 자바스크립트, CSS
- index.js에 설정한 기본 엔트리 스크립트를 호스팅하기 위한 서버
- 웹 서버와 웹 클라이언트를 연결하는 서버 코드(app.js)
- 부트스트랩Bootstrap과 web3 API와 같은 다른 프레임워크를 위한 추가적인 래퍼와 플러그인
- 패키지 설정 파일, package.json

그림 4.6은 이러한 아이템들을 표준적인 디렉터리 구조 안에 정리한 것이다. 왼쪽이 ballot-contract 디렉터리이고, 오른쪽은 ballot-app 디렉터리다. ballot-contract는 3장과 4.3절에서 이미 다루었다.

이제 Dapp 프로젝트의 웹 앱ballot-app 쪽을 시작해 보자. 이 절의 목표는 Ballot-Dapp을 위한 웹 애플리케이션의 여러 가지 요소들을 파악해 보는 것이다. 이 점을 염두에 두고 살펴봐야 할 ballot-app에 들어갈 전체 코드 요소들을 정리했다.

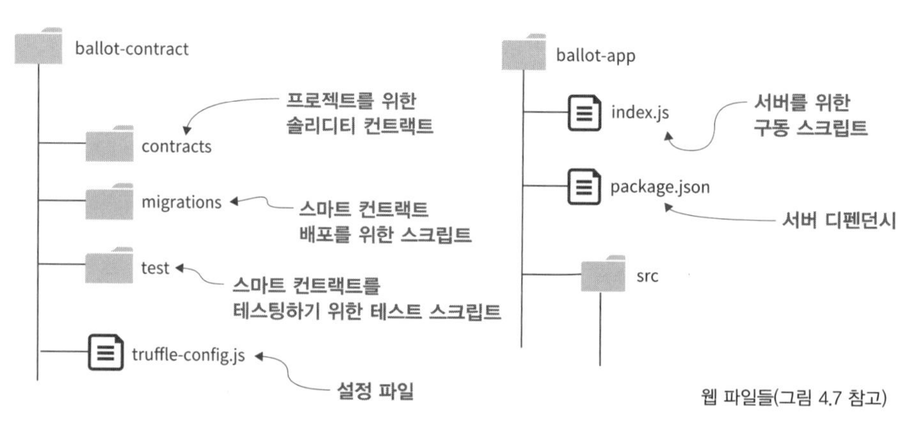

그림 4.6 ballot-contract와 ballot-app 디렉터리 구조

4.4.1 ballot-app 개발하기

이러한 구조는 앞으로 Dapp 개발을 위한 표준 디렉터리 포맷이 될 것이다. 일단, ballot-app 디렉터리로 가서, Node.js 서버를 초기화하고 필요한 설정을 하자.

npm은 자바스크립트 모듈을 관리하기 위한 편리한 도구이자, Node.js 모듈을 위한 디폴트 패키지 매니저다.

Node.js 서버에 Ballot-Dapp을 배포하기 위해 ballot-project의 베이스 디렉터리(Ballot-Dapp)에서 다음의 명령어를 실행하자.

```
cd ballot-app
npm init
```

생성하려고 하는 서버에 대해 메인 스크립트 파일(index.js)을 포함한 여러 가지 옵션을 선택해야 한다. 엔터키를 눌러 모든 디폴트 옵션을 선택하자. 이 프로세스는 package.json이라는 파일을 만드는데, 이것은 ballot-app 서버의 모든 디펜더시를 나열한다. 여기에 두 가지 아이템을 추가할 수 있도록 파일을 수정하자.

- Node.js 서버를 구동하는 스크립트(index.js)
- 웹 애플리케이션을 위한 express 모듈 디펜던시

package.json 파일을 수정해서 다음과 같은 내용을 포함하자. 이 장의 코드 베이스에 있는 package.json 파일을 복사해서 사용해도 된다.

리스트 4.4 **package.json**

```
{
  "name": "ballot-app",
  "version": "1.0.0",
  "description": "",
  "main": "index.js",
  "scripts": {
    "start": "node index.js"    ◄── Node.js 서버 실행 스크립트
  },
  "author": "",
  "license": "ISC",
  "dependencies": {
    "express": "^4.17.1"    ◄── express 모듈 디펜던시 설정
  }
}
```

express는 Node.js 서버에 많이 쓰는 웹 애플리케이션 프레임워크다. 서버의 시작 스크립트를 지정하기 위해 express 모듈을 사용할 것이다. 블록체인 노드로 사용하는 노드 서버와 구분하기 위해 웹 서버는 Node.js 서버로 부르기로 하자.

웹 애플리케이션을 설정하는 index.js 파일(리스트 4.5)을 살펴보자. 이것은 request()와 response() 함수, Node.js 서버 포트 번호 등을 설정한다. 이후 배포할 때 모든 필요한 Node.

js 모듈을 설치하기 위해 npm install (npm init 대신) 명령어를 실행하면 된다. 이 index.js 파일을 Dapp을 위한 디폴트 실행 파일로 사용한다. 자, 이제 리스트 4.5와 같은 내용을 가진 index.js 파일을 작성하자.

리스트 4.5 express 기반 웹 애플리케이션 초기화하기(index.js)

```
var express = require('express');
var app = express();
app.use(express.static('src'));          ← src는 퍼블릭 웹 아티팩트를 위한 베이스 디렉터리다
app.use(express.static('../ballot-contract/build/contracts'));   ← 스마트 컨트랙트의 인터페이스 JSON 파일 위치
app.get('/', function (req, res) {
  res.render('index.html');              ← index.html은 웹 앱의 랜딩 페이지다
});
app.listen(3000, function() {            ← 3000은 Node.js 서버의 포트다
  console.log('Example app listening on port 3000!');
});
```

ballot-app에 있는 또 다른 디렉터리는 src 디렉터리(그림 4.7)인데, 이것은 다음과 같은 것을 포함한다.

- 웹 페이지를 위한 통상적인 아티팩트(CSS, fonts, images, 자바스크립트)
- 웹 애플리케이션을 위한 랜딩 페이지(index.html)
- 투표할 제안들에 관한 상세 정보를 담고 있는 proposals.json. (제안 이미지 파일은 images 서브 디렉터리에 들어 있다.)
- 웹 서버 레이어와 스마트 컨트랙트 레이어를 연결하는 결합 코드인 app.js

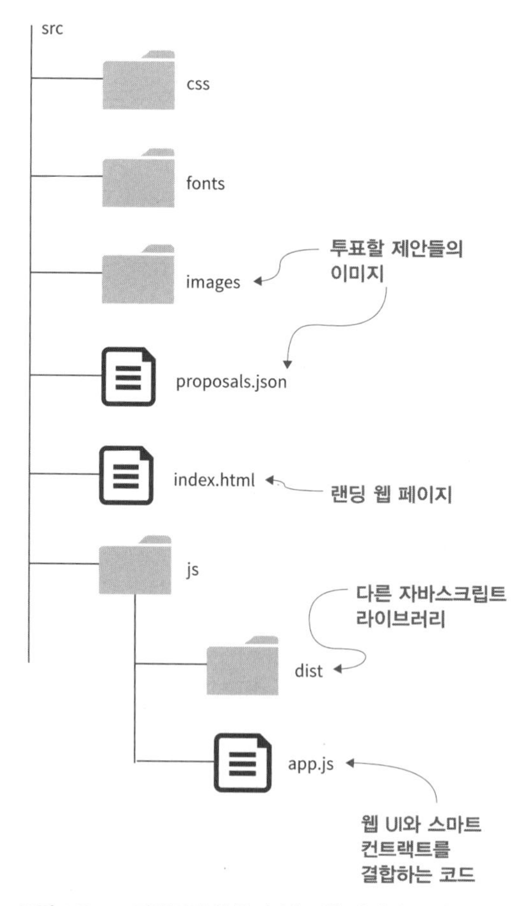

그림 4.7 src 디렉터리에 들어 있는 웹 파일과 폴더들

이 장의 코드 베이스에 있는 src.zip의 압축을 풀고, 그중 다음의 것을 ballot-app 폴더에 복사해 넣는다.

```
index.js package.json src
```

src 디렉터리에는 웹 애플리케이션 파트를 위한 소스가 들어 있다. 웹 클라이언트와 블록체인 서버 간의 통신은 RPC상의 JSON을 통해서 이루어진다. 스마트 컨트랙트를 호출하는 핸들러를 담고 있는 app.js 파일 분석에 초점을 맞추어 보자. 다음 두 절에서 app.js 코드를 살펴볼 텐데, 이 부분은 스마트 컨트랙트 또는 Dapp마다 다른 내용을 가지고 있다. Dapp을 구동해서 상호작용해 보면, app.js가 어떤 역할을 하는지 개념을 파악할 수 있을 것이다.

4.4.2 ballot-app 구동하기

이제 Ballot-Dapp을 위한 요소를 전부 모았다. ballot-app 디렉터리로 이동해서, 다음의 명령어를 입력해 Node.js 서버를 구동해 보자.

```
npm install
npm start
```

첫 번째 명령어는 필요한 모든 모듈을 설치하고, 두 번째 명령어는 서버를 로컬 호스트에서 시작하고 index.js 파일에서 설정한 포트(3000)에서 app.js를 론칭해 입력값을 대기하도록 만든다.

위에서 설명한 단계 대신에 ballot-contract와 ballot-app을 위해 이미 완성한 모듈을 이 장의 코드(Ballot-Dapp)에서 받아 설명대로 따라 해도 된다.

4.4.3 메타마스크 지갑 설치하기

Dapp을 테스팅하기 전에 한 가지 더 해야 할 것이 있는데, 메타마스크를 설치하는 것이다. 탈중앙화한 참여자를 식별하기 위해서는 어카운트 주소가 필요하다. 또한, 참여자(Txs의 발신자)가 이 트랜잭션을 전자적으로 서명하고 컨펌해야만 한다. 더불어 함수의 실행 비용을 지급할 만큼의 충분한 이더(가스비, gas point)가 있는지도 확인해야 한다.

이런 중요한 오퍼레이션을 처리할 메커니즘이 필요하다. 이 목적을 위해 그림 4.8에서 보여주는 것과 같이 RPC 포트를 통해 웹 클라이언트를 웹 서버와 블록체인 프로바이더와 연결해 주는 메타마스크(*https://metamask.io*)와 같은 편리한 브라우저 플러그인을 사용해 보자. 메타마스크는 인텔리전트한 디지털 지갑이며 블록체인 애플리케이션으로 나가는 게이트웨이이자, 웹 클라이언트와 블록체인 서버 간의 프록시와 같은 역할을 한다.

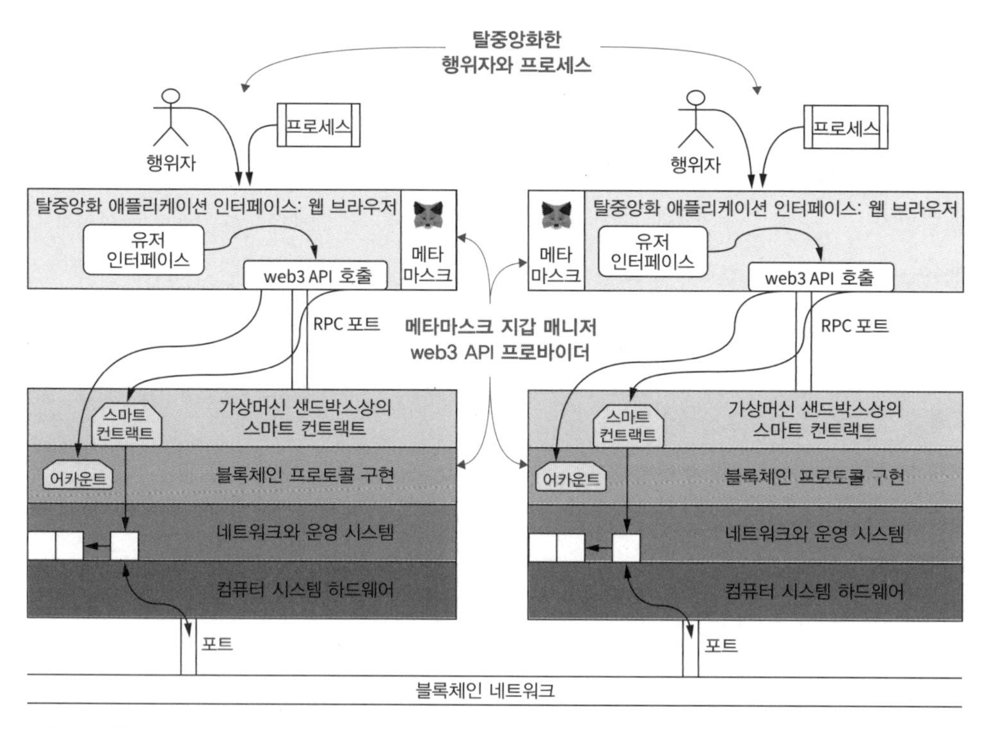

그림 4.8 **사용자로부터 웹 API, RPC 포트를 거쳐 스마트 컨트랙트와 블록체인으로 연결되는 Dapp Tx 흐름**

메타마스크는 블록체인 위에 만든 어카운트와 이더를 안전하게 관리하고, 사용자 어카운트가 만든 트랜잭션에 디지털 서명을 할 수 있게 한다.

크롬 브라우저에 크롬용 메타마스크 플러그인을 설치하자.

그림 4.8은 탈중앙화한 사용자 또는 프로세스가 블록체인에 연결하는 일련의 과정을 나타낸 것이다. 그림은 두 개의 노드를 보여주는데, 각 노드의 사용자는 웹 클라이언트를 이용해 스마트 컨트랙트와 블록체인과 상호작용함으로써 블록체인의 분산화된 장부를 쌓아 간다. 양쪽 노드에는 똑같은 분산 장부가 있다. 어디에 있는지 보이는가? (양쪽 노드와 네트워크의 오퍼레이팅 시스템 레이어에 세 개의 블록으로 표시되어 있다.)

메타마스크는 스마트 컨트랙트에 접근하기 위해 이더리움의 web3 API를 사용한다. 앞에서 설명한 대로 크롬 브라우저에 메타마스크를 설치했는지 먼저 확인하자. 이제 다음의 과정을 통해 가나슈 블록체인에 연결해 보자.

- **만일 메타마스크를 처음 사용하는 것이라면** 브라우저에 있는 메타마스크 아이콘(여우 모양)을 클릭해 보자. 그러면 Get Started 버튼이 있는 화면이 열릴 텐데, 이걸 클릭하여 나타

난 화면에서 Import Wallet을 클릭하자. 그다음 화면에서 I Agree를 클릭하고 가나쉬의 니모닉 정보와 사용할 비밀번호를 입력한 후 다시 여우 아이콘을 눌러 네트워크를 바꾸어 보자. 네트워크 설정 드롭다운 메뉴에서 Custom RPC를 선택한 후, 네트워크 이름에는 Ganache, URL에는 *http://localhost:7545*, 네트워크 ID는 5777을 입력한 후 저장하자.

- **이미 메타마스크를 사용하고 있었다면** 메타마스크 플러그인 창을 열고, custom RPC로 *http://127.0.0.1:7545*, 즉 가나쉬를 설정하자. 일부 경우에는 메타마스크가 자동으로 가나쉬에 연결될 수 있다.

가나쉬 설치 화면 맨 위(그림 4.4)에 있는 시드 단어들 또는 니모닉을 복사해서 그림 4.9의 왼쪽에 보이는 것처럼 메타마스크의 다음 화면에 붙여넣자.

패스워드 설정을 해야 하는데, 이 패스워드는 이후에 메타마스크를 풀unlock 때 시드 단어들을 다시 입력하지 않고도 사용할 수 있도록 해준다. 테스팅 단계에서는 기억하기 쉬운 패스워드를 사용하는 것이 좋다.

이제 가나쉬의 어카운트들이 메타마스크에 링크되어 있음을 확인할 수 있다. 오래된 메타마스크 버전에서는 오직 첫 번째 어카운트(설치자)만 나타날 수 있다. 더 많은 어카운트를 추가하기 위해서는 첫 번째 어카운트 아이콘(색깔 있는 작은 공)에 있는 Create Account 버튼을 클릭하면 된다.

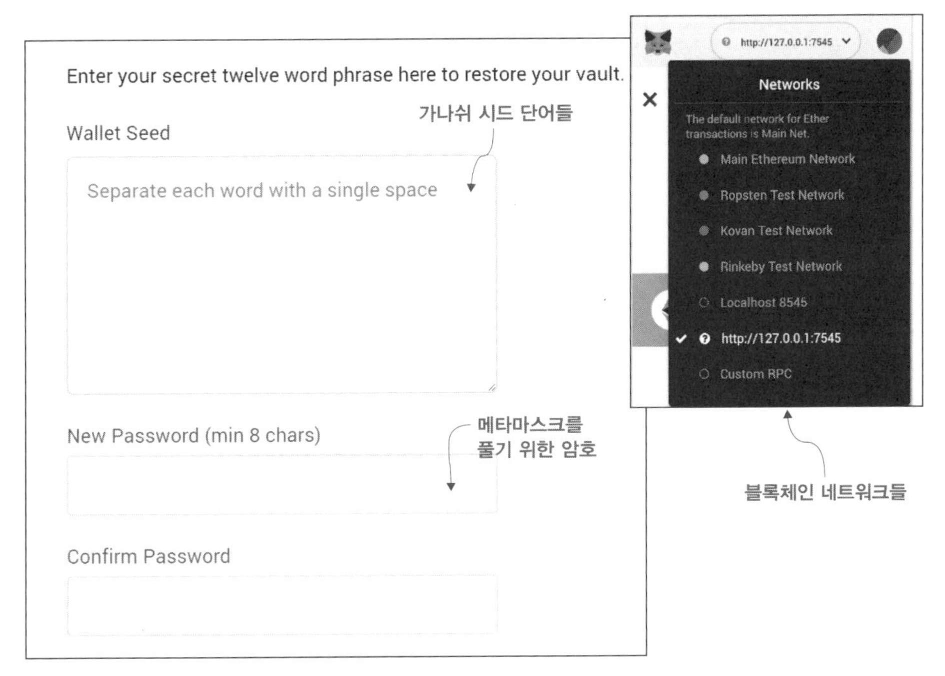

그림 4.9 **메타마스크 설정 프로세스**

4.4.4 Ballot-Dapp과 상호작용하기

Dapp을 배포했으니 이제 상호작용할 준비를 마친 셈이다. 새 브라우저 창을 열고 URL에 `localhost:300`을 입력하자. 네 마리의 개들(이미지) 중에 하나를 선택하는 페이지가 열릴 것이다. 브라우저 오른쪽 상단 코너에 있는 메타마스크 심벌을 클릭하면 작은 창이 열린다. 그림 4.10의 4A-4F는 어떤 것을 유심히 봐야 하는지를 알려 준다. 다음 아이템을 웹 페이지와 메타마스크 창에서 하나씩 확인해 보기 바란다.

- 4A는 오프닝 창이다.
- 4B, 4C, 4D는 각각 스마트 컨트랙트 함수에 대응하는 Register, Vote, Declare Winner 버튼이다.
- 4E는 메타마스크의 드롭다운 화면이다.
- 4F는 메타마스크의 어카운트 아이콘이다.

그림 4.10 메타마스크 플러그인이 설치된 Ballot-Dapp의 웹 클라이언트

다음의 단계는 메타마스크를 이용해 가나쉬에 연결하는 것이다. 이제 애플리케이션과 상호작용할 준비가 끝났다. 다음의 설명대로 Dapp 인터페이스를 사용해 보자.

1 두 개의 어카운트를 등록하자. 메타마스크 아이콘을 클릭하면 열리는 리스트에서 Account 1을 클릭하자(오직 의장만이 어카운트를 등록할 수 있다). 그런 후에 웹 페이지에서 드롭다운 리스트의 첫 번째 주소를 선택한 후(그림 4.10의 4B), Register 버튼을 클릭하자. 그러면 그림 4.11의 오른쪽처럼 트랜잭션 확인을 위한 메타마스크의 컨펌 화면이 뜰 텐데, CONFIRM을 클릭하자.

웹 페이지의 드롭다운 리스트에서 두 번째 주소를 선택하고 Register 버튼을 클릭하자. 메타마스크 컨펌 화면에서 CONFIRM을 클릭하자.

2 Account 1을 선택한 상태에서, 밀리Milli 개 그림 아래쪽에 있는 Vote 버튼을 클릭해서 밀리에게 한 표를 던지고, CONFIRM을 클릭하자. 그림 4.11의 오른쪽 그림처럼 `vote()` 함수는 두 개의 주소, 즉 투표자의 주소와 스마트 컨트랙트 주소를 보여준다.

3 메타마스크에서 Account 2를 선택하고(그림 4.11 왼쪽 그림처럼), 밀리 외의 다른 개에게 투표하자.

4 선택한 어카운트에 상관없이 웹 페이지에 있는 Declare Winner 버튼을 클릭해 보자. Milli가 승리했음을 알려 줄 것이다. (의장의 표는 두 표로 카운트된다는 것을 상기하자.)

지금까지 Ballot-Dapp의 처음부터 끝까지 전 과정을 살펴보았다. 다른 조합이나 잘못된 순서로 작동시켜 보면서 그때 어떤 결과가 나오는지도 확인해 보자. 예를 들어, 등록되지 않은 어카운트로 투표를 하면 그 트랜잭션은 되돌려질 것이다. 이 예제와는 달리 두 개보다 더 많은 어카운트를 가지고 실행해 보자. 이런 실험을 하다 보면 Dapp과 작업을 하면 어떤 것을 기대할 수 있는지 절로 알아차릴 수 있을 것이다.

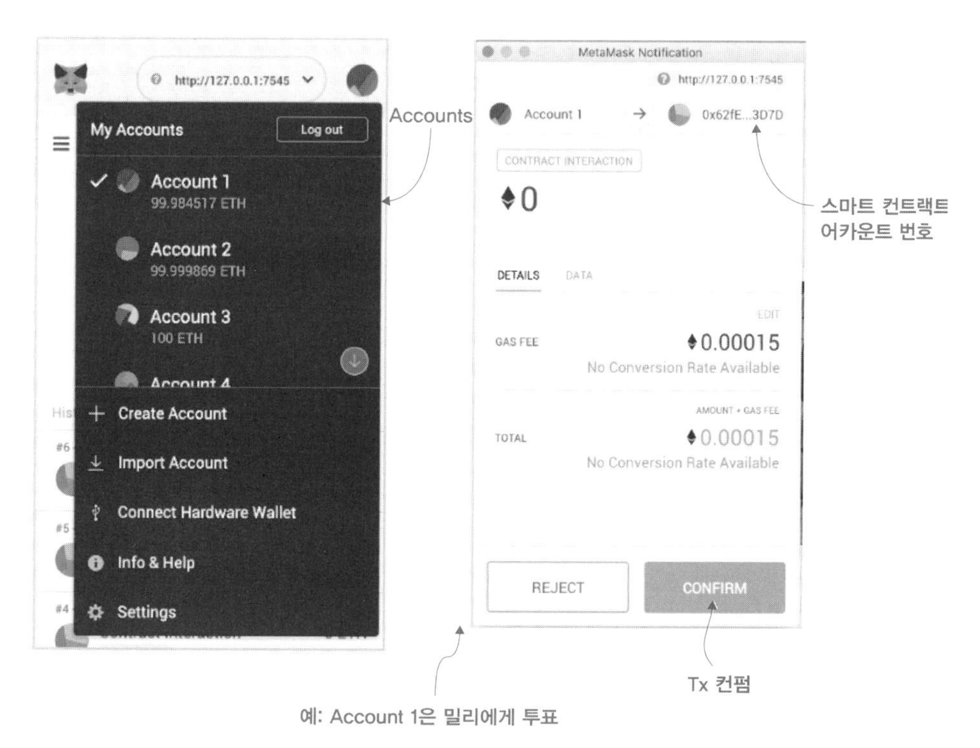

그림 4.11 **네트워크 어카운트, 메타마스크 알림**

4.4.5 웹 클라이언트를 스마트 컨트랙트에 연결하기

Dapp 개발을 위한 한 가지 중요한 코드가 더 있는데, 웹 앱을 스마트 컨트랙트에 연결하는 코드다. 4.4.1절에서 디렉터리 구조를 설명하면서, app.js는 핸들러 함수를 이용해 웹 클라이언트를 스마트 컨트랙트에 연결한다고 이야기했다. 이 코드는 웹 프런트엔드가 호출하고 실행할 수 있도록 web3와 스마트 컨트랙트 서비스를 설정한다. 리스트 4.6은 app.js 함수들의 헤더를 나타낸 것이다.

리스트 4.6 **web3 API를 통해 UI와 스마트 컨트랙트를 결합하는 코드(app.js)**

```
App = {
  url: 'http://127.0.0.1:7545',        <-- web3 프로바이더 URL: IP 주소와 RPC 포트

  init: function() {      <-- web3 개체를 가진 앱을 시작
    return App.initWeb3();
  },

  initWeb3: function() {      <-- web3 프로바이더와 스마트 컨트랙트를 설정

    App.web3Provider = web3.currentProvider;

    return App.initContract();
  },

  initContract: function() {      <-- 컨트랙트 개체 생성

    App.contracts.vote.setProvider(App.web3Provider);
    getJSON('Ballot.json', function(data) {
        return App.bindEvents();
    }

  },

  bindEvents: function() {      <-- UI 버튼을 스마트 컨트랙트 함수에 바인딩하는 핸들러
    $(document).on('click', '.btn-vote', App.handleVote);
    $(document).on('click', '#win-count', App.handleWinner);
    $(document).on('click', '#register', ... App.handleRegister(ad);
    ...
  },

  populateAddress : function(){ },      |
                                        | 드롭다운 주소 리스트와 의장 정보를 위한 함수
  getChairperson : function(){ },       |

  handleRegister: function(addr){ },    |
                                        |
  handleVote: function(event){ },       | 프런트엔드 버튼을 스마트 컨트랙트로 연결하는 핸들러 코드
                                        |
  handleWinner : function(){ };         |
}
```

app.js 코드는 포트 번호, web3 프로바이더, 스마트 컨트랙트 JSON 코드(Ballot.sol)를 가진 web3 오브젝트를 생성한다. 또한, UI에 있는 버튼들을 함수 `register()`, `vote()`, `reqWinner()`를 위한 핸들러에 바인딩시킨다. `getChairperson()`과 `populateAddress()`라는 두 개의 지원 함수도 있다. 오직 의장만이 어카운트를 등록할 수 있기 때문에 의장의 주소를 받을 수 있는 함수가 필요하다. `populateAddress()`는 유틸리티 함수로서, 어카운트 등록이 편리하도록 어카운트 주소를 드롭다운 리스트로 채워 주는 기능이 있다.

이러한 배경 정보를 가지고 다시 한번 인터페이스로 돌아가, UI 오퍼레이션을 잘 살펴보기 바란다. 다른 디렉터리에 있는 코드 내용도 리뷰해 보자. app.js가 담고 있는 내용은 각 애플리케이션과 스마트 컨트랙트에 특정한 것이라는 점을 염두에 두자. 다른 Dapp과 스마트 컨트랙트를 위해서는 다른 코드를 개발해야 한다. 6-11장에서 다른 Dapp들을 위한 다른 내용의 app.js를 살펴볼 것이다.

4.5 되돌아보기

Dapp의 설계와 개발 과정은 스마트 컨트랙트 설계, 프런트엔드 설계, 서버 사이드 결합 코드(app.js)라는 세 개의 주요 요소로 이루어진다. 블록체인 개발자는 스마트 컨트랙트와 Dapp을 탈중앙화한 환경에 배포할 app.js에 있는 결합 코드에 초점을 맞춘다. 블록체인 개발자는 통상적으로 프런트엔드와 서버 사이드 개발자와 함께 전체 설계를 완성하기 위해 협업한다.

스마트 컨트랙트 개발은 클래스 설계와 상당히 다르다. 함수 호출은 그 안에 발신자의 아이덴티티와 실행 비용을 위한 가치(비용)를 포함한다. 발신자의 어카운트는 주소와 밸런스(예를 들어, 이더리움의 경우에는 이더 밸런스)를 가지고 있다. Dapp 개발자는 블록체인 애플리케이션을 개발할 때 블록체인 어카운트가 가진 이런 속성들을 반드시 염두에 두어야 한다.

블록체인을 피어 참여자들과 전역에 흩어져 있는 다른 자율적인 주체들을 연결하는 순환도로로 받아들여도 좋다. 이 도로는 사람을 실어 나르기 위한 것이 아니라, 유용한 트랜잭션의 운송을 담당하는 목적을 띠고 있다. 자동화된 규칙은 피어들 간의 트랜잭션을 확인, 검증해서 신뢰를 구축함으로써 순환도로에 연결된 누구와도 트랜잭션을 처리할 수 있도록 해준다. Dapp은 누구든 아무하고나 트랜잭션을 교환할 수 있는 진입로와 출구on ramps and exit ramps를 제공함으로써 혁신적 기회를 창출한다.

4.6 베스트 프랙티스

Dapp 개발에 초점을 맞춘 몇 가지 베스트 프랙티스를 소개한다.

- **표준 디렉터리 구조를 사용하자.** Dapp 에코 시스템은 스마트 컨트랙트를 중심으로 이와 관련 있는 많은 컴포넌트를 가지고 있다. 이러한 컴포넌트를 잘 정리하고 빌드 프로세스를 자동화하기 위해서는 표준 디렉터리 구조를 사용하는 것이 매우 중요하다.
- **표준 네이밍 컨벤션**naming convention**을 사용하자.** 트러플 같은 빌드 툴은 표준 디렉터리 구조와 truffle-config.js와 2_deploy_script.js와 같은 표준적인 파일 이름을 사용한다. 디펜던시와 자동화된 빌드 스크립트를 지원하기 위해 표준적인 네이밍을 사용하자. `truffle compile` 또는 `truffle migrate` 같은 빌드 스크립트는 특정한 파일 이름을 필요로 하고, truffle-config.js와 같은 특정한 설정 파일에서 설정한 내용대로 실행한다. 예를 들어, 2_deploy_script.js 파일을 deployScripts.js로 파일명을 바꾸지 말자. 왜냐하면 2_deploy_script.js라는 파일명은 실행 순서를 결정하는 데 쓰이기 때문이다. 마찬가지로 1_initial_migrations.js는 2_deploy_script.js 전에 실행한다는 의미다.
- **가나쉬는 리믹스 자바스크립트 VM이 생성한 시뮬레이팅된 환경이 아닌, 하나의 테스트 체인을 제공한다는 점을 염두에 두라.** 이 VM은 Dapp 개발 과정의 디버깅과 테스팅을 위한 통제된 환경을 제공한다. 이후에 우리는 롭스텐Ropsten과 링키비Rinkeby 같은 실제 퍼블릭 블록체인에 연결할 것이며, (만일 실제 이더를 가지고 있다면) 이더리움 메인넷에도 연결할 수 있다.
- **스마트 컨트랙트 마이그레이션에 있는 리셋 옵션을 염두에 두라.** 테스팅과 개발 과정에서는 `truffle migrate --reset` 명령어를 사용해 블록체인 서버에 배포된 스마트 컨트랙트를 덮어쓸 수 있다. 하지만 실제 블록체인에서는 스마트 컨트랙트를 일단 서버에 배포하면, 그 코드를 모든 참여자의 변조 불가능한 장부에 기록하기 때문에 이더리움 프로토콜에 따르면 이를 덮어쓰는 것은 이론상으로 불가능하다. 프로덕션 환경에 배포하기 전에 테스트 환경에서 스마트 컨트랙트를 충분히 테스트할 것을 강력히 추천한다.

4.7 요약

- 트러플은 직관적인 개발 도구와 기법들을 제공하는 세트다(`truffle init`, `compile`, `develop`, `migrate`, `debug`, `test`).
- 트러플은 Dapp을 위한 편리한 npm 기반 개발 환경을 제공한다.
- 메타마스크 브라우저 플러그인은 웹 인터페이스를 스마트 컨트랙트에 연결한다. 어카운트를 관리하고 트랜잭션을 컨펌할 수 있도록 한다.
- 가나쉬는 테스팅을 위한 시뮬레이팅된 어카운트 주소를 가진 web3 프로바이더를 제공한다.
- 블록체인 Dapp은 어카운트 주소를 사용해 참여자와 스마트 컨트랙트를 식별한다.
- 이 장의 Dapp 논의에서 밝혔듯이, 전형적인 Dapp 개발 과정에는 블록체인 기반 시스템 개발자뿐만 아니라, 기술과 도구라는 측면에서 각자의 전문성을 가진 프런트와 서버 사이드 개발자들도 필요하다.

PART

II

종단 간 Dapp 개발을 위한 기법

스마트 컨트랙트는 혼자 작동할 수 없는, 더욱 큰 애플케이션의 일부분이다. 탈중앙화 애플리케이션, Dapp은 스마트 컨트랙트 로직을 꺼내서 사용자가 블록체인에 트랜잭션을 만들고 기록할 수 있도록 해준다. 2부에서는 Dapp의 설계와 개발, 온체인과 오프체인 데이터, 사이드 채널 오퍼레이션 같은 추가적인 설계 고려 사항 등을 알아본다. 또한, 암호학과 해싱 함수를 이용해 애플리케이션의 보안과 프라이버시를 강화하는 법에 관해서도 설명한다. web3 API를 사용해 블록체인 서비스에 접근하는 개념을 보여주기 위해 블라인드 옥션과 마이크로 페이먼트 채널이라는 두 개의 애플리케이션을 소개할 것이다. 1장에서 다루었던 항공사 컨소시엄 스마트 컨트랙트에 웹 UI를 추가해서 완성 Dapp으로 업그레이드해 본다. 이때 트러플과 Node.js (npm) 명령어를 사용해서 스마트 컨트랙트와 웹 애플리케이션을 배포한다. 파트 II에서는 스마트 컨트랙트를 퍼블릭 인프라인 인퓨라(Infura)와 롭스텐(Ropsten) 테스트 체인으로 마이그레이션하는 것도 포함하고 있는데, 이것은 이 Dapp에 잠재적으로 어떠한 탈중앙화된 사용자도 접속할 수 있다는 것을 의미한다. 요약하자면 파트 II에서 스마트 컨트랙트를 어떻게 완성된 블록체인 기반 Dapp 스택으로 변환시키고 코딩하는지 알려 준다. 이 스택에는 웹 프런트엔드와, 트랜잭션과 관련 데이터를 저장할 블록체인 분산 장부를 포함한다.

5장에서 보안과 프라이버시 개념을 소개한다. 블라인드 옥션 스마트 컨트랙트를 설계하고 개발해 봄으로써 이러한 개념을 적용해 볼 기회를 갖는다. 6장에서는 온체인과 오프체인 데이터를 다룬다. 블라인드 경매(BlindAuction-Dapp)와 항공사 컨소시엄(ASK-Dapp) 애플리케이션을 개발하는데, 어떤 데이터를 온체인으로 보내고 어떤 데이터를 오프체인에 남겨야 하는지에 관해 초점을 맞춰 설명한다. 7장에서는 웹 API와 web3 프로바이더를 사용해 블록체인 서비스에 접근하는 것과, 사이드 채널이라는 애플리케이션 레벨 개념에 대해 다룬다. 마이크로 페이먼트 채널 애플리케이션(MPC-Dapp)을 살펴보면서 이러한 주제들을 어떻게 활용하는지 알아본다. 8장에서는 스마트 컨트랙트를 어떻게 클라우드형 인프라인 인퓨라로 마이그레이션하는지를 보여줄 것이다.

PART II

Techniques for end-to-end Dapp development

CHAPTER 5

보안과 프라이버시

이 장에서 다룰 내용

- 암호학과 공개키-개인키 페어의 기초 이해하기
- 공개키 암호학을 이용해 탈중앙화한 참여자를 위한 디지털 아이덴티티 관리하기
- 블록체인 데이터의 프라이버시와 보안을 위해 암호학과 해싱 사용하기
- 블라인드 경매 스마트 컨트랙트를 이용해 보안과 프라이버시 개념을 보여주기
- 스마트 컨트랙트를 퍼블릭 블록체인에 배포하기

공공건물이나 고속도로에서부터 하드웨어와 소프트웨어 시스템에 이르기까지 공개 접근을 허용하는 모든 시스템은 보안과 프라이버시 문제를 가지고 있다. 블록체인 기반 시스템에서는 특히 그렇다. 이 시스템은 환자를 관리하는 의료 시설이나 학생의 등록을 담당하는 대학과 같은 중앙화된 주체가 제공하는 전통적인 신뢰의 경계를 넘어서서 작동해야 하기 때문이다. 중앙화 시스템에서는 운전면허증이나 여권처럼 정부가 발행한 신원, 사용자 이름과 패스워드 등을 인증하고, 메시지와 커뮤니케이션의 종단 간 암호화 등으로 보안을 확보한다. 의료 정보나 학적부 디지털화의 발전은 참여자들의 데이터 프라이버시를 보호하는 규제를 끌어냈다. 미국의 의료보험 이전과 책임성에 관한 법안The Health Insurance Portability and Accountability Act of 1996, HIPAA은 의료 정보를 보호할 데이터 프라이버시와 보안 규정을 제공한다. 가족 교육 권리와 프라이버시 법안The Family Educational Rights and Privacy Act of 1974, FERPA은 연방법으로서, 학생 교육 기록의 프라이버시를 보호한다. 이러한 시스템에서 데이터는 대개 중앙화된 데이터베이스에 저장되고, 이 데이터에 대한 접근은 앞에서 이야기한 중앙화된 방법을 사용해 통제한다. 하지만

블록체인은 탈중앙화 시스템이다. 이러한 시스템에서 참여자들은 보통 분산되어 있고, 스스로 애셋을 가지고 있고, 원할 때 가입하거나 탈퇴할 수 있고(스마트 컨트랙트에 코딩된 규칙에 따라서), 스스로 관리하는 아이덴티티를 가지고 있고, 느슨하게 조직되어 있으며, 신뢰 레이어로 블록체인에 의존한다. 이런 조건하에서 아이덴티티를 확립하고 프라이버시와 보안을 확보하는 건 매우 어려운 것이 사실이지만, 이 장에서는 탈중앙화 시스템에서 이러한 이슈에 대처하기 위한 암호학과 해싱 기법을 살펴본다.

3장에서 다루었던 사분면 그림을 기억하는가? 이 다이어그램에서(그림 5.1로 다시 반복), 그림의 왼쪽 부분은 신뢰를 구성하는 컴포넌트로서, 컨트랙트 수정자와 블록체인에 기록된 트랜잭션은 확인, 검증, 그리고 합의에 의한 기록을 가능하게 했다(3장). 오른쪽 사분면 그림의 주제인 아이덴티티, 보안, 프라이버시, 기밀성은 (탈중앙화 문맥에서) 시스템의 무결성integrity에 기여하는 요소로 그룹화되었다. 이 장의 초점은 아이덴티티(2a), 보안(2b), 프라이버시(2c) 문제를 다루어 보는 것이다.

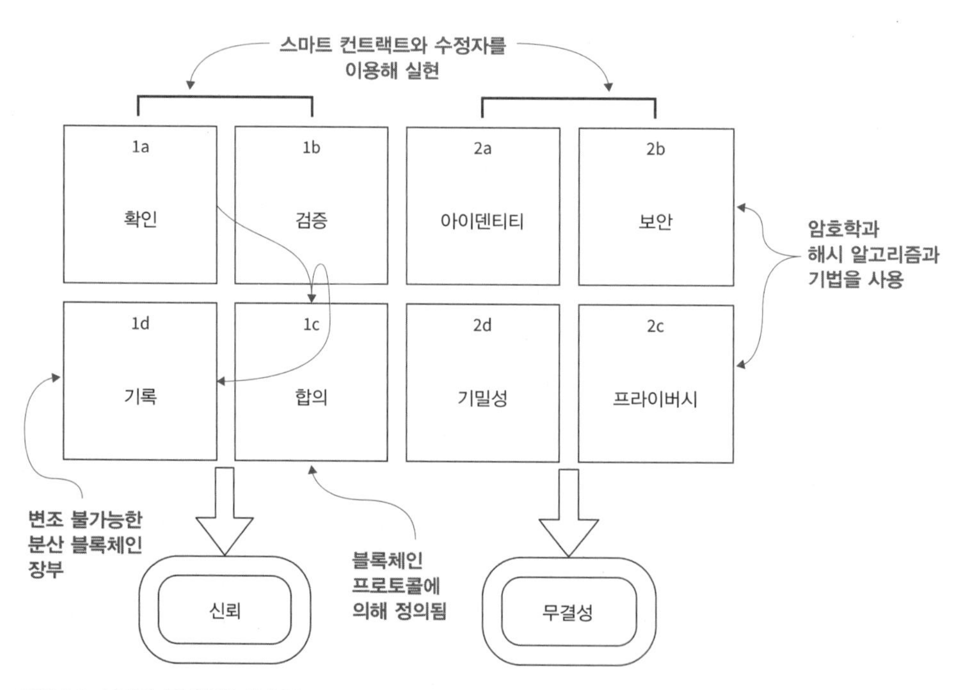

그림 5.1 **신뢰와 무결성의 요소들**

이 장에서는 암호학부터 알아본다. 암호학은 탈중앙화 참여자를 위한 아이덴티티로 쓸 수 있는 어카운트 주소를 만들어 내는 핵심적인 역할을 한다. 그다음 보안과 프라이버시를 구현할 해싱 기법을 탐구해 볼 것이다. 또한, 보안과 프라이버시 기능을 가진 스마트 컨트랙트를 설계하고 개발할 때 이러한 개념, 도구, 기법을 활용하는 법을 소개한다.

우리는 탈중앙화 블라인드 경매 예제를 유스 케이스로 살펴볼 것이다. 블라인드 경매 예제는 2-4장에서 배운 스마트 컨트랙트 설계 원칙을 반복적으로 학습하는 효과가 있다.

이 장에서는 스마트 컨트랙트를 새로운 도구인 롭스텐이라 불리는 퍼블릭 테스트 체인에 어떻게 배포하는지 알아본다. 이것은 실제 프로덕션 체인, 즉 이더리움 메인넷에 론칭하기 전에 점진적으로 나아가는 첫 번째 단계다. 이 장에서 퍼블릭 체인을 소개하는 이유는 퍼블릭 체인에 배포할 때 프라이버시와 보안이 얼마나 중요한지를 강조하기 위함이다. 자, 이제 암호학을 시작해 보자.

5.1 암호학 기초

비트코인과 작동하는 암호 화폐 모델은 지난 40년간의 암호학적 연구와 알고리즘 개발이라는 강력한 기초를 바탕에 둔 것이다. 대부분의 일상 프로그래밍 프로젝트에서 보안은 묵시적implicit이다. 반면, 탈중앙화 블록체인 기반 솔루션에서 암호학은 필수 불가결하고 명시적explicit인 것으로서 다음과 같은 역할을 담당한다.

- 참여자와 다른 엔티티를 위한 디지털 아이덴티티를 생성
- 데이터와 트랜잭션의 보안 보장
- 데이터의 프라이버시를 확립
- 문서에 디지털 서명을 함

암호학 기초에 대한 리뷰는 개인키-공개키 쌍이 어떻게 서로 알지 못하는 참여자들의 탈중앙화된 아이덴티티 문제를 해결하는지 이해하는 데 도움을 줄 것이다. 전통적인 시스템과는 달리, 탈중앙화 시스템에서는 사용자를 식별하고 인증하기 위해 사용자명-암호 접근 방식을 사용할 수 없다. 대신 종종 클라우드 서비스에 있는 서버 인스턴스를 액세스하는 것과 유사한 암호학적인 키 쌍을 이용한다.

5.1.1 대칭키 암호학

우선 대칭키 암호학에 대해 간단히 살펴보면, 이 방식이 사용하는 암호화 프로세스를 이해할 수 있고, 왜 이것이 탈중앙화 애플리케이션에 적합하지 않은지 알 수 있다. **대칭키**symmetric key 암호화라고 부르는 이유는, 암호화하고 이것을 푸는 과정에 같은 키를 사용하기 때문이다. 일반적인 시저Caesar 암호화를 살펴보자. 이 암호화에서는 어떤 메시지의 개별 글자들을 정해진 숫자key만큼 알파벳 순서에서 떨어진 다른 글자들로 대치한다. 그림 5.2의 `Meet me at the` cinema라는 메시지가 있다고 가정하자. 이것을 암호화하기 위해 모든 글자를 세 칸 이동시킨다. 암호화된 이 메시지를 받은 사람은 반대 방향으로 글자를 세 칸 이동하면 해독할 수 있다.

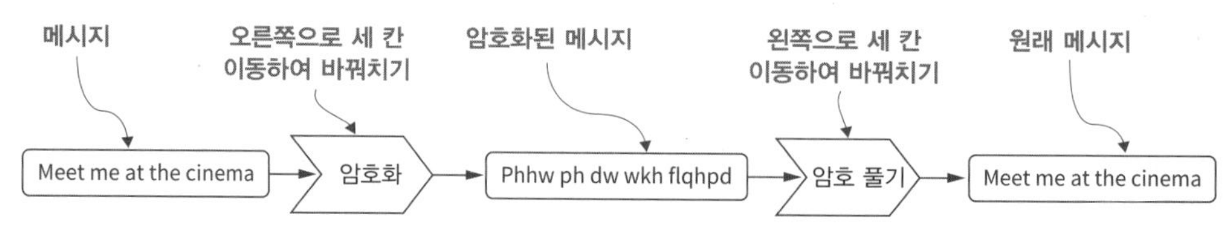

그림 5.2 **대칭키 암호화**

이 간단한 예제에서 암호화 키는 3이다. 암호화할 때와 해독할 때 같은 키가 쓰이므로 대칭키 암호화라고 부른다. 실제 애플리케이션에서는 암호화 키나 복호화에 사용하는 함수들은 보통 이보다 훨씬 더 복잡하다. 그럼에도 불구하고 대칭키 방식은 공통의 큰 이슈가 있는데, 바로 키 분배, 즉 참여자에게 어떻게 키를 비밀리에 전달할 수 있는가 하는 문제다. 만일 이 키를 공개해 버리면 누구나 메시지를 해독할 수 있다. 이 이슈는 탈중앙화 블록체인에서 더욱 심각해지는데, 그 이유는 알지 못하는 참여자들까지 고려해야 하기 때문이다. 이러한 문제를 해결하기 위해 현재 네트워크로 연결된 시스템에서는 암호화하고 해독하는 데 쓰이는 키가 서로 다른 **비대칭**asymmetric 방식을 사용한다. 그럼 비대칭키 솔루션과 블록체인 기반 시스템에서의 비대칭 방식의 유용성을 알아보자.

5.1.2 비대칭키 암호학

비대칭키 암호학asymmetric key cryptography은 일반적으로 공개키 암호학public key cryptography으로 알려져 있다. 이 방식은 하나의 비밀키(대칭키 암호학에 사용했던) 대신에 두 개의 다른 키를 사용한다.

- {b, B}를 미국 뉴욕 버팔로에 있는 참여자를 위한 {개인키, 공개키}라고 하자.
- {k, K}를 네팔의 카트만두에 있는 참여자를 위한 키 쌍이라고 하자.
- 각 참여자는 자신의 공개키는 오픈하고, 개인키는 암호를 사용해 안전하게 별도로 보관한다.
- 각 참여자는 상대편의 공개키를 이용해 메시지를 암호화하고, 상대편은 자신의 개인키를 사용해 암호화된 메시지를 해독한다. 여기서 오직 개인키를 가진 사람만이 이 메시지를 해독할 수 있다.

키 쌍은 그림 5.3과 같이 작동한다. 입력 데이터 Data는 함수 F와 개인키 b를 사용해 암호화되며, 그 결과는 암호화된 메시지 X다. 메시지 X는 같은 함수 F를 사용해 해독하지만, 이번에는 다른 키, 즉 공개키 B를 사용해 원래의 메시지를 추출해 낼 수 있다.

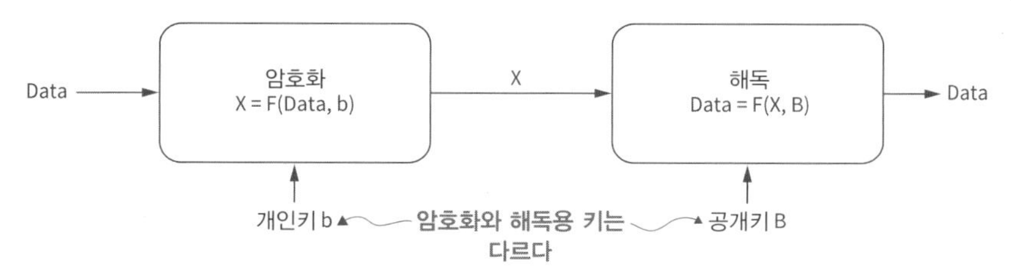

그림 5.3 **비대칭키 암호화와 해독**

이와 같이 공개키-개인키 쌍은 고유한 속성을 가지고 있다. 개인키로 암호화한 메시지는 공개키로 해독할 수 있고, 그 반대도 마찬가지다. 암호화하는 키와 해독하는 키는 동일하지 않기 때문에 이 방법은 비대칭적이라고 할 수 있다. 이제 키 배포 문제도 해결 가능하다. 누구나 쓸 수 있도록 공개키를 배포하되, 개인키는 안전하게 보관하면 된다. 이 속성은 키 배포 문제를 해결해 줄 뿐만 아니라, 탈중앙화된 참여자 아이덴티티 이슈도 해결한다.

다음으로 공개키 암호학이 블록체인과 탈중앙화 애플리케이션에 있는 많은 문제를 어떻게 해결하는지 살펴보자.

5.2 블록체인을 위한 공개키 암호학의 유용성

공개키 암호학은 어카운트 주소 생성에서부터 트랜잭션 사인에 이르기까지 블록체인의 여러 가지 오퍼레이션에 사용한다.

5.2.1 이더리움 주소 생성하기

2장(2.5절)에서 설명한 것처럼 이더리움에는 두 가지 유형의 어카운트가 있는데, 외부 소유 어카운트(EOA)와 스마트 컨트랙트 어카운트(SCA)가 그것이다. 리믹스 IDE를 열고 아무 스마트 컨트랙트나 입력해서 컴파일하고 배포하면 왼쪽 패널에 그림 5.4와 같은 주소 리스트가 나타날 것이다.

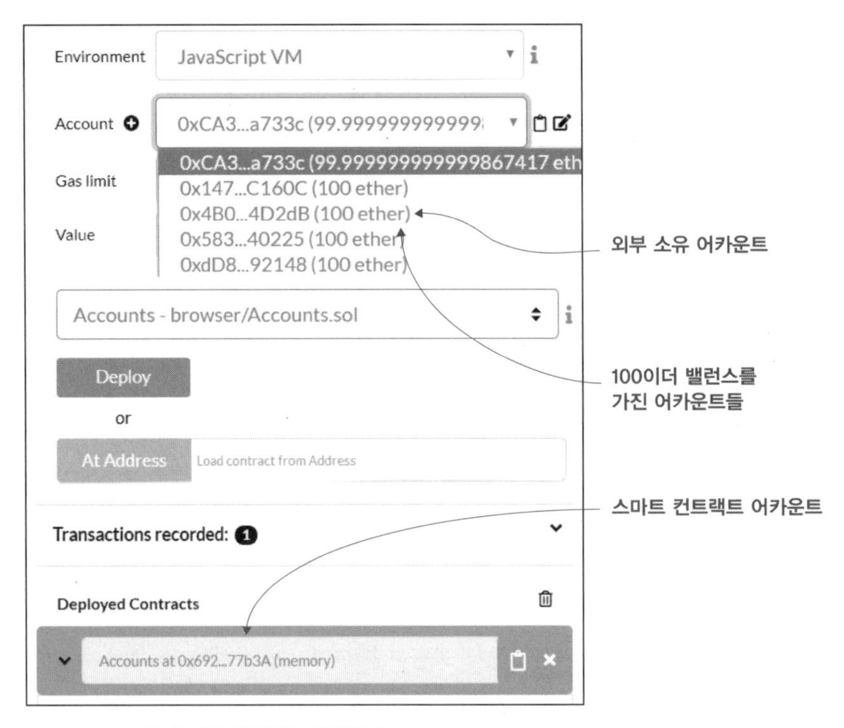

그림 5.4 **EOA와 스마트 컨트랙트 어카운트**

이러한 어카운트 주소(아이덴티티)를 어떻게 생성하는지 궁금해한 적이 있는가? 어떻게 이 주소가 체인 참여자들의 고유성을 나타낼 수 있는가? 이러한 문제를 다루기 위해 이더리움은 어카운트 주소를 생성할 때 공개키-비공개키 쌍 기반의 메커니즘을 사용한다. 다음은 이 메커니즘을 요약한 것이다.

1 256비트 난수를 생성하여 이것을 개인키로 설정한다.

2 **타원 곡선 암호학 알고리즘**elliptic curve cryptography algorithm이라는 특수한 알고리즘을 개인키에 적용해서 고유한 공개키를 추출한다. 이 두 키는 {개인키, 공개키} 키 쌍을 이루는데, 개인키는 패스워드로 보호를 받고, 공개키는 외부에 공개된다.

3 해시 함수인 RIPEMD160을 공개키에 적용해서 어카운트 주소를 얻는다.

   a. 이 주소는 공개키보다 짧은 160비트, 즉 20바이트다. 이 주소가 리믹스와 가나쉬 환경에서 볼 수 있는 어카운트 넘버이며, 퍼블릭 블록체인 네트워크에서 주소로 쓰인다. 5.2.3절에서 여기에 대해 더 살펴볼 것이다.

   b. 주소는 읽기 쉽도록 16진수로 표시하는데, 0xca35b7d915458ef540ade6068dfe2f44e8fa733c와 같이 앞에 0x를 붙여 16진수임을 나타낸다.

우리는 EOA 주소를 사용해 스마트 컨트랙트에 메시지를 보내고, 블록체인 위에 이더와 트랜잭션을 저장한다. 당연히 어카운트 주소는 모두 고유해야 한다는 엄격한 요구 사항을 가지고 있다. 이 중요한 요구 사항을 만족시키기 위해 큰(256비트) 주소 영역을 사용하며, 암호학적 메커니즘을 사용해 충돌이 없는 (고유한) 주소를 생성한다.

5.2.2 트랜잭션 사인

암호학적 키 쌍은 트랜잭션을 사인하기 위해서도 사용한다. 허가와 인증을 위한 디지털 서명을 생성하는 프로세스에 개인키를 이용한다. 4장에서 트랜잭션을 컨펌하기 위해 메타마스크를 사용한 기억을 되살려 보자. 이때 메타마스크로 실행한 오퍼레이션은 개인키를 이용해 트랜잭션을 사인하는 것이었다. 신용카드를 안전하게 보관해야 하는 것처럼, 블록체인에 있는 자산을 안전하게 보관하기 위해서는 개인키를 잘 보호해야 한다. 따라서 암호화하는 기능 이외에 암호학의 두 가지 기능은 어카운트 주소를 생성하고(탈중앙화된 참여자와 엔티티의 아이덴티티), 트랜잭션과 메시지에 디지털 서명을 하는 것이다. 이 두 개념을 이 책에서 처음으로 퍼블릭 체인에 스마트 컨트랙트를 배포하는 것에 적용해 보자.

5.2.3 롭스텐에 스마트 컨트랙트 배포하기

지금까지 우리는 스마트 컨트랙트와 Dapp을 개발하고 배포하기 위해 통제된 환경에서 돌아가는 리믹스 IDE의 자바스크립트 VM이나 가나쉬가 제공하는 로컬 테스트 체인만을 사용해 왔다. 앞에서 배운 암호학적 기초를 바탕으로, 이제 퍼블릭 체인에 스마트 컨트랙트를 배포해 보자.

롭스텐은 이더리움 블록체인 프로토콜을 구현한 퍼블릭 테스트 네트워크이고, 테스트mock 이더를 사용한다. 롭스텐은 리믹스와 다른 테스트 네트워크에서 초기 테스트를 끝낸 후에 배포 실험을 해보기 좋은 대상이다. 롭스텐을 이용하기 위해서는 몇 가지 환경 셋업 작업이 필요하다.

- 어카운트를 관리하고 트랜잭션을 사인하기 위한 지갑. 롭스텐 어카운트와 (테스트) 이더 밸런스를 관리하기 위해 메타마스크를 쓰면 된다.
- 미리 정해진 테스트 어카운트 주소. 이 주소를 메타미스크 지갑에 설치한다.
- 롭스텐 이더 배포소. Tx 실행과 피어 참여자 간의 전송에 필요한 이더를 제공해 준다.
- 리믹스의 인젝트된 web3 환경. 메타마스크 유저 인터페이스와 연결되어 롭스텐 주소를 가지고 스마트 컨트랙트와 상호작용을 할 수 있도록 한다.
- 롭스텐 네트워크에 배포할 준비를 마친 스마트 컨트랙트. Counter 스마트 컨트랙트(5.2.6절)를 첫 번째 배포 대상으로 삼아 보자.

5.2.4 니모닉 양식의 개인키 사용하기

160비트 어카운트 주소는 암호학적으로 256비트 개인키-공개키 쌍으로부터 생성되었다. 어카운트 주소를 생성하고 다시 찾으려면 매번 개인키가 필요하다. 이 개인키를 외우는 것은 사실 불가능하다. 대신 개인키를 나타내는 니모닉mnemonic을 사용한다.

BIP39[Bitcoin Improvement Protocol 39(*http://mng.bz/awoJ*)]는 개인키를 나타내는 니모닉의 사용을 개발하고 정의하기 위한 것이다. 개인키를 파생시키는 니모닉은 이더리움을 포함하는 다른 블록체인에도 똑같이 적용할 수 있다.

12-단어 니모닉을 BIP39 같은 웹사이트(*https://iancoleman.io/bip39*)에서 획득할 수 있다. 그림 5.5는 12-단어, ETH, 영어를 파라미터로 GENERATE 버튼을 클릭해 본 것이다. 모든 이더리움 기반 블록체인에 사용할 수 있는 고유한 12-단어의 니모닉을 획득할 수 있다.

이 니모닉을 안전하게 보관하자. 절대로 다른 사람과 공유해서는 안 된다. 니모닉은 결정론적인 어카운트 주소 집합을 암호학적으로 생성하는 데 사용한다. 니모닉을 사용하면 어떤 이더리움 기반 블록체인에서도 사용 가능한 결정론적인 어카운트 세트를 지갑에 설치할 수 있다.

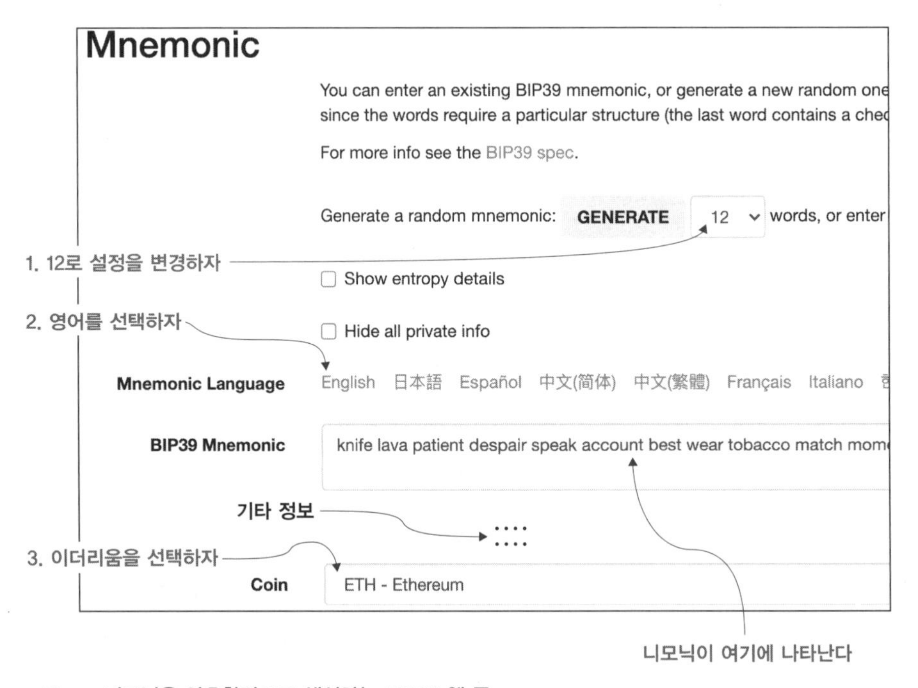

그림 5.5 니모닉을 암호학적으로 생성하는 BIP39 웹 툴

5.2.5 블록체인 지갑 로딩하기

자, 이제 BIP39 툴(5.2.4절)로 만든 니모닉을 사용해 지갑에서 어카운트를 만들어 낸 암호키 쌍을 설치하고, 이 어카운트에 이더를 입금시켜 보자. 다음과 같이 5.2.4절에서 획득한 니모닉을 사용해 보자.

1 메타마스크가 설치된 크롬 브라우저를 오픈하고, 네트워크 드롭 리스트에서 Ropsten Test Network를 선택해 롭스텐에 연결하자. (혹시 문제가 있으면 둥근 어카운트 아이콘을 클릭하고, 메타마스크를 로그아웃한 다음 다시 연결해 보자.)

2 어카운트 설정에서 Import를 클릭하고, 5.2.4절에서 생성한 니모닉을 입력하자. 이 인터페이스는 패스워드를 요구할 것이다. 패스워드를 두 번 입력하고, Restore 버튼을 클릭하자. (이 단계는 4장 메타마스크에서 가나쉬 체인을 연결하는 것과 유사하다.)

3 다수의 어카운트를 생성하기 위해 메타마스크의 Create Account 버튼을 클릭하자. 새로 생성된 어카운트 중 하나를 클립보드로 복사한다. 이 어카운트는 롭스텐 네트워크의 유효한 어카운트이며, 현재 이더 밸런스는 0임을 확인할 수 있다.

4 다음의 설명과 같이 롭스텐 이더 배포 툴을 이용해 위에서 복사한 이더 주소로 이더를 전송한다.

롭스텐에서 작업하기 위해서는 테스트 이더가 필요한데, 롭스텐 이더 배포 사이트에서 다음과 같이 획득할 수 있다.

1 브라우저에서 그림 5.6의 왼쪽에 있는 롭스텐 배포 페이지(*https://faucet.ropsten.be*)로 이동한다.

2 메타마스크에서 주소를 부주소창에 붙여넣기한 후, Send me test Ether 버튼을 클릭한다. 잠시 후, 1.0ETH가 메타마스크 어카운트에 적립되었음을 확인할 수 있을 것이다.

이 배포소에서는 24시간마다 1ETH를 받을 수 있는데, 이 정도 금액이면 컨트랙트를 배포하고, 퍼블릭 테스트 블록체인을 시험해 볼 수 있는 충분한 양이다. 만약 더 많은 이더가 필요하면 이 작업을 반복한다.

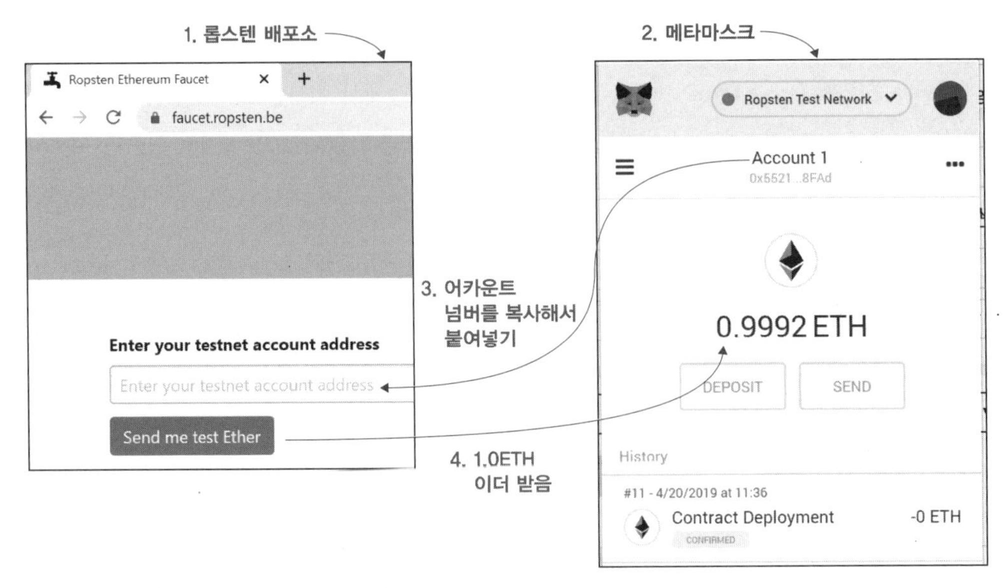

그림 5.6 **롭스텐 배포소에서 이더 획득하기**

5.2.6 롭스텐에 배포하고 트랜잭션 보내기

롭스텐에서 배포하는 것을 간단히 보여주기 위해 Counter 스마트 컨트랙트(리스트 5.1)를 사용해 보자. 이제 퍼블릭 블록체인에서 컨트랙트를 배포하고 사용하기 위해서는 어카운트 밸런스가 필요하다는 것을 알고 있으리라. 모든 트랜잭션은 이더를 소모하는데, 대개 금액이 작다.

리스트 5.1 **Conter.sol**

```
pragma solidity >=0.4.21 <=0.6.0;
// 전 세계가 공유하는 큰 정수 카운트라고 상상하자
contract Counter {
    uint value;

    function initialize (uint x) public {
        value = x;
    }

    function get() view public returns (uint) {
        return value;
    }

    function increment (uint n) public {
        value = value + n;
        return;
    }

    function decrement (uint n) public {
```

```
            value = value - n;
            return;
        }
    }
```

리스트 5.1의 Counter.sol 코드를 리믹스 IDE에 복사하고 컴파일해서 오류가 없다는 것을 확인한다. 그런 후 리믹스의 환경을 Injected Web3(자바스크립트 VM 대신)로 설정하자. 그림 5.7은 메타마스크가 지원하는 Injected Web3 설정을 보여준다.

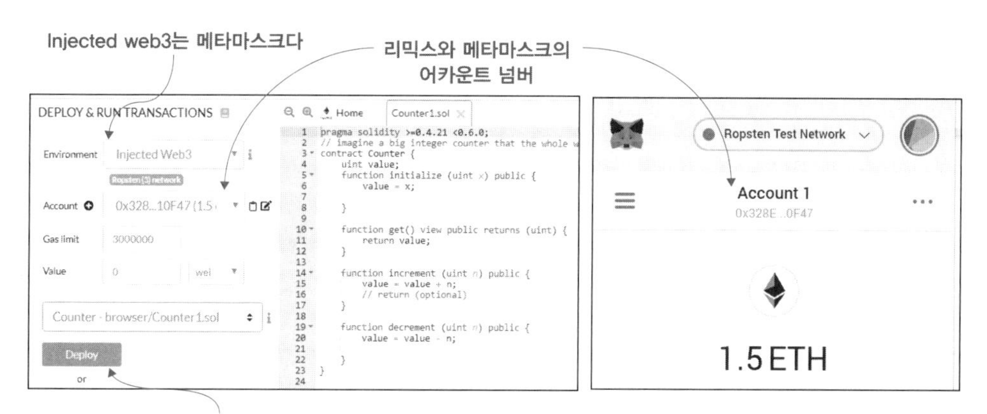

그림 5.7 **Injected Web3 환경을 통해 리믹스-메타마스크-롭스텐 열결**

메타마스크의 어카운트 넘버가 리믹스의 어카운트 박스에 나타나는지 확인하자. 이것은 롭스텐 테스트 네트워크와 메타마스크에 리믹스 IDE가 싱크되었다는 것을 나타낸다. 만일 작동하지 않는다면 패스워드를 사용해 메타마스크 잠금을 해제하고 Privacy Mode 세팅을 Off로 설정해서, 퍼블릭 참여자들이 여러분의 스마트 컨트랙트에 액세스할 수 있도록 한다.

자, 이제 Deploy 버튼을 클릭해서 스마트 컨트랙트를 배포한다. 롭스텐 네트워크에 배포 트랜잭션이 컨펌되는 것을 볼 수 있을 것이다. 곧이어 롭스텐 이더스캔에서 확인할 수 있는 트랜잭션 링크가 콘솔 창에 나타난다.

```
https://ropsten.etherscan.io/tx/0xafeeb62d9a12a8d7ad08b38977040e795bd3d6f6d5e1d404c
534aa28744e421d
```

그림 5.8은 이 책을 집필할 때 만든 실제 Tx 기록이다. Tx 해시, 블록 넘버, 컨펌 횟수, Tx의 From 주소, To 주소(스마트 컨트랙트 주소) 등을 보여준다. 내가 만든 과거의 Tx 기록을 이 책

을 읽고 있을 미래의 독자들이 볼 수 있다는 게 신기하지 않은가? 자세히 살펴보기 바란다. 이것은 앞으로 이후의 장에서 다루는 많은 내용의 기초라고 할 수 있다.

그림 5.8 이더스캔에서 확인한 롭스텐에 기록된 스마트 컨트랙트 배포 Tx

이제 리믹스가 제공하는 유저 인터페이스를 이용해 스마트 컨트랙트와 상호작용할 수 있다. 카운터를 500으로 초기화하고, 이것을 200 줄인 후 값을 확인(300이 되어야 한다)한 후 다시 200 증가시켜 보자. 다시 카운터값을 읽어 보면 500이 되었을 것이다. 매 트랜잭션마다 메타마스크 팝업 윈도우에서 컨펌을 해주어야 한다. 이 모든 작업을 하는 동안 블록체인에서 해당 트랜잭션에 대한 컨펌을 받기까지 리믹스 로컬 환경보다 롭스텐에서 더 많은 시간이 걸릴 것이다.

처음으로 스마트 컨트랙트를 퍼블릭 네트워크에 성공적으로 배포해 보았다. 이 컨트랙트는 롭스텐에 있는 모든 참여자들에게 오픈(퍼블릭)되어 있으며, 더 이상 프라이빗하지 않다는 점을 상기하는 것이 중요하다. 트랜잭션에서 사용하는 민감한 데이터를 보호하고 안전하게 관리하는 게 좋다.

롭스텐과 같은, 누구나 접근 가능한 블록체인 위에 스마트 컨트랙트를 배포하면, 그것이 프라이빗이든 퍼블릭이든 허가형이든 간에 그 스마트 컨트랙트를 배포한 블록체인 안에 있는 모든 사람이 볼 수 있다. 이러한 측면은 탈중앙화된 공개 참여자를 가진 블록체인에서 불거지는 당연한 이슈이겠지만, 특히 함수 파라미터로(예를 들어, 블라인드 경매에서 입찰 가격) 전달되는 데이터를 항상 프라이빗하고 안전하게 처리해야 한다는 점을 염두에 두어야 한다.

우리는 5.4절에서 암호학과 해싱 기법을 사용해 어떻게 이 이슈를 다루는지를 알아볼 것이다. 따라서 암호학은 탈중앙화된 참여자의 아이덴티티를 확립하는 것뿐만 아니라, 프라이버시와 보안을 위한 프라이버시와 보안을 위한 해싱에도 쓰인다.

5.3 해싱 기초

해싱hashing은 임의의 크기를 가진 데이터를 표준화한 고정 크기의 값으로 매핑하는 전환이다. 데이터의 해시는 다음과 같이 해시 함수를 이용해 계산한다.

```
해시 = 해시 함수(하나 또는 다수의 데이터 아이템)
```

로지컬 XORexclusive OR 함수를 간단한 해시 함수로 사용해서, a = 1010 바이너리와 b=1100 바이너리라는 데이터 아이템을 해싱하면 다음과 같이 0110 해시값을 얻을 수 있다.

```
해시값 = xor (a=1010, b=1100) = 0110
```

정의 **해싱(hashing)**은 특수하게 정의된 **해시 함수(hash function)**를 이용해 임의의 길이를 가진 데이터를 고정된 길이를 가진 데이터로 매핑하는 프로세스다.

데이터 요소에 1비트 내용만 바뀌어도 그 해시값은 완전히 달라진다. 그림 5.9와 같이 데이터베이스나 이미지 같은 어떠한 데이터도 고정된 길이의 해시로 간결하게 표현할 수 있다. 256비트 데이터 아이템과 강력한 해시 함수를 가지고 충돌 가능성이 없는 매우 큰 주소 스페이스를 만들 수 있다. **충돌 가능성이 없다**collision-free는 것은 서로 다른 데이터 요소에 해시 함수를 적용해 생성된 두 개의 해시가 같은 값을 가질 확률은 거의 없다는 말이며, 같은 데이터 요소에 해시 함수를 적용할 때 항상 같은 고유한 해시를 얻을 수 있다는 것을 의미한다. 이러한 속성은 해시 함수의 중요한 요건이다. 여러분의 친구와 같은 아이덴티티 숫자를 가지고 싶지는 않을 게 아닌가!

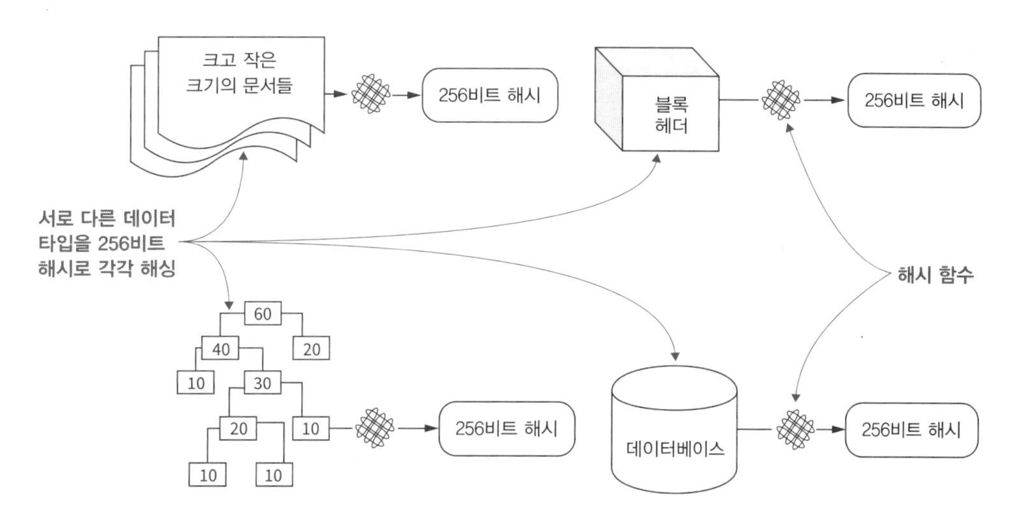

그림 5.9 다른 데이터 타입을 256비트 해시로 변환하기

5.3.1 문서의 디지털 서명

문서에 디지털 서명을 하기 위해 해시 함수를 이용해 그 문서의 해시값을 계산한다. 이 해시값에 디지털 서명을 해서 원본 문서와 같이 보낸다. 이를 받은 수신자는 원본 문서의 해시값을 직접 계산한 결과와 송신자의 공개키를 이용해서 디지털 서명을 검증함으로써, 송신자가 이 문서에 서명했다는 것을 확인할 수 있다.

5.3.2 분산 장부에 해시 데이터 저장

블록체인은 일반 데이터베이스가 아니다. 분산 장부에는 오직 필요한 최소한의 데이터만 저장해야 한다. 해싱은 여기에서도 위력을 발휘한다. 크기가 큰 문서들로 인해 블록체인에 과부하가 걸리지 않도록 오직 문서의 해시값(문서를 나타내는)만 저장한다. 6장에서 온체인과 오프체인 데이터를 가진 탈중앙화 시스템 모델을 개발할 때 해싱의 다용도성versatility에 대해 설명할 것이다.

5.3.3 이더리움 블록 헤더의 해시

1장에서 블록체인은 조작 불가능한 불변의 장부라고 이야기했는데, 그림 5.10의 이더리움 블록 헤더 다이어그램이 보여주듯이, 여기에는 트랜잭션 기록, 변화하는 상태, 로그, 리시트receipt와 여러 가지 다른 정보들을 포함하는 블록들이 들어 있다. Txs, 상태, 로그, 리시트는 머클 트리Merkle tree 데이터 구조로 저장하는데, 이것의 해시를 블록 헤더에 기록한다. 또한, 헤더는 이전 블록과 연결하기 위해 이전 블록 헤더의 해시를 포함하는데, 이러한 블록에 연결된 체인은 변조 불가능성을 더욱 강화한다. 블록 콘텐츠에 1비트의 변화만 생겨도 그것의 해시값이 완전히 달라져 연결된 체인이 끊어진다. 즉, 블록체인 해시는 체인의 변조 불가능성과 무결성을 실현하는 수단이다!

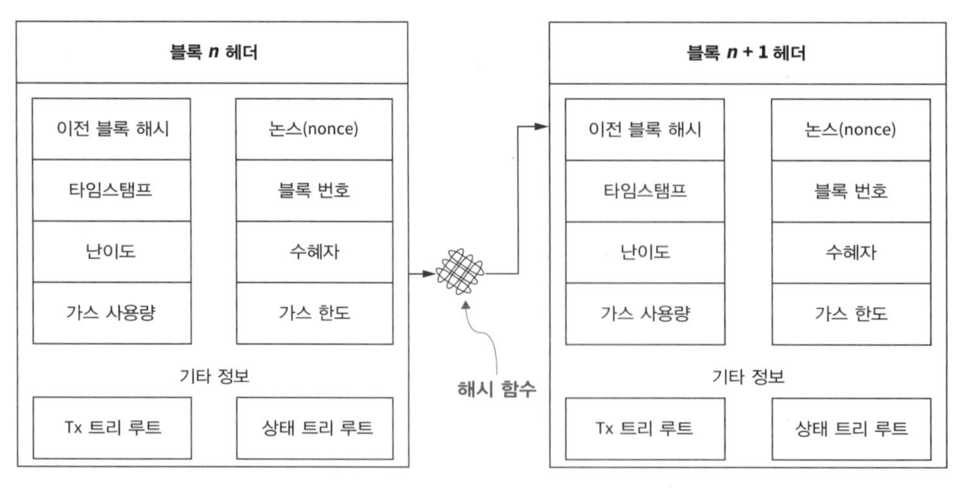

그림 5.10 **블록 n과 블록 n+1의 이더리움 블록 헤더**

해싱은 현재의 체인에 추가할 다음 블록을 결정하는 합의 과정에 필요한 코어 컴포넌트다. 또한, 메시지를 암호화하고 디지털 서명을 하기 전에 트랜잭션을 처리하도록 권장하는 사전 프로세싱 단계이기도 하다. 해싱은 프로토콜 레벨에서뿐만 아니라, 애플리케이션 레벨에서도 매우 중요한 역할을 담당한다.

5.3.4 솔리디티 해싱 함수

솔리디티는 SHA256, Keccak(256비트 해시 함수로 알려진), RIPEMD160이라는 세 가지 해싱 함수를 제공한다. 5.2.1절에서 RIPEMD160은 이더리움의 256비트 공개키에서 160비트 어카운트 주소를 추출할 때 사용했다. 이더리움용 Keccak은 SHA3 알고리즘을 기반으로 개발했다. Dapp 개발 과정에서 Keccak 해시 함수를 사용하는데, 이는 SHA가 최종적인 표준이 되기 전에 Keccak이 먼저 이더리움 블록체인에 구현되었기 때문이다.

어떻게 데이터 집합에 대해 해시값을 계산할 수 있을까? Keccak 해시 함수를 위한 간단한 솔리디티 코드를 살펴보자. 리스트 5.2처럼 Keccak 해시를 계산할 수 있다.

리스트 5.2 **해싱을 위한 스마트 컨트랙트(KHash.sol)**

```
pragma solidity >=0.4.22 <=0.6.0;

contract Khash {

bytes32 public hashedValue;
    function hashMe(uint value1, bytes32 password) public {
        hashedValue = keccak256(abi.encodePacked(value1, password));
    }
}
```

abi.encodedPacked 함수는 파라미터들을 (어떤 숫자이든) 묶어서 여러 파라미터의 바이트 값을 리턴해 주며, keccak256 함수는 이 바이트 값의 해시를 계산해 준다. 이 컨트랙트를 이용해 20, 30과 같은 값들과 패스워드 0x426526을 묶은 Keccak 해시값을 계산해 낼 수 있다. 한 가지 유의할 점은, 현재 리믹스 최신 버전하에서는 패스워드값으로 오직 32바이트 값을 입력해야 한다는 점이다. 이것은 이더리움 블록체인의 연산이 256비트 단위로 이루어지고 있다는 점을 고려하면 예상할 수 있는 일이기도 하다. 다음은 0x를 앞에 붙여 16진수라고 나타낸 32바이트 패스워드다.

```
0x4265260000000000000000000000000000000000000000000000000000000000
```

이 패스워드와 20 또는 30 파라미터값을 묶어서 해시값을 계산해 확인해 보자. 20의 경우의 해시값은 다음과 같다.

```
0xf33027072471274d489ff841d4ea9e7e959a95c4d57d5f4f9c8541d474cb817a
```

30을 적용하면 다음과 같다.

```
0xfaa88b88830698a2f37dd0fa4acbc258e126bc785f1407ba9824f408a905d784
```

이러한 개념을 새로운 탈중앙화 애플리케이션 문제 해결에 적용해 보자.

5.4 해싱 애플리케이션

탈중앙화 애플리케이션에서 프라이버시와 보안을 가능하게 하는 시큐어 해싱에 대해 알아보자. 이를 위해 우리는 솔리디티 문서에 나온 블라인드 경매 예제(*https://solidity.readthedocs.io/en/v0.5.3*)를 검토해 볼 것이다. 이 문제는 프라이버시와 보안 이슈에 관해 초점을 맞추도록 한다.

어떤 예술 작품을 블라인드 경매로 판매해야 한다. 여러 작품을 경매로 판매할 수 있겠지만, 여기서는 오직 한 작품만 판매한다고 가정하자. 이 작품이 팔린 후 다른 작품을 추가할 수는 있다. 수혜자는 경매의 여러 단계 {`Init`, `Bidding`, `Reveal`, `Done`}를 관리한다. 수혜자가 경매를 시작하고 나면, `Bidding` 단계 동안 입찰자는 한 번에 하나씩 입찰을 한다. 여기서 입찰은 보안이 보장되며 프라이빗하게 이루어져야 한다. 수혜자를 포함한 다른 사람은 각 입찰의 내용을 볼 수 없다. 일정 시간 후, 수혜자는 `Reveal` 단계로 진행시킨다. 이제 입찰자는 각자의 입찰 내용을 공개하고, 수혜자는 전체 입찰 내용을 공개해서 가장 높은 가격을 제시한 입찰자와 입찰가를 찾아낸다. 수혜자는 단계를 `Done`으로 변경하고 경매를 종료한다. 수혜자의 어카운트로 최고가 입찰가를 전송한다. 경매에 떨어진 입찰자는 그들의 예치금을 출금할 수 있으나 낙찰받은 입찰자는 입찰한 금액을 출금할 수 없다.

솔루션을 설계하기 전에 문제 설정을 잘 읽고 종이에 그려 보거나 마음속에 떠올려 봄으로써 각 단계에서 어떻게 플레이하는지에 대해 정확히 파악하도록 하자.

5.4.1 블라인드 경매 설계

해결할 문제를 살펴보고 이미 배운 설계 원칙(부록 B)을 적용해 보자. 데이터 구조를 정의하는 데 설계 원칙 2와 설계 원칙 3을 사용한다. 컨트랙트 다이어그램(설계 원칙 4)과 유한 상태 머신(FSM, 설계 원칙 5)을 사용해 설계를 형상화하자. 그리고 스마트 컨트랙트에 수정자(설계 원칙 6)를 사용한다. 설계 원칙을 적용함으로써 블록체인 솔루션을 구조적인 접근 방법으로 개발할 수 있다.

경매의 상태들에 존재하는 패턴을 파악했는가? 투표 Dapp의 상태들과 유사하다. 언급한 모든 설계 원칙을 적용한 이후, 그림 5.11과 같은 컨트랙트 다이어그램과 상태 변화 다이어그램을 그릴 수 있다. 코딩을 시작하기 전에 그림 5.11의 왼쪽에 있는 FSM을 사용해 프로세스에 대한 이해를 완벽하게 해두는 것이 좋다. 특히 `Bidding`과 `Reveal` 단계에 유의하기 바란다. 블라인드 경매는 `Bidding` 단계에서 일어난다. 모든 입찰에는 예치금이 필요하다. 이 예치금은 입찰금보다 커야 한다. 모든 입찰이 끝난 다음, 입찰자들은 `Reveal` 단계에서 다시 한번 그들의 입찰 내용을 전송해야 하는데, 이번에는 그 내용을 오픈해야 한다. 낙찰자는 `Reveal` 단계에서 결정된다.

이번 문제는 복잡하기는 하지만, 마케팅이나 금융 영역 같은 다른 많은 시스템에서 응용할 만한 유용성을 가지고 있다. 여기에서 소개한 아이디어를 탐구해 보고, 다른 애플리케이션에서 재사용해 보길 바란다.

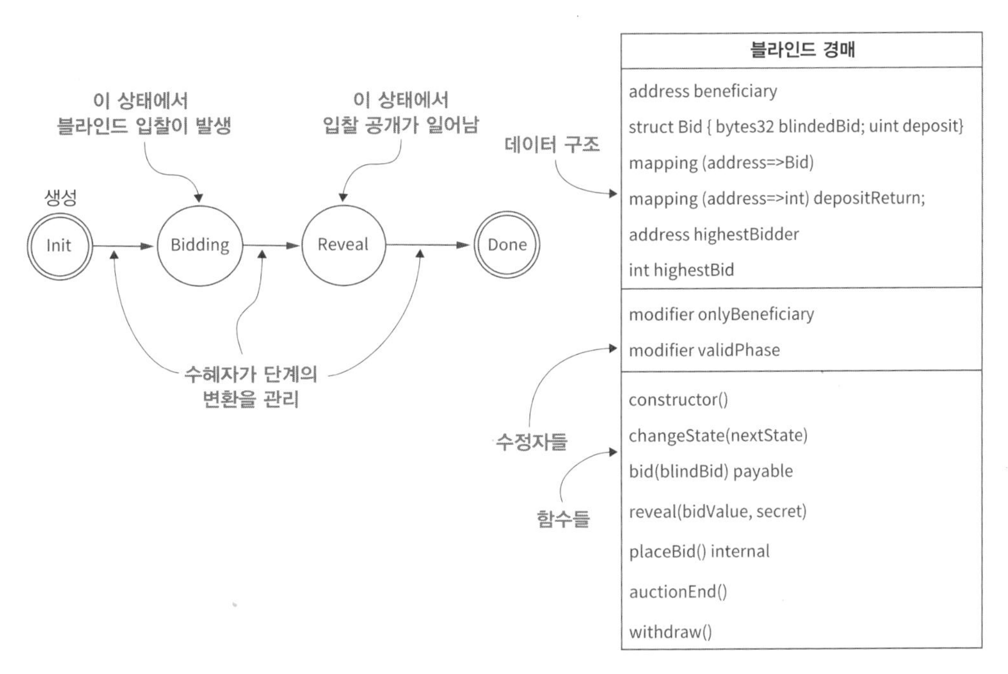

그림 5.11 블라인드 경매를 위한 상태 변환 FSM과 컨트랙트 다이어그램

5.4.2 블라인드 경매 스마트 컨트랙트

블라인드 경매를 위한 스마트 컨트랙트는 솔리디티 문서에 있는 버전을 수정한 것인데, `blindedBid`의 프라이버시와 보안 문제에만 초점을 맞추기 위해서다. 코드를 리뷰해 보고 리

믹스 IDE에서 테스트해 보자. 설명대로 리스트 내용을 리믹스 IDE에 복사해 넣고 살펴보면 된다. 다음의 내용을 차례로 리뷰하자.

- 데이터 요소(리스트 5.3)
- 수정자(리스트 5.4)
- 함수(리스트 5.5)

데이터 요소는 입찰을 위한 데이터, 경매의 단계(상태)를 나타내는 enum 데이터 타입, 수혜자 주소, 입찰과 예치금 반환의 매핑, 최고가 입찰 정보 등을 포함한다. 리스트 5.3에 이러한 요소들을 정의하였다. 코드를 리뷰한 다음 리믹스에 로딩하자.

리스트 5.3 **블라인드 경매를 위한 데이터(BlindAuction.sol)**

```
pragma solidity >=0.4.22 <=0.6.0;

contract BlindAuction {

    struct Bid {  ◀── 입찰 정보
        bytes32 blindedBid;
        uint deposit;
    }

    // 상태는 수혜자에 의해 설정된다  ◀── 경매 상태 정보
    enum Phase {Init, Bidding, Reveal, Done}
    Phase public state = Phase.Init;

    address payable beneficiary; // owner  ◀── 컨트랙트 배포자가 수혜자다
    mapping(address => Bid) bids;  ◀── 주소당 오직 1회만 입찰


    address public highestBidder;  | 최고가 입찰자의 정보
    uint public highestBid = 0;    |

    mapping(address => uint) depositReturns;  ◀── 낙찰 탈락자의 예치금 반환
```

블라인드 경매 문제는 두 가지의 주요 규칙을 가지고 있는데, 수혜자가 경매의 시작, 종료, Bidding, Reveal 단계 시점을 결정하고, 오직 수혜자만이 한 단계에서 다음 단계로 변화시킬 수 있다는 것이다. 이러한 조건을 리스트 5.4에 구현했는데, 수정자 validPhase와 onlyBeneficiary를 사용했다. 리믹스 IDE에 이미 로딩되어 있는 코드(리스트 5.3)에 이것을 추가하자.

리스트 5.4 **블라인드 경매를 위한 수정자(BlindAuction.sol)**

```
// 수정자
modifier validPhase(Phase reqPhase) {  ◀── 경매 단계를 위한 수정자
    require(state == reqPhase);
    _;
}
modifier onlyBeneficiary() {  ◀── 수혜자를 확인하는 수정자
    require(msg.sender == beneficiary);
    _;
}
```

5.4.3 프라이버시와 보안 측면

블라인드 경매에서 Bidding 단계 동안, 입찰자는 블라인드 입찰을 하므로 입찰 내용(값)은 시큐어할 뿐만 아니라 프라이빗하다. 어떻게 이러한 프라이버시와 보안을 보장할 것인가? 사람의 눈에는 해시값에서 원래의 메시지를 해독하는 것이 불가능해 보이지만, 무작위 대입brute force 공격으로 해독할 수도 있다. 정수 20의 Keccak 해시값은 지구에 있든 달에 있든, 라고스(나이지리아)에 있든 뉴욕(미국)에 있든 다음과 같이 똑같은 값을 가진다.

```
0xce6d7b5282bd9a3661ae061feed1dbda4e52ab073b1f9285be6e155d9c38d4ec
```

이 32바이트 해시값만 보면 무슨 의미인지 파악할 수 없지만, 메시지 내용에 대한 대략적인 정보를 가지고 있고, 경매 아이템의 가격대를 알고 있다면, 무작위 대입으로 해시 전의 원본 값을 쉽게 해독해 낼 수 있다. 그렇다면 어떻게 이러한 공격으로부터 보안을 지킬 수 있을까? 논스nonce나 시크릿 패스워드를 두 번째 파라미터로 사용해서 방어할 수 있다. 이 시크릿은 직불카드의 개인 핀 번호 같은 존재다. 어떤 값을 Keccak으로 해시할 때 두 번째 시크릿 패스워드를 함께 묶어서 계산하면, 무작위 대입 공격에 대해 안전해진다. 표 5.1은 정수 20에 대한 해시값 계산이 어떻게 달라지는지 보여준다.

표 5.1 **프라이버시와 보안을 위한 Keccak 해싱**

공개	프라이빗하게 보이지만 보안성이 없음 (256비트)	패스워드에 의해 프라이빗하고 보안성이 있음 (256비트)
플레인 데이터	keccak256[abi.encodePacked(20)]	keccak256[abi.encodePacked(20, 0x426526)]
20	0xce6d7b5282bd9a3661ae061...	0xf33027072471274d489ff841d4ea9e...

첫 번째 열은 플레인plain 데이터값 20(공개)이고, 두 번째 열은 20에 대한 Keccak256 해시값(프라이빗하지만 보안성이 없음)이며, 세 번째 열은 20과 패스워드(이 경우에는 0x426526)를 패킹해서

Keccak256 해시한 값(프라이빗하고 보안성이 있음)이다. 이러한 해싱은 프라이버시와 보안이 필요한 경우에 적용 가능한 간단한 기법이고, 다음의 설계 원칙 7로 정리할 수 있다.

7 설계 원칙 일회용 시크릿 패스워드를 사용해 함수의 파라미터를 시큐어 해싱을 함으로써 프라이버시와 보안을 확보한다.

마지막으로 오직 수혜자만이 호출할 수 있는 changeState()라는 유틸리티 함수가 있다. bid(), reveal(), auctionEnd() 함수는 리스트 5.4에서 오직 validPhase() 수정자의 설정에 맞는 단계에서만 실행할 수 있다.

Reveal 단계 전까지 모든 (프라이빗하고 보안성이 있는) 유효한 입찰을 제출해야 한다. Reveal 단계에서 입찰자는 입찰가와 시크릿 패스워드를 공개한다. 패스워드를 공개해도 되는 이유는 입찰자가 선정한 일회용 패스워드이기 때문이다. 스마트 컨트랙트 함수 reveal()은 제출한 입찰가와 시크릿 패스워드를 이용해 해시값을 계산하고, 이것이 블라인드 입찰에서 제출했던 해시값과 일치하는지 확인한다. 만일 해시가 일치하면 컨트랙트는 해당 입찰(placeBid() 함수)을 승인하고, 이것이 최고가인지 평가한다. 이러한 블라인드 입찰 확인 과정은 if 문으로 구현한다.

리스트 5.5의 코드를 리믹스 IDE에 이미 로딩되어 있는 코드(리스트 5.3과 리스트 5.4)에 추가한다. 스마트 컨트랙트를 테스트하기 전에 이 함수들을 리뷰해 보자.

리스트 5.5 블라인드 경매의 함수들(BlindAuction.sol)

```
constructor() {   ◀── constructor가 수혜자를 설정

    beneficiary = msg.sender;
    state = Phase.Bidding;
}

function changeState(Phase x) public onlyBeneficiary {
    if (x < state) revert();
    state = x;
}

function bid(bytes32 blindBid) public payable validPhase(Phase.Bidding) {  ◀── 블라인드 경매 함수
    bids[msg.sender] = Bid({
        blindedBid: blindBid,
        deposit: msg.value
    });
}
```

```
    function reveal(uint value, bytes32 secret) public      ← reveal()이 블라인드 입찰을 확인
                                      validPhase(Phase.Reveal) {
        uint refund = 0;
            Bid storage bidToCheck = bids[msg.sender];
            if (bidToCheck.blindedBid == keccak256(abi.encodePacked(value, secret))) {
                refund += bidToCheck.deposit;
                if (bidToCheck.deposit >= value) {
                    if (placeBid(msg.sender, value))
                        refund -= value;
                    }
            }

        msg.sender.transfer(refund);
    }

placeBid()는 내부(interal) 함수다
    function placeBid(address bidder, uint value) internal returns (bool success) {
        if (value <= highestBid) {
            return false;
        }
        if (highestBidder != address(0)) {
            // 이전 최고가 입찰자에게 환불
            depositReturns[highestBidder] += highestBid;
        }
        highestBid = value;
        highestBidder = bidder;
        return true;
    }

    // 낙찰 탈락 입찰 출금
    function withdraw() public {      ← withdraw()는 낙찰 탈락자에 의해 호출된다
        uint amount = depositReturns[msg.sender];
        require (amount > 0);
        depositReturns[msg.sender] = 0;
        msg.sender.transfer(amount);
    }

    // 경매를 종료하고 수혜자에게 최고가 입찰액을 전송
    function auctionEnd() public validPhase(Phase.Done) {      ← auctionEnd() 함수는 Done 단계에서 호출된다
        beneficiary.transfer(highestBid);
    }
}
```

이제 블라인드 경매 스마트 컨트랙트를 테스트할 차례다. 리믹스 IDE를 이용할 수도 있고, 트러플 콘솔을 이용할 수도 있다. 더 나아가 웹 프런트엔드까지 개발해서 보다 효율적인 Dapp을 완성해 보는 것도 좋다. 6장에서 이 블라인드 경매 스마트 컨트랙트를 더 개선해서 완전한 Dapp으로 만들어 볼 것이다. 이번 장에서는 시큐어 해싱을 배우는 데 초점을 맞추어 리믹스 IDE에서 테스트해 보자.

5.4.4 BlindAuction 컨트랙트 테스팅하기

블라인드 경매를 위한 스마트 컨트랙트가 어떻게 작동하는지 살펴보기 위해서는 테스트 플랜(3장에서 논의했던)이 필요하다. 다음은 테스팅을 하기 전 준비해야 할 내용이다.

- 최소한 세 명의 참여자, 즉 수혜자와 최저 두 명의 입찰자가 필요하다. 리믹스 IDE에서 처음 세 개의 어카운트 0xCA3..., 0x147..., 0x4B0...으로 시작하는 주소를 가진 account[0], account[1], account[2]를 리믹스 드롭다운 어카운트 리스트에서 선택하자.
- account[0]이 수혜자다. 이 어카운트가 스마트 컨트랙트를 배포하고 경매의 단계를 바꾸는 권한을 가진다. 여기서는 account[0]로 0xCA3...으로 시작하는 주소를 사용했다.
- account[1]과 account[2]는 입찰자다. 0x147...로 시작하는 주소를 account[1] 로, 0x4B...로 시작하는 주소를 account[2]로 사용했다.
- account[1]은 예치금(값)으로 50wei에 블라인드 입찰가로 20을, account[2]는 예치금 50wei에 블라인드 입찰가로 30을 기입한다.
- 일회용 패스워드 또는 시크릿은 0x426526을 사용하는데, 여기서 0x는 이 값이 16진수라는 것을 나타낸다. 리믹스 UI에 입력할 때는 다음과 같은 전체 32바이트 값이 필요하다.

```
0x4265260000000000000000000000000000000000000000000000000000000000
```

- 입찰은 Keccak 함수 `Keccak256(abi.encodePacked(v, secret))`로 해시값을 계산하는데, 여기서 account[1]에는 `v=20`, account[2]에는 `v=30`을 적용한다. 리믹스 IDE에서 트랜잭션을 처리할 때 복사해서 사용하면 된다.

5.4.5 테스트 플랜

리믹스 IDE에서 BlindAuction 컨트랙트를 컴파일하고 배포하자. 배포할 때 account[0]을 사용해야 한다. 퍼블릭 변수 `state`를 나타내는 state 버튼을 클릭하면, `state`가 `Bidding` 단계를 의미하는 1이 된다. 다음은 최소 요건의 테스트 플랜이다(그림 5.12를 함께 참고하자).

1 `Bidding` 단계

account[1]을 사용해 예치금(그림 5.12의 위쪽 패널의 Value 칸)으로 50wei를 넣고, 입찰가 20에 해당하는 다음의 값을 `bid()` 함수의 파라미터로 넣고 클릭하자.

```
0xf33027072471274d489ff841d4ea9e7e959a95c4d57d5f4f9c8541d474cb817a
```

똑같은 방법으로 account[2]에 대해서도 반복하되, 입찰가 30에 해당하는 다음의 값을 bid() 함수의 파라미터로 입력하고 클릭하자.

```
0xfaa88b88830698a2f37dd0fa4acbc258e126bc785f1407ba9824f408a905d784
```

이제 Bidding 단계는 끝이 났다.

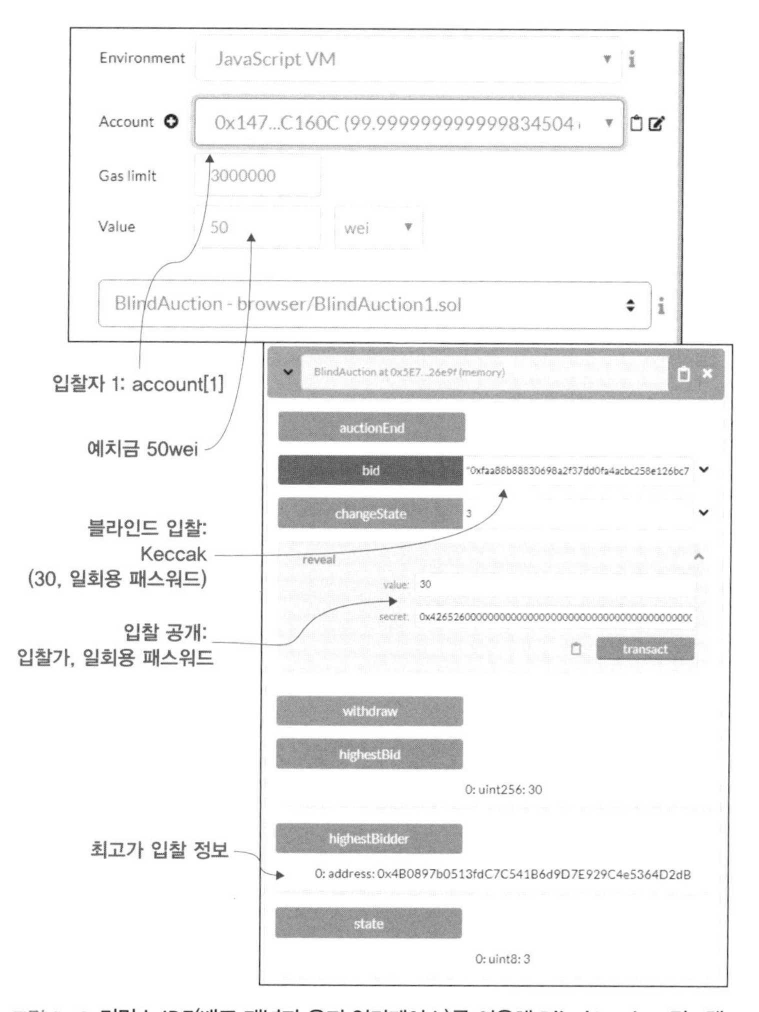

그림 5.12 **리믹스 IDE(배포 패널과 유저 인터페이스)를 이용해 BlindAcution 컨트랙트 테스팅하기**

2 Reveal 단계

수혜자 어카운트인 account[0]을 선택한 다음, changeState() 함수의 파라미터로 2를 입력하고 changeState 버튼을 클릭하자. 퍼블릭 변수 state를 위한 버튼을 클릭해서 현재의 상태가 Reveal 단계인 2임을 확인하자. account[1]을 선택한 다음, reveal() 함수의 파라미터로 20, 0x426526000000000000000000000000000000000000000000000000000000000000000000를 입력하고 Reveal 버튼을 클릭하자. 이제 highestBidder 버튼과 higestBid 버튼을 눌러서, 이 값들이 정확한지 확인해 보자. account[1]의 주소와 입찰가 20이 나와야 한다.

account[2]에 대해서도 같은 절차를 반복하되, 파라미터로 30, 0x4265260000000000000000000000000000000000000000000000000000000000을 사용한다. 다시 highestBid 버튼과 highestBid 버튼을 눌러 보면, 이전 account[1]의 주소와 입찰가를 제치고, account[2]의 주소와 입찰가 30이 나올 것이다. 이로써 Reveal 단계는 끝이 났다.

3 Done 단계

수혜자 어카운트인 account[0]을 선택하고, changeState() 파라미터로 3을 입력한 후 changeState 버튼을 클릭하자. 퍼블릭 변수 state를 위한 버튼을 눌러서 현재의 상태가 Done임을 확인하자. 이제 수혜자에게 최고 입찰액을 송금하기 위해 auctionEnd 버튼을 클릭하면 된다.

4 낙찰자를 확인하자.

highestBidder 버튼과 highestBid 버튼을 다시 클릭해서 낙찰자의 낙찰액을 확인하자.

5 withdraw() 함수

bid() 함수는 더 낮은 값을 제시한 이전 입찰을 자동으로 환불하지만, 만일 환불이 되지 않았다면 낙찰 탈락자들은 이 버튼을 클릭해서 그들이 예치한 금액을 되찾을 수 있다.

이로써 두 명의 입찰자와 한 명의 수혜자를 가진 기본적인 블라인드 경매를 테스트해 보았다. 다른 테스트 케이스를 시험해 볼 수도 있을 텐데, 예를 들면 블라인드 입찰 때 사용한 시크릿 코드를 모르는 사기꾼이 Reveal에 참여해 잘못된 값을 입력했을 때 이것이 거부되는지 확인해 보는 것이다. 파라미터값을 단순 해시하는 것은 프라이버시를 제공할 수는 있지만, 시크릿 코드를 사용해 해시하면 보안을 보장한다는 점을 기억하자. 여기서 소개한 방법은 통상적인 프로그래밍에서 사용하는 직접적인 암호화와 해독은 아니다. 블라인드 경매에서 사용한 해싱 기업은 탈중앙화 블록체인 애플리케이션에 적합한 프라이버시와 보안을 제공하는 방법이다.

5.5 되돌아보기

블라인드 경매 문제에서 파라미터(입찰 정보)는 한 단계에서는 프라이빗하고 보안성이 있지만, 다른 단계에서는 공개해야 한다. `Bidding` 단계에서는 파라미터를 시큐어-해싱함으로써 프라이버시와 보안을 확보했고, `Reveal` 단계에서는 공개된 파라미터를 가지고 해시를 다시 계산해 봄으로써 입찰 내용과 일치하는지 확인했다. 이러한 방법은 전통적인 의미에서 데이터를 개인키로 암호화하고, 공개키로 해독해서 프라이버시와 보안을 구현하는 방법과는 다르다.

이와 유사하게 감추었다가 공개하는 단계hide-and-reveal phases를 가지는 예는 온라인 퀴즈, 시험, 비즈니스 컨트랙트 비딩에서 제안 요청(RFP), 포커 같은 게임(플레이, 베팅, 공개 단계를 가진)에서 찾아볼 수 있다.

또한 블록체인 환경에서 해시와 아이덴티티 연산에 256비트 공간과 256비트 연산을 사용한다는 것에 유의하자. 이러한 큰 주소 스페이스는 탈중앙화 아이덴티티의 고유성과 해시값의 충돌 가능성을 매우 낮춰 준다.

5.6 베스트 프랙티스

다음은 염두에 두어야 할 보안 관련 베스트 프랙티스다.

- 개인키-공개키 암호학은 어카운트를 고유하게 식별하는 데 필수적인 역할을 한다. 신용카드를 안전하게 보관해야 하는 것처럼, 블록체인에 있는 자산의 보안을 위해 개인키를 잘 보호해야 한다.
- 탈중앙화 블록체인 기반 시스템에서 전송되는 데이터(파라미터)의 프라이버시와 보안을 확보하기 위한 해싱 기법을 잘 활용하자.

5.7 요약

- 이 장에서 탈중앙화된 접근을 통해 롭스텐 퍼블릭 체인에 스마트 컨트랙트를 배포하고 상호작용하는 것을 시연했다.
- 새로운 실행 환경인 Injected Web3에 대해 알아보았다.
- 자가 관리를 하는 탈중앙화된 아이덴티티를 구현하기 위해 개인키로부터 파생된 고유한 256비트 어카운트 넘버를 사용하는 암호학적 알고리즘과 기법을 활용할 수 있다.

- 어카운트의 개인키로 디지털 서명을 함으로써 트랜잭션을 생성한다. 이 장에서는 메타마스크를 사용해 이 프로세스를 쉽게 만들었기 때문에 실제 서명하는 과정 자체는 볼 수는 없었고, 다만 트랜잭션을 컨펌(컨펌 팝업 창에서)만 했을 뿐이다.
- 블라인드 경매에서 파라미터를 시크릿 코드나 패스워드를 포함해 해싱함으로써 입찰 내용을 난독화했는데, 이와 같이 해싱 기법을 사용해 데이터의 프라이버시와 보안을 확보할 수 있다.

CHAPTER 6

온체인과 오프체인 데이터

이 장에서 다룰 내용

- 블록, 트랜잭션, 리시트, 스테이트 같은 여러 종류의 온체인 데이터 탐구하기
- 이벤트를 정의, 발생시키고 로그인하기
- Dapp 오퍼레이션을 지원하기 위한 트랜잭션 리시트로부터 이벤트 로그 접근하기
- 온체인과 오프체인 데이터를 가진 Dapp 설계하고 개발하기
- ASK와 블라인드 경매 Dapp을 사용해 온체인과 오프체인 데이터 시연하기

블록체인 애플리케이션 개발이 다른 비블록체인 개발과 다른 점은 바로 **온체인 데이터**on-chain data다. Dapp에서 사용하는 데이터를 어디에 저장하고 있는지 궁금한가? 일부분은 블록체인 인프라(온체인)에 저장하고, 다른 것은 전통적인 데이터베이스와 파일(오프체인)에 저장한다. 이 장에서는 애플리케이션에 블록체인 기능을 삽입함으로써 접하게 되는 온체인 데이터의 개념부터 알아본다. 그런 후 온체인과 오프체인 데이터를 결합해 사용하는 Dapp을 설계하고 개발하는 방법을 설명한다.

블록체인 프로그래밍의 문맥에서 이 두 가지의 데이터 타입은 정확히 무엇을 말하는 것일까? 일반적으로 블록체인상에 저장하는 모든 데이터는 **온체인** 데이터이고, 그 이외의 것은 **오프체인**off-chain 데이터다.

이 개념을 더 분석해 보자. 전통적인 시스템에서는 애플리케이션 안에서 함수를 실행시켜 얻은 결과를 로컬 파일 시스템 또는 중앙화 데이터베이스에 저장한다. 블록체인 애플리케이션은

다음과 같은 데이터를 블록체인 노드상에 (온체인) 저장한다.

- 실행하고 컨펌받은 트랜잭션
- 스마트 컨트랙트 함수의 실행 결과
- 상태 변화(**storage** 변숫값에 일어난 변화)
- 발생시킨 이벤트 로그

블록체인 노드의 데이터 구조에 이러한 데이터를 저장하고, 블록체인 프로토콜에서 설정한 대로 다른 참여 노드로 전파한다.

정의 **온체인 데이터(on-chain data)**는 블록체인 기반 애플리케이션이 구동한 트랜잭션이 생성한 정보와 블록체인의 구축(materialization)에 쓰인 아이템의 집합이다.

그림 6.1은 전통적인 애플리케이션과 블록체인 기반 애플리케이션을 비교한 것이다. 왼쪽의 전통적 시스템은 파일 시스템 또는 데이터베이스에 데이터를 저장한다. 오른쪽의 블록체인 애플리케이션은 `<Dapp>-app`과 `<Dapp>-contract` 두 개의 파트를 가지고 있다. 일반적으로 컨트랙트 파트에서 생성한 데이터는 온체인에 저장하고, 앱 파트에서 생성하고 사용하는 데이터는 오프체인에 저장한다. Dapp의 함수 호출로 스마트 컨트랙트를 구동하여 Txs를 생성하면, 관련된 아티팩트는 블록체인에 기록된다. 그림 6.1에서 온체인 데이터를 파악하기 위해서 `<Dapp>-app`으로부터 화살표를 따라가 보자. 이 장에서는 온체인과 오프체인 데이터의 관계에 대해 탐구해 볼 것이다.

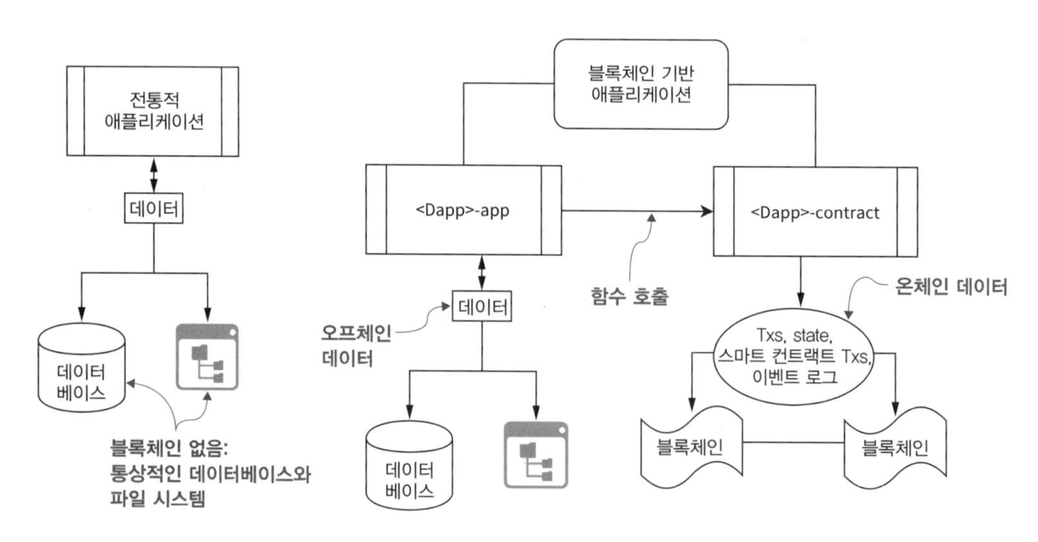

그림 6.1 **전통적인 애플리케이션과 온체인과 오프체인 데이터를 가진 블록체인 Dapp 비교**

그림 6.1의 왼쪽 부분은 통상적인 데이터 저장 공간을 가진 전통적인 애플리케이션을 보여준다. 그림의 오른쪽 부분은 이 시스템에 온체인 데이터를 저장하는 블록체인을 추가해서 개선한 시스템이다. 그러므로 이 블록체인 기반 시스템은 이보다 더 넓은 범위를 포함하는 통상적인 데이터베이스 또는 로컬 파일 시스템을 가지고 있는 웹 기반 시스템의 일부가 된다. 예를 들어, 엔터프라이즈 시스템일 경우, 모든 비즈니스 데이터를 중앙화하고 프라이빗한 데이터베이스에 보관하고 관리하는 것과 동시에 탈중앙화 오퍼레이션을 위해 블록체인 기반을 별도로 운영하고 있을 수도 있다. 그러므로 전형적인 비즈니스 시스템일 경우, 오프체인과 온체인 데이터 두 영역의 데이터를 모두 다루어야 한다.

비즈니스 시스템에서 Dapp을 개발할 때 전통적인 시스템을 전부 솔리디티 언어로 포팅하는 것이 아니다. 더 큰 시스템의 일부로서 오직 블록체인의 지원이 필요한 부분만 코딩하는 것이다.

주어진 탈중앙화 시나리오에서 Dapp을 설계할 때 가장 중요한 임무는 다음의 것을 식별하는 것이다.

- 통합 시스템에서 전통적인 파트가 담당해야 할 활동
- 블록체인 애플리케이션이 담당해야 할 활동

마찬가지로 블록체인 애플리케이션 설계와 개발자는 다음의 사항을 결정해야 한다.

- 온체인에 저장할 데이터
- 오프체인에 저장할 데이터

이것이 이 장에서 다룰 주요 이슈다. 특히, 이벤트 알림notification(온체인 데이터)과 그 사용법에 대해서도 소개한다. 이미 온체인 데이터가 무엇인지 직관적인 감을 잡았을 것이다. 이더리움 블록체인의 여러 가지 온체인 데이터 타입을 살펴보는 것부터 시작하자. 그다음 5장에서 소개했던 블라인드 경매 Dapp에 온체인 데이터를 적용해 볼 것이다. 그리고 2장에서 다루었던 ASK 항공사 Dapp에 온체인과 오프체인 데이터를 모두 사용해 보려고 한다. 이 블라인드 경매와 ASK 항공사 Dapp이, 웹 UI를 가진 전 과정을 망라한 완성된 Dapp으로 거듭나도록 설계하고 개발하는 과정을 알아본다.

6.1 온체인 데이터

블록체인에 저장하는 데이터에 트랜잭션만 있는 것은 아니다. 블록체인 프로토콜은 여러 종류의 온체인 데이터로 구성된다. 그림 6.2는 이더리움 프로토콜이 각각 특정한 목적을 가진 다음과 같은 여러 요소들로 구성되어 있다는 것을 보여준다.

- 블록체인 헤더(6A)는 블록의 속성attributes을 저장한다.
- 트랜잭션(6B)은 블록에 저장된 Tx의 내용을 저장한다.
- 리시트(6C)는 블록에 기록된 Tx의 실행 결과를 저장한다. 모든 트랜잭션은 리시트를 가지고 있고, 그림 6.2는 이 일대일 관계를 보여준다.
- 총합composite 글로벌 스테이트(6D)는 모든 블록체인상의 스마트 컨트랙트와 다른 일반 어카운트의 데이터값 또는 현재 스테이트를 저장하고, 이것을 이용하는 Tx를 컴펌할 때 갱신한다.

이러한 아이템에 더해서, 그림에서 아이템 6A가 아이템 6B, 6C, 6D의 해시를 포함(저장)한다는 것을 나타내 주는 해시 심벌에 주목하자. 이러한 아이템들의 해시가 현재 블록의 해시가 된다. 현재 블록의 해시는 체인에 추가되는 다음 블록 해시를 구성하는 부분으로 저장된다. 이렇게 해서 블록의 해시가 그다음 (새로 추가되는) 블록의 일부가 됨으로써, 블록은 체인 링크를 형성한다.

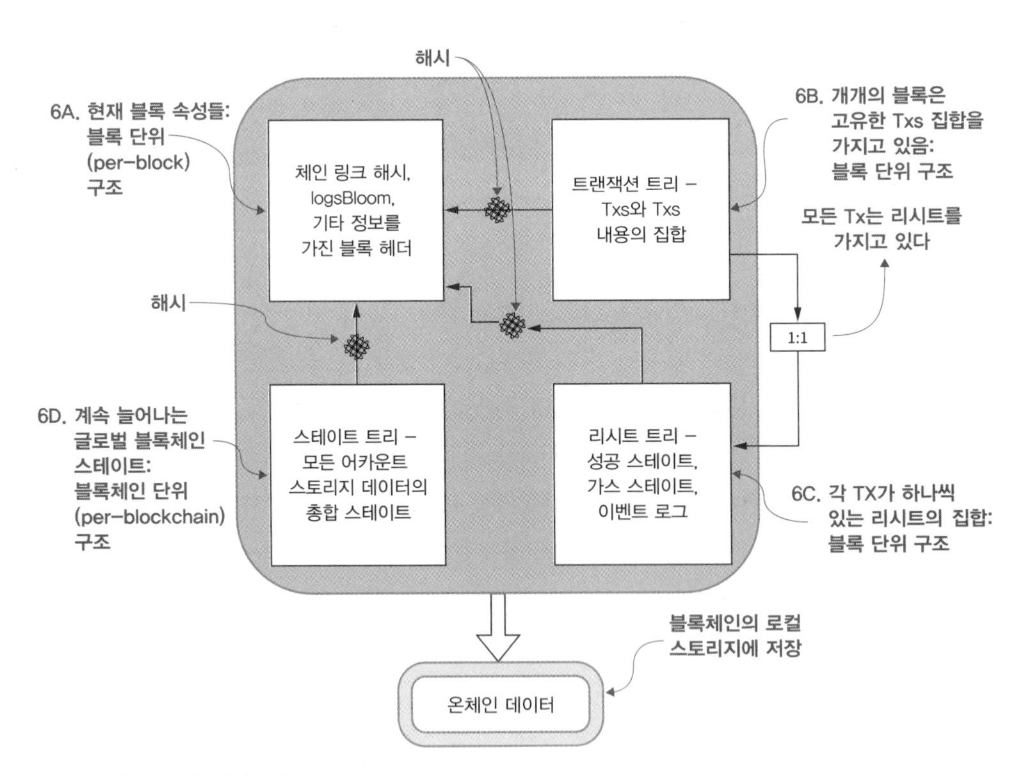

그림 6.2 **온체인 데이터의 요소**

그림 6.2가 보여주는 것처럼 블록 헤더, Tx 트리, 리시트 트리는 **블록 단위**per-block 데이터 구조다. 이 말은 새로운 블록을 추가할 때마다 새로운 블록 헤더, Tx 트리, 리시트 집합의 인스턴스를 생성한다는 의미다.

한편 스테이트 트리는 **블록체인 단위**per-blockchain 구조다. 이것은 제니시스 블록부터 시작해서 해당 블록체인에 있는 모든 어카운트의 현재 스테이트를 저장한다. 스테이트 트리는 블록체인에 어떤 것이 어떻게 일어났는지에 대한 히스토리 전체whole를 기록한다. 이 스테이트는 Tx를 실행할 때마다 계속 변한다. 스테이트 정보는 특정한 Tx를 확인하거나 채굴하거나 특정한 액션, 변경, 이벤트 등을 검색하는 데 매우 중요한 정보다. 예를 들어, 특정한 스마트 컨트랙트에 일어난 패턴을 파악하기 위해 일정한 범위의 블록에 저장된 온체인 데이터를 분석해 볼 수 있다.

지금 당장 코딩을 시작하고 싶은 마음이겠지만, 이러한 요소들을 잘 이해하면 더 나은 Dapp을 설계할 수 있다. 3장에서 이야기했듯이, 블록체인은 일반적인 데이터베이스가 아니기 때문에 오직 필수적인 데이터만을 저장해야 한다. 이 장에서 설명하는 내용은 이후 체인에 과부하가 걸리지 않도록 애플리케이션의 Txs, 리시트, 스테이트 변수를 잘 설계하는 데 매우 유용한 정보다. 또한, 온체인 데이터를 추출해서 오프체인에서 분석하고 결정을 내릴 수 있도록 하는 데도 도움이 될 것이다.

6.2 블라인드 경매 유스 케이스

우리가 살펴본 네 개의 아이템, 즉 블록 헤더, Txs, 리시트, 스테이트 스토리지는 온체인 데이터의 대부분을 구성한다. 이 데이터는 블록체인의 견고성과 보안성을 확보하는 데 중요한 역할을 하며, 트랜잭션과 이벤트를 위한 존재 증명proof of existence을 제공한다. 애플리케이션 레벨에서의 오퍼레이션을 지원하기 위해 블록체인에 저장된 이러한 정보를 사용할 수 있다. 이 개념을 시연하기 위해 5장에서 소개했던 블라인드 경매의 개선 버전을 탐구해 본다.

앞서 살펴보았듯이 여러 온체인 데이터는 블록체인 프로토콜이 엄격하게 통제하며, 실제 데이터값은 애플리케이션이 호출한 Txs가 결정한다. 블록체인 기반 애플리케이션을 설계할 때 이러한 제약을 잘 인지하고 있어야 한다. 블라인드 경매 유스 케이스에서는 그중 리시트 트리에 있는 이벤트 로그에 초점을 맞추어 보려고 한다. 우선 다음 내용을 검토해 보자.

- 이벤트는 무엇인가?
- 어떻게 이벤트를 정의하는가?
- 이벤트를 어떻게 생성하는가?
- UI를 통해 사용자에게 알림을 주기 위해 Tx 리시트에 있는 이벤트 로그를 어떻게 사용하는가?

6.2.1 온체인 이벤트 데이터

이벤트events는 스마트 컨트랙트 함수의 실행에서 어떤 조건이나 플래그flag가 발생했다는 것을 알리기 위해 함수에서 발생시키는 알림이다. 솔리디티는 이벤트를 정의하고 발생시키는 기능을 제공하는데, 이벤트는 파라미터를 가질 수도 아닐 수도 있다. 이벤트는 온체인의 리시트 트리에 로그인되는데, 그것의 이름으로 액세스할 수 있다.

이벤트를 사용하기 전, 스마트 컨트랙트에 미리 정의해 놓는다. 이벤트는 컨트랙트 아무 곳에서나 정의할 수 있지만, 표준적인 위치에 모아 놓는 것이 개발 과정에서 참고하고 리뷰하는 데 더 효율적이다. 스마트 컨트랙트에서 타입과 변수 선언 바로 뒤에 이벤트를 정의하자. 이벤트를 정의하는 구문은 다음과 같다.

```
event NameOfEvent (parameters);
```

솔리디티에서 이벤트 이름은 대문자로 시작하고 캐멀camel 케이스를 사용한다. 다수의 파라미터를 사용할 수는 있지만, 인덱스 옵션을 추가할 수 있는 파라미터의 수는 세 개로 제한한다.[3] 다음은 5장에서 소개한 블라인드 경매 컨트랙트에서 사용한 이벤트 예다.

```
event AuctionEnded(address winner, uint highestBid);
```

필요한 파라미터값을 넣어서 이벤트 이름을 호출함으로써 이벤트를 발생시킨다. 다음은 AuctionEnded 이벤트를 발생시키는 예다.

```
emit AuctionEnded(highestBidder, highestBid);
```

3 옮긴이 저자는 파라미터의 수를 세 개로 제한한다고 했으나 파라미터 수 자체는 제한이 없다. 다만 인덱스 옵션을 달 수 있는 파라미터는 세 개까지로 제한한다.

파라미터가 없는 이벤트를 정의할 수도 있다. 다음은 블라인드 경매의 서로 다른 단계를 특정하기 위한 Bidding 과 Reveal 이벤트의 예다.

```
event BiddingStarted():
event RevealStarted();
```

emit 호출로 이벤트를 발생시킨다.

```
emit BiddingStarted();
emit RevealStarted();
```

이렇게 이벤트를 정의하고 호출하는 것은 단순하다. 실제 애플리케이션에서 이러한 이벤트를 어떻게 사용해 사용자들에게 무슨 일이 일어나고 있는지를 알려 주는지 살펴보자. 5장에서 사용한 블라인드 경매 예제를 다시 불러와 이벤트와 관련된 수정자를 추가한다.

6.2.2 이벤트를 가진 블라인드 경매

온라인 경매와 탈중앙화한 시장은 블록체인을 위한 이상적인 유스 케이스다. 5장에서 소개한 블라인드 경매는 네 개의 단계, Init, Bidding, Reveal, Done(경매 종료)를 가진다. Bidding과 Reveal 단계에 접어들 때 사용자에게 이를 알려서 기회를 놓치지 않도록 해준다면 좋지 않을까? 이 장에서는 세 개의 이벤트, 즉 AuctionEnded, BiddingStarted, RevealStarted를 추가한다.

왜 온체인 데이터를 설명하다 말고 이벤트를 논의하는 것일까? 그림 6.2가 보여주는 것과 같이, 이벤트는 블록의 리시트 트리에 기록하는 전형적인 온체인 데이터이기 때문이다. 이벤트 로그는 블라인드 경매 유스 케이스처럼 거의 리얼타임 수준의 응답에도 사용할 수 있지만, 오프라인에서 인덱싱해서 조회하거나 온체인 데이터를 분석할 때도 사용한다. 이벤트를 호출하면 로그를 발생시키는데, 이 로그에 온체인 인덱스를 걸고 토픽topic으로 조회할 수 있다. 이 경우 이벤트 이름 자체와 파라미터들을 토픽으로 사용할 수 있다. 이러한 세분화환 액세스는 블록체인의 과거 데이터에 대한 분석에 유용하다.

발생한 이벤트에 접근하기 위한 방법에는 여러 가지가 있는데, 리스너listener(push 방법)를 이용할 수도 있고, 리시트 로그(pull 방법)를 사용할 수도 있다. 여기서는 또 하나의 온체인 데이터인 트랜잭션 리시트를 사용하는 기법을 소개한다. 새로운 요소를 포함하도록 블라인드 경매 컨트랙트 다이어그램을 수정하자. 그림 6.3과 같이 컨트랙트 다이어그램은 다음 내용을 포함한다.

- 데이터 타입 (struct) 정의와 데이터 선언
- 이벤트 정의(새 절)
- 변경된 수정자 헤더
- 함수 헤더

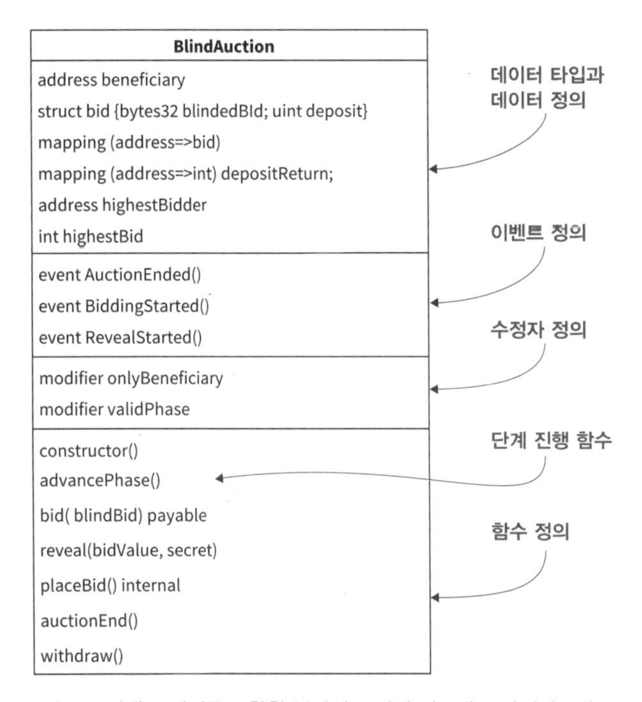

그림 6.3 **이벤트 정의를 포함한 블라인드 경매 컨트랙트 다이어그램**

블라인드 경매 스마트 컨트랙트는 세 개의 이벤트를 가지고 있다.

- 경매의 종료를 알리는 `AuctionEnded`
- 경매의 `Bidding` 단계를 알리는 `BiddingStarted`
- 경매의 `Reveal` 단계를 알리는 `RevealStarted`

이 이벤트들과 이것의 트리거trigger를 포함한 스마트 컨트랙트 코드를 살펴보자. 이 장의 코드 베이스에 전체 코드(BlindAuction.sol)가 수록되어 있으니, 리믹스에 복사해서 사용하자. 다음의 리스트는 이벤트와 관련한 내용만을 보여준다.

리스트 6.1 **이벤트를 가진 블라인드 경매(BlindAuction.sol)**

```
pragma solidity >=0.4.22 <=0.6.0;
contract BlindAuction {
    // 데이터 타입
    ...
    // Enum-uint 매핑:
    // Init - 0; Bidding - 1; Reveal - 2; Done - 3        ◀ 단계는 오직 수혜자(경매 운영자)만이 설정할 수 있다
    enum Phase {Init, Bidding, Reveal, Done}
    ...
    Phase public currentPhase = Phase.Init;

// 이벤트들
    event AuctionEnded(address winner, uint highestBid);  | 
    event BiddingStarted();                                 | 이벤트 정의
    event RevealStarted ();                                 |
// 수정자들
    modifier validPhase(Phase phase) { ... }

    modifier onlyBeneficiary() { ... }

    constructor() {
        beneficiary = msg.sender;
    }
                                                            단계는 오직 수혜자(경매 운영자)만이
    function advancePhase() public onlyBeneficiary {     ◀ 설정할 수 있다
        // 이미 Done 단계이면 Init 단계로 초기화
        if (currentPhase == Phase.Done) {
            currentPhase = Phase.Init;
        } else {
        // 그렇지 않다면 단계를 증가
        // enum이 내부적으로 uints를 사용하기 때문에 uint로 변환
        uint nextPhase = uint(currentPhase) + 1;
        currentPhase = Phase(nextPhase);
        }

        if (currentPhase == Phase.Reveal) emit RevealStarted();      | 해당 이벤트 발생
        if (currentPhase == Phase.Bidding) emit BiddingStarted();    |
    }

    function bid(bytes32 blindBid) public payable validPhase(Phase.Bidding) {
        ... }

    function reveal(uint value, bytes32 secret) public validPhase(Phase.Reveal) {
        ... }

    function placeBid(address bidder, uint value) internal returns
        (bool success) {  ◀ 내부 함수는 오직 컨트랙트 자체만이 호출할 수 있다
        ... }

    function withdraw() public {
        ... }
```

```
    function auctionEnd() public validPhase(Phase.Done) {
        beneficiary.transfer(highestBid);
        emit AuctionEnded(highestBidder, highestBid);
    }
}
```

최고가 입찰액을 수혜자에게 송금, 경매 종료를 선언

advancePhase 함수

이번 버전의 코드와 달라진 중요한 점은 5장의 changeState() 함수 대신에 여기서는 advancePhase() 함수를 사용한다는 것이다. 비교를 위해서 이전 버전의 코드를 살펴보자.

```
function changeState(Phase x) public onlyBeneficiary {
    if (x < state) revert();
        state = x;
}
```

changeState() 함수는 수혜자가 명시적으로, 그리고 직선적으로 상태값을 진전시키는 한 잘 작동한다. 이 방식은 블록체인을 사용하지 않는 전통적인 시스템에서 경매마다 코드를 복사해서 다시 배포하는 경우에 적합하다. 하지만 changeState()를 포함한 스마트 컨트랙트는 오직 한 번만 사용할 수 있다. 이미 알다시피 일단 스마트 컨트랙트를 배포하면 블록체인의 변조 불가성 요구 사항으로 인해 덮어쓰기가 안 되기 때문이다. 이러한 제한은 큰 문제일 수 있다.

자, 이제 리스트 6.1의 advancePhase() 함수를 살펴보자. 여기서는 Init, Bidding, Reveal, Done 단계 이후에 다시 다음 경매를 위해 Init 상태로 순환시켜 이전 버전의 문제를 해결한다. 또한, BiddingStarted와 RevealStarted 이벤트를 발생시킨다.

블록체인 기반 시스템을 설계할 때 스마트 컨트랙트(그리고 온체인 데이터)의 변조 불가능성 특성을 잘 파악하고 있어야 한다. 스마트 컨트랙트를 장기 실행 프로그램으로 간주하고 적절한 스테이트 사용을 통해 반복적인 실행을 위한 규정을 설정하는 것이 중요하다.

이벤트 로그 온체인 데이터

이제 스마트 컨트랙트를 리믹스 IDE에 로딩하고 작동 중에 발생하는 이벤트를 체크해 보자. BlindAuction.sol을 컴파일하고 배포한 후, 콘솔 창에 기록되는 Tx를 살펴보자. 그림 6.4는 advancePhase 함수를 실행했을 때 생성되는 **로그**log의 내용을 보여준다.

이 함수의 실행은 경매 단계를 Init에서 Bidding 단계로 바꾼 후 Bidding 단계를 알리는 이벤트, 즉 BiddingStarted 이벤트를 발생시키고, 그 결과를 그림 6.4의 콘솔에 출력한다. 이 Tx의 컨펌이 끝나면 이벤트는 온체인 데이터로서 블록 헤더에 로그인된다. advacePhase 버튼을 클릭해서 이러한 내용을 리믹스 콘솔에서 확인할 수 있다. 숫자는 다를 수 있지만, 이벤트명은 BiddingStarted로 동일할 것이다.

이벤트 로그 내용을 좀 더 상세히 살펴보자.

- "from" 주소는 스마트 컨트랙트를 배포한 주소를 나타낸다.
- "topic"은 호출 함수(이 경우에는 advancePhase()) 시그너처(헤더)의 16진수 값이다.
- "event"는 발생한 이벤트명(BiddingStarted)이고, "args"는 그 파라미터값을 보여준다. 이 경우에는 파라미터가 없으므로 length가 0이다.

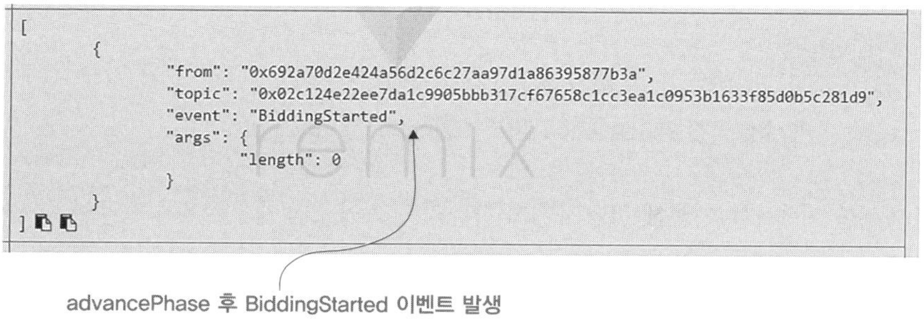

```
[
	{
		"from": "0x692a70d2e424a56d2c6c27aa97d1a86395877b3a",
		"topic": "0x02c124e22ee7da1c9905bbb317cf67658c1cc3ea1c0953b1633f85d0b5c281d9",
		"event": "BiddingStarted",
		"args": {
			"length": 0
		}
	}
]
```

advancePhase 후 BiddingStarted 이벤트 발생

그림 6.4 BiddingStarted 이벤트의 온체인 로그

이러한 이벤트 로그는 해당 Tx가 포함하고 있는 블록에 저장된 리시트로부터 추출할 수 있다. 경매 단계를 변화시켜 보고 콘솔에 출력되는 이벤트 내용을 관찰해 보자. 이러한 로그는 블록체인 장부에 기록되므로 차후 분석을 위한 중요한 정보다. 어디에 사용할지 예상이 되는가?

그림 6.5는 BlindAcution 스마트 컨트랙트에 대응한 리믹스 UI를 보여준다. 첫 번째 어카운트 주소(수혜자)를 선택한 상태에서 advancePhase 버튼을 클릭하고, 콘솔에 출력되는 로그를 체크해 보자. advancePhase를 여러 번 클릭해서 상태가 Init에서 시작해서 다시 Init 단계로 되돌아오도록 해보자. 각 Tx의 컨펌이 끝나면, 모든 이벤트 로그를 볼 수 있을 것이다.

그림 6.5는 이 책을 집필하는 시점의 최신 리믹스 버전을 보여준다. 리믹스 버전이 계속 업데이트되고 있어서 여러분이 가지고 있는 버전 또는 배열이나 색상이 다를 수 있다. 하지만 기본적인 기능, 즉 에디팅, 컴파일, 배포, 함수 실행은 거의 동일할 것이다.

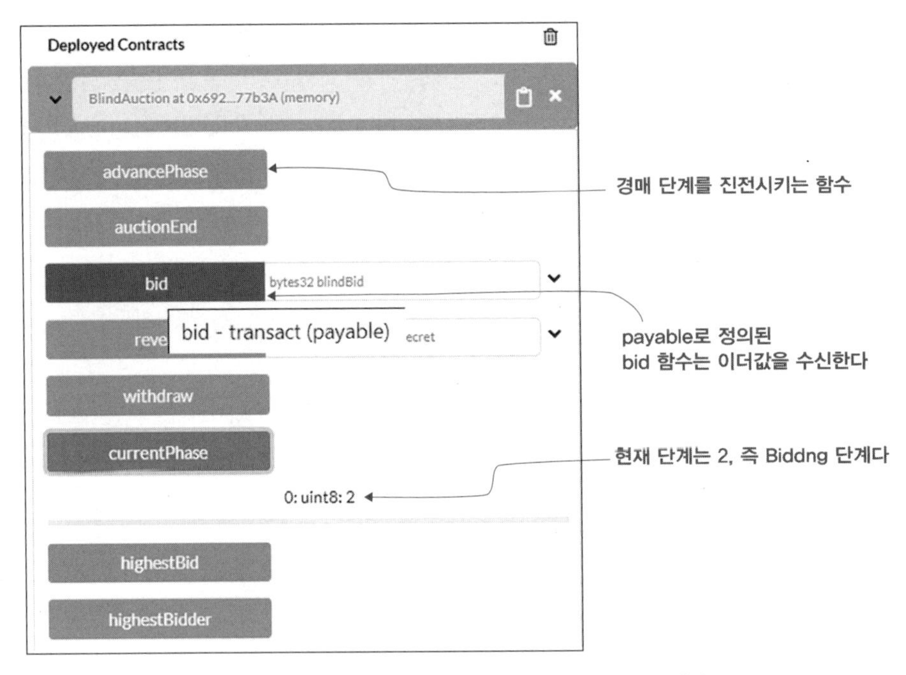

그림 6.5 **advacePhase() 함수를 가진 BlindAuction 컨트랙트를 보여주는 리믹스 UI**

이제 이렇게 발생한 이벤트를 이용해 사용자에게 단계의 변화를 어떻게 웹 UI에서 알릴 수 있는지 살펴보자. 트러플 IDE를 사용해 컨트랙트 모듈인 auction-contract를 빌드하고, 노드 패키지 매니저(npm)와 Node.js를 이용해 auction-app 모듈을 만들어 보자.

6.2.3 웹 UI를 가진 테스팅

블라인드 경매 컨트랙트의 오퍼레이션에 대응하는 간단한 웹 UI를 만들어 보자. 어떻게 Dapp을 배포하고 이 웹 UI를 이용해 이것과 상호작용할 수 있는지 알아보자. 이 절의 목표는 블라인드 경매를 지원하기 위해 어떻게 온체인 데이터를 이용하는지를 보여주는 것이다. 특히 리시트 로그에 접근하는 방법을 소개하려 한다. 블라인드 경매 예제에서 이벤트 로그에 접근하는 코드는 app.js 안에 있는데, 이 파일은 스마트 컨트랙트와 웹 UI를 연결하는 기능을 한다.

웹 UI를 설계하는 것은 쉽지 않다. 어떤 것을 포함해야 하는가? 각 요소의 기능은 무엇인가? 웹 UI 설계를 쉽게 하는 방법은 리믹스가 제공하는 기본 UI를 가이드라인으로 활용하는 것이다. 리믹스 UI는 해당 스마트 컨트랙트의 기능적 요소들을 모두 포함하고 있으므로, 이에 대응하는 웹 UI의 내용을 만들면 된다. 그림 6.6은 리믹스 UI에 대응하는 웹 UI 버전을 보여준다.

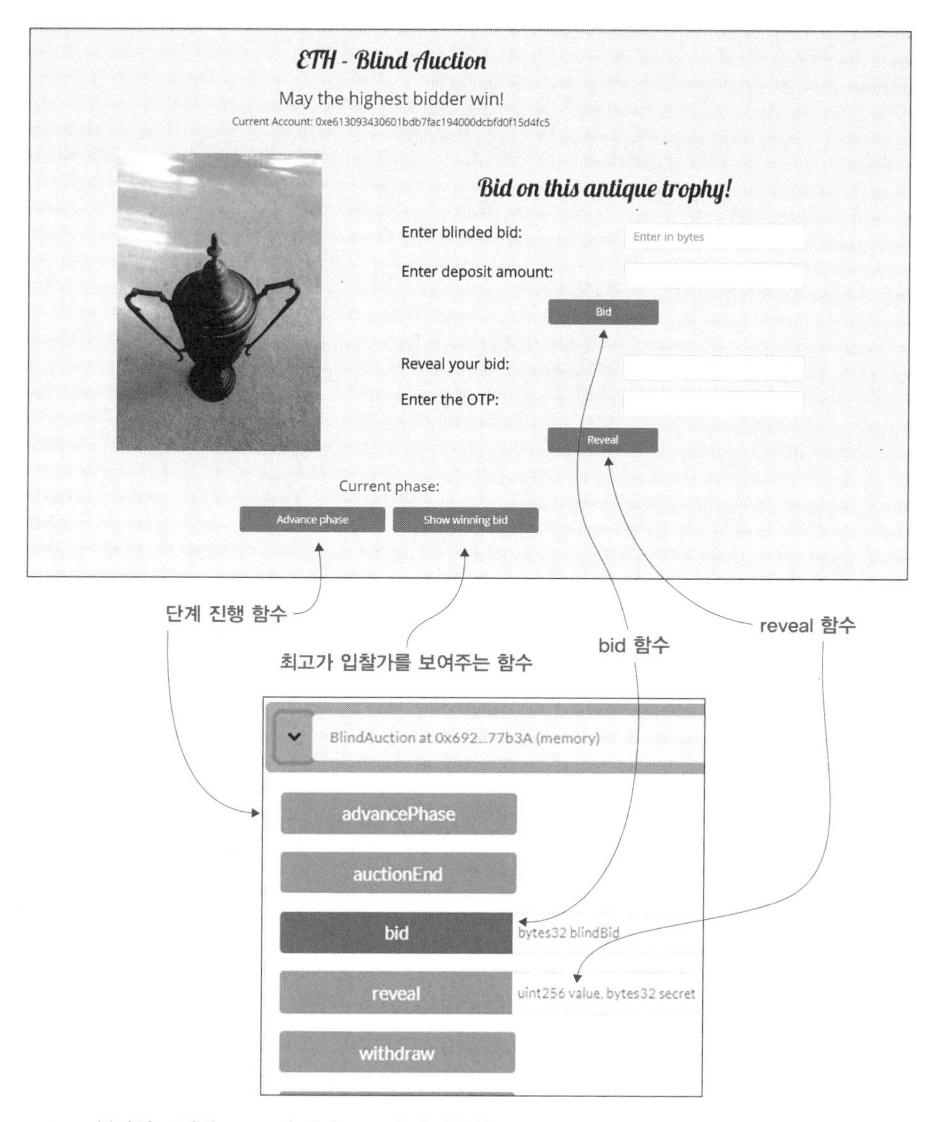

그림 6.6 블라인드 경매 Dapp의 리믹스 UI와 비교한 웹 UI

이 웹 UI는 수혜자 인터페이스와 입찰자 인터페이스의 조합이다. 그림 6.6에서 리믹스 IDE에 있는 버튼(컨트롤)이 웹 UI에서 어떻게 대칭적으로 렌더링(매핑)되었는지 확인해 보자. 이 장 코드 베이스에 있는 코드는 이 UI에 기반하고 있지만, 수혜자 인터페이스와 입찰자 인터페이스를 따로 분리해 놓았다.

Bid, Reveal, Advance phase 버튼은 리믹스 컨트롤(그리고 스마트 컨트랙트 함수)에 일대일로 매핑되어 있다. 그림 6.6 웹 UI에는 경매 종료 버튼을 구현하지 않았다. advancePhase() 함수는 모든 단계를 순환적으로 반복하기 때문에 마지막 단계(Done)에서 다음 단계로 진전시키면,

다시 `Init` 단계로 회귀하여 다음 아이템의 경매를 시작하는 단계가 된다. 이러한 기능과 함수를 추가하는 것은 독자를 위한 연습 예제로 남겨 둔다.

이제 블라인드 경매 컨트랙트를 배포하고 이벤트와 알림을 시연하기 위한 테스트를 진행해 보자. 8장에서는 이 중 일부 함수를 더 개선해 볼 것이다.

트러플을 사용해 컴파일링하고 배포하기

5장의 코드를 개선한 내용을 포함하고 있는 BlindAuctionV2-Dapp.zip을 코드 베이스에서 다운로드하자. 다음의 단계는 이미 익숙한 표준적인 컴파일과 배포 방법이다. 학습 효과를 위해 단순한 형태이지만 다시 반복해서 정리한다.

1. **테스트 체인을 시작하자.** 개발 머신에 있는 가나쉬 아이콘을 클릭해서 가나쉬를 실행하고 QUICKSTART 버튼을 클릭하자.

2. **스마트 컨트랙트를 컴파일하고 배포하자.** 베이스 디렉터리 이름은 BlindAuctionV2-Dapp이고, blindauction-contract와 blindauction-app 서브 디렉터리를 가지고 있다. 베이스 디렉터리에서 다음의 명령어를 실행해 컨트랙트에 있는 모든 컨트랙트를 배포하자(truffle-config.js 파일은 가나쉬 블록체인상에 로컬 배포하는 설정을 담당한다).

   ```
   cd blindauction-contract
   truffle migrate --reset
   ```

   명령어를 실행하면 컨트랙트를 배포하였다는 확인 메시지가 나타날 것이다.

3. **웹 서버(Node.js)와 Dapp 웹 컴포넌트를 시작하자.** 베이스 디렉터리에서 blindauction-app 디렉터리로 이동한 후, `npm install` 명령어로 필요한 노드 모듈을 설치한다. 애플리케이션의 시작 스크립트를 이용해 Node.js 서버를 실행하자.

   ```
   cd ../blindauction-app
   npm install
   npm start
   ```

   서버가 localhost:3000에 실행되었음을 확인할 수 있을 것이다.

4. **메타마스크가 설치된 웹 브라우저(크롬)를 시작하자.** 브라우저에서 localhost:3000에 접속하자. 메타마스크 패스워드를 입력하고 푼 다음, 메타마스크를 가나쉬 테스트 체인에 연결한다. 가나쉬 테스트 체인에서 12-단어 니모닉을 복사해 메타마스크에 복구한다.

이제 리믹스 IDE 대신 웹 UI를 사용해 블라인드 경매 스마트 컨트랙트와 상호작용할 수 있게 되었다.

웹 UI를 사용해 블라인드 경매 테스팅하기

브라우저를 재시작하고 메타마스크가 로컬 호스트 가나쉬에 연결되어 있는지 확인하자. 메타마스크가 가나쉬 체인에 연결되어 있다면, Account 1, Account 2, Account 3이 보이는지 확인한다. 테스트를 시작하기 전에 이 세 개의 어카운트 논스nonce를 전부 리셋하자. 논스는 각 어카운트에서 처리한 Tx의 수를 관리하는 것인데, 가나쉬 체인을 리셋하면 메타마스크 어카운트의 논스도 리셋하는 것이 좋다.

어카운트의 이전 테스트 기록을 삭제하고 리셋하려면 Account 1을 선택한 상태에서, 어카운트 아이콘(메타마스크 아이콘 오른쪽에 있는 공)을 클릭하고, Setting과 Advance option을 선택한 후, 스크롤 다운을 해서 내려가 Reset Account 버튼을 클릭하면 된다. 다른 두 어카운트도 같은 방법으로 실행한다. 이 미니멀 테스트에서는 세 개의 어카운트만 필요한데, Account 1은 수혜자용이고, 다른 두 개는 입찰자용이다.

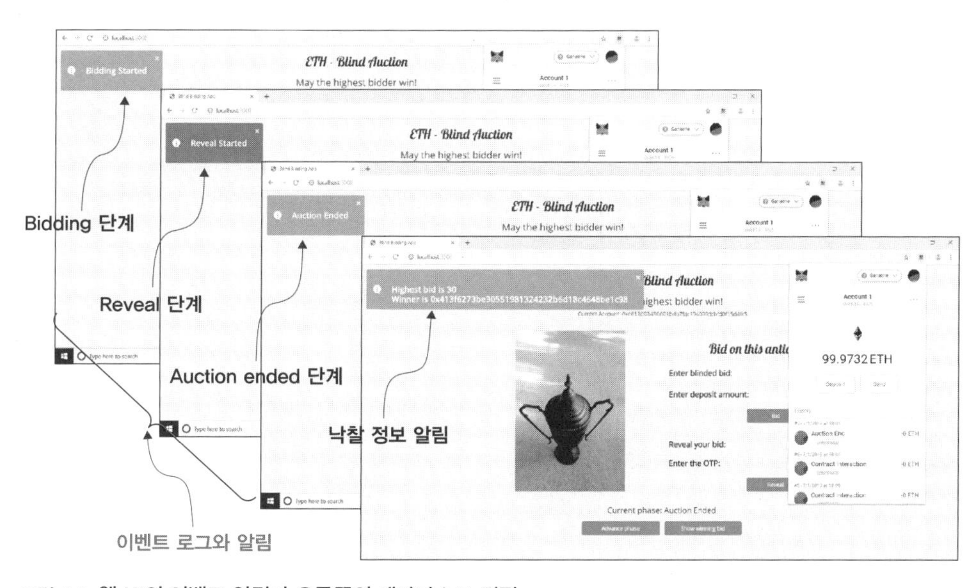

그림 6.7 웹 UI의 이벤트 알림과 오른쪽의 메타마스크 컨펌

첫 번째 테스트를 위해 메타마스크 아이콘을 클릭하고 Account 1을 선택한다. 웹 UI 아래쪽에 있는 Advance phase 버튼을 `Init`에서 시작해 다시 `Init`로 순환해 돌아올 때까지 반복적으로 클릭하자. 그림 6.7처럼 UI 왼쪽 상단 코너에 `Bidding`, `Reveal` 등의 경매 단계를 알리는 알림이 나올 것이다. 이 알림들은 블록체인에 저장된 Tx 리시트에 있는 로그를 나타낸다.

6.2.4절에서 이벤트 로그에 액세스해서 단계 변화를 유저에게 알려 주는 app.js 코드 부분을 설명할 것이다.

메타마스크는 그림 6.8과 같이 트랜잭션마다 사용자의 컨펌을 받는다. 이 과정은 마치 계산대에서 신용카드를 받는 것과 유사하다. UI에서 스마트 컨트랙트 오퍼레이션을 클릭할 때마다, 메타마스크는 Tx 송신자와 수신자 정보, 이더 비용을 포함하는 드롭다운 리스트를 오픈한다. 또한 이 창은 REJECT와 CONFIRM이라는 두 개의 버튼도 가지고 있다. CONFIRM은 Tx를 승인해서 진행시키라는 것이고, REJECT는 실행을 중단시키는 것이다. 만일 메타마스크 컨펌 창이 열리지 않았다면, 메타마스크 아이콘에 컨펌받지 않은 트랜잭션이 있다는 것을 의미하는 작은 숫자가 나타난다. 이때 메타마스크 아이콘을 클릭하면 컨펌 창이 뜰 것이다. 만일 실수로 잘못된 내용을 트랜잭션에 입력했거나 빼먹은 것이 있다면, 주저 없이 REJECT 버튼을 클릭해 트랜잭션을 취소하면 된다. REJECT를 클릭하면, 이 Tx를 중단시키고 블록체인에 기록하지 않는다. 이러한 컨트롤을 잘 활용하는 것이 좋다.

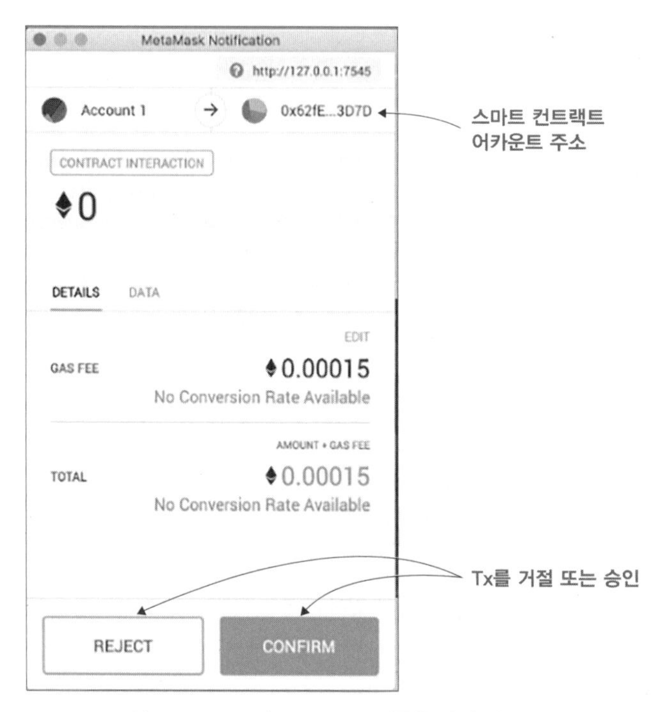

그림 6.8 Tx 정보, REJECT와 CONFIRM 버튼을 가진 메타마스크 컨펌 창

이제 블라인드 경매 프로세스를 테스트할 기본적인 준비를 마쳤다. 5장의 경매 과정 기억을 되살려 보자.

- Bidding 단계에서 각 입찰자는 블라인드 입찰과 예치를 한다.
- Reveal 단계에서 각 입찰자는 그들의 입찰 내용과 입찰 내용을 감추기 위해 사용했던 일회용 패스워드(OTP)를 공개한다.

수혜자가 경매를 종료하면 낙찰자의 주소와 최고 입찰가를 AcutionEnded 이벤트의 파라미터로 보낸다. Show winning bid 버튼을 누르면, app.js 코드가 이러한 로그에 액세스해서 UI에 보여준다. 5장의 테스트 순서를 편의를 위해 다시 한번 반복한다. 각자 실행해 보자. 테스트 목적을 위해 다음의 가정을 한다.

1 Account 1(메타마스크에서)은 수혜자이며, 경매의 단계를 진전(컨트롤)시킬 수 있는 유일한 사용자다. 또한, Account 1이 스마트 컨트랙트를 배포한다.

2 Account 2와 Account 3은 입찰자다(테스트 목적으로는 오직 두 입찰만 있으면 된다).

3 Account 2는 예치금 50이더에 입찰가 20으로 비딩을 하고, Account 3은 예치금 50이더에 입찰가 30으로 비딩을 한다.

4 각 입찰가는 5장에서 설명한 Keccak 해시 함수, Keccak256(abi.encodedPacked(v, OTP))를 이용해 해시값을 구하는데, 이때 Account 2는 v=20을 사용하고, Account 3은 v=30을 사용하되, OTP=0x426526을 사용한다.

   간단히 복사해서 사용하기 쉽도록 위의 값으로 미리 해시를 계산해 보았다.

   0xf33027072471274d489ff841d4ea9e7e959a95c4d57d5f4f9c8541d474cb817a

   0xfaa88b88830698a2f37dd0fa4acbc258e126bc785f1407ba9824f408a905d784

다음은 미니멀 테스트 플랜이다.

1 Bidding 단계

   위에서 미리 계산해 놓은 blindedBid 해시값을 사용하자. 메타마스크에서 Account 2를 선택하고, bid() 함수의 파라미터로 첫 번째 blindedBid 값(v=20)과 예치금으로 50이더를 설정한 후 Bid 버튼을 클릭한다. Account 3에 대해서도 같은 작업을 반복하되, 두 번째 blindedBid 값(v=30)을 사용한다. 이제 Bidding 단계는 끝났다.

2 Reveal 단계

   수혜자 어카운트인 Account 1을 선택하고, Advance phase 버튼을 눌러 Reveal 단계로 전환한다. Account 2를 선택하고, reveal() 함수의 파라미터로 20, 0x426526을 입력한 후 Reveal 버튼을 클릭하자. Account 3에 대해서도 같은 작업을 반복하되, 파라미터로 30, 0x426526을 사용하자. Reveal 단계도 끝났다.

3 Done 단계

수혜자 어카운트인 Account 1을 선택하고, Advance phase 버튼을 클릭해서 단계를 진행시키자.

4 낙찰자 발표하기

낙찰자와 최고 입찰가를 확인하기 위해 Show winning bid 버튼을 클릭하자.

낙찰 탈락자인 Account 2를 선택하고 withdraw 버튼을 눌러 출금한다.

다시 수혜자 어카운트로 바꾼 후, Close Auction 버튼을 눌러 경매를 종료한다.

이로써 블라인드 경매를 위한 간단한 테스트를 마쳤다. 코드를 더 살펴보기 위해 다른 값과 어가운트를 이용해 다시 테스트를 해볼 수 있다. 이러한 간단한 테스팅은 프로토타이핑을 위해서는 충분하지만, 더욱 완벽한 테스팅을 위해서는 자동화된 테스트 스크립트가 필요하다. 10장에서 테스트 스크립트를 사용한 자동화된 테스팅에 대해 소개한다.

6.2.4 web3 API를 사용해 온라인 데이터 액세스하기

5장에서 사용했던 테스팅 방법과 이 장에서 알아본 방법에는 두 가지 중요한 차이점이 있다. 하나는 웹 UI를 사용했다는 점이고, 다른 하나는 이벤트가 발생시킨 로그 데이터를 이용했다는 점이다. 웹 UI에 대해서는 6.2.3절에서 다루었다. 그렇다면 이벤트 로그 데이터는 어떻게 사용하는가? 어떻게 사용자를 위한 알림(그림 6.7)으로 연결할 수 있는가? 그림 6.9는 온체인 로그 이벤트를 처리하는 과정을 보여준다.

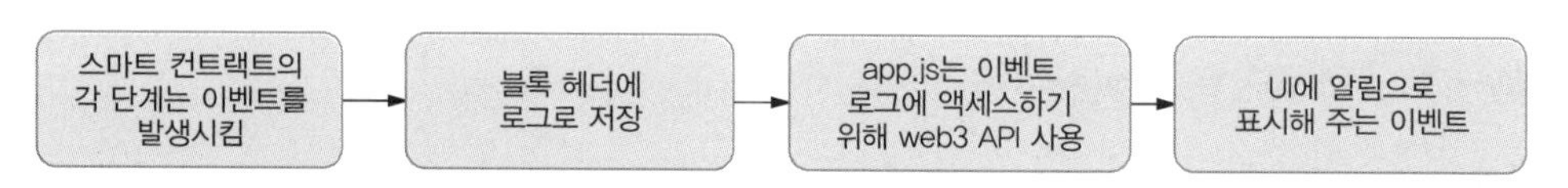

그림 6.9 web3 API를 사용한 이벤트 로그 처리

블라인드 경매의 새 버전(BlindAuctionV2-Dapp)에 있는 app.js 코드에서, 저장된 이벤트 로그에 접근해서 사용자에게 알려 주는 app.js의 코드 부분을 살펴보자. 첫 번째 예제는 어떻게 파라미터가 없는 이벤트에 접근하는지를 보여주고, 두 번째는 파라미터가 있는 경우를 보여준다. 이 두 예제는 어떻게 이벤트 로그에 접근하는 코드를 작성해야 하는지를 시연한다.

다음은 app.js의 `handlePhase()` 함수 내에 있는 코드 일부분이다. 함수 호출에 성공하면 블록체인 리스트 데이터 구조에 그 결과를 저장하는데, 리스트의 내용이 `status == 1`인지 체크함으로써 확인할 수 있다. 만일 이 구문이 참이라면, `logs[0]`, `logs[1]`과 같이 생성된 이벤트

로그들을 추출해 낼 수 있다. 아래의 코드 부분은 어떻게 BiddingStarted와 RevealStarted 이벤트를 액세스하고 이 이벤트들을 사용자에게 알리는지를 보여준다. 이 두 이벤트는 파라미터가 없다.

```
if(parseInt(result.receipt.status) == 1) {
      if(result.logs.length > 0) {
         App.showNotification(result.logs[0].event);
      }
```

다음 코드 부분은 app.js의 handleWinner() 함수 일부분이다. 이것은 auctionEnd() 함수를 실행하는데, 이는 다시 winner와 highestBid 값을 파라미터로 갖는 AuctionEnded 이벤트를 발생시킨다. 이 파라미터들은 온체인 데이터로서 기록되는데, 그 결괏값을 다음과 같은 코드로 추출해 볼 수 있다. logs[0]의 winner와 highestBid 인자argument는 추출되어 UI에 나타난다. 또한, 256비트 highestBid 값(문자)을 숫자로 바꿔 주는 toNumber() 유틸리티 함수에도 주목하자.

```
return bidInstance.auctionEnd();
      }).then(function(res) {
        var winner = res.logs[0].args.winner;
        var highestBid = res.logs[0].args.highestBid.toNumber();
```

이 두 코드 부분은 어떻게 트랜잭션 리시트에 있는 이벤트 로그에 접근해서 이를 오프체인 애플리케이션에서 이용하는지를 시연한다. 온체인 데이터는 실시간 알림의 목적뿐만 아니라 다른 목적으로도 활용할 수 있다. 인덱스화해서 저장한 이벤트 로그는 오프라인 데이터 분석을 위해 필요한 토픽에 따라 블록체인으로부터 추출할 수 있다.

6.3 오프체인 데이터: 외부 데이터 소스

다양한 데이터 소스에 오프체인 데이터를 저장할 수 있는데, 그림 6.10은 그러한 예를 보여준다. 온체인 데이터와의 중요한 차이점은 오프체인 데이터의 타입과 사용은 블록체인 프로토콜이 결정하지 않는다는 것이다. 더 넓은 시스템의 비블록체인non-blockchain 부분으로 오프체인 데이터를 사용한다. 의료 장비의 출력부터 클라우드 스토리지에 있는 데이터에 이르기까지 어떤 것이든 오프체인 데이터가 될 수 있다. 데이터 소스의 타입과 포맷은 제한이 없으며 애플리케이션 종속적이다. 하지만 전형적인 시나리오는 서로 모르는 참여자들 간의 탈중앙화 시스템에 필요한 블록체인 신뢰 레이어와 협력해서 작동하는 일반적인 데이터베이스다.

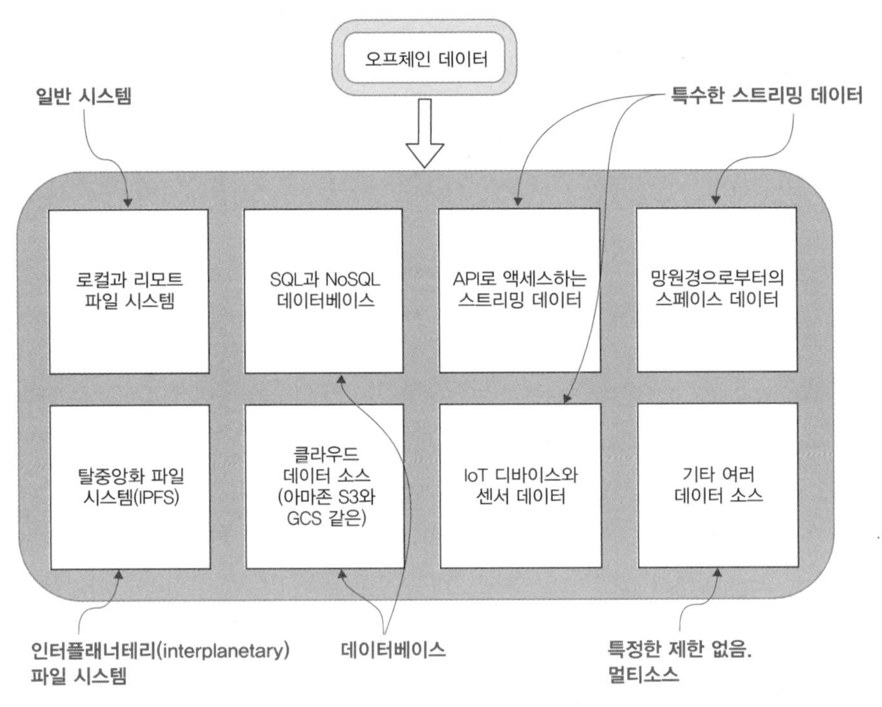

그림 6.10 **오프체인 데이터의 상이한 타입**

온체인과 오프체인 데이터를 구분하는 것은 블록체인 애플리케이션 설계를 전통적인 애플리케이션과 다르게 만드는 중요한 설계 결정 사항이다. 전통적인 애플리케이션에는 **블록체인이 없어서** 당연히 온체인 데이터도 없다. 블록체인은 신뢰를 구축하는 완전히 새로운 구체적 컴포넌트를 더한다. 이미 설명한 대로 블록체인 애플리케이션은 유효한 트랜잭션, 상태 변화, Tx 실행에서 나온 리시트값, 발생한 이벤트 로그, 기타 관련 정보를 온체인 데이터로 활용한다.

전통적인 데이터베이스를 스마트 컨트랙트로 정의하지 않는다. 만일 그렇게 한다면, 각 노드마다 다수의 중복 데이터베이스를 갖게 될 것이다. 또한, 중앙화 시스템의 데이터베이스를 스마트 컨트랙트로 포팅하려는 시도도 지양하자. '이걸 저장하고', '저걸 저장하라' 식으로 명시적으로 말할 필요가 없다. 블록체인 인프라는 백그라운드에서 온체인 데이터 대부분을 저장한다.

그렇다면 어떻게 온체인 데이터를 저장해야 하는가? 스마트 컨트랙트는 온체인 저장을 쉽게 하므로 오프체인에서 무엇이 일어났는지를 쉽게 파악하기 위한 함수와 데이터만을 스마트 컨트랙트에 담도록 설계해야 한다.

8 설계 원칙 스마트 컨트랙트는 규칙의 강제, 준수, 규정, 출처, 리얼타임 알림을 위한 로그, 타임스탬프 활동 정보와 오프라인 오퍼레이션에 대한 메시지에 필요한 함수와 데이터만을 포함하도록 설계한다.

스마트 컨트랙트를 규칙 엔진, 규칙 강제 장치, 관련 데이터와 메시지의 감시자로 간주해도 좋다. 페라리를 구입했다는 것을 증명하기 위해 그 차의 모든 사진을 블록체인에 업로드(스마트 컨트랙트를 통해서)해서는 안 된다. 대신 이 차의 소유증 또는 페라리 사진 앨범 인덱스의 해시값을 저장하면 된다. 사람들은 이 온체인 해시를 이용해 오프체인에 있는 페라리 사진 컬렉션에 액세스할 수 있다.

오프체인과 블록체인 기반 온체인 데이터를 함께 사용하는 것을 보여주기 위해 2장의 항공사 컨소시엄(ASK) 유스 케이스를 다시 불러와서 웹 UI, 오프체인 데이터 스토어를 추가하고 스마트 컨트랙트를 업데이트해 보자. 이 구현 과정은 온체인 데이터 정의를 위한 설계 가이드라인도 보여줄 것이다.

6.4 ASK 항공사 시스템

ASK는 참여 항공사의 빈 좌석 거래를 위한 시장을 이루는 탈중앙화 항공사 컨소시엄이다. 2장에서 이 시스템에 대한 상세한 설계 내용을 다루긴 했지만, 블록체인 개념에 관한 지식이 좀 더 필요해서 솔루션을 완성하지는 못했다. 한데 이제는 다시 ASK 개발에 도전해도 좋을 만큼 성장했다. ASK는 새로운 아이디어는 아니지만, 블록체인의 저장 기능을 이용해서 색다른 방식으로 구현해 봄으로써 새로운 비즈니스 모델을 구현할 수 있을지도 모른다.

ASK는 다음과 같은 많은 블록체인 개념을 보여준다.

- 전통적인 중앙화 시스템과 탈중앙화 블록체인 시스템이 더 넓은 시스템의 일부분으로서 공존(1장에서 논의한 개념)
- 오프체인과 온체인 데이터(이 장의 주제)
- 일반 오퍼레이션을 위해서는 법정 화폐(예를 들어, 달러)를 사용하면서도, 암호 화폐tokens도 사용(9장에서 다룸)
- 트러플 IDE(4장과 5장에서 소개)를 이용한 종단 간 Dapp 개발

6.4.1 ASK 콘셉트

ASK 유스 케이스에 대해 다시 한번 살펴보려면 2장을 참고하기 바란다. 여기서는 이에 관한 좀 더 상세한 내용을 다룬다. 공항에 가면 이륙하고 착륙하는 비행기편들의 정보를 보여주는 보드를 쉽게 찾을 수 있다. 각 비행기편의 운영 항공사가 어디이건, 모든 이착륙 비행기편의 정보를 하나의 보드에 모아 보여준다. 같은 방식으로 해당 공항에서 이륙하는 비행기편의 빈

좌석 정보를 보여주는 ASK 보드를 만들 수 있을 것이다. 그림 6.11은 세 가지 디스플레이, 즉 이륙 디스플레이, 착륙 디스플레이, 빈 좌석 디스플레이(ASK 디스플레이)를 보여준다. 이것이 ASK 애플리케이션으로 소개하는 새로운 콘셉트다.

이륙 디스플레이

Departures

Terminal	Flight	Destination	Time	Gate	Status
1	YV6169	Washington	10:30	12	Departed
1	G76294	Detroit	10:28	22	Departed
1	YX4531	Philadelphia	10:42	5	On Time
1	DL1672	Atlanta	11:04	25	On Time
1	WN2428	Baltimore	11:05	16	On Time

착륙 디스플레이

Arrivals

Terminal	Flight	Destination	Time	Gate	Status
1	DL1672	Atlanta	10:20	25	Landed
1	WN2296	Baltimore	10:30	16	Landed
1	MQ3352	Chicago	10:37	6	On Time
1	UA680	Chicago	10:24	10	Delayed
1	003724	Detroit	11:22	23	On Time

빈 좌석

ASK display (Available Seats)

FlightID	Airline	FromCity	ToCity	DepTime	SeatsAvail
1	AirlineA	BUF	NYC	6:00 AM	8
2	AirlineA	BUF	NYC	10:00 AM	6
3	AirlineB	BUF	NYC	6:00 PM	10
4	AirlineC	BUF	NYC	1:00 AM	7
5	AirlineC	BUF	NYC	9:00 AM	8

그림 6.11 이륙 비행기편, 착륙 비행기편, 빈 좌석 디스플레이

만일 다른 비행기편으로 바꾸고 싶다면, 빈 좌석이 있는지 확인하기 위해 ASK 디스플레이를 체크하면 된다. 만일 바꾸고 싶은 비행기편이 있다면, 예약한 좌석을 관리하는 항공사(`fromAirline`)에 가서 바꾸고 싶은 좌석을 가진 비행기편(`toAirline`)을 지정해서 좌석 교환을 요청한다. 항공사 직원은 ASK UI를 이용해 좌석 교환 요청을 처리한 후 새 좌석을 배정하고, 고객에게 교환 상태 메시지를 보내 준다. 두 항공사 간에는 스마트 컨트랙트에 미리 예치한 금액과 설정한 비즈니스 컨트랙트에 따라 지급 정산이 이루어진다.

ASK 모델에 관심이 있는 항공사는 예치금과 함께 ASK 회원 신청을 함으로써 ASK 컨소시엄에 가입(등록)할 수 있다. ASK 회원 항공사는 ASK 보드(오프체인 데이터)에 각자 빈 좌석 정보를 업데이트하는 의무를 진다. 항공사 간 코드 공유 얼라이언스와 같은 협력 관계가 없었던 항공사들을 위해 ASK 시스템을 설계하였다. 만일 고객이 같은 항공사 혹은 파트너 항공사의

좌석과 교환하기를 원한다면, 블록체인을 사용하지 않고도 전통적인 항공사의 시스템과 데이터베이스를 이용해 쉽게 해결할 수 있다.

ASK 디스플레이 보드는 그림 6.12와 같이 여러 항공사가 운영하는 비행기편의 빈 좌석 리스트를 가지고 있다. 이 정보에는 비행기편 번호, 항공사 이름, 출발지origin, 도착지destination, 도착 시간, 빈 좌석 수 등을 포함한다. 이 디스플레이는 모두 해당 공항에서 출발하는 비행기편만을 보여주기 때문에 출발지가 모두 같지만, 이해를 돕기 위해 출발지 정보도 포함했다. 이후에 여러 도시(공항)에서 출발하는 비행기편의 빈 좌석 정보를 모아서, 다른 모델로 확장해 볼 수도 있을 것이다(one-to-many 또는 브로드캐스팅). 이러한 오퍼레이션은 ASK를 블록체인 인터페이스 레이어로 활용해서 높은 레벨의 애플리케이션 위에 구현할 수도 있을 것이다.

FlightID	Airline	FromCity	ToCity	DepTime	SeatsAvail
1	AirlineA	BUF	NYC	6.00 AM	8
2	AirlineA	BUF	NYC	10.00 AM	6
3	AirlineA	BUF	NYC	6.00 PM	7
4	AirlineB	BUF	NYC	7.00 AM	10
5	AirlineB	BUF	NYC	1.00 PM	4
6	AirlineB	BUF	NYC	5.00 AM	2

그림 6.12 ASK 가용 좌석 디스플레이

이제 어떤 정보를 보여주는지 확인했고, ASK Dapp의 전형적인 오퍼레이션을 시연하는 간단한 시나리오를 살펴보자. 항공사 A가 운영하는 비행기편의 좌석을 가진 고객이 오후 1시에 이륙하는 항공사 B의 비행기편(그림 6.12에서 `FlightID` 5)으로 교환하기를 원하다고 가정해 보자. 이 고객은 항공사 A에게 좌석 교환을 요청한다. 항공사 A의 직원은 고객을 대신해서 항공사 B에게 좌석의 이용 여부를 확인하는 요청(`ASKRequest()`)을 보낸다. 항공사 B 직원은 시스템을 검색해 보고 응답(`ASKResponse()`)을 한다. 이 응답이 참, 즉 이용 가능한 좌석이 있다는 응답이라고 가정하면, 항공사 A는 항공사 B에 비용을 지불하고, ASK 디스플레이는 `FlightID` 5 비행기편의 빈 좌석 수를 업데이트한다. 항공사 A는 고객이 원래 가지고 있는 좌석을 빈 좌석으로 처리하여 비행기편의 빈 좌석 수를 오프라인에서 업데이트하겠지만, 여기서는 보여주지 않았다. 양쪽 항공사 모두 이 좌석 변경과 관련해서 고객에게 여러 가지 메시지를 보낼 것이며, 기타 필요한 조치를 오프라인에서 진행할 것이다. 대부분의 오퍼레이션이 오프라인에서 일어난다. 하지만 빈 좌석 조회 요청이 있었다는 증거를 올리는 것, 좌석 변경이 이루어졌다는 것(Tx 리시트), 지급 정산이 있었다는 점은 온체인에 기록한다. 이러한 액션들을 그림 6.13 시퀀스 다이어그램(부록 A에서 이러한 유형의 UML 다이어그램에 관해 상세하게 설명한다)을 통해 표현해 보았다. 순서 1에서 9로 정리한 단계들을 하나씩 따라가면서 확인해 보자.

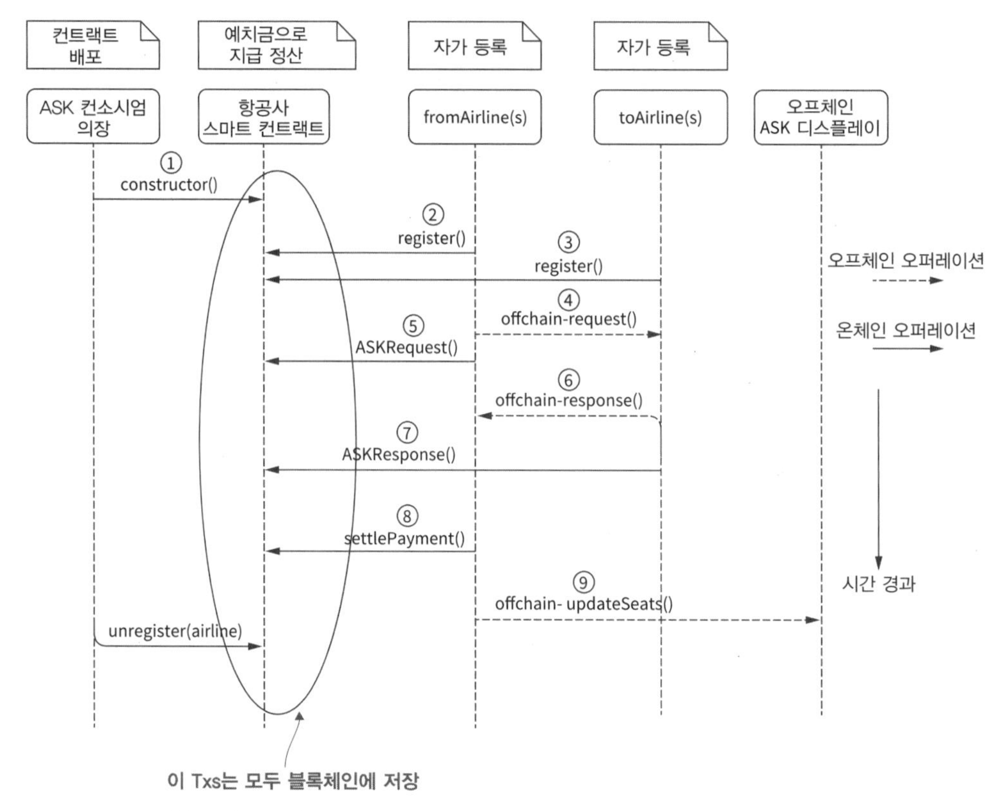

그림 6.13 **ASK 시퀀스 다이어그램**

첫 번째 열은 오퍼레이션을 열거한 것이다. 두 번째 열은 주요 사용자(유스 케이스 다이어그램의 행위자)를 열거하는데, ASK 의장, 항공사 스마트 컨트랙트(Airlines.sol), 좌석 교환에 연관된 두 항공사(`fromAirline`과 `toAirline`), 그리고 오프체인 디스플레이를 보여준다. 항공사들은 기존의 일상적인 비즈니스를 수행한다. 오직 좌석 변경과 관련 있는 정보만을 스마트 컨트랙트로 보낸다. 스마트 컨트랙트 함수 호출을 통해 좌석 변경 트랜잭션들만 블록체인에 기록한다. 그림 6.13의 타원에 포함되어 있는 모든 Txs를 블록체인에 기록하는 것이다. 오프체인에서 수행하는 오퍼레이션은 점선 화살표로 표시했다. 이러한 오퍼레이션에는 항공사 자체의 데이터베이스 조회를 통해 빈 좌석 수를 ASK 디스플레이에 보내는 것과 함께 조회 요청과 응답에 관련된 처리를 포함한다. 그림 6.13에서 상호작용의 순서를 잘 파악해 두기 바란다.

9 설계 원칙 스마트 컨트랙트 안의 함수들을 호출하는 것을 표현하는 UML 시퀀스 다이어그램을 활용한다. 시퀀스 다이어그램은 시스템의 다이내믹한 오퍼레이션을 효율적으로 파악할 수 있다.

6.4.2 항공사 스마트 컨트랙트

리스트 6.2는 업데이트가 이루어진 항공사 스마트 컨트랙트(Airlines.sol)다. 이 장의 코드 베이스에서 전체 코드를 복사해서, 리믹스 IDE에 로딩해 살펴보자. 이 코드는 오프체인에서 수행하는 오퍼레이션의 파라미터를 어떻게 온체인의 상태 변수로 정의할 수 있는지를 보여준다. 이를 위해 ASKRequest()와 ASKResponse() 함수에 의해 발생하는 상태 변화를 기록하는 struct 데이터 타입을 정의했다. struct인 reqStruc과 resStruc의 필드는 각각 ASKRequest()와 ASKResponse() 함수의 파라미터와 일대일로 대응한다는 것에 주목하자. 이 데이터 구조는 요청, 응답, 관련된 파라미터에 대한 정보를 온체인에 기록하는 것을 쉽게 만들어 준다. 이러한 파라미터는 블록체인의 스테이트 트리에 기록할 스마트 컨트랙트의 변수로 할당된다. 또한, 솔리디티 mapping 기능을 활용해 회원 상태와 ASK 시스템의 다른 오퍼레이션의 상태 데이터를 관리하는 점도 주목하자.

리스트 6.2 **업데이트된 항공사 스마트 컨트랙트(Airlines.sol)**

```
pragma solidity >=0.4.22 <=0.6.0;

contract Airlines {
    address chairperson;

    struct reqStruc {          ◀── 요청 파라미터를 위한 데이터 타입
        uint reqID;
        uint fID;
        uint numSeats;
        uint passengerID;
        address toAirline;
    }

    struct respStruc {          ◀── 응답 파라미터를 위한 데이터 타입
        uint reqID;
        bool status;
        address fromAirline;
    }

    mapping (address=>uint) public escrow;
    mapping (address=>uint) membership;
    mapping (address=>reqStruc) reqs;          (온체인 데이터 / 어카운트 주소를 온체인 데이터에 매핑)
    mapping (address=>respStruc) reps;
    mapping (address=>uint) settledReqID;

    // 수정자 또는 규칙
```

```
modifier onlyChairperson {
    require(msg.sender==chairperson);
    _;
}

modifier onlyMember {
    require(membership[msg.sender]==1);
    _;
}

constructor() public payable {
    chairperson=msg.sender;
    membership[msg.sender] = 1; //자동으로 등록    ◀── 회원 항공사는 컨소시엄 의장이 될 수 있음
    escrow[msg.sender] = msg.value;
}

function register() public payable {
    address AirlineA = msg.sender;
    membership[AirlineA] = 1;
    escrow[AirlineA] = msg.value;
}

function unregister (address payable AirlineZ) onlyChairperson public {
    membership[AirlineZ]=0;
    // 출발 항공사에게 에스크로 환불: 다른 조건 확인이 필요할 수도 있다
    AirlineZ.transfer(escrow[AirlineZ]);
    escrow[AirlineZ] = 0;
}

function ASKrequest (uint reqID, uint flightID, uint numSeats,
                     uint custID, address toAirline) onlyMember public {
    /*if(membership[toAirline]!=1) {
    revert();} */                        ASKRequest()와 ASKResponse()의
    require(membership[toAirline] == 1);  파라미터를 온체인 데이터로 기록함
    reqs[msg.sender] = reqStruc(reqID, flightID, numSeats, custID, toAirline); ◀──
}

function ASKresponse (uint reqID, bool success, address fromAirline)
                      onlyMember public {
    if(membership[fromAirline]!=1) {
        revert();
    }
    reps[msg.sender].status=success;                │ ASKRequest()와
    reps[msg.sender].fromAirline = fromAirline;     │ ASKResponse()의 파라미터를
    reps[msg.sender].reqID = reqID;                 │ 온체인 데이터로 기록함
}

function settlePayment (uint reqID, address payable toAirline,
                        uint numSeats) onlyMember payable public {
    // 이것을 호출하기 전에 ASK 뷰 테이블을 업데이트
    address fromAirline = msg.sender;
```

```
        // 이것은 실행하고자 하는 컨소시엄 어카운트 전송임
        // 각 좌석의 코스트는 1ETH라고 가정
        // 계산은 wei 단위로

        escrow[toAirline] = escrow[toAirline] + numSeats*1000000000000000000;
        escrow[fromAirline] = escrow[fromAirline] - numSeats*1000000000000000000;
        settledReqID[fromAirline] = reqID;   <-- Request ID는 지금 증거로
    }                                            온체인 스테이트 트리에 저장됨

    function replenishEscrow() payable public {
        escrow[msg.sender] = escrow[msg.sender] + msg.value;
    }
}
```

6.4.3 ASK 온체인 데이터

ASK Dapp의 온체인 데이터의 구성은 다음과 같다.

- constructor(), register(), unregister(), ASKRequest(), ASKResponse(), settlePayment(), replenishEscorw() 함수의 실행을 위한 트랜잭션. 이 트랜잭션의 정보는 6.1절에서 설명하였듯이 트리에 저장하며, 트리 루트(해시)는 블록 헤더에 기록한다.
- Txs의 파라미터가 스마트 컨트랙트 변수의 상태 변화를 가져온다. 상태 변수를 트리에 저장하고, 트리 루트는 블록 헤더에 저장한다. 트리 노드의 값은 Txs에 의존해 블록 단위로 변화한다.

블라인드 경매 Dapp과는 달리, ASK Dapp은 명시적인 반환값과 이벤트 로그를 온체인 데이터로 저장하지 않는다. 왜냐하면 ASK 함수는 아무 값도 리턴하지 않고, 이벤트도 사용하지 않기 때문이다. 물론 트랜잭션 리시트는 함수 실행의 상태(성공 혹은 실패)를 가지고 있다. 6.1절의 모든 트랜잭션은 일대일로 리시트를 가진다는 점을 상기하자.

6.4.4 ASK 오프체인 데이터

각 항공사는 많은 엔터프라이즈 데이터베이스를 자체적으로 가지고 있고, 방화벽을 통해 이를 보호한다. 항공사는 이러한 데이터베이스를 최대한 안전하게 보관할 뿐 아니라 그들의 일상적인 오퍼레이션에 이용한다. 항공사는 주기적으로 빈 좌석 수를 보여주는 보드를 업데이트한다. 공항 또는 ASK 컨소시엄은 이 디스플레이를 관리하는데, 중앙화된 데이터베이스는 아니지만, 회원 항공사들이 제공하는 전체 항공편의 빈 좌석 정보를 통합적으로 보여준다. 제공해 주는 Dapp 코드 베이스는 빈 좌석에 대한 오프체인 데이터를 JSON 파일에 저장한다. 이

것은 이 책의 초점을 Dapp 개발의 블록체인 측면에 맞추기 위해 최대한 단순화시키기 위함이다. 필요하다면 오프체인 데이터를 저장하기 위해 MySQL 또는 NoSQL 데이터베이스를 사용해도 좋다. 그림 6.14는 데이터 스키마와 샘플 데이터를 보여준다.

FlightID	Airline	FromCity	ToCity	DepTime	SeatsAvail
1	AirlineA	BUF	NYC	6.00 AM	8
2	AirlineA	BUF	NYC	10.00 AM	6
3	AirlineA	BUF	NYC	6.00 PM	7
4	AirlineB	BUF	NYC	7.00 AM	10
5	AirlineB	BUF	NYC	1.00 PM	4
6	AirlineB	BUF	NYC	5.00 AM	2

그림 6.14 ASK의 가용 좌석 오프체인 데이터

6.4.5 ASK Dapp 개발 과정

ASK Dapp의 종단 간 개발 주요 부분은 이미 설명했다. 그림 6.15는 표준적인 개발 환경을 요약하고, 진행 단계와 Dapp 개발 지원을 위해 소개했던 도구들을 모아 보여준다. 그림 6.15에서 소개한 단계는 다음과 같이 정리할 수 있다.

1 문제와 요구 사항을 분석하자. 항상 솔루션에 앞서 문제 설정부터 하자.

2 UML 컨트랙트 다이어그램을 사용해 솔루션을 개발하자.

3 리믹스 IDE를 사용해 스마트 컨트랙트를 개발하고 테스트하자.

4 트러플 IDE를 사용해 `<Dapp>-contract` 모듈을 개발하자.

5 스마트 컨트랙트를 가나쉬 테스트 체인에 배포하자.

6 Node.js와 관련 소프트웨어 모듈을 사용해 `<Dapp>-app` 모듈을 개발하자.

7 애플리케이션의 웹 UI와 웹 컴포넌트를 설계하자.

8 메타마스크 플러그인이 설치된 브라우저를 이용해 웹 UI를 통한 Dapp 테스트를 하자. 이 단계는 웹 UI를 블록체인(이 경우 가나쉬)에 배포된 컨트랙트에 연결시킨다.

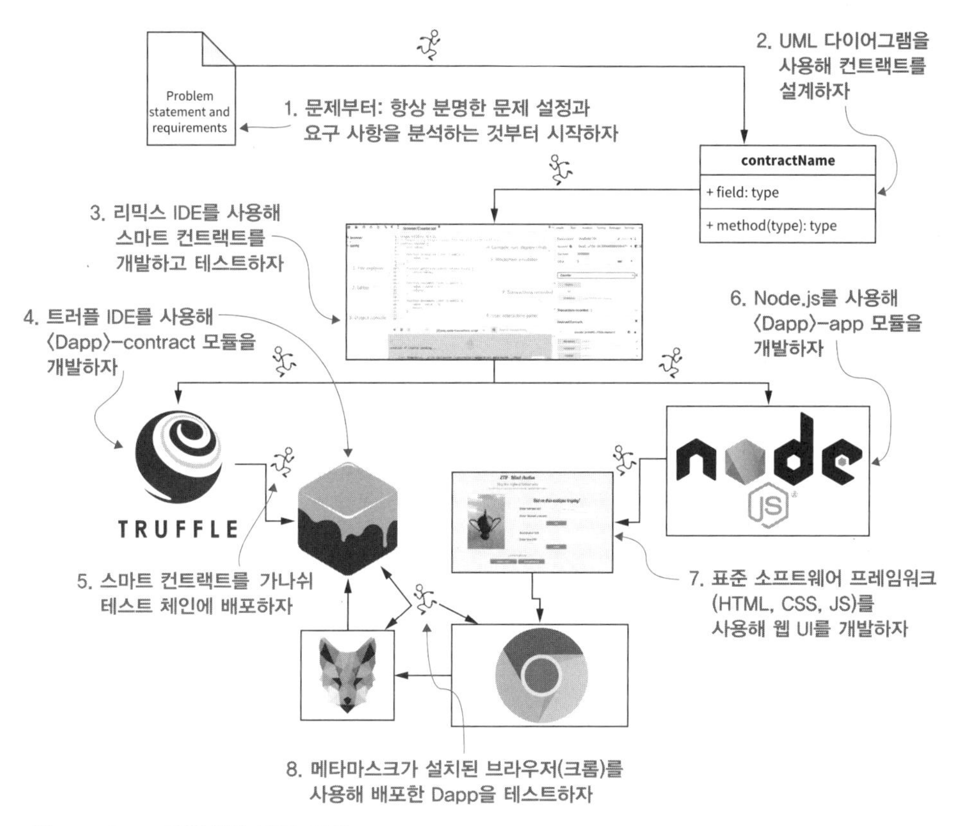

그림 6.15 **Dapp 개발 환경, 단계, 도구**

그림 6.15의 개발 과정과 도구는 다른 모든 Dapp 개발을 위한 로드맵으로 사용할 수 있다. 이런 점에 유의하면서 ASK Dapp을 탐구해 보자. 이 장의 코드 베이스에서 전체 코드를 다운로드받을 수 있다. 우선 리믹스 IDE에 항공사 스마트 컨트랙트를 로딩해서 살펴보고, 그 이후 트러플 IDE로 옮겨 계속 개발을 진행해 나가자. 이 장의 초반부에서 제시한 표준적인 Dapp 디렉터리 구조를 따라서, ASK Dapp은 리스트 6.2의 스마트 컨트랙트를 저장하는 ASK-contact와 Dapp의 웹 파트를 담당하는 ASK-app을 가지고 있다. 프로덕션 환경에서는 이 두 요소를 담당하는 별개의 팀을 구성할 수 있다. 또한, 프로덕션 환경은 10장에서 소개할 자동화된 테스트 스크립트를 가지고 더 철저히 테스팅할 필요가 있다.

6.4.6 ASK 웹 유저 인터페이스

ASK-app 모듈의 상당 부분은 웹 UI가 차지한다. 여기에는 두 가지 컴포넌트가 있는데, 비행기 편의 가용 좌석을 보여주는 오프체인 데이터 디스플레이와 항공사 에이전트의 상호작용을 위한 인터페이스가 그것이다. ASK 시스템은 ASK를 위한 유효한 Tx를 저장하기 위해 블록체인을 사용하지만, 모든 연산과 Tx를 위한 결정은 오프체인 시스템을 통해 수행한다는 점을 염두에 두자. 그림 6.16은 이러한 오퍼레이션을 반영한 웹 UI 설계 부분을 보여준다.

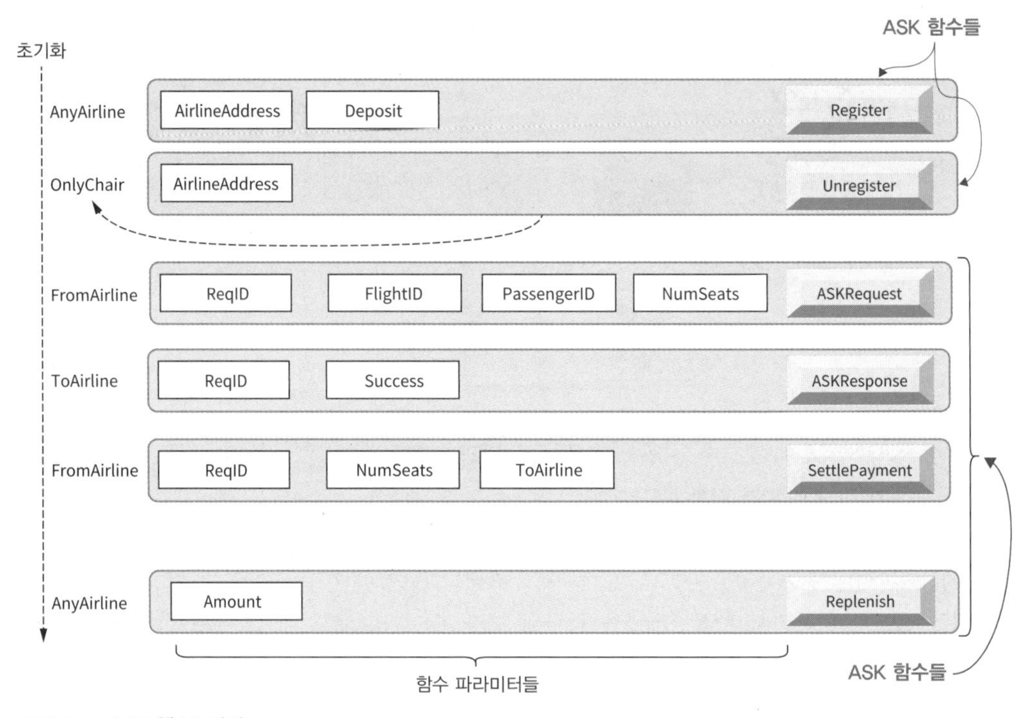

그림 6.16 ASK 웹 UI 설계

스마트 컨트랙트를 위한 웹 UI를 간단히 설계하는 기법이 있다. 그것은 바로 스마트 컨트랙트 함수와 UI 버튼을 일대일로 매핑하는 것이다. 리스트 6.2의 함수들[register(), unregister(), ASKRequest(), ASKResponse(), settlePayment(), replenish()(에스크로)와 그들의 파라미터]을 모두 UI에 표현한다. 이 UI 레이아웃은 리믹스 IDE의 스마트 컨트랙트를 위한 UI를 참조해 구현한다. UI 요소를 처음부터 다시 고민하는 게 아니라, 리믹스 IDE의 왼쪽 패널에 있는 UI 요소를 활용하는 것이다. ASKRequest(), ASKResponse(), settlePayment() 함수의 리퀘스트 식별자인 reqID는 사용자가 요청한 하나의 리퀘스트에 대한 연속적인 시퀀스를 하나로 묶어 주는 역할을 한다. 이러한 시퀀스를 관리하는 책임은 오프체인 코드가 담당한다. 블록체인은 단순히 이 reqID와 관련 있는 오페레이션이 일어났다는 사실 자체만을 저장한다. 예를 들어, 애플리케이션은 특정한 reqID를 가진 모든 Txs를 블록체인에서 조회할 수 있다. 이러한 UI는 ASK 리믹스 UI 버튼과 파라미터가 긴밀하게 조응하고 있다는 것을 보여준다.

6.4.7 전체 애플리케이션 통합

ASK 코드 베이스인 ASKV2-Dapp.zip 파일을 이전의 프로세스와 동일한 방법으로 사용해 보자. ASK 코드를 다운로드하고 압축을 푼 다음 다음의 단계를 수행하자.

1 **테스트 체인을 시작하자.** 개발 머신에 있는 가나쉬 아이콘을 클릭해서 가나쉬 블록체인을 시작하고, QUICKSTART 버튼을 클릭하자.

2 **스마트 컨트랙트를 컴파일하고 배포하자.** 베이스 디렉터리는 ASK-Dapp이며, ASK-contract와 ASK-app이라는 두 개의 서브 디렉터리를 갖는다. 베이스 디렉터리에서 다음의 명령어를 실행해 스마트 컨트랙트 디렉터리에 있는 모든 스마트 컨트랙트를 배포한다.

```
cd ASK-contract
truffle migrate --reset
```

명령어를 실행하면 컨트랙트를 배포하였다는 확인 메시지가 나올 것이다.

3 **웹 서버(Node.js)와 Dapp 웹 컴포넌트를 시작하자.** 베이스 디렉터리에서 ASK-app 디렉터리로 이동한 후, npm install 명령어로 필요한 노드 모듈을 설치한다. 애플리케이션의 시작 스크립트를 이용해 Node.js 서버를 실행하자.

```
cd ASK-app
npm install
npm start
```

4 서버가 localhost:3000에 실행되었음을 확인할 수 있을 것이다.

5 **메타마스크가 설치된 웹 브라우저(크롬)를 시작하자.** 브라우저에서 localhost:3000을 열자. 패스워드를 사용해 메타마스크 잠금을 해제한 후 메타마스크를 가나쉬 테스트 체인에 연결한다. 가나쉬 테스트 체인에서 12-단어 니모닉을 복사해 메타마스크에 복구한다.

이제 웹 UI를 통해 ASK Dapp을 사용할 준비가 되었다. 모든 UI와 그 파트를 잘 살펴보자.

6.4.8 ASK Dapp 사용

그림 6.17은 가용 좌석을 위한 디스플레이 보드와 테스트 목적으로 사용할 메타마스크 Account 1(의장), Account 2, Account 3을 보여준다. 실제 시나리오라면 디스플레이 보드는 별도의 곳에 있을 것이고, 웹 UI에 이 주소를 보여주지도 않을 것이다. 이 통합 디스플레이 화면은 오직 테스트 목적으로 모아 놓은 것이다. 블라인드 경매 Dapp을 테스팅할 때 사용했던 트랜잭션 기록을 삭제하기 위해 테스팅하기 전에 이 세 개 어카운트를 리셋하자. 이제 ASK Dapp을 테스트해 보자.

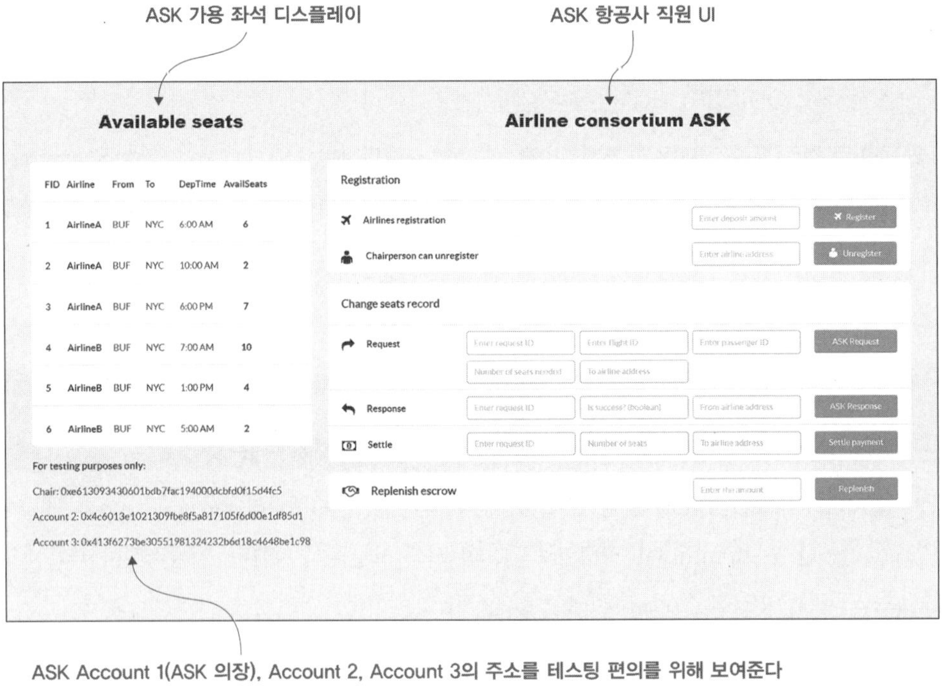

ASK 가용 좌석 디스플레이

ASK 항공사 직원 UI

Available seats

FID	Airline	From	To	DepTime	AvailSeats
1	AirlineA	BUF	NYC	6:00 AM	6
2	AirlineA	BUF	NYC	10:00 AM	2
3	AirlineA	BUF	NYC	6:00 PM	7
4	AirlineB	BUF	NYC	7:00 AM	10
5	AirlineB	BUF	NYC	1:00 PM	4
6	AirlineB	BUF	NYC	5:00 AM	2

For testing purposes only:
Chair: 0xe613093430601bdb7fac194000dcbfd0f15d4fc5
Account 2: 0x4c6013e1021309fbe8f5a817105f6d00e1df85d1
Account 3: 0x413f6273be30551981324232b6d18c4648be1c98

Airline consortium ASK

Registration
Airlines registration — Register
Chairperson can unregister — Unregister

Change seats record
Request — ASK Request
Response — ASK Response
Settle — Settle payment

Replenish escrow — Replenish

ASK Account 1(ASK 의장), Account 2, Account 3의 주소를 테스팅 편의를 위해 보여준다

그림 6.17 **테스팅을 위한 통합된 ASK 웹 UI**

그림 6.18은 오직 가용 좌석(웹 UI의 왼쪽)만을 보여준다. 각 비행기편의 번호, 항공사 이름, 출발지와 도착지 도시, 이륙 시간, 가용 좌석 수를 리스트한다. 그림 6.18의 오른쪽은 다음을 처리하기 위한 함수들이다.

- 요청(`reqID`로 식별되는)이 발생했다는 증명을 기록하는 것
- 요청에 응답을 보내는 것
- 요청에 대한 지급 정산

register(), unegister(), replenish() 함수의 트랜잭션 또한 이후의 분석을 위해 체인에 저장한다.

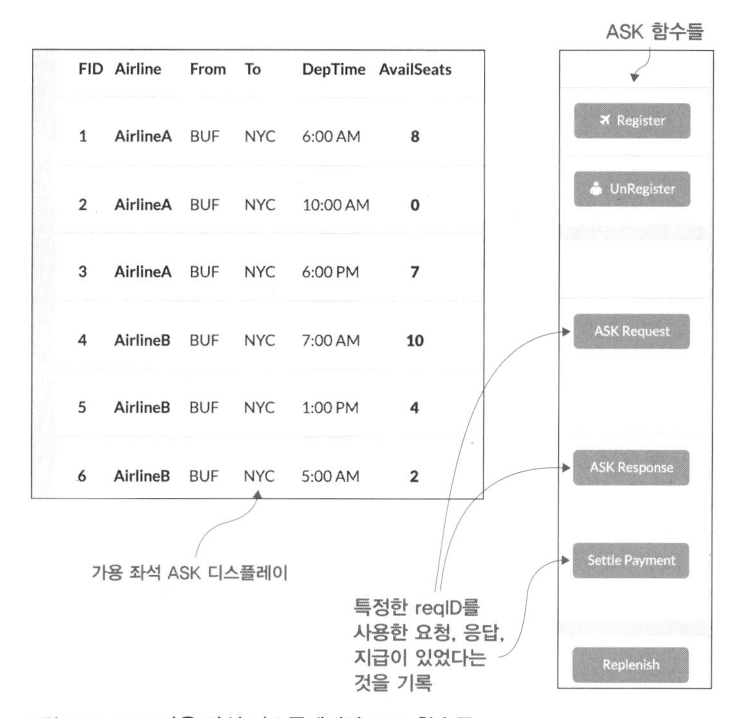

그림 6.18 **ASK 가용 좌석 디스플레이와 ASK 함수들**

다음은 이 Dapp을 테스트하기 위한 간단한 테스트 절차다.

1 **등록하기.** Account 2를 선택하고, 예치금으로 50이더를 설정해서 Register 버튼을 클릭하자. 같은 작업을 Account 3에 대해서도 반복하자. 메타마스크 컨펌 창에서 Confirm을 클릭해서 이 두 트랜잭션을 승인하자. Account 2는 fromAirline으로 Account 3은 toAirline으로 간주한다. 이제 이 두 항공사는 ASK 컨소시엄 회원사다.

2 **요청 보내기.** 메타마스크에서 Account 2를 선택하고, ASK 디스플레이 테이블의 첫 번째 열에 있는 두 좌석을 요청하기 위해 다음의 파라미터값을 입력하자.

```
{reqID = 123, flightID = 1, passengerID = 234, numSeats = 2,
➥ <toAirline address>}
```

toAirline의 주소는 Account 3의 주소를 복사해서 사용하면 되는데, 편의를 위해 웹 UI 왼쪽 패널 아래에 보여주었다. 이제 ASK Request 버튼을 클릭하자.

3 **응답 보내기.** 메타마스크에서 Account 3을 선택하고, 응답을 위해 다음의 파라미터값을 입력하자.

```
{reqID = 123, success = true, <fromAirline address>}
```

`fromAirline` 주소는 Account 2의 주소를 복사해서 사용하면 되는데, 편의를 위해 웹 UI 왼쪽 패널 아래에 표시했다. 이제 ASK Response 버튼을 클릭하자.

4 **지급 정산하기.** Account 2를 선택하고, 파라미터로 `{reqId =123, numSeats = 2, <toAirline address>}`를 입력하고 Settle Payment 버튼을 클릭하자. 두 좌석을 위한 지급 정산이 이루어지고, 왼쪽의 테이블이 업데이트되는 것을 확인할 수 있을 것이다.

5 또한, 이러한 좌석 거래를 반영해서 UI상의 ASK 가용 좌석 테이블 내용도 업데이트된다.

6 이 두 어카운트에 대해 `unregister()`와 `replenish()` 함수를 실행해 볼 수도 있다. 만일 등록되지 않은 어카운트에 대해 이 함수를 실행했다면 함수를 중단하고 오류를 발생시키는데, 이것은 `onlyMember` 수정자가 회원 등록 상태를 체크하기 때문이다.

7 여기서 웹 UI와 스마트 컨트랙트를 연결하는 app.js 코드를 리뷰하는 것도 좋다. Dapp의 종단 간 설계에서 핵심적인 이 컴포넌트는 UI의 호출을 스마트 컨트랙트로 보내는 것을 핸들링한다.

이로써 간단한 긍정positive 테스트를 완료했다. 부정negative 테스트를 포함한 여러 가지 테스트를 더 시도해서 ASK Dapp이 이를 어떻게 처리하는지 확인해 보는 것도 좋다.

마지막으로, 아무런 연산도 하지 않는 `ASKRequest()`와 `ASKResponse()` 함수를 왜 사용하는지 의아해하는 사람도 있을 것이다. 이 두 함수는 단순히 이 함수의 파라미터를 스마트 컨트랙트의 변수로 기록하는, 즉 오프체인에서 일어난 오퍼레이션을 온체인 상태 또는 기록으로 저장하는 역할을 한다. 이 작업은 오프체인의 요청과 응답이 블록체인에 유효한 트랜잭션으로 기록되었음을 보장한다. 이러한 Txs는 이더스캔과 가나쉬에서 확인할 수 있다. 이 장의 목표는 유효한 트랜잭션에 관한 기록을 저장하고, 지급 정산이 자동으로 이루어졌다는 것을 확인하는 것이다.

6.5 되돌아보기

이 장에서 전통적인 프로그래밍과 블록체인 프로그래밍의 중요한 차이점을 알아보았다. 블록체인에 과부하가 걸리지 않도록 온체인 데이터(블록체인에 기록하는 데이터)를 신중하게 설계해야 한다. 스마트 컨트랙트를 설계할 때 이 장에서 소개하고 논의한 여러 온체인 데이터 타입(리시트와 이벤트 로그, 트랜잭션 데이터, 스테이트 데이터)을 가이드라인으로 삼아도 좋다. 블라인드 경매 Dapp은 오직 이벤트 기반 온체인 데이터에 초점을 맞추었다. ASK Dapp으로 트랜잭션과 스테이트 관련 온체인 데이터 사용을 보여주었다. 스테이트 온체인 데이터는 애플리케이션의 라이프 사이클에서 스마트 컨트랙트의 변수가 어떻게 변화하는지 기록한다. 이 두 Dapp 개발 시 동일한 개발 단계를 반복함으로써 트러플을 사용한 개발 과정에 대한 이해도를 강화했다. 이제 `truffle compile`, `truffle migrate` 명령어와 npm(Node.js 기반) 웹 서버를 이용해 종단 간 Dapp 개발을 하는 것에도 익숙해졌을 것이다.

만일 1만 개의 비행기편 트랜잭션이 전통적인 데이터베이스에 있었다면, 1만 개 이상의 데이터 아이템 행row이 통합된 단일 데이터베이스에 존재하게 될 것이다. 스마트 컨트랙트에서는 그 트랜잭션을 표현하는 하나의 데이터 아이템 행을 정의한다. Dapp을 실행할 때 한 번에 하나의 트랜잭션을 컨펌하고 스테이트 변화 및 발생한 이벤트와 더불어 온체인에 기록한다. 어떤 기록은 블록 234567에 있고, 다른 것은 블록 234589에 존재할 수 있다. 이러한 기록들은 집합적으로 블록체인의 변조 불가능한 분산 장부를 형성한다. 블록체인은 전통적인 데이터베이스가 아니라, 블록체인의 여러 블록에 분산되어 저장한 기록의 집합이며, 같은 블록체인 안에는 서로 관련이 없는 다른 애플리케이션에서 발생한 유효한 Txs와 데이터가 혼재한다.

ASK Dapp 예제에서 `ASKRequest()`, `ASKResponse()`, `settlePayment()` 함수 세 개는 스마트 컨트랙트 안에서 `if this then that` 같은 코드나 로직과 함께 서로 연결된 것은 아니다. 하지만 고유한 식별자인 `reqID`가 이 함수들을 서로 연결한다. 항공사의 오프체인 애플리케이션이 이 함수 호출을 결정한다. ASK 회원 항공사는 이력 관리, 트랜잭션 준수 평가, 일반적인 데이터 분석 목적으로 블록체인 데이터를 이용하는 오프체인 애플리케이션을 개발할 수도 있을 것이다.

블록체인 애플리케이션에서 모든 가시적overt 로직은 오프체인 데이터와 함수와 함께 외부에 존재한다. 블록체인은 오프체인에서 일어나는 활동에 대한 온체인 데이터를 체계적으로 기록하는 비가시적covert 관찰자 같은 역할을 한다.

왜 스마트 컨트랙트는 수천 줄의 코드와 많은 클래스를 동원해 작성하지 않는지 궁금할 수도 있다. 비록 스마트 컨트랙트는 간단하고 간결하지만, 블록체인 인프라를 바탕으로 뒤에서 많은 오퍼레이션이 이루어지고 있다. 이 상황은 빅 데이터 분석에 쓰이는 유명한 MapReduce 알고리즘을 한 페이지 안에 작성하는 것과 유사하다. MapReduce 인프라가 뒤에서 모든 작업을 수행하기 때문이다.

6.6 베스트 프랙티스

다음과 같이 온체인과 오프체인 데이터에 초점을 맞춘 베스트 프랙티스를 정리해 볼 수 있다.

- 블록체인 프로그래밍은 전통적인 프로그램 언어(예를 들어, 자바)로 작성한 애플리케이션을 솔리디티 같은 스마트 컨트랙트 언어로 포팅하거나 전환시키는 작업이 아니다. 스마트 컨트랙트에는 오직 온체인 저장에 필요한 데이터만을 정의하자. ASK Dapp의 경우에 기록할 필요가 있는 요청 데이터와 응답 데이터를 위한 오직 두 개의 데이터 구조만을 정의했다.
- 스마트 컨트랙트를 규칙 엔진으로 간주하자. 스마트 컨트랙트는 특정한 액션에 액세스하는 것을 통제하는 게이트키퍼의 역할을 수행할 수 있다. 만일 비회원 항공사가 ASK 액션을 요청하면, 스마트 컨트랙트가 이것을 되돌려 보낸다. 이 기능은 오프체인 애플리케이션이 허가받지 않은 사용자가 Tx를 만드는 것을 방지하기 위해 사용할 수 있다.
- 가능한 대부분의 연산을 오프체인에서 수행할 수 있도록 스마트 컨트랙트를 설계하자. ASK Dapp의 경우에 `ASKRequest()`와 `ASKResponse()` 함수는 파라미터를 스테이트 변수로 옮기면서 각각에 해당하는 트랜잭션이 일어났다는 것만을 기록한다. 또 다른 예는 `settlePayment()` 함수를 호출하는 결정은 `ASKResponse()` 함수의 `success` 값을 참조해서 오프체인에서 이루어진다.
- 블록체인 기반 시스템을 설계할 때 스마트 컨트랙트의(또한 온체인 데이터의) 변조 불가능 특성을 반드시 염두에 두어야 한다. 스마트 컨트랙트를 장기 실행 프로그램으로 간주하고, 반복 실행을 위해서 루프loops가 아니라 적절한 스테이트를 사용하자.
- 전통적인 데이터베이스를 스마트 컨트랙트로 정의하지 않는다. 만일 그렇게 한다면, 각 노드에 하나씩 복사되는 다수의 중복 데이터베이스를 만드는 격이 된다. 또한, 중앙화 시스템으로부터 데이터베이스를 스마트 컨트랙트로 포팅하려고 하지 말자. 모든 중앙화 데이터베이스는 오프체인에 있어야 한다.
- 법정 화폐는 전통적인 오퍼레이션에 사용하고, 암호 화폐는 블록체인 기반 오퍼레이션에 사용하도록 시스템을 설계할 수 있다. ASK Dapp에서 `settlePayment()` 함수에는 이더를 사용했지만, 원래 항공권은 미국 달러나 과테말라 케찰quetzal과 같은 법정 화폐를 사용해 지급할 수 있을 것이다.

6.7 요약

- 구조적에서 함수적으로, 객체지향적으로, 동시적, 병렬적으로 진화해 가는 프로그래밍 패러다임의 긴 변화 과정에서, 블록체인 프로그래밍은 모던한 시스템의 새로운 중요한 컴포넌트로서 등장하고 있다.
- 온체인과 오프체인 데이터와 오퍼레이션 개념은 블록체인 프로그래밍과 전통적 프로그래밍을 구별하는 요인이다.
- 블록체인의 견고성과 유용성을 지원하기 위해 트랜잭션뿐만 아니라, 다른 데이터와 해시들도 온체인에 저장한다. 이러한 기록은 스마트 컨트랙트상의 상태와 상태 변화, 함수 반환값, 발생한 이벤트, 로그값 같은 아이템들을 포함하며, 이 모든 것은 최종적으로 블록체인의 헤더에 종합적으로 저장함으로써 특정한 값이 온체인에 존재한다는 것을 증명한다.
- 오프체인 데이터 소스는 애플리케이션 종속적이며, 블록체인이 가진 것과 같은 제한이 없다.
- 블록체인은 스마트 컨트랙트 함수가 발생시킨 이벤트를 기록한다. 이 기능은 블록체인 레이어에서 상위 레벨의 애플리케이션으로 알림을 제공할 수 있는 함수 반환값 이외의 또 다른 방법으로도 활용할 수 있다.
- 경매와 마켓플레이스 모델은 블록체인 애플리케이션에 잘 맞는다.
- 블라인드 경매와 ASK 항공사 Dapp을 통해 종단 간 Dapp 설계와 개발 로드맵을 시연했다.
- 블라인드 경매 Dapp은 리시트와 이벤트 로그라는 두 개의 온체인 데이터 사용법을 시연했다.
- ASK 항공사 Dapp은 온체인과 오프체인 데이터 모두를 포함하는 블록체인 애플리케이션의 예다. 이것은 Dapp에서 암호 화폐 사용을 시작하는 것도 보여준다. 암호 화폐와 법정 화폐 사용이 어떻게 공존할 수 있는지도 보여준다. 이것은 또한 스마트 컨트랙트가 복잡한 연산 없이 블록체인에 장부 관리recordkeeping만 하는 모델도 제공한다.

CHAPTER 7

web3와 채널 Dapp

이 장에서 다룰 내용

- 이더리움 노드 함수에 액세스하기 위해 web3 API 사용하기
- web3 모듈과 web3 프로바이더를 사용해 프로그래밍하기
- 사이드 채널을 이용해 Dapp 설계하기
- 글로벌 플라스틱 수거 문제를 위한 마이크로 페이먼트 채널 구현하기
- 오프체인 오퍼레이션을 온체인 오퍼레이션과 연결하기

web3가 이 장의 초점이다. web3를 사용해 Dapp의 거의 모든 것을 자동화할 수 있다. web3란 무엇인가? web3 API, 줄여서 **web3**는 블록체인 함수를 액세스하기 위한 포괄적 패키지다. 블록체인 인프라는 어카운트를 관리하고, 트랜잭션(Tx)을 기록하고, 스마트 컨트랙트를 실행하는 서비스를 제공하는데, 이 모든 것들은 이전 장에서 이미 살펴보았다. web3는 이더리움 블록체인 클라이언트 노드의 함수를 노출expose시키는데, 외부 애플리케이션과 블록체인 노드 간의 상호작용을 쉽게 하고, 프로그램이 블록체인 서비스에 쉽게 액세스할 수 있도록 한다. 4장과 6장의 Dapp 애플리케이션 개발을 위해 web3를 사용했다. 4장에서는 Dapp 개발에서 web3.js(축소 버전인 web3.js.min)를 웹 애플리케이션과 스마트 컨트랙트 간의 결합 코드(app.js)의 일부로 사용했다.

> **정의** web3.js는 애플리케이션이 이더리움 블록체인 클라이언트 노드가 제공하는 서비스에 액세스할 수 있도록 하는 (일반적으로 **web3**로 통칭되는) 자바스크립트 라이브러리다.

이 장에서는 web3의 역할을 시연하고, web3를 이용해 애플리케이션을 개발하는 기법과 관련 내용을 더 깊이 있게 소개한다. 찬찬히 단계를 따라가다 보면, Dapp 개발에서 web3 API의 역할을 자연스럽게 파악할 수 있을 것이다. web3 API 개념과 Dapp에 블록체인 서비스를 결합시키는 핵심적인 역할에 대해 살펴봄으로써, web3 API를 심도 있게 분석할 수 있다. 글로벌 재생 플라스틱을 청소하는 Dapp을 만들기 위해 web3를 사용해 다목적 채널을 개발해 볼 것이다. 이 장에서 새로운 마이크로 페이먼트 애플리케이션을 위한 사이드 채널side channel이라는 새로운 콘셉트를 어떻게 사용하는지 보여준다. 이더리움 블록체인이 지원하는 마이크로 페이먼트의 단순한 버전을 위한 종단 간 솔루션을 개발해 보는 것이다. web3 개념을 파악하는 노력을 하고, 이 장에서 묘사된 Dapp 개발 단계들을 조심스럽게 따라가 보자.

여기서 **web3**라는 말은 전체 라이브러리(web3.js)를 의미한다. Web3는 클래스명이고 web3는 깃허브에 있는 web3 JS API 코드 베이스의 패키지 이름이라는 점을 기억해 두자.

7.1 web3 API

web3 API는 탈중앙화 애플리케이션의 모든 참여자가 같은 구문과 의미로 블록체인과 상호작용할 수 있도록 하는 함수와 클래스의 표준적 집합이다. 그렇지 않다면 참여자 간의 일관성이 깨지고 블록체인이 무용지물이 될 수도 있다. 예를 들면, 애플리케이션의 모든 참여자가 같은 해시 함수를 사용해 데이터의 해시값을 검증해야만 한다. web3 API는 해싱을 위한 표준적 함수를 제공함으로써, 모든 참여자가 같은 데이터에 대해 같은 해시값을 얻을 수 있도록 하며, 일관성 있는 연산을 가능하게 한다. 5장에서 해싱 함수에 대해 상세히 다루었다.

7.1.1 Dapp 스택에서의 web3

Dapp 스택 어디에 web3가 등장할까? web3가 제공하는 함수는 두 개의 카테고리로 나뉜다. 하나는 블록체인 노드의 코어 오퍼레이션을 지원하는 함수들이고, 다른 하나는 블록체인상에 탈중앙화 애플리케이션 스택을 가능하게 하는 함수들이다. 그림 7.1에 이러한 web3가 제공하는 두 종류 모듈의 역할을 나타내고, 각 모듈에 대한 상세한 설명을 추가했다.

그림 7.1의 상단 부분은 **애플리케이션 모듈**application module을 보여주는데, 웹 서버와 app.js에 있는 애플리케이션 코드를 포함한다. 그림 7.1의 하단 부분은 블록체인 **클라이언트 노드 모듈**blockchain client node module인데, 코어 블록체인 서비스를 제공한다. 그림 7.1의 스택 레이어에 대해 좀 더 분석을 해보자.

- 스택의 맨 위 레이어는 웹 클라이언트다. 모바일이든지 엔터프라이즈 클라이언트든지 블록체인 서비스가 필요한 모든 클라이언트를 의미한다.
- 그다음 레이어에서는 웹 애플리케이션의 app.js가 web3.js 라이브러리를 이용해 블록체인 서비스에 액세스한다.
- 그 아래 레이어는 전통적인 웹 서버이고, 클라이언트 리퀘스트를 처리하는데, 여기서는 Node.js 서버를 사용해 구현한다.
- web3.js은 app.js 애플리케이션 로직이 블록체인 노드의 web3 프로바이더에 연결할 수 있도록 한다.

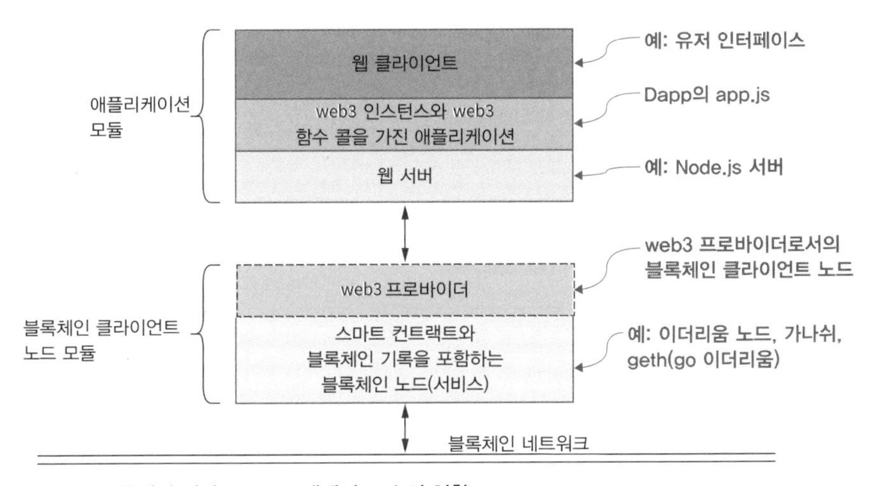

그림 7.1 **블록체인 기반 Dapp 스택에서 web의 역할**

그림 7.1에서 블록체인 노드는 **web3 프로바이더**라고 불리는데, 왜냐하면 이것이 web3에서 정의한 클래스와 함수를 호스팅(제공)해 주기 때문이다.[4] 바닥에 있는 레이어는 실제 함수들로서, 여기에는 스마트 컨트랙트 실행 환경과 Txs를 담고 있는 블록의 장부를 포함한다. 4장과 6장에서 사용한 가나쉬 테스트 체인과 Go 언어로 구현한 이더리움 노드(geth 노드) 같은 것이 블록체인 클라이언트 노드 예다.

그림 7.1은 전형적인 Dapp 스택의 아키텍처 개요다. 이것을 글로벌 플라스틱 제거 문제를 다루는 마이크로 페이먼트 채널을 개발하기 위한 가이드라인으로 사용할 수 있다.

4 옮긴이 저자는 web3 프로바이더가 이더리움 표준인 것처럼 묘사하고 있지만, 현재 이더리움이 설정한 표준은 EIP-1193이 정한 이더리움 프로바이더다. 이더리움 프로바이더가 이더리움 노드가 제공하는 노드 API와의 연결과 커뮤니케이션에 필요한 환경을 제공한다. web3 프로바이더는 이더리움 프로바이더를 이용하는 하나의 래핑 라이브러리일 뿐이며 필수적인 것은 아니다.

Dapp 설계에 앞서서 web3에 대해 좀 더 살펴보려고 하는데, 좀 더 빨리 다음 과정으로 진행하고 싶다면 이를 생략하고 7.2절 애플리케이션 설계로 바로 넘어가도 좋다.

7.1.2 web3 패키지

web3 API는 여러 가지 기능을 가진 다수의 패키지로 구성된다. 그림 7.2는 `core`, `eth`, `net`, `providers`, `shh`, `utils`라는 여섯 개의 패키지를 보여준다. 이 장에서는 `web3.eth`, `web3.providers`, `web3.utils`을 사용한다.

- `eth` 패키지와 서브 패키지는 애플리케이션이 어카운트, 스마트 컨트랙트와 상호작용할 수 있도록 한다.
- `providers` 패키지는 가나슈 같은 특정한 web3 프로바이더를 설정할 수 있도록 한다.
- `utils` 패키지는 Dapp을 위한 표준적이며 공통적인 유틸리티 함수들을 제공한다.

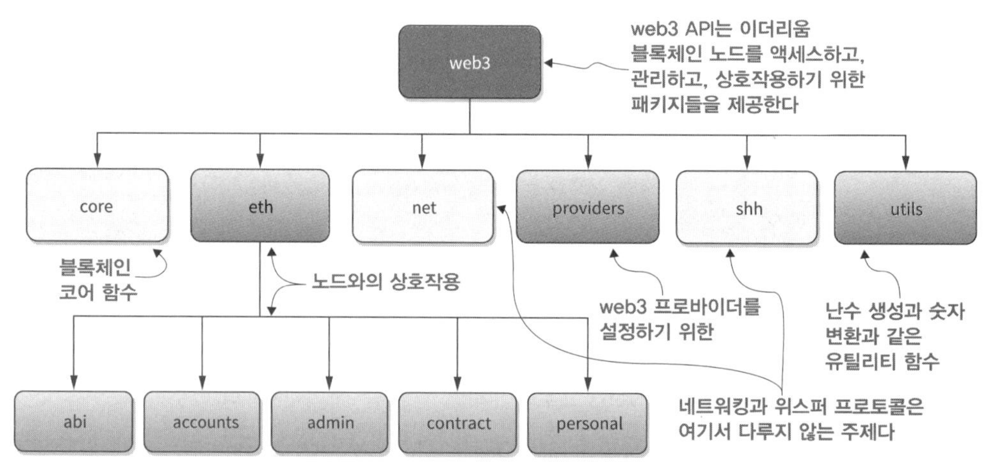

그림 7.2 web3 패키지와 구성

이외에 `web3.core`는 블록체인 오퍼레이션을 위한 코어 프로토콜을 구현하고, `web3.net`은 트랜잭션을 브로드캐스팅하고 수신하는 네트워크 측면을 담당하며, `web3.shh`는 **위스퍼 프로토콜**whisper protocol이라는 P2P 메시징 기능을 위한 것이다.

web3 API는 web3.js 라이브러리가 제공하는 모든 클래스와 서브 클래스를 사용할 수 있게 한다. 또한, RPC 포트를 통해 로컬 노드와의 통신을 지원하며, `web3.eth`를 통해 `eth` 객체에 액세스하고, `web3.net`과 그 함수를 통해 네트워크 객체에 액세스할 수 있도록 한다.

블록체인 애플리케이션 개발 시 여러 레벨에서 web3가 어떻게 작동하는지 완벽히 이해해야 한다. 그림 7.3은 그림 7.1을 좀 더 개선한 것으로, 하나의 애플리케이션 내에서 어떻게 web3를 사용하는지를 보여준다. 그림에서 web3 프로바이더는 web3 API를 구현한다. 애플리케이션의 app.js는 web3 프로바이더의 함수 호출을 통해 블록체인 클라이언트 노드를 액세스하고 상호작용한다. 또한, 이 그림은 클라이언트 노드와 블록체인 네트워크의 관계를 보여준다. 블록체인 네트워크는 그림 7.3과 같이 다수의 노드를 연결한다.

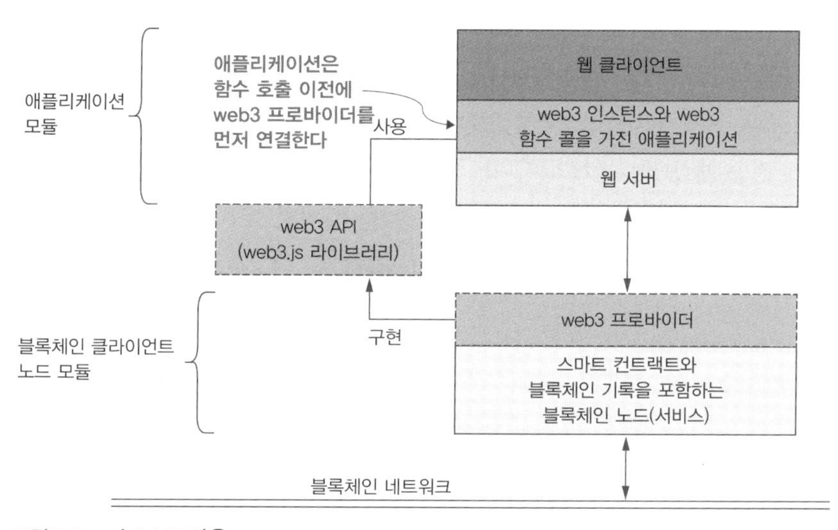

그림 7.3 web3 API 사용

7.2절과 7.3절에서 이러한 web3 개념을 적용하고 시연하기 위해서, 채널 개념과 글로벌 플라스틱 청소를 위한 마이크로 페이먼트 채널 Dapp을 설명하고, 종단 간 구현을 해볼 것이다. 마이크로 페이먼트 채널은 솔리디티 문서에 있는 예제에 기반한 것이다. 글로벌 차원의 플라스틱 청소 애플리케이션은 이 장을 위해 특별히 준비했다.

7.2 채널 개념

우리는 블록체인이 기존 애플리케이션을 대체하기 위한 것이 아니라, 전통적인 방법으로는 잘 해결할 수 없었던 문제를 다루기 위한 것이라는 점을 강조해 왔다. 블록체인 기술을 이용하기 위해 기존 시스템을 블록체인 시스템으로 포팅하거나, 기존 애플리케이션 언어(자바나 파이썬)를 단순히 솔리디티로 바꾸려는 시도를 하지 말자. 이전에는 볼 수 없었던, 블록체인을 위한 새로운 애플리케이션 모델을 구현해야만 한다. 4-6장에서 다루었던 투표, 블라인드 경매, 좌석 거래를 위한 마켓플레이스 같은 예제들처럼, 이 장에서 소개하는 채널 개념은 블록체인 기반 탈중앙화 애플리케이션에 매우 잘 맞는다. 7.3절에서 새로운 비즈니스 모델을 구현해 주고,

블록체인 기술을 이용하는 다양한 사람들이 참여할 수 있는 마이크로 페이먼트 채널을 만들어 볼 것이다.

채널 개념은 지질학에서 비즈니스에 이르기까지 도처에서 사용하는 개념이다. **채널**channel이란 정보가 하나의 포인트에서 다른 포인트로 지나가는 경로path다. 이 장에서는 지급 메커니즘을 위해 채널을 사용한다. 이 개념은 **페이먼트 채널**payment channel로도 많이 알려져 있다. 많은 암호 화폐 블록체인(비트코인, 이더리움, 하이퍼레저를 포함한)이 채널 개념을 구현하고 있다. 비트코인에 사용된 사이드 채널 개념은 라이트닝 채널을 위한 모델로서 사용되며, 이더리움에서는 신뢰하는 파티 간의 오프체인 트랜잭션을 위한 스테이트 채널로 사용된다. 이러한 채널들은 메인 암호 화폐 전송 채널과는 별개의 사이드 채널이라는 점을 기억하자. 사이드 채널 또는 사이드 체인은 블록체인 네트워크의 확장성 문제를 다루기 위해, 트랜잭션 속도를 개선하기 위해, 또는 마이크로 페이먼트 채널을 만들기 위해 도입했다.

페이먼트 채널(payment channel)은 한 어카운트에서 다른 어카운트로 지급을 하기 위한 수단이다. **사이드 채널(side channel)**은 오프체인 수단으로서, 스마트 컨트랙트, 해싱 함수, 암호학적 사인, 아이덴티티 관리 같은 온체인 블록체인 기능을 이용해서 구현한다.

7.3 마이크로 페이먼트 채널

마이크로 페이먼트는 전 세계에 걸쳐 이어져 온 오래된 관행이다. 많은 로컬 개인 상점들이 그들의 일상적인 생활과 로컬 경제를 유지하기 위해 마이크로 페이먼트에 의존한다. 이러한 페이먼트는 은행과 같은 통상적인 금융기관을 거치지 않는다. 디지털 시대의 도래와 함께 이러한 마이크로 페이먼트 수단을 디지털화하기 위한 많은 노력이 있었지만, 그 성과는 제한적이었다. 비트코인 블록체인은 서로 모르는 피어들 간에 온라인으로 송금할 수 있는 기능을 제공함으로써 이러한 상황을 바꾸었다. 이 혁신으로 인해 당연히 마이크로 페이먼트에 대한 관심이 다시 늘어나기 시작했다.

다음은 마이크로 페이먼트 채널에 대한 몇 가지 기본적인 사항이다.

- 송신자와 수신자의 어카운트 주소로 식별하는 엔드포인트로 정의한다.
- 송신자와 수신자 간의 빈번한 소액(마이크로) 지급을 수월하게 만들어 준다.
- 지급 금액은 메인 채널의 트랜잭션에 부과되는 트랜잭션 수수료보다 작다(이 경우 메인 채널은 사용할 수 없다).

- 송신자와 수신자의 관계는 임시적이며, 통상적으로 지급 정산을 하고 메인 채널과의 싱크 완료 시 이 관계는 종료된다.

그림 7.4는 이러한 개념과 두 어카운트 간에 존재하는 온체인 메인 채널과 오프체인 사이드 채널의 관계를 보여준다. 누구나 메인 채널에 참여하거나 떠날 수 있고, 서로 아무 어카운트와 트랜잭션을 처리할 수 있다. 모든 메인 채널상의 트랜잭션은 블록체인에 기록된다. 메인 채널은 비트코인과 이더리움의 메인 체인처럼 영구적이다.

이제 그림 7.4의 사이드 채널을 살펴보자. 마이크로 페이먼트 채널은 선정된 어카운트, 이 경우에는 두 어카운트 간의 사이드 채널의 예라고 볼 수 있다. 사이드 채널 어카운트 간의 트랜잭션은 오프체인에서 일어나며, 메인 체인과 싱크가 되기 전까지는 체인에 기록되지 않는다. 이러한 동기화는 사이드 채널에 참여하고 있는 한 사용자가 트랜잭션을 메인 채널에 보낼 때 일어나는데, 이때 오프체인 트랜잭션 정보를 캡처해서 요약해 보낸다. 사이드 채널은 메인 채널과의 동기화에 따라 종료될 수도 있다. 마이크로 페이먼트 채널 개념은 솔리디티 문서와 다른 많은 온라인 문서에서 찾아볼 수 있다.

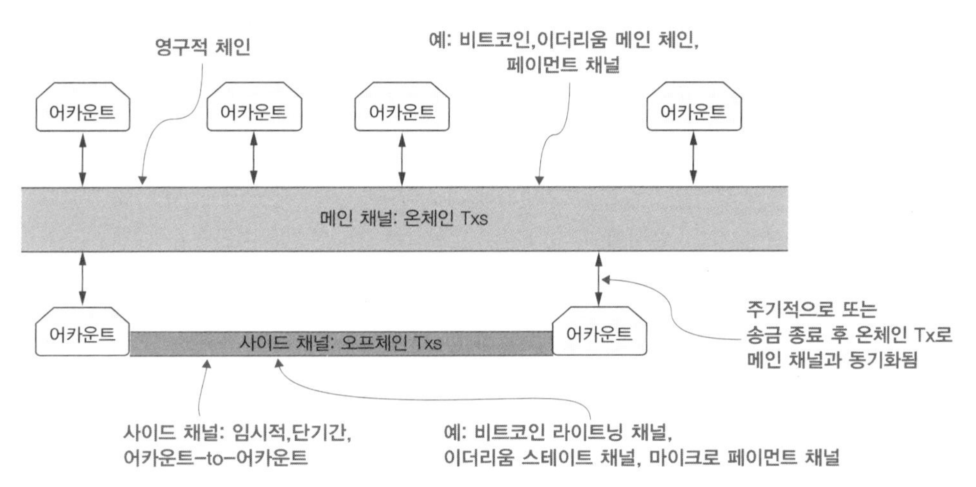

그림 7.4 **메인 채널과 마이크로 페이먼트 채널 간의 관계**

7.4 마이크로 페이먼트 채널 유스 케이스

마이크로 페이먼트 채널을 활용할 실제 문제, 즉 글로벌 재활용 가능 플라스틱 문제를 가정해 보자. 어느 나라나 이 문제에 예외적인 곳은 없으며, 바다, 육지, 숲과 강에 이르는 모든 생태계에 영향을 미치고 있다. UN 같은 단일 조직이 전 세계에 있는 모든 국가에 사람을 파견해서 청소하게 하는 것은 당연히 불가능하다. 설사 UN 같은 비정부기구가 자금을 제공한다고 하더라도, 청소는 로컬에서 담당하는 것이 비용적인 면에서 효율적이다. 그러므로 이것은 완벽한 탈중앙화 문제이자, 글로벌한 범위를 가지고 있다. 또한 참여자들은 탈중앙화되어 있으며, 서로를 알지 못할 수도 있다. 이 Dapp을 표현하기 위해 MPCMicro Payment Channel라는 약자를 사용하자.

UN과 같은 비정부기구가 전 세계에 걸쳐 재활용 가능한 플라스틱을 수집하는 행위에 대해 소액을 지급하는 (마이크로 페이먼트) 인센티브 프로그램을 운영한다고 가정하자. 수집한 플라스틱은 상자당 계산하며, 재활용과 적절한 폐기 처리를 위한 시설로 보낸다. 쉽게 이 프로세스를 처리할 수 있는 탈중앙화 애플리케이션을 설계하고 개발해 보자.

다음은 몇 가지 가정과 추가적인 설명이다.

- 수집한 플라스틱의 상자가 적절한 양과 플라스틱 종류를 가지고 있는지 확인하는 메커니즘을 가지고 있다. 조건을 충족하지 않으면 상자의 접수를 거부한다.
- 사람 또는 심지어 로봇이 상자에 있는 플라스틱을 수거해서 지정된 장소에 저장한다. 작업자가 수거한 상자에 대한 검사 확인을 받을 때마다 후원 단체로 메시지가 나간다. 후원 단체는 메시지를 받음과 동시에 이 단체와 작업자 간에 구축한 채널을 통해 오프체인 마이크로 페이먼트를 허가해서 보낸다. 단일 플라스틱 수집 세션 내에서 필요할 경우 다수의 마이크로 페이먼트를 작업자에게 보낼 수도 있다. 주어진 한 세션(예를 들어, 하루) 내에서 마이크로 페이먼트는 모든 이전 페이먼트를 전부 더한 값이다.
- 플라스틱 수거 상자를 수집할 때마다 수수료를 내면서 소액을 지급하는 대신, 당일 최종 수거 상자 처리를 끝낸 다음, 하루 동안의 전체 금액을 한 번에 온체인 Tx를 통해 지급한다. 설계상 이 한 번의 Tx 금액은 당일 모든 마이크로 페이먼트를 누적한 마지막 마이크로 페이먼트 금액과 같다.
- 페이먼트를 정산하면 채널은 종료된다. 매 세션, 매 작업자마다 새 채널을 생성하고 같은 작업을 반복한다. 전통적인 은행 시스템에서는 어카운트를 이런 식으로 오픈하고 닫는 것이 불가능하지만, 블록체인 시스템에서는 일반적인 프로세스다.

오프체인 마이크로 페이먼트 채널을 사용해 MPC-Dapp이 이 문제를 어떻게 풀어 나가는지 시연하기 위해 직접 이 Dapp을 설계하고 개발해 보자. 이 오프체인 수단은 스마트 컨트랙트와 보안성이 있는 디지털 서명을 이용한 온체인 블록체인에 의해 가능하다. 물론 이 모든 오퍼레이션을 위한 블록체인 서비스에 액세스하기 위해 web3를 이용할 것이다. 하지만 블록체인 기반 솔루션을 개발하기 전에 은행과 같은 전통적인 금융 시스템을 단정적으로 과소평가하지 말라. 블록체인 없이 MPC 문제를 해결할 수 있을지에 대해 냉정히 평가해 보자.

7.4.1 전통적인 은행 솔루션

그림 7.5는 대량의 탈중앙화된 글로벌 스케일의 플라스틱 수거 작업을 위한 지급 시스템을 통상적인 은행 시스템을 사용해 해결해 보려는 솔루션이다. 이 경우 MPC 주관자는 은행에 에스크로를 예치하고 미리 확인한 작업자들에게 수거 작업을 시작하라는 메시지를 어떤 형식으로든(오프체인 메시지 같은) 보내야 한다. 논의를 위해 주관자(송신자)와 작업자가 일대일 관계라고 가정하자. 작업자는 쓰레기를 상자에 담고(그림 7.5에서 5, 1, 2개 상자를 수집), 이렇게 수집한 정보를 주관자에게 계속 보낸다. 이 시나리오에서 주관자는 처음 5달러(상자 하나당 1달러)를 지급하고, 그다음은 1달러, 마지막으로 2달러 수표를 지급한다.

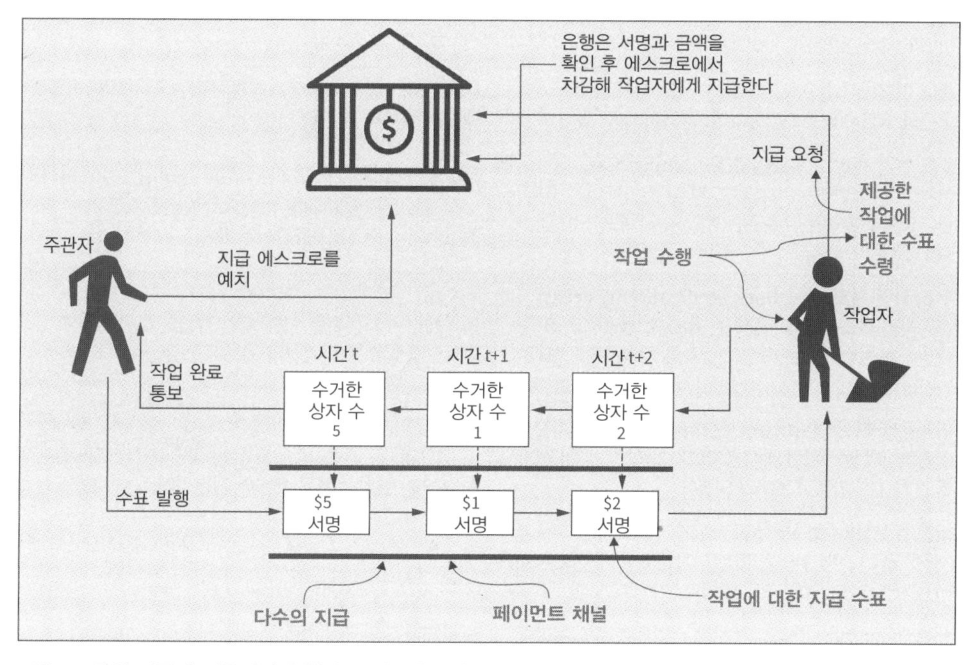

그림 7.5 **작업 지급에 전통적인 은행 수표 지급을 이용하는 접근 방법**

작업자는 현금을 찾기 위해 수표를 은행에 제출한다. 은행은 수표의 서명을 확인한 후 주관자가 맡겨 놓은 에스크로에서 빼내 작업자에게 준다. 작업자는 언제든지 작업을 그만둘 수 있다. 이 프로세스는 마치 차량 공유ridesharing 서비스와 유사하다. 작업자는 언제든지 원하는 때에 일하고 돈을 받을 수 있다. 사이클은 계속 이어지며, 많은 탈중앙화된 작업자들이 연결되어, 주관자와 채널을 구축하고, 수거 작업에 대한 대가를 받아 간다.

이 솔루션은 은행 계좌가 없는 작업자들에게도 소액 지급이 가능한 새로운 지급 시스템을 만들기 위해 전통적인 은행 시스템을 사용해 본 것이다. 이 모델은 새로운 기능을 전통적인 인프라에 맞추어 보려고 가상으로 시도한 것이다. 개념적으로는 가능한 것처럼 보이지만, 표 7.1이 보여주는 것과 같이, 이 솔루션은 블록체인을 사용한 접근 방법에 비해 몇 가지 중요한 문제가 있다. 이 표는 어카운트 생성, 소액 지급과 같은 문제를 부각시키고, 전통적인 시스템이 어디에서 한계에 부딪히는지, 또 블록체인 솔루션은 이러한 문제를 어떻게 명쾌하게 해결하는지 설명한다.

표 7.1 전통적인 은행과 블록체인 페이먼트 채널 비교

전통적인 은행 시스템	블록체인 페이먼트 채널
어카운트 생성(account creation) – 수백만 명의 인원에 대해 전통적인 은행 시스템은 각 작업자의 직업이나 집 주소 같은 신원 정보의 부재로 인해 신규 어카운트를 오픈하는 것이 불가능하다.	블록체인은 바로 어카운트 기반 아이덴티티와 서로 모르는 참여자 간의 P2P 상호작용 개념 위에 구축되어 있다. 블록체인은 신속한 어카운트(디지털 아이덴티티) 생성을 손쉽게 처리해 준다.
소액 지급(small payments) – 신규 어카운트를 오픈하기에는 매번 지급해야 할 금액이 너무 작다.	블록체인은 설계상 자연스럽게 온라인 디지털 마이크로 페이먼트를 지원한다.
수표 현금 전환 수수료(check-cashing fees) – 매 수거 상자마다 지급하는 수표의 수가 매우 많고, 이 수표를 현금으로 전환하는 수수료는 지급액 자체보다 더 클 수도 있다.	블록체인 방식은 상자마다 수표를 지급하는 것이 아니라, 누적해서 온라인 디지털 방식으로 지급함으로써, 최소한의 수수료로 처리할 수 있다.
수표 확인 프로세스(check verification process) – 전통적인 시스템에서 사용하는 수표에 서명하고, 이를 확인하는 방법으로는 다수의 수표를 처리하기가 매우 번거롭다.	블록체인은 자동화된 서명 확인 작업을 위한 해싱과 암호학적 함수를 이용하기 때문에 스케일링이 쉽다.
어카운트 지속성(account permanency) – 어카운트가 영속적이며 탈중앙화된 사용자에게 적합한, 임시적으로 열고 닫는 모델을 구현하기 어렵다.	블록체인 사용자는 원할 때 언제든지 가입하고 탈퇴할 수 있으며, 임시적으로 열고 닫는 모델을 자연적으로 지원하고, 단기간 운용 채널이 기본이다.
비용 효율성(cost-effectiveness) – 임시적인 사용자들이 소액 취급을 위한 어카운트를 개설하는 것은 비용적인 면에서 효율적이지 않다.	블록체인은 소액 지급과 임시적인 사용자를 자연스럽게 지원한다.
신속성(agility) – 전통적인 은행 어카운트는 설계상 장기적이고 지속적이며, 개설하는 데 많은 시간(며칠)이 걸린다.	블록체인 기반 페이먼트 채널은 신속히 개설하고 닫을 수 있으며, MPC 같은 새로운 애플리케이션 모델에 적합한 임시적 특성을 지니고 있다.

이제 두 가지 접근 방법을 비교해 보자. 그림 7.6은 그림 7.5의 모델을 블록체인 기반 마이크로 페이먼트 솔루션을 사용해 개선해 본 것이다. 두 시스템 간의 차이를 그림 7.6에 강조해서 나타냈다.

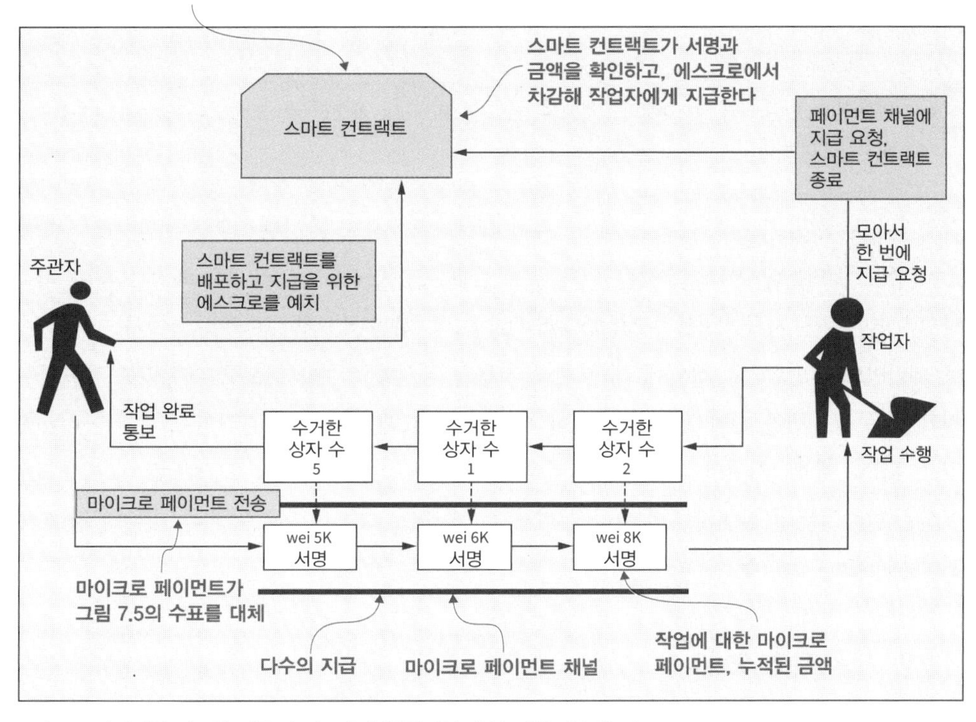

그림 7.6 **차이점을 강조한 전통적 시스템과 블록체인 체인 기반 시스템 비교**

전통적 시스템과 블록체인 솔루션의 가장 중요한 차이는 스마트 컨트랙트가 은행을 대체하고, 디지털 마이크로 페이먼트가 지급 수표를 대체하는 것이다. 다음은 그림 7.6의 블록체인 기반 MPC 오퍼레이션들이다.

- 주관자가 채널을 오픈한다. 스마트 컨트랙트를 배포하고, 주관자와 작업자, 두 개의 어카운트로 초기화한다. 주관자가 지급을 위한 에스크로를 예치한다. 작업자마다 별도의 채널을 오픈한다.
- 마이크로 페이먼트가 수표를 대체한다.
- 주관자가 오프체인에서 사인된 메시지를 송신하는 방법을 사용해 wei 단위(예를 들어, 한 상자당 1000wei)로 마이크로 페이먼트를 보낸다.
- 송금한 마이크로 페이먼트는 계속 누적되기 때문에 마지막 페이먼트는 그 이전까지 보내진 전체 금액을 포함한다.
- 작업자는 최종 지급 요청을 위해 주관자가 보낸 마지막 마이크로 페이먼트 메시지만을 스마트 컨트랙트에 보내면 된다. 지급 요청이 끝남과 동시에 해당 스마트 컨트랙트는 종료(selfdestruct 함수에 의해)된다.

위에서 살펴보았듯이, 블록체인 솔루션은 표 7.1에서 논의했던 이슈들을 해결하기에 이상적이다.

예를 들어, 만일 각각 3, 1, 2개의 상자를 수거했다면, 마이크로 페이먼트는 그것의 누적값인 3, 4(3+1), 6(3+1+2)이 된다.

작업자가 누적된 최종 마이크로 페이먼트에 대해 지급 요청을 하면, 해당 컨트랙트는 파괴 또는 종료가 되는데, 이것은 많은 수의 수표 발행으로 인한 비용 문제를 해결할 뿐만 아니라, 부정한 이중 지급(디지털 수표의 반복적 사용을 의미하는 기술적인 용어)을 방지한다. 마이크로 페이먼트는 일회적인 작업에 대한 현금 지급과 유사하다. 어카운트를 개설하고 유지하는 것과 같은 공식적인 금융 관계를 확립할 필요가 없기 때문에 이와 관련한 오버헤드 비용이 없다. MPC 애플리케이션에 종이로 된 수표가 없다는 점에 주목하자. 그러므로 이 애플리케이션은 탈중앙화된 참여자에게 온라인 디지털 마이크로 페이먼트를 보낼 수 있는 안전한 메커니즘이다.

7.4.2 사용자와 역할

지금까지 사용해 온 설계 원칙이 부록 B에 수록되어 있다. 이 원칙을 MPC 솔루션의 설계에도 적용해 보자. 설계 원칙 1은 코딩하기 전에 설계부터 하라는 것이고, 설계 원칙 2와 설계 원칙 3은 사용자와 그들의 역할을 식별하라는 것이다. 그림 7.6은 사용자와 그 역할을 식별하고 있다. MPC-Dapp의 사용자는 수거 작업에 대해 지급을 하는 주관자와 재활용 가능한 플라스틱을 수거하는 작업자다. 누구나 작업자가 될 수 있다. MPC가 요구하는 기술은 플라스틱 쓰레기를 수거해서 지정 장소에 갖다주는 것뿐이다. 전 세계의 누구나 (신용 점수가 좋거나 나쁘거나) 블록체인 아이덴티티(어카운트 주소)를 가질 수 있는 사람은 이 작업에 동참할 수 있다. 은행 계좌도 필요 없다. 주관자와 작업자(또한 스마트 컨트랙트)를 식별하는 것은 160비트 어카운트 넘버다. 여기서 이 어카운트 넘버는 이더리움 블록체인 주소이고, 수 분 안에 별도의 비용 없이 만들 수 있다.

케냐 몸바사Mombasa에 있는 고등학교 학생이 스스로 아이덴티티를 만들고, MPC 웹 페이지에 접속해서, 자신과 주관자 간의 마이크로 채널을 개설할 수 있다. 매일 학교에 갈 때마다 재활용 가능한 플라스틱 쓰레기를 수거해서, 지정된 확인 저장소에 가져다주고, MPC 주관자로부터 0.001ETH 마이크로 페이먼트 메시지를 받을 수 있다. 집으로 올 때도 같은 작업을 반복할 수 있다. 이번에는 두 박스를 모아 집 근처에 있는 저장소에 가져다주고, 0.002ETH 마이크로 페이먼트를 받는다. 한 달 정도의 작업 후, 마지막 마이크로 페이먼트가 0.09ETH가 되었다.

주말에 영화가 보고 싶어서 이 돈(0.09ETH)에 대한 지급 요청(Tx)을 MPC 스마트 컨트랙트로 보낸다. 이 작업자는 획득한 금액에 만족하고, 몸바사에 있던 플라스틱 쓰레기의 일부가 수거되었다. 지급 요청을 처리하고 나면, 이 스마트 컨트랙트는 종료된다. 이 작업자는 새 채널을 오픈하고 작업을 계속할 수도 있고 여기서 중단할 수도 있다. 그의 친구들과 이웃도 이 노력에 동참한다. 블록체인 기반 솔루션은 느슨하게 연결되어 있지만, 이렇게 민첩하다(신속하고 효율적인 구축과 종료). 이것이 이 패러다임의 매력이다.

7.4.3 온체인과 오프체인 오퍼레이션

지금까지의 논의, 비교, 그리고 시나리오 분석을 통해 우리는 MPC에서 일어나는 상호작용 패턴이 요청과 응답으로 이루어지는 전형적인 웹 애플리케이션과 상당히 다르다는 것을 알았다. 마이크로 페이먼트 채널은 블록체인 기술에 잘 맞는 새로운 패턴이라고 말하고 싶을지도 모르겠다. 이 새로운 패러다임에는 6장에서 배웠던 온체인과 오프체인 데이터 같은 온체인과 오프체인 오퍼레이션이 있고, 이것은 설계 원칙 10으로 귀결된다.

10 설계 원칙 어떤 데이터와 오퍼레이션을 온체인으로 코딩해야 하고, 어떤 것을 오프체인으로 구현해야 하는가는 블록체인 애플리케이션 설계의 중요한 결정 사항이다.

온체인과 오프체인 오퍼레이션을 더 잘 이해하기 위해 MPC 문제를 한 번 더 분석해 보자. 그림 7.7이 보여주는 것처럼, 오퍼레이션의 순서는 글로벌 대규모 플라스틱 수거를 위한 마이크로 페이먼트 채널의 흐름을 요약한다. 각 오퍼레이션을 다음과 같이 정리할 수 있다.

1. **마이크로 페이먼트 채널 개설.** 스마트 컨트랙트를 배포함으로써 송신자(주관자)와 수신자(작업자) 간의 일회용 마이크로 페이먼트 채널을 개설한다.
2. **플라스틱 수거.** 오프라인(오프체인) 오퍼레이션에서 사람들 또는 로봇(작업자)이 상자에 플라스틱 쓰레기를 수거한다.
3. **수거 확인.** 적절한 자동화 수단을 통해 오프체인 확인 작업을 수행하고, 누가 (작업자 아이덴티티를 사용해) 몇 개의 상자를 수거했는지 송신자(주관자)에게 통보한다.
4. **마이크로 페이먼트 지급.** 주관자는 단계 3에서 확인한 수거 상자 수에 대한 보상으로, 오프체인에서 사인된 마이크로 페이먼트 메시지를 작업자에게 보낸다.
5. **지급 요청.** 스마트 컨트랙트에서 한 번의 온체인 트랜잭션으로, 주관자가 작업자에게 지급했던 마이크로 트랜잭션들의 누적 금액을 에스크로에서 차감해 지급한다.
6. **채널 종료.** 최종 지급 완료 후, 이 채널은 스마트 컨트랙트의 파기에 의해 종료된다.

이 리스트는 MPC-Dapp의 스마트 컨트랙트와 웹 사용자 부분의 설계를 위한 가이드라인을 제공한다. MPC 배포, 지급 요청을 위한 오퍼레이션 (①, ⑤, ⑥)은 온체인에서 이루어지며, 스마트 컨트랙트 설계를 규정한다. 오퍼레이션 (②, ③, ④)는 오프체인에서 이루어지며, 이 중 오직 오퍼레이션 (④)만을 이 책의 MPC 애플리케이션 구현에서 다룬다. 설계에 들어가기 전에 그림 7.7의 각 오퍼레이션의 내용을 잘 파악하자.

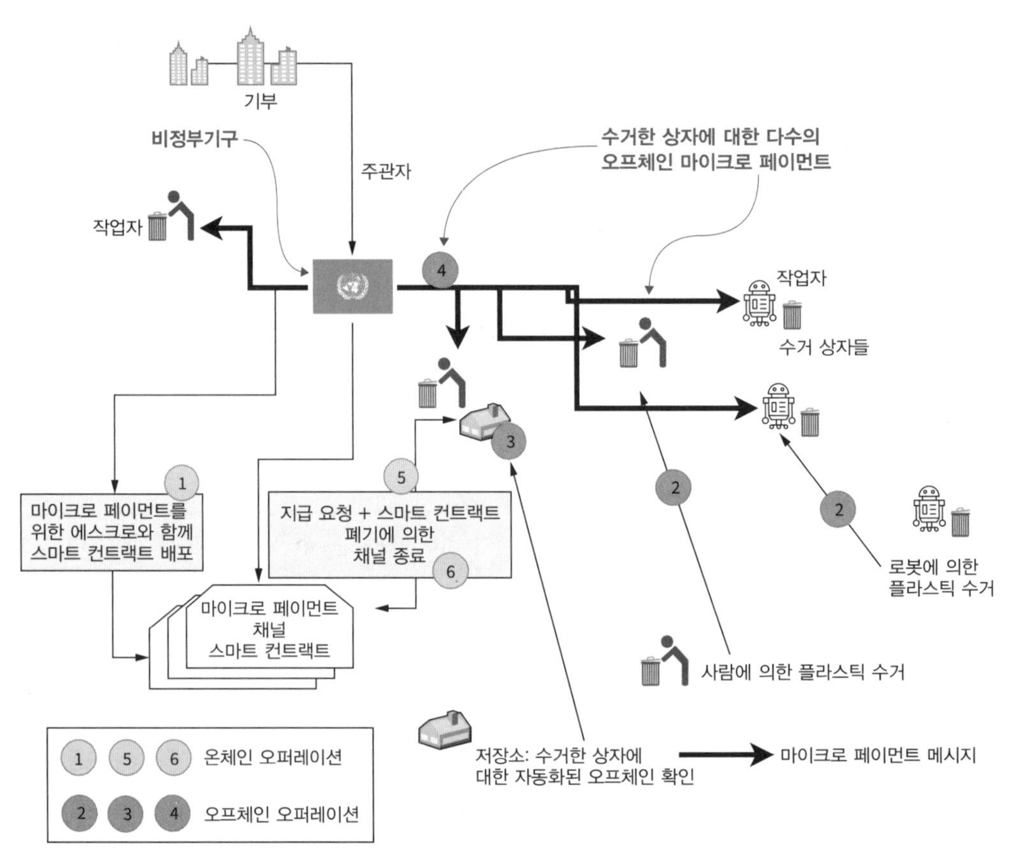

그림 7.7 **탈중앙화한 글로벌 수거를 위한 마이크로 페이먼트 채널(MPC) 개념**

7.4.4 MPC 스마트 컨트랙트(MPC-contract)

이전의 장에서 사용했던 애플리케이션 패턴을 MPC-Dapp에도 다음과 같이 적용했다.

```
MPC-Dapp
|
|--MPC-contract
|
|--MPC-app
```

MPC-contract에서는 솔리디티 문서에서 소개하는 코드의 단순화된 버전을 사용한다. 컨트랙트 다이어그램을 보면 코드를 이해하기 쉽다. 그림 7.8은 MPC를 위한 컨트랙트 다이어그램(설계 원칙 4 적용)을 보여준다.

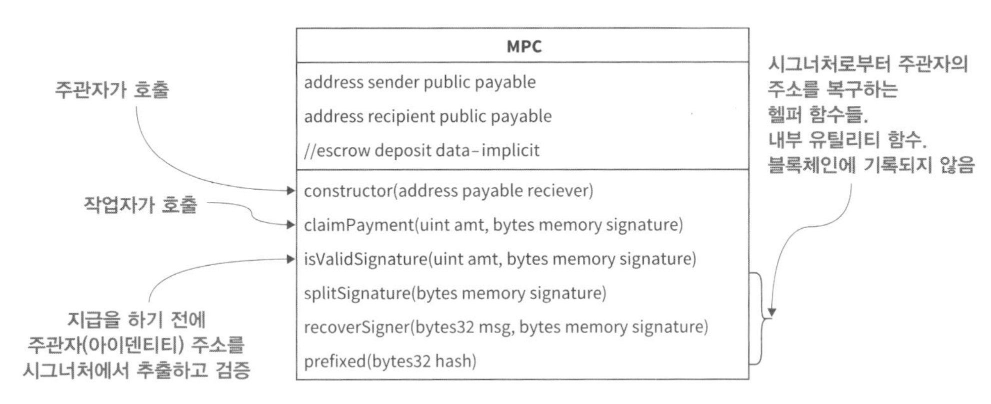

그림 7.8 MPC를 위한 컨트랙트 다이어그램

컨트랙트는 constructor 함수를 포함해 두 개의 퍼블릭 함수를 가진다. 이 함수들은 그림 7.7의 분석에서 식별한 두 개의 온체인 오퍼레이션(1과 5)을 코드로 구현한 것이다.

- constructor는 주관자가 스마트 컨트랙트를 배포할 수 있도록 한다.
- claimPayment() 함수는 작업자가 지급을 요청할 때 호출된다.

claimPayment()는 작업자가 보낸 모든 데이터를 검증한다. 많은 아이템을 검증할 수 있겠지만, 여기서는 오직 송신자의 시그너처만을 검증한다. 여기서 isValidSignature()를 호출하여 암호학적 시그너처를 체크한다. 이 함수는 다시 세 개의 다른 함수, recoverSigner(), splitSignature(), prefixed()와 내장 함수인 ecreover()를 호출함으로써, 작업자/요청자의 시그너처 해시로부터 서명자의 정보와 데이터를 얻는다. 이러한 다수의 함수가 관여하는 검증 프로세서는 아무나 참여하고 이탈할 수 있는 블록체인과 자동화된 검증 시스템을 위해 반드시 필요하다. 더구나 전통적인 은행의 역할을 스마트 컨트랙트로 대체하고 나면, 전통적인 시스템이 사용하던 여러 가지 부정 방지와 남용을 예방하는 수단을 대체할 암호학적 함수들이 필요하다. 또한, 시그너처로부터 서명자의 주소를 복구하는 코드 부분은 이후 다른 Dapp을 개발하는 데 사용할 수 있다.

다음은 컨트랙트 다이어그램에서 설정한 모든 함수들을 구현한 코드에 대한 설명이다.

- 주관자가 스마트 컨트랙트를 배포하는 constructor를 호출하면 주관자와 작업자 간의 링크 또는 채널이 생성된다.

- constructor의 recipient 파라미터로 작업자의 주소를 입력한다. 주관자는 컨트랙트를 배포하는 호출의 msg.sender가 된다.
- claimPayment() 함수는 함수 본문의 시작 부분에 여러 가지 검증 체크를 한다는 점에 주목하자. 이러한 검증 체크는 require 문으로 설정되어 있다. 만일 require 문에 설정된 조건을 만족시키는 데 실패하면 함수는 중단되고, 실패는 리시트 트리에 기록된다. 실패한 경우, 이 Tx의 기록은 블록체인의 분산 장부에 남지 않는다.
- 이더리움에서 모든 주소는 어카운트 밸런스를 가질 수 있기 때문에 별도의 정의 없이 스마트 컨트랙트도 이더 밸런스를 가질 수 있다. 스마트 컨트랙트 주소로 이더를 보낼 수도 있고 받을 수도 있다. MPC는 스마트 컨트랙트의 이러한 고유한 속성을 이용한다. 컴퓨터 코드 조각이 아이덴티티(어카운트 주소)와 어카운트 밸런스를 가진다고 상상해 보라!
- 유효한 시그너처, 유효한 수신자(작업자), 에스크로에 있는 충분한 밸런스와 같은 여러 조건들을 명시적으로 검증한다. 이러한 조건들에 대한 검증에 성공하면 요청 금액을 전송하고, 스마트 컨트랙트와 마이크로 페이먼트 채널은 selfdestruct 문에 의해 폐기된다. 은행이 채널을 닫을 때마다 폭파된다고 가정해 보자! 은행에서는 불가능한 것이 스마트 컨트랙트에서는 가능하다.

다음 리스트 7.1의 스마트 컨트랙트 코드를 통해 이러한 새로운 패러다임을 리뷰해 보도록 하자.

리스트 7.1 MPC.sol

```
contract MPC {
    address payable public sender;
    address payable public recipient;
    constructor (address payable reciever) public payable {
        sender = msg.sender;
        recipient = receiver;
    }

    function isValidSignature(uint256 amount, bytes memory signedMessage)
                              internal view returns (bool) {
        bytes32 message = prefixed(keccak256(abi.encodePacked(this, amount)));
        return recoverSigner(message, signedMessage) == sender;
    }

    function claimPayment(uint256 amount, bytes memory signedMessage) public {
        require(msg.sender == recipient,'Not a recipient');
        require(isValidSignature(amount, signedMessage),'Signature Unmatch');
        require(address(this).balance > amount,'Insufficient Funds');
        recipient.transfer(amount);
        selfdestruct(sender);
    }
```

주관자와 작업자의 주소들. 마이크로 페이먼트 채널의 엔드포인트

signedMessage의 주관자 주소가 검증됨

조건들을 충족할 경우, claimPayment는 작업자에게 지급

밸런스는 어카운트 주소의 내재적 속성이다

남은 밸런스를 주관자에게 보내고 스마트 컨트랙트는 자체 폐기

```
    function splitSignature(bytes memory sig) internal pure
                            returns (uint8 v, bytes32 r, bytes32 s) {
        require(sig.length == 65,'Signature length');
        assembly {
            r := mload(add(sig, 32))
            s := mload(add(sig, 64))
            v := byte(0, mload(add(sig, 96)))
        }
        return (v, r, s);
    }

    function recoverSigner(bytes32 message, bytes memory sig)
                                  internal pure returns (address) {
        (uint8 v, bytes32 r, bytes32 s) = splitSignature(sig);
        return ecrecover(message, v, r, s);
    }

    function prefixed(bytes32 hash) internal pure returns (bytes32) {
        return keccak256(abi.encodePacked("\x19Ethereum Signed
                                              Message:\n32", hash));
    }
}
```

요청 메시지로부터 서명자의 주소를 복구하는 함수

스마트 컨트랙트는 채널을 오픈하고 (1), 지급 요청에 대해 지급하고 (5), 채널을 종료하는 (6) 온체인 오퍼레이션들을 수행했다. 오프체인 파트에서 수행해야 할 많은 작업이 남아 있는데, 그중 가장 중요한 것은 작업자가 수거한 쓰레기 상자의 확인을 마쳤을 때 마이크로 페이먼트에 사인을 하는 것이다. 마이크로 페이먼트 메시지에 사인을 하는 것은 오프체인 파트인 Dapp의 MPC-app 모듈이 담당해야 한다.

왜 스마트 컨트랙트를 파기하는가?

그림 7.7의 오퍼레이션 (6)과 이에 상응하는 claimPayment() 함수에 있는 selfdestruct (sender) 코드에 대해 생각해 보자. 왜 지급 전송을 하고 난 후 스마트 컨트랙트를 파기하는지 의아한 생각이 들지 않는가? 빈 병을 수거하고 그 대가로 몇 센트를 받는 사람을 가정해 보자. 이를 위해 은행 계좌를 오픈하지는 않을 것이다. 또한, 돈을 받고 나서 이를 지급한 기계에 대해 기억하고 내역을 추적할 필요도 없을 것이다. 이와 비슷하게 탈중앙화 채널에서도 작업자가 지급 요청을 하는 것 외에는 작업자에게 다른 오버헤드를 지우고 싶지 않을 것이다. 또한, 같은 마이크로 페이먼트를 반복적으로 재지급(비트코인 용어로 이중 지급)하고 싶지 않을 것이다. 이러한 이슈는 MPC에 참여하는 온라인 사용자들이 임시적이며 통상 주관 기관으로서는 알 수 없는 사람들이라는 사실에 의해 더욱 증폭된다. 바로 이것이 스마트 컨트랙트가

주관자와 작업자 간의 채널이 임시적이어야 하는 이유다. 또한, MPC contract를 배포하고 폐기하는 비용이 작업자에게 지급하는 통상적인 마이크로 페이먼트보다 상당히 작다.

이러한 임시적 채널 개념은 전통적인 프로그래밍에서는 볼 수 없었던 새로운 개념이지만, 스마트 컨트랙트를 이용한 블록체인 프로그램을 설계할 때 기억해야 할 개념이다.

7.4.5 MPC 애플리케이션 개발(MPC-app)

Dapp의 오프체인 파트인 MPC-app을 개발해 보자. 통상적으로 여기에 유저 인터페이스도 있다. 4장에서 다룬 Dapp의 구조 또는 설계 패턴을 떠올려 보자.

- 웹 애플리케이션을 Node.js 서버에 호스팅
- 유저 인터페이스를 가진 웹 스택
- app.js가 블록체인 서비스를 다루는 web3를 호출해서 애플리케이션 로직을 결합

앞에서 열거한 여러 오프체인 오퍼레이션–플라스틱 수거, 수집소에서 수거 상자를 확인하고, 주관자에게 통보, 주관자에 의한 마이크로 페이먼트 디지털 서명(그림 7.7의 ②, ③, ④)– 중에서 MPC-Dapp 예제에서 다룰 것은 오직 마이크로 페이먼트 디지털 서명 부분뿐이다. 주관자는 이후 지급 요청에서 검증될 마이크로 페이먼트에 대해 디지털 서명을 한다.

MPC-Dapp의 매주 중요한 부분이자, 서로 모르는 사람들이 참여하는 블록체인 기반 디지털 네트워크에서 매우 유용하게 사용될 디지털 서명 프로세스를 탐구해 보자.

디지털 서명

디지털 서명이란 무엇인가? 그림 7.9의 일반적인 은행 수표를 생각해 보자. 수표에는 금액, 은행 정보, 송신자 정보, 수신자 정보, 수표 번호, 송신자의 시그너처(지급을 허가하는 고유한 시그너처)가 있다. 또한 페이먼트 채널의 디지털 페이먼트 메시지도 표시하고 있는데, 은행 수표와 일대일로 매핑해 그 내용의 상관관계를 보여준다.

스마트 컨트랙트의 주소로 은행 정보를 대체하고, 송신자 어카운트의 고유한 논스로 수표 번호를 대체했다. MPC의 마이크로 페이먼트 메시지는 이러한 모든 데이터 요소 또는 그것의 일부분을 가지고 있다. 전통적인 수표의 날짜는 블록체인 트랜잭션의 타임스탬프로 대체했다. 트랜잭션의 타임스탬프는 메시지의 생성 시간이 아니라, 블록체인에 기록한 시간이다! 이것은 은행 수표와 마이크로 페이먼트 메시지의 매우 중요한 차이점이다. 마이크로 페이먼트 메시지에 다른 요소들을 더 추가해서 그 안전성을 강화할 수도 있다. 하지만 블록체인 과부하를 방

지하기 위해 최소한의 데이터만을 저장하는 것이 좋다.

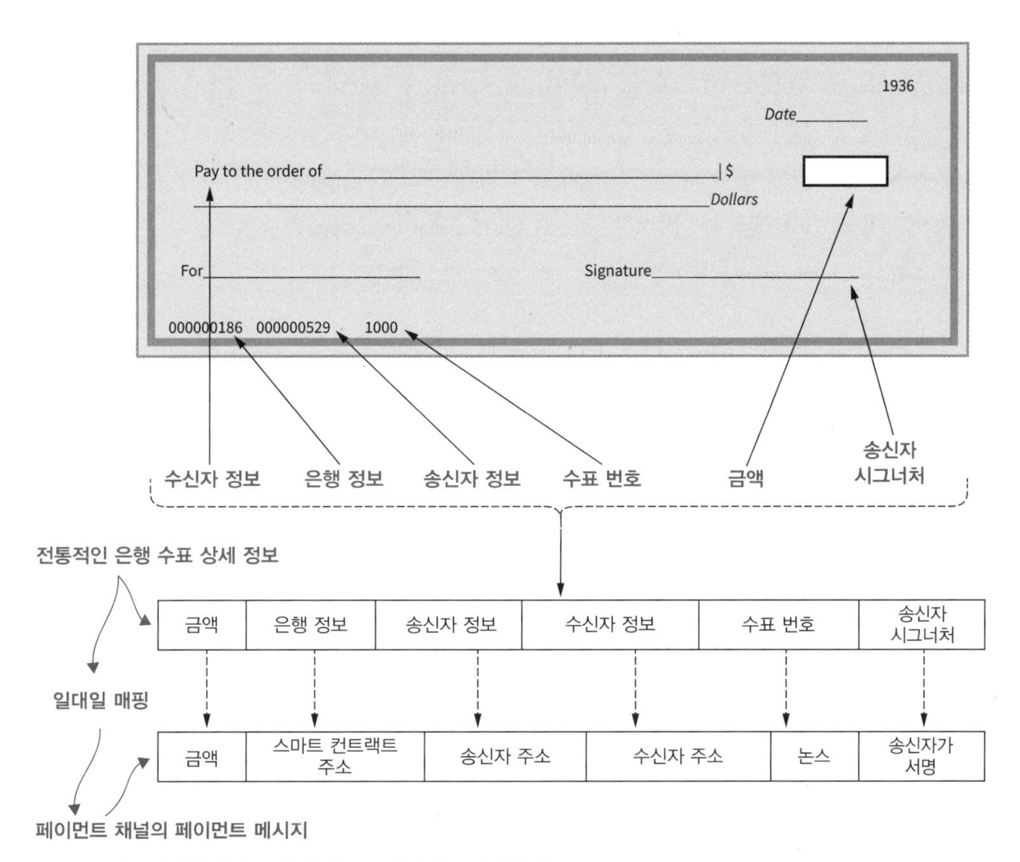

그림 7.9 **전통적인 은행 수표와 마이크로 페이먼트 메시지 비교**

메시지는 사인을 하기 전에 고정 크기로 해시한다(5장에서 해싱에 대해 자세한 설명과 예제를 제공했다). 하나의 메시지 안에 몇 개의 아이템들을 패킹하고 있는지, 또는 각 메시지의 크기에 상관없이 메시지는 고유한 256비트의 값으로 해시한다. 디지털 서명 오퍼레이션은 이 해시값을 송신자의 개인키로 암호화한다. 메타마스크는 이 해시값을 안전하게 사인할 수 있도록 도와준다.

정의 **디지털 서명(digital signing)**은 사인해야 할 메시지 요소들을 고정된 길이의 고유한 값으로 해싱한 후 송신자의 개인키를 사용해 메시지를 암호화하는 것이다.

이러한 해싱과 사인을 하는 `MPC-app`의 코드를 살펴보자. MPC-Dapp의 마이크로 페이먼트 메시지의 경우 오직 금액과 스마트 컨트랙트 주소만을 고려한다. app.js의 다음 코드 부분이 매직, 즉 메시지를 해시하고 사인을 한다.

```
constructPaymentMessage:function(contractAddress, weiamount) {
      return App.web3.utils.soliditySha3(contractAddress, weiamount)
}
...
web3.personal.sign(message, web3.eth.defaultAccount, function(err, signedMessage)
```

편집 창에 MPC 코드 베이스(MPC-app/src/js/ 디렉터리)에 있는 app.js를 열자. 첫 번째 코드 부분은 메시지 요소의 해싱을 담당하는 `constructPaymentMessage()` 함수고, 두 번째는 사인을 처리하는 `signMessage()` 함수다.

여기서 web3를 사용해 web3 API에 있는 블록체인 함수를 호출하는 것을 볼 수 있다. `web3.utils` 패키지를 이용해 해시 함수인 `SoliditySha3`(**Sha**는 **secure hash**를 의미)를 호출하고, `web3.personal` 패키지를 이용해 `sign` 함수를 호출, 해싱된 메시지에 어카운트의 개인키로 사인을 한다. `sign()` 함수의 첫 번째 파라미터는 해싱된 메시지이고, 두 번째 파라미터는 사인에 사용한 개인키의 어카운트 주소이며, 세 번째 파라미터는 콜백callback 함수다. 이 코드는 디지털 서명을 필요로 하는 다른 프로젝트에 바로 재사용할 수 있을 만큼 일반화되어 있다. MPC-app 디렉터리에서 src/js/app.js를 열고, `constructPaymentMessage()`와 `signMessage()` 함수를 잘 살펴보기 바란다.

UI에서 MPC의 app.js, 스마트 컨트랙트, 그리고 사인된 메시지는 은행 수표에 있는 개인 시그너처의 역할을 한다. 은행에서는 은행 직원이 시그너처를 개인적으로 검증한다. MPC-Dapp에서 사인된 메시지는 컨트랙트 주소, 지급 금액, 어카운트 주소로부터 파생한 속성들의 조합이다.

`sign()` 함수 호출에 대응해 메타마스크는 송신자 어카운트의 개인키를 외부로 노출시키지 않고, 메시지를 사인하기 쉽도록 한다. 그림 7.10은 사인을 확정(Signature Reqeust라는 적절한 제목으로)하기 위한 메타마스크 창을 나타낸 것이다. 그림 7.10에서는 해싱된 메시지, 서명자의 어카운트 넘버, 사인을 요청하는 메시지를 보여준다. Sign 버튼을 클릭하면 마이크로 페이먼트를 사인하고 다음으로 넘어간다. 물론 Cancel 버튼을 눌러 사인을 취소할 수 있는 옵션도 있다.

메타마스크는 디폴트로 프라이버시 모드를 켜놓기 때문에 사용하기에 앞서 웹 애플리케이션에 연결부터 해야 한다.

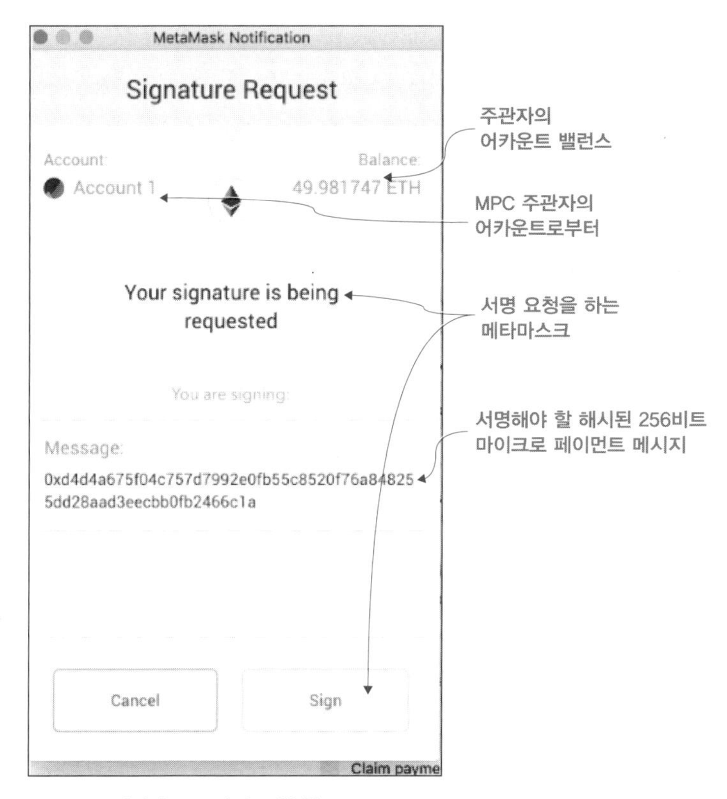

그림 7.10 메타마스크 서명 요청 창

7.4.6 MPC 시퀀스 다이어그램

UML 시퀀스 다이어그램(부록 A)은 보통 설계 단계에서 사용하는데, 이는 설계 원칙 9와 부합한다. 다른 상호작용 분석을 위해서도 사용할 수 있다. 이 절에서 MPC-Dapp의 여러 주체들 간의 상호작용을 파악하기 위해 시퀀스 다이어그램을 사용해 보자. 그림 7.11은 네 개의 주체, 즉 주관자, 스마트 컨트랙트, 작업자, 확인자가 상호작용하는 것을 시퀀스 다이어그램으로 파악해 본 것이다.

다이어그램 상단에서 하단까지 타임라인을 따라 살펴보자. 주관자 어카운트는 MPC 스마트 컨트랙트를 배포하고, 마이크로 페이먼트 채널에 두 주소가 참여하는데, 하나는 송신자인 주관자 어카운트이고, 다른 하나는 수신자인 작업자 어카운트다. 컨트랙트의 배포는 오프라인 마이크로 페이먼트를 위한 채널을 오픈한다. 작업자는 플라스틱 쓰레기를 상자에 모아 확인자에게 보낸다. 확인자는 상자의 내용물을 확인하고 주관자에게 그 데이터를 송신하는 자동화된 기계일 수도 있다. 주관자는 데이터를 수신할 때마다, 수거 작업을 한 작업자에게 해당 금액의 마이크로 페이먼트(오프체인 데이터)를 보낸다. 작업자가 하루 일과를 종료할 때까지 이 사이클을 반복한다. 작업자는 스마트 컨트랙트에 `claimPayment()` 요청을 최종 금액(마지막 누적 메시지)과 사인한 메시지와 함께 보낸다. 스마트 컨트랙트는 이것을 확인하고, 작업자에게 지급한다. 지급을 컨펌하고 나면 스마트 컨트랙트 폐기와 함께 그 채널 또한 종료된다.

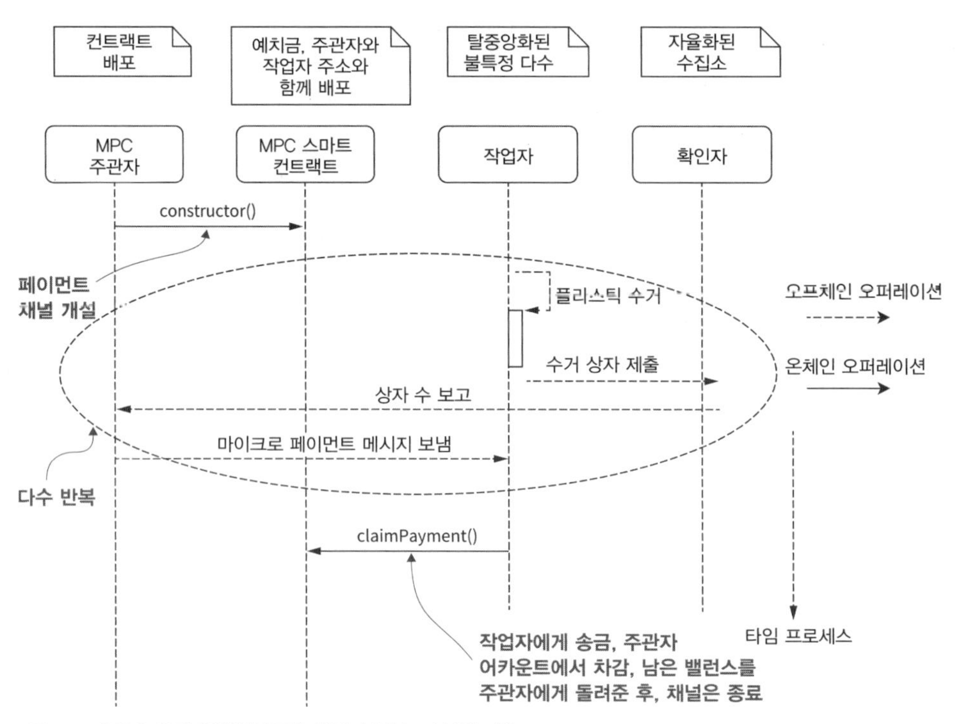

그림 7.11 **MPC 오퍼레이션 플로를 위한 시퀀스 다이어그램**

7.4.7 MPC 실행 시범

이제 MPC 작동을 시험해 볼 차례다. 웹 인터페이스는 단일 페이지 UI이고, 실제 프로덕션용 버전에서는 보여주지 않을 몇 가지 추가적인 세부 정보를 표시한다. 이 세부 정보는 MPC 상호작용의 이해를 돕기 위해서 추가한 것이다. 예를 들자면, 이 인터페이스는 송신자, 수신자, 스마트 컨트랙트 각각의 현재 밸런스를 보여줄 뿐만 아니라, 마이크로 페이먼트 메시지도 보여준다. 이러한 추가 정보는 대개 사용자에게 제공하지는 않지만, 여기서는 데모 목적으로 보여주는 것이다.

MPC-Dapp.zip 파일을 이 장의 코드 베이스에서 다운로드받고 압축을 풀자. 다음 설명을 따라 트러플에서 컴파일하고 배포하자.

MPC-Dapp 셋업하기

1 **테스트 체인을 시작하자.** 가나슈 아이콘을 클릭해서 가나슈 블록체인을 구동하고, QUICKSTART를 클릭하자. localhost:7545에서 동작하는 가나슈 테스트 체인을 메타마스크로 웹 UI에 연결하자. (가나슈 체인은 커맨드 라인 명령어인 `ganache-cli options`으로 실행할 수도 있다.)

2 **스마트 컨트랙트를 컴파일하고 배포하자.** 베이스 디렉터리 이름은 MPC-Dapp이고 MPC-contract와 MPC-app 서브 디렉터리를 가지고 있다. 베이스 디렉터리인 MPC-Dapp에서 다음 명령어를 실행하자.

```
cd MPC-contract
  (rm -r build/ for subsequent builds)
truffle migrate --reset
```

이 명령어는 `contract` 디렉터리에 있는 모든 컨트랙트를 배포한다. 신규 컨트랙트를 배포했다는 메시지가 나오면 스마트 컨트랙트의 주소를 확인한다. 또한, Migrations.sol과 MPC.sol을 배포했다는 메시지도 나올 것이다. 이후 `truffle migrate` 명령어로 빌드하기 전에 `rm -r build/` 명령어로 작업한 빌드 디렉터리를 지운다.

3 **웹 서버(Node.js)와 Dapp 웹 컴포넌트를 시작하자.** MPC-app 디렉터리로 이동한 후 다음의 명령어를 실행하자.

```
cd MPC-app
npm install
npm start
```

서버가 localhost:3000에 실행되었음을 확인할 수 있을 것이다.

4 **메타마스크 플러그인이 설치된 웹(크롬) 브라우저를 시작하자.** 브라우저에서 localhost:3000을 열자. 메타마스크 패스워드를 입력해서 푼 다음, 네트워크를 가나슈 블록체인에 연결하자. 가나슈 테스트 체인에서 열두 개의 시드 리스트를 다시 복사해서 복구해야 할 수도 있다. `Import account by using seed phrase` 옵션을 선택해 이 시드 리스트를 이용해 가나슈 체인에 있는 어카운트를 메타마스크로 읽어 올 수 있다.

이제 그림 7.12와 같이 MPC-Dapp 웹 인터페이스를 이용해 상호작용할 수 있다.

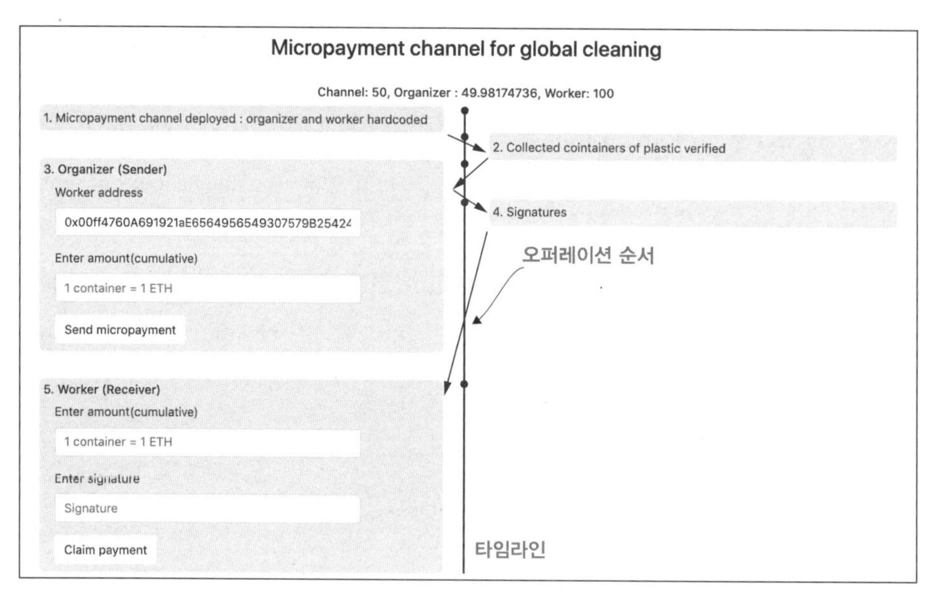

그림 7.12 상호작용 전의 MPC-Dapp의 웹 UI

그림 7.12에는 순서에 따른 번호가 매겨져 있는데, 7.4.3절에서 이야기한 온체인과 오프체인 오퍼레이션을 색으로 구분해 놓았다. 싱글 웹 페이지에서 주관자 또는 송금자 UI가 작업자 UI 위에 있다. 중요한 이벤트는 점으로 표시한 타임라인을 보여준다. UI는 데모 목적으로 몇 가지 상세 정보를 표시하고 있다. 포인트 1에서 5까지 살펴보자. 포인트 1은 주관자와 작업자의 주소와 함께 MPC 스마트 컨트랙트가 배포되었다는 것을 나타낸다. 포인트 2는 작업자가 재생 가능한 플라스틱을 상자에 수거하고 확인을 받았다는 것을 나타낸다. 포인트 3은 주관자(이 데모에서는 메타마스크의 Account 1)가 수거 작업에 대해 마이크로 페이먼트를 보내는 것이다. 작업자인 수신자는 주소, 즉 어카운트 넘버를 미리 받아 놓았다(이 데모를 위해). 포인트 4는 마이크로 페이먼트가 표시되는 곳이다(물론 이것도 데모를 위해서). 포인트 5는 작업자(메타마스크의 Account 2)가 MPC 스마트 컨트랙트에 지급 요청을 하는 것이다. 또한, 이 과정에서 스마트 컨트랙트, 주관자, 작업자 어카운트들의 밸런스를 확인한다. 데모를 진행해 갈수록 이 값들은 계속 업데이트된다.

MPC-Dapp 상호작용

다음의 단계들을 따라 실행함으로써 마이크로 페이먼트 채널 상호작용을 시뮬레이션해 보자. 일단 7.4.7절의 설명에 따라 스마트 컨트랙트를 배포하고 Node.js 서버를 구동시킨 후 다음을 실행하자.

1 메타마스크에서 Account 1과 Account 2를 리셋하자. Account 아이콘을 클릭해서 Setting > Advanced Settings > Reset Account를 선택하면 된다. 주관자와 작업자 역

할을 스위칭할 때 웹 UI 페이지를 리로딩하도록 한다.

2 메타마스크에서 Account 1을 선택한 후, 주관자 UI에서 상자 수(bins)로 1을 입력한 후 Send micropayment 버튼을 클릭한다. 메타마스크 팝업이 뜨면 트랜잭션을 컨펌한다. 메타마스크에서 Sign을 클릭하면, 오른쪽 패널에 마이크로 페이먼트 메시지가 나타나고 그 값은 1일 것이다.

3 단계 2를 반복하는데, 첫 번째는 3, 그다음은 7로 입력한다. 그림 7.13와 같이 7은 총 일곱 개의 상자를 수거했다는 것을 의미한다.

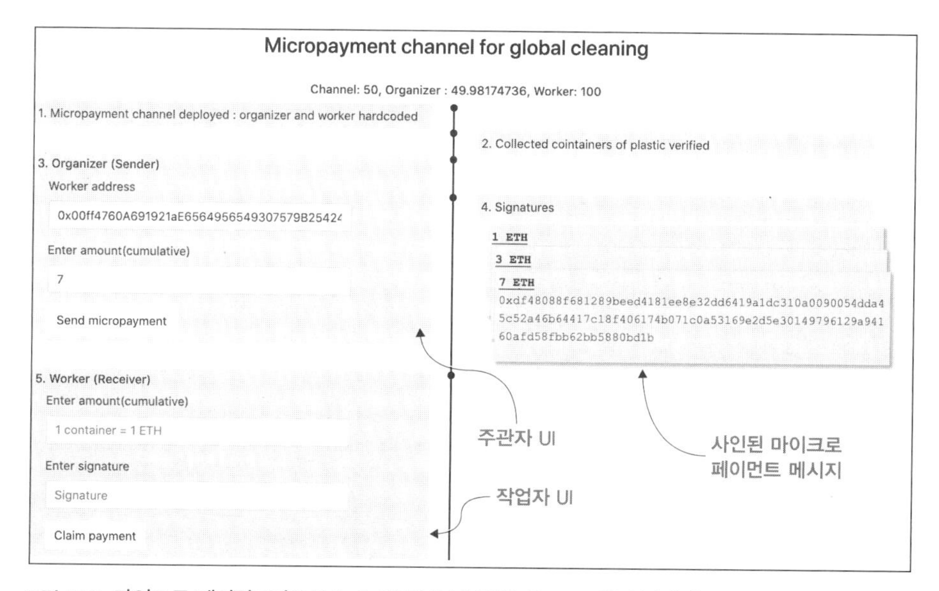

그림 7.13 마이크로 페이먼트값으로 1, 3, 7ETH를 처리한 후 MPC 웹 인터페이스

4 이제 작업자가 지급 요청을 하고 싶어 한다고 가정하자. 메타마스크에서 작업자를 의미하는 Account 2를 선택한다. 가장 높은 마이크로 페이먼트값(이 경우 7)을 작업자 UI에 입력하고, 오른쪽 패널에서 사인된 마이크로 페이먼트 메시지를 복사해 signature 필드에 붙여넣은 후, Claim payment 버튼을 클릭한다. MPC 컨트랙트를 호출하고, 데이터를 정확히 입력했다면, 작업자는 스마트 컨트랙트로부터 7ETH를 지급받을 것이다. 이 트랜잭션이 컨펌이 이루어지면, 작업자에게 지급한 금액을 제외한 나머지 에스크로 밸런스는 주관자에게 환불하고, MPC 스마트 컨트랙트는 종료된다. 그림 7.14와 같이 UI의 맨 위 줄에 있는 밸런스가 이에 따라 제대로 업데이트되었는지 확인하자(Channel = 0; Organizer=92.98...; Worker = 106.99...).

5 만일 지급 요청이 성공했다면 그림 7.14와 같이 UI의 아래쪽에 녹색 알림 메시지가 나타나고, 실패했다면 붉은색의 알림이 뜰 것이다.

주관자와 작업자 어카운트 둘 다 100이더 밸런스로 시작했었는데, 이제 92.98과 106.99로 바뀌었음을 알 수 있을 것이다. 약간의 금액이 트랜잭션 실행에 필요한 가스비로 소모되었다.

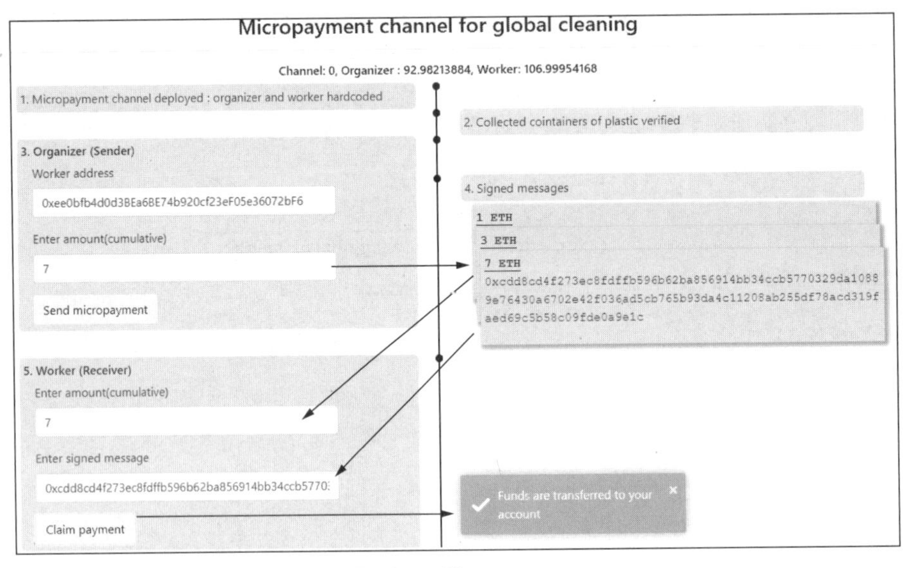

그림 7.14 **MPC 오퍼레이션 순서와 성공한 지급 요청**

6 지급 요청과 채널 종료 후, 스마트 컨트랙트는 폐기되어 더 이상 존재하지 않는다. 메타마스크에서 이 스마트 컨트랙트를 실행하면 그림 7.15와 같은 오류 메시지가 뜰 것이다.

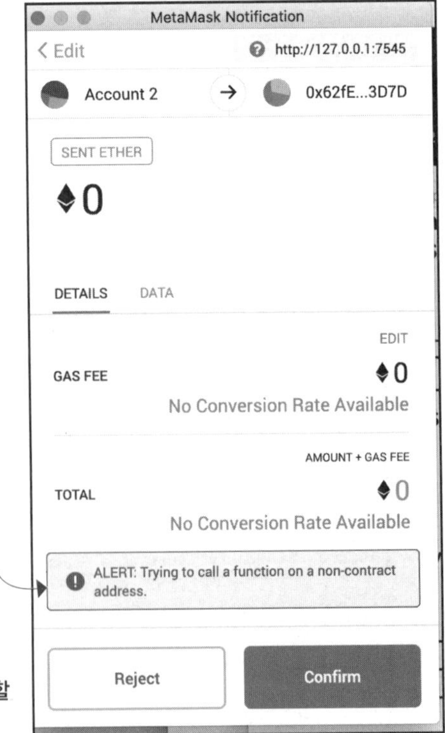

그림 7.15 **채널의 종료 후 스마트 컨트랙트를 실행할 때 나타나는 오류 메시지**

7.4.8 web3 프로바이더 액세스하기

블록체인 서비스를 액세스하기 위해 web3를 API로 이용해 보는 것이 이 장의 목표 중 하나였다. 7.4.5절은 이러한 서비스를 다룬 것인데, MPC-code에서 사용한 다른 web3 호출은 어디에 있을까? MPC-app의 app.js에 들어 있다. 사실 web3는 MPC-app 웹 애플리케이션이 MPC-contract와 블록체인 서비스에 액세스하기 위한 수단이다. MPC-app의 코어 컴포넌트가 app.js이고, 이는 UI와 스마트 컨트랙트를 포함한 블록체인 노드 서비스를 연결하는 다리로서 기능한다. 7.4.5절에서 우리는 이미 어떻게 web3가 해시 함수(web3.utils 패키지에 있는)를 이용해 마이크로 페이먼트 포맷팅에 사용되었는지 살펴보았다.

이 함수가 마이크로 페이먼트 정보를 해싱한다.

```
web3.utils.soliditySha3(contractAddress, weiamount)
```

web3의 personal 패키지에 있는 또 다른 함수도 사용하였다.

```
web3.personal.sign(message,web3.eth.defaultAccount,function(err, signedMessage))
```

가나쉬 블록체인상에 있는 MPC 스마트 컨트랙트에 액세스하기 위해서 web3.eth.Contract를 사용했다.

```
web3.eth.Contract(data.abi, contractAddress, ..)
```

암호 화폐의 내부 연산은 wei 단위로 처리하는데, 이더 단위를 wei로 컨버전하기 위해 web3.utils.toWei를 호출했다.

```
web3.utils.toWei(amount,'ether')
```

어카운트의 밸런스를 블록체인에서 가져오기 위해 app.js에서 다음의 함수를 수시로 호출했다.

```
web3.eth.getBalance(accounts[1])
```

web3는 app.js 코드 안에서 서른 군데 이상 사용했고, 실행 과정에서는 더 많이 호출했다. 그러므로 web3.js에 대한 지식은 Dapp 설계와 개발에 필수적이다.

리스트 7.2는 app.js 코드를 보여준다. app.js에는 다섯 가지 유형의 web3 패키지 호출이 있다.

- web3 프로바이더를 가지고 web3 객체를 생성하기 위해 - 이 경우에는 *http://127.0.0.1:7545*에서 작동하는 가나슈 로컬 테스트 체인
- 스마트 컨트랙트 ABIApplication Binary Interface와 주소를 가지고 web3 컨트랙트 객체를 생성하기 위해
- 사용자 UI에 보여줄 어카운트와 밸런스 정보를 액세스하기 위해
- 애플리케이션 종속적(이 경우에는 MPC에 특화된) 메시지 해싱과 사인을 위해
- wei를 이더로 컨버팅하는 유틸리티 함수를 위해

리스트 7.2 **app.js**

```
App = {
    web3: null,
    contracts: {},
    url:'http://127.0.0.1:7545',      ◀── 애플리케이션 App을 초기화하기 위한 데이터
    network_id:5777,
    ...
    init: function() {
        return App.initWeb3();
    },

    initWeb3: function() {
        ...
        App.web3 = new Web3(App.url);     ◀── web3 초기화, 여기서는
      }                                       web3 프로바이더로 가나슈를 초기화
      return App.initContract();
    },

    initContract: function() {
        ...
        App.contracts.Payment = new App.web3.eth.Contract(data.abi,
            data.networks[App.network_id].address, {});   ◀── 스마트 컨트랙트 ABI와
        ...                                                    주소를 가지고 스마트
        },                                                     컨트랙트 액세스

        populateAddress : function() {
            ...
            new Web3(App.url).eth.getAccounts((err, accounts) => {   ◀── 가나슈 web3
            ...                                                          프로바이더에 생성된
            },                                                           어카운트 연결
            handleSignedMessage:function(receiver,amount) {
                ...
                var weiamount=App.web3.utils.toWei(amount, 'ether');
```

```
        ...
    },

    constructPaymentMessage:function(contractAddress, weiamount) {
      return App.web3.utils.soliditySha3(contractAddress,weiamount)
    },

    signMessage:function(message,amount) {
      web3.personal.sign(message, web3.eth.defaultAccount, function(err, signedMessage)
      ...
    },

  handleTransfer:function(amount,signedMessage) {
    if(App.web3.utils.isHexStrict(signedMessage)) {
       var weiamount=App.web3.utils.toWei(amount,'ether')
       var amount=App.web3.utils.toHex(weiamount)
       ...
    }
```

web3.utils를 사용해 메시지 해싱

web3.personal을 사용해 해시된 메시지 사인

web3.utils를 사용해 이더로 표시된 페이먼트값을 wei 단위로 변환

MPC-Dapp의 app.js는 매우 다양한 곳에서 web3.eth부터 web3.utils에 이르기까지 다양하게 web3 패키지를 사용한다. 리스트 7.2의 여러 가지 함수들의 구조적인 흐름을 잘 파악해 두자. 다음으로 Dapp 개발에 이러한 정보를 어떻게 사용하는지 알아보자.

Dapp 애플리케이션 코딩하기

전체 app.js 코드를 잘 살펴보기 바란다. 모든 Dapp에는 이러한 코드(app.js)가 반드시 필요하기 때문이다. 리스트 7.2를 이후 Dapp 개발을 위한 베이스로 삼아도 좋다. Dapp을 위한 app.js를 코딩할 때 이 장에서 배운 web3의 지식을 활용해 다음과 같은 가이드라인을 따르면 된다.

- 초기화를 위한 데이터를 정의하자.
- web3 프로바이더를 가지고 web3 객체를 생성하자. 이 장에서는 가나쉬가 web3 프로바이더 였지만, 뒤 장에서는 이더리움 클라이언트 노드를 사용할 것이다.
- ABI(.json 파일)와 스마트 컨트랙트의 배포 주소를 사용해 컨트랙트를 링크하자.
- 스마트 컨트랙트에 액세스하고 상호작용할 (웹) UI를 코딩하자.
- Dapp 테스팅과 데모를 위한 지원 함수를 추가하자. 리스트 7.2에서 `populateAddress()`가 그런 종류의 함수인데, UI상에 어카운트 주소와 밸런스를 보여준다.

이로써 이 장에서 소개하는 MPC Dapp과 사이드 채널 개념 탐구를 마쳤다.

7.4.9 MPC 확장

디지털 민주주의(4장의 투표), 마켓플레이스(6장의 ASK), 온라인 경매(6장의 블라인드 경매) 모델들과 달리, 마이크로 페이먼트 채널 모델은 전통적인 방법으로는 해결할 수 없다. 아마도 MPC 스마트 컨트랙트를 일회 사용 후 폐기하지 않고 계속 오픈한 상태로 재사용할 수 없을까 궁금해하는 사람이 있을 것이다. MPC를 위한 스마트 컨트랙트는 다음의 조건과 상황을 다룰 수 있도록 확장할 수 있다.

- 기간 기반time duration-based 채널
- 작업자가 일정 시간 내에 지급 요청을 하지 않을 경우
- 채널을 닫지 않고 연장할 경우
- 주관자가 정해진 기간 이전에 채널을 종료
- 마이크로 페이먼트에 논스nonce와 같은 다른 아이템 추가
- 양방향 페이먼트
- 일대다one-to-many 채널
- 다른 애플리케이션 종속적 기준

7.4.10 마이크로 페이먼트 채널의 유의미성

큰 금액을 송금해야 할 필요가 있을 때는 여전히 일반 금융 시스템을 사용할 수도 있을 것이다. 최근 JP 모건 체이스는 두 고객 간 큰 금액의 송금에 쿼럼Quorum 블록체인(*http://mng.bz/6AZD*)을 사용했다. 이 트랜잭션은 온체인 트랜잭션이었다. 전자 상거래, 지급, 구매 등에도 비트코인이나 이더리움 같은 암호 화폐를 이용한 일반 온체인 트랜잭션을 사용할 수 있다. 하지만 참여자들 간에는 의미가 있지만, 현재의 금융 시스템이 다루기에는 힘든 소액 전송의 경우에는 오프체인 채널이 유용한 수단이 될 수 있다. 작은 단위로 쪼개진 소액을 전송하다가, 정기적으로 또는 한 번에 메인 채널에 올려 정산하는 방식으로 처리할 수 있으므로 소액 전송에 편리하다. 7.4.4절과 7.4.5절의 글로벌 재활용 플라스틱 수거 문제라는 유스 케이스에 이런 패턴을 활용했다.

7.4.11 다른 web3 패키지

리스트 7.2에 예시하고 이 장에서 살펴보았듯이 web3는 매우 강력한 패키지다. web3 서브 패키지에 관해 조금 더 알아보자.

일반적으로 web3.eth는 외부 애플리케이션이 작동 중인 이더리움 노드와 상호작용할 수 있도록 한다. 서브 패키지 중 web3.eth.personal은 노드 내 어카운트의 생성과 관리를 담당하고, 키 스토어에 있는 개인키를 관리하기 때문에 personal API라고 부른다. 예를 들어, web3.eth.personal.newAccount()는 새 어카운트를 생성한다. MPC-app에서 web3.eth.personal.sign() 대신에 web3.personal.sign()을 사용했다. 전자는 보안 강화를 위해 위해 패스워드를 요구하므로 일반 디바이스 사용 시 패스워드 옵션을 설정할 수 있다.

web3.eth.debug는 블록 레벨에서의 디버깅을 돕는다. 예를 들어, debug.dumpBlock(16)은 블록 번호 16의 블록 헤더 상세 정보를 보여준다. web3의 디버그 객체는 블록체인 내부를 들여다볼 수 있으므로, 애플리케이션과 관련된 블록 정보를 확인하면 디버깅에 도움이 된다.

web3.eth.miner는 노드의 마이닝 오퍼레이션을 관리하는데, 마이닝 관련 여러 가지 세팅을 한다. 예를 들면 miner.start()는 마이닝 오퍼레이션을 시작하게 하고, miner.stop()은 마이닝을 중지시킨다. miner.start(6)을 실행하면 여섯 개의 병렬 스레드를 사용해 채굴을 시작한다. **마이닝**mining은 체인을 위한 블록을 선택하는 프로세스다.

해결하려고 하는 문제에 따라 많은 패키지들을 활용할 수 있다. Node.js 환경에서 web3를 인스톨하고 (require("web3")) 가나쉬 테스트넷에 연결한 다음, 여러 가지 명령어를 실행해 보자. 블록체인 애플리케이션의 실제 코딩에 앞서 직접 이러한 테스트를 실행해 나가면서, 이것이 어떻게 작동하는지 잘 이해해 두는 것이 좋다.

7.5 돌아보기

이 장에서 처음으로 디지털 서명을 다루어 보았다. 이 기능을 Dapp의 애플리케이션 파트(MPC-app)에서 구동시키기는 했지만, 메시지를 해싱하고 사인하기 위해 블록체인 서비스를 이용했다. web3는 가나쉬 노드의 web3 프로바이더의 해싱과 사인 함수를 이용한 것이다. 여기서 유의할 것은 해싱할 때 원하는 아무 함수나 가져다 쓰는 게 아니고, 같은 블록체인을 사용하는 모든 사람이 따르는 같은 방법으로 처리해야 한다는 점이다. 여기서는 해싱을 위해서 web3가 제공하는 SHA3 함수를 사용했고, web3와 메타마스크의 도움으로 어카운트의 개인키를 사용해 사인했다.[5]

5 옮긴이 web3와 메타마스크 자체가 반드시 사용해야 하는 표준은 아니고, 표준을 구현한 하나의 라이브러리와 지갑일 뿐이다. 표준 프로토콜을 구현한 어떠한 라이브러리와 지갑을 사용해도 무방하다.

마이크로 페이먼트 채널을 위한 스마트 컨트랙트는 constructor와 지급 요청의 시그너처를 검증하고 지불하는 두 개의 퍼블릭 함수만을 가진 간단한 것이었다. 스마트 컨트랙트의 또 다른 함수는 마이크로 페이먼트 메시지의 서명자를 불러오기 위해 해당 블록체인 함수를 액세스하는 것이었다. 스마트 컨트랙트에서 이러한 작업을 수행하기 위해서는 표준적인 함수를 사용해야 한다. 스마트 컨트랙트는 블록체인 서비스 인프라가 컨트롤하는 샌드박스(이더리움의 EVM)에서 작동하기 때문에 스마트 컨트랙트 함수를 실행했을 때 모든 참여자는 일관된 동일한 결과를 갖게 된다.

web3 API는 밑바탕 블록체인 서비스에 대한 인터페이스다. 이더를 wei 값으로 바꾸고 16진수를 디스플레이할 숫자로 바꾸는 등의 간단한 변환도 web3 (utils) 라이브러리를 사용했는데, 모든 오퍼레이션이 모든 참여자에게 일관적이어야 하기 때문이다.

스마트 컨트랙트에 수천 줄의 코드를 사용해 모든 기능을 다 넣을 필요는 없다. 블록체인 인프라는 애플리케이션에서 호출해 사용할 수 있는 많은 서비스를 제공하고 있다.

마지막으로 모든 주체, 즉 주관자, 스마트 컨트랙트, 작업자, 확인자 등이 자율적인 기계와 소프트웨어 프로그램이라서 자동으로 지구를 청소하고, 작업에 대한 마이크로 페이먼트를 받아갈 수 있다는 것을 알아차렸는가? 이 과정에 인간이 필요 없을 수도 있다.

7.6 베스트 프랙티스

다음은 페이먼트 채널을 위한 모범 치침이다.

- 블록체인 솔루션에 의존하기 전에 전통적인 솔루션을 조사하자. 신용카드 경비를 지급하는 것과 같은 일상의 필요성을 위해서는 통상적인 은행 시스템이 잘 작동할 수도 있다. 전통적인 시스템이 잘 작동하면, 블록체인 솔루션으로 굳이 끼워 맞출 필요가 없다.
- Dapp을 설계하기 전에 해결해야 할 문제에 대해 블록체인 솔루션이 실제 세계에서 작동 가능한지 여부에 대해 분석하자.
- 블록체인 생태계에는 온체인과 오프체인 오퍼레이션이 있다. 오프체인 오퍼레이션은 현재 있는 곳에 그냥 두고, 적절한 방법을 사용해 그것을 온체인 오퍼레이션에 링크시켜라.
- 블록체인 노드상에서 수행해야 할 모든 연산을 위해서 web3 라이브러리 함수를 사용하자. 블록체인 노드상에서 수행하는 연산은 256비트 기반이고, 일반 웹 애플리케이션은

64비트 서버에서 수행한다는 것을 유의하자. 컨버전이 필요할 수도 있는데, web3.utils 패키지를 이용해서 처리하는 것이 바람직하다.

- 사이드 채널 개념은 확장성 문제 해결과 메인 채널에서의 Tx 수를 줄이는 데 유용하다.
- 일반적으로 더 이상 필요 없는 스마트 컨트랙트를 삭제하기 위해 `selfdestruct()` 명령어를 사용한다. 이 기능을 MPC 예제에서 채널을 종료시킬 때 사용했다. 청소는 사용이 끝난 플라스틱에만 필요한 것이 아니라, 스마트 컨트랙트에도 필요하다. 블록체인 네트워크에 과부하가 걸리지 않도록 하기 위해서는 청소가 필요하다.

7.7 요약

- 마이크로 페이먼트 채널 개념은 블록체인 서비스와 고유하게 잘 맞는다.
- 메시지를 디지털로 사인하는 것은 표준 크기로 패킹하고 해싱하며 서명자의 개인키로 암호화하는 과정을 거친다.
- 스마트 컨트랙트는 변조 불가능하지만, `selfdestruct()` 명령어에 의해 폐기가 가능하다.
- web3 API는 블록체인 서비스를 애플리케이션 레이어에 노출시킨다.
- 온체인과 오프체인 오퍼레이션 개념은 6장에서 다룬 온체인과 오프체인 데이터 개념을 보완한다.
- 스마트 컨트랙트는 장기적으로 지속하는 영구적인 프로그램이 될 수도, 단시간 사용 후 폐기하는 프로그램이 될 수도 있다.
- 채널과 사이드 채널 조합은 서로 모르는 피어들 간의 글로벌 수준의 탈중앙화 애플리케이션 문제를 해결하기 위한 다용도의 도구다.

CHAPTER 8

인퓨라를 이용해 퍼블릭으로 나가기

이 장에서 다룰 내용

- 이더리움 노드와 네트워크 인프라를 탐색하기
- 인프라 제공자인 인퓨라 서비스를 이해하기
- Dapp을 퍼블릭 네트워크에 배포하는 로드맵 정의하기
- Dapp을 인퓨라 노드와 롭스텐 네트워크에 배포하기
- 탈중앙화한 다수의 참여자와 작업하기

블록체인은 근본적으로 고속도로나 일반도로 같은 퍼블릭 인프라다. 지금까지 우리는 가나쉬 테스트 체인(localhost:7545상의 가나쉬)을 사용해 애플리케이션을 배포해 왔는데, 이것은 마치 주차장에서 처음 운전을 배우거나, 실험실에서 실험을 하는 것과 비슷하다. 이제 일반 도로로 나가서 지금까지 배운 Dapp 개발 스킬을 연습해 볼 차례다. 일반 도로에서 운전하기 위해 직접 도로를 만들 필요는 없다. 기존 인프라를 이용하면 된다. 마찬가지로 퍼블릭 블록체인에 손쉽게 배포하려면 클라우드 서비스와 유사한 퍼블릭 인프라 지원이 필요하다. 블록체인 노드를 호스팅하는 클라우드 같은 서비스로 인퓨라(*https://infura.io*)를 소개한다. 인퓨라는 롭스텐 같은 여러 테스트 네트워크와 이더리움 메인넷을 위한 게이트웨이를 제공한다.

이 장에서는 이제 퍼블릭 블록체인 생태계로 확장해 지금까지 배운 개발 스킬을 향상시켜 보자. 로컬 테스트 체인에 Dapp을 호스팅하는 것을 졸업하고, 이제 퍼블릭 체인으로 진출하자. 이 단계는 탈중앙화한 참여자들이 Dapp과 상호작용할 수 있도록 하기 위해서는 필수적이다. 이미 익숙한 블라인드 경매와 마이크로 페이먼트 채널 Dapp을 가지고 인퓨라를 사용하는 법

을 배워 보자. 인퓨라는 롭스텐 퍼블릭 네트워크를 사용할 수 있는 노드 인프라를 제공해 줄 것이다. 탈중앙화 네트워크에서 다수의 참여자 역할을 시뮬레이션해 보는 것이 이 장의 초점이다.

이 장을 잘 활용하기 위해서는 7장을 완전히 이해해야만 한다.

8.1 노드와 네트워크

이메일이나 메시징 같은 애플리케이션을 생각할 때 대부분은 오직 클라이언트의 인터페이스만을 떠올린다(예를 들어, 이메일 클라이언트). 대부분의 애플리케이션 뒤에는 서버가 있다. 애플리케이션 서버가 이메일을 관리, 저장, 포맷, 필터링한다. 이와 비슷하게 노드는 블록체인 서비스를 위한 서버다. 노드는 블록체인 관련 오퍼레이션을 관리한다. 네트워크는 노드들을 연결한다. 노드의 네트워크상의 오퍼레이션(1장)은 프로토콜, 즉 규칙의 집합이 제어를 한다. 그림 8.1을 통해 1장에서 다루었던 내용을 다시 한번 상기해 보자.

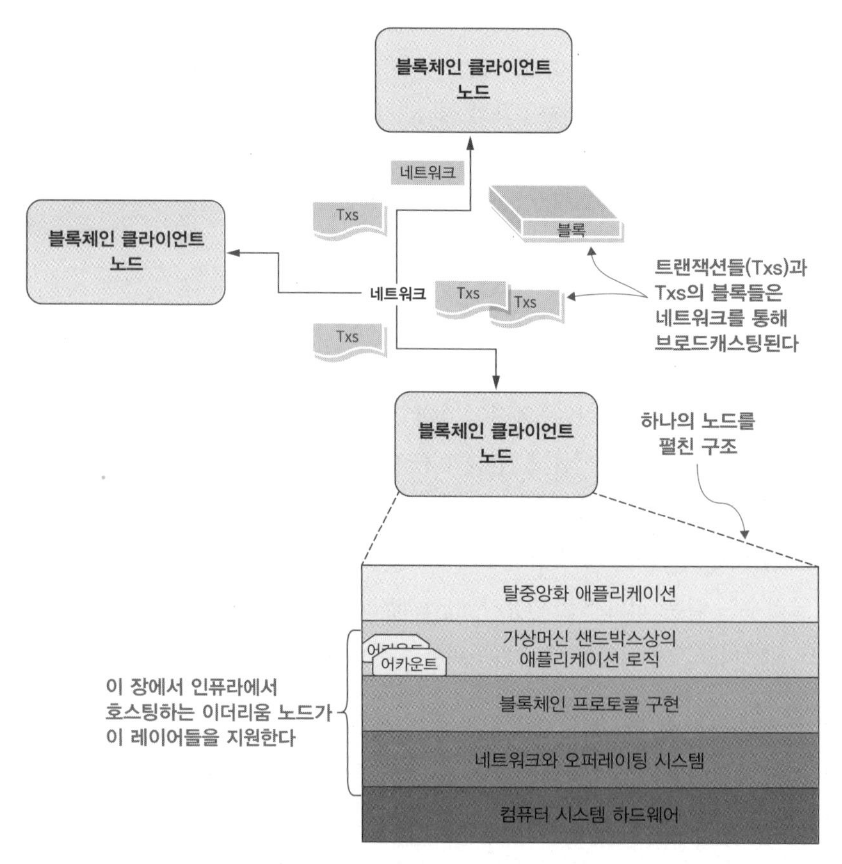

그림 8.1 **이더리움 노드의 네트워크(그림 1.6 수정)**

이전의 장에서 우리는 리믹스 IDE의 자바스크립트 시뮬레이션 환경이나 가나쉬 로컬 테스트 노드를 이용해 작업했다. 이러한 로컬 테스트 환경은 프로토타이핑을 위해서는 충분하다. 하지만 어떻게 가나쉬의 테스트 노드에서 이더리움의 프로덕션 노드로 넘어갈 수 있을까? 이 작업을 위해서는 이더리움 프로토콜에 따라 노드를 안전하게 셋업하고 어카운트와 프로토콜이 요구하는 것을 관리해야 한다. 블록체인 노드를 셋업하고 관리하는 것은 보통 개발자 개인의 몫은 아니다. 이메일 클라이언트를 사용하기 위해 직접 이메일 서버를 운영하는가? 아니다. IT 관리 부서가 이를 대신 해줄 것이다. 이것이 바로 인퓨라가 해주는 일이다. 프로토타입 로컬 환경 대신에 블록체인 노드를 지원하기 위한 보안성이 있고 프로덕션 준비가 된, 확장성 있는 인프라를 제공하는 것이다. 이더리움 네트워크에 액세스하기 위한 API와 노드를 제공한다. 이제 인퓨라가 제공하는 노드와 네트워크를 사용해 보자.

8.2 인퓨라 블록체인 인프라

그림 8.2는 블록체인 기반 Dapp의 생태계 확장 지원을 위해 인퓨라가 제공하는 여러 가지 서비스들을 보여준다. 그림 8.2의 아래쪽 왼편에는 이전 장에서 Dapp을 테스트하기 위해 사용했던 익숙한 가나쉬 노드가 있다. 이제 이 훈련용 보조 바퀴를 떼어 내고 인퓨라를 사용해 보자.

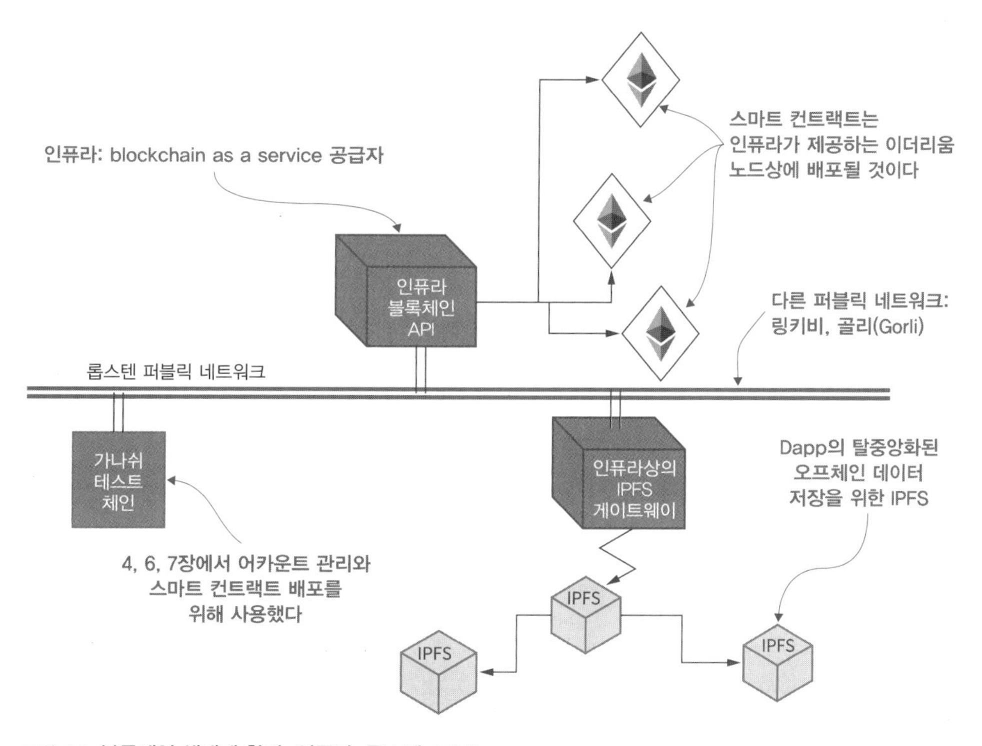

그림 8.2 블록체인 생태계 확장: 인퓨라, 롭스텐, IPFS

그림 8.2의 대부분은 인퓨라 인프라가 제공하는 서비스에 관한 것인데, 가장 중요한 역할은 이더리움 블록체인 노드를 제공하는 것이다. 퍼블릭 네트워크는 이러한 노드들을 연결한다. 그림 8.1과 같이 여기서는 롭스텐 네트워크를 사용한다. 또한, 인퓨라는 IPFSInterplanetary File System 게이트웨이 같은 다른 서비스도 제공한다. 이것은 오프체인 데이터를 저장하기 위한 탈중앙화 저장 공간이다. 이 장에서는 이더리움 네트워크를 위한 엔드포인트와 이를 액세스하기 위한 API에 초점을 맞출 것이다.

8.3 인퓨라를 이용해 퍼블릭으로 나가기

인퓨라는 이더리움 Geth(Go-language based Ethereum node의 약자) 클라이언트 노드를 위한 인프라 서비스다. 인퓨라는 제한된 프로젝트 수를 가진 무료 서비스와 더 많은 리소스를 지원하는 유료 서비스를 제공한다. 이 책에서는 무료 서비스만을 이용해도 좋다.

그림 8.3은 인퓨라가 제공하는 서비스를 보여주는 홈페이지다. 무료 버전을 선택해 가입하고 서비스를 살펴보자.

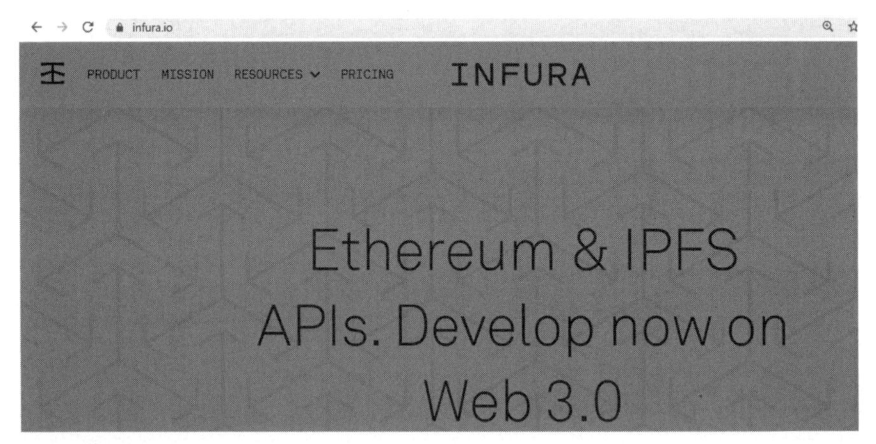

그림 8.3 인퓨라 홈페이지

8.3.1 서비스로서의 블록체인 노드(blockchain node as a service)

인퓨라는 이더리움 노드를 서비스로 제공하는 클라우드형의 인프라다. 또한, 인퓨라는 이더리움 메인넷뿐만 아니라 롭스텐, 링키비 같은 여러 퍼블릭 테스트 네트워크 연결을 제공하고, 탈중앙화 파일 시스템인 IPFS를 위한 게이트 웨이도 제공한다. 스마트 컨트랙트를 배포하고 각 프로젝트를 위한 보안 세팅을 설정하고, 퍼블릭 네트워크를 선택하는 것을 손쉽게 할 수 있는 대시보드도 제공한다.

그림 8.4는 프로젝트를 만들기 위한 인퓨라의 대시보드를 보여준다. 인퓨라에 가입한 후, 로그인해서 왼쪽 패널에 있는 대시보드를 클릭하고 이더리움을 선택하자. 무료 버전에서는 프로젝트를 세 개까지 등록할 수 있으며, 프로젝트 이름을 원하는 대로 바꿀 수 있다. 대시보드에서 CREATE NEW PROJECT를 클릭하자.

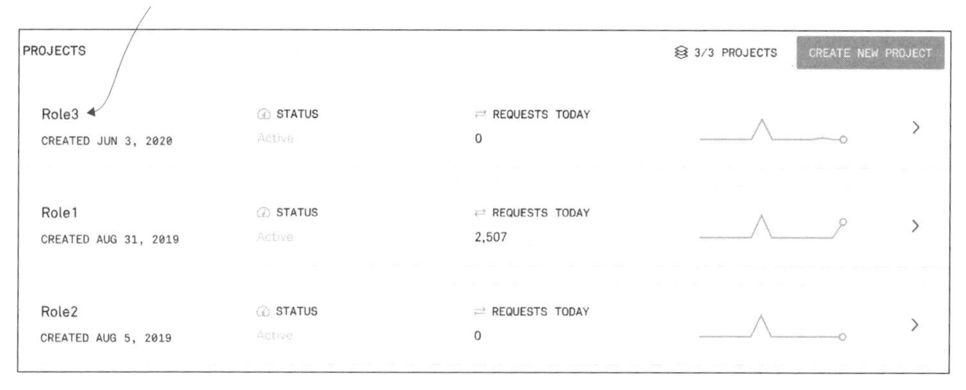

그림 8.4 **프로젝트 생성을 위한 인퓨라 대시보드**

프로젝트 생성은 프로젝트명을 지정하고 선택적으로 암호로 보안 설정을 구성하는 작업을 포함한다. 프로젝트를 생성한 후, 프로젝트명과 노드 설정을 확인하고 바꿀 수 있다. 그림 8.4는 프로젝트명으로 Role1, Role2, Role3을 선택했는데, 앞으로 배포할 Dapp에 필요한 역할 구분을 하기 위해서다. 각각의 프로젝트를 가나쉬 노드와 비슷한 것으로 이해해도 좋지만, 가나쉬 노드와 달리 이 프로젝트들은 다수의 탈중앙화된 참여자들이 접속할 수 있는 프로덕션 환경을 제공한다. 각 프로젝트에 여러 개의 스마트 컨트랙트를 호스팅해도 되고, 예상되는 로드에 따라서 하나의 인퓨라 프로젝트에 여러 개의 Dapp을 배포할 수도 있다. 서로 다른 프로젝트에 역할 이름을 부여한 것은 Dapp의 상호작용 테스팅과 로드밸런싱 편의를 위한 것이고, 관심사에 따라 Dapp을 분리해서 테스트해 보려는 것이다. 예를 들어, 6장의 블라인드 스마트 컨트랙트는 프로젝트 Role1에 배포하고, MPC(7장의 마이크로 페이먼트 채널) 스마트 컨트랙트는 인퓨라 인프라의 Role2 프로젝트에 배포하는 식이다. 인퓨라는 또한 서버 상태와 로드 지표(접속 리퀘스트 수와 같은) 정보를 모니터링하는 유용한 기능도 제공한다.

새로운 인퓨라 인프라에 익숙해졌으면, 이전 장에서 다룬 스마트 컨트랙트를 인퓨라 노드를 사용해 롭스텐 네트워크에 배포할 준비를 하자.

이더리움 기술이 발전해 가면서 인퓨라 인터페이스도 계속 변하고 있다. 실제 인퓨라를 사용해서 작업할 때 차이가 있을 수도 있음에 유의하자.

8.4 퍼블릭 배포를 위한 종단 간 프로세스

인퓨라 노드를 사용해 롭스텐 퍼블릭 네트워크에 스마트 컨트랙트를 배포하기 위해서는, 그림 8.5와 같이 몇 가지 필요한 아이템이 있다. 이 로드맵은 개인키-공개키를 사용해 어카운트를 생성하는 것에서 출발해서, 탈중앙화된 엔드 유저 상호작용으로 끝난다. 이전의 장에서 가나쉬 테스트 체인을 통해 어카운트를 생성했다. 하지만 이번 장에서는 개인키를 생성하는 일부터 시작할 것이다.

그림 8.5는 블라인드 경매와 MPC Dapp을 사용해 이 장에서 설명한 단계를 나타낸 것이다. 우선 블라인드 경매를 사용해 퍼블릭 배포 과정을 소개하고, MPC Dapp 배포 설명을 통해 반복 학습을 하고 주요 포인트를 강조하고자 한다. 그림 8.5는 인퓨라 노드를 사용해 롭스텐 테스트 네트워크에 배포하는 과정을 예시하고 있다. 두 개의 Dapp을 하나의 인퓨라 프로젝트에 같이 배포할 수 있지만, 서로 관련이 없는 두 프로젝트를 분리해서 각각 별도의 인퓨라 프로젝트에 배포할 것이다.

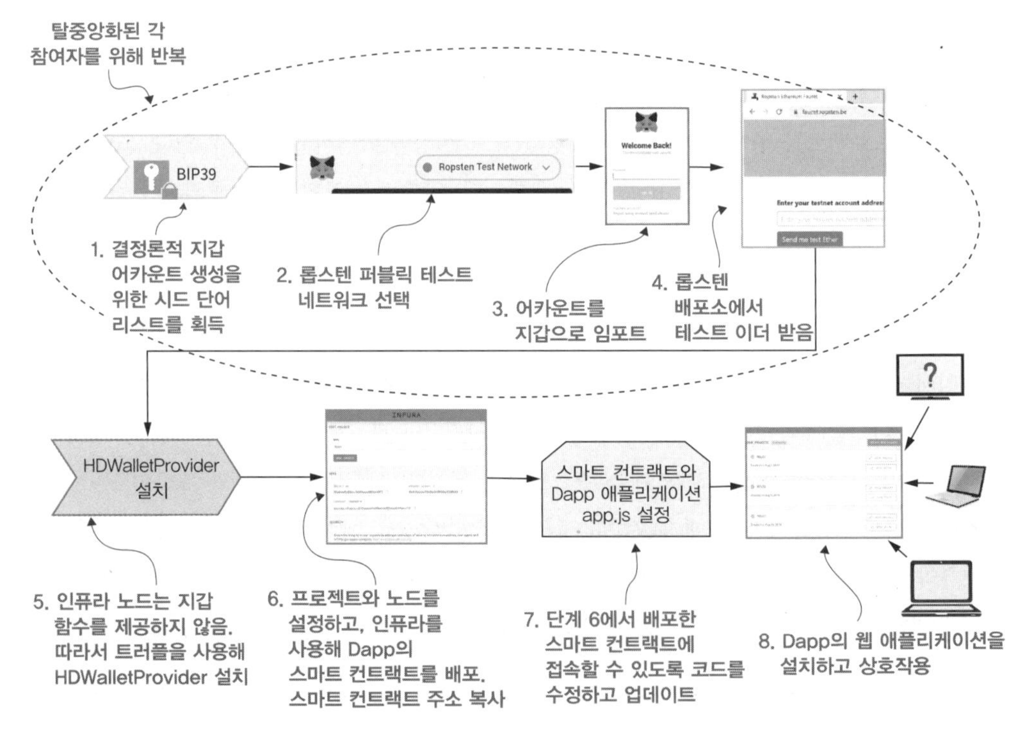

그림 8.5 **인퓨라를 이용해 Dapp을 배포하는 단계**

8.4.1 어카운트 생성과 관리

가나쉬는 시작과 동시에 어카운트들을 생성하고 각각 100 테스트 이더를 자동으로 넣어 주었다. 우리는 12-시드 단어를 메타마스크에 입력해서 이 어카운트를 임포팅했다. 퍼블릭 네트워크를 사용하면 더 이상 가나쉬 테스트 체인을 사용할 수 없고, 미리 생성된 어카운트 주소도 없기 때문에 스스로 주소를 생성하고 관리해야 한다. 그림 8.5의 단계 1은 이 과정을 묘사한 것이다. 우선 어카운트 생성을 위한 니모닉 단어 리스트를 생성한다. BIP39Bitcoin Improvement Protocol 39 방법을 사용하는데, *https://iancoleman.io/bip39*을 이용하면 된다.[6]

니모닉은 사실과 아이템을 기억하는 방법 또는 기법이다. 예를 들어, 행성 순서를 외우기 위해 '**m**y **v**ery **e**ducated **m**other **j**ust **s**erved **u**s **n**achos(Mars, Venus, Earth, Mercury, Jupiter, Saturn, Uranus, Neptune)'라는 니모닉을 사용하는 것과 비슷하다. 블록체인의 경우에는 수로 표현한 시드에 니모닉이 매핑되어 있고, 이 시드로부터 결정론적으로 어카운트를 생성해 내는 것이다. **결정론적(deterministic)**이란 같은 니모닉을 사용하면 같은 어카운트가 같은 순서로 복구가 된다는 것을 의미한다.

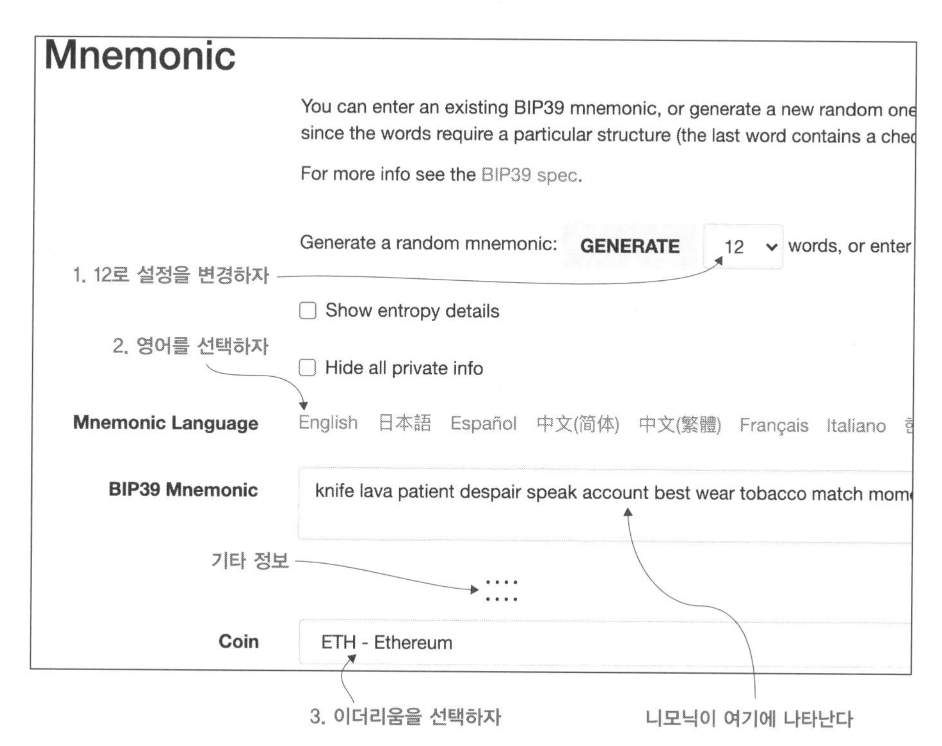

그림 8.6 BIP39 니모닉 생성 인터페이스

6 옮긴이 저자가 소개한 외부 사이트를 이용하는 것보다는 메타마스크가 제공하는 시드 리스트를 사용하는 것이 더 간편하고 안전하다.

BIP39 사이트를 방문한 후, 다음과 같이 시드 리스트를 얻는다.

1 12-단어 리스트 옵션을 선택한다.
2 언어는 영어를 선택한다.
3 코인은 ETH를 선택한다.
4 여기까지 진행하면 12-단어 리스트가 니모닉 박스에 나타나는데, 이것으로부터 고유한 개인키-공개키 쌍을 추출할 수 있다.
5 니모닉 리스트를 이후에 사용할 수 있도록 파일로 보관한다.

지갑 어카운트가 필요할 때마다 이 니모닉을 사용해 지갑을 복구할 수 있다. 실제 어카운트 대신 왜 이 니모닉을 사용하는 것일까? 니모닉은 외우기 쉽고 입력 과정에서의 오류를 방지하는 데 도움을 준다.

니모닉을 안전하게 보관해야만 한다. 니모닉을 저장한 파일은 패스워드를 걸어 두자.

8.4.2 네트워크를 선택하고 어카운트 임포팅하기

Dapp의 스마트 컨트랙트를 호스팅하는 노드에 연결하기 위해 롭스텐 테스트 네트워크를 사용한다. 메타마스크에서 롭스텐 네트워크를 선택한 후, 앞의 절에서 생성한 니모닉 시드 리스트를 이용해 어카운트를 메타마스크로 다음과 같이 임포팅한다.

1 브라우저에 있는 메타마스크를 열자.
2 록이 걸려 있지 않으면, Lock 버튼을 클릭해서 록을 건다.
3 롭스텐 테스트 네트워크(그림 8.5의 단계 2)를 선택한다.
4 어카운트 복구를 위해 Import using account seed phrase를 클릭한다(그림 8.5의 단계 3).

그림 8.7과 같이 시드 단어 리스트와 패스워드를 입력하는 메타마스크 페이지가 보일 것이다. 데이터를 입력하면 메타마스크에 어카운트가 복구되는데, 처음에는 Account 1만 보일 것이다. 어카운트가 더 필요하면 Create Account 버튼을 클릭해 추가할 수 있다.

이제 어카운트는 준비가 되었는데, 밸런스에 이더가 없다. 트랜잭션 수수료를 지급하기 위해서는 (테스트) 이더가 필요하다. 물론 상품과 서비스를 구매하려고 해도 이더가 필요하다.

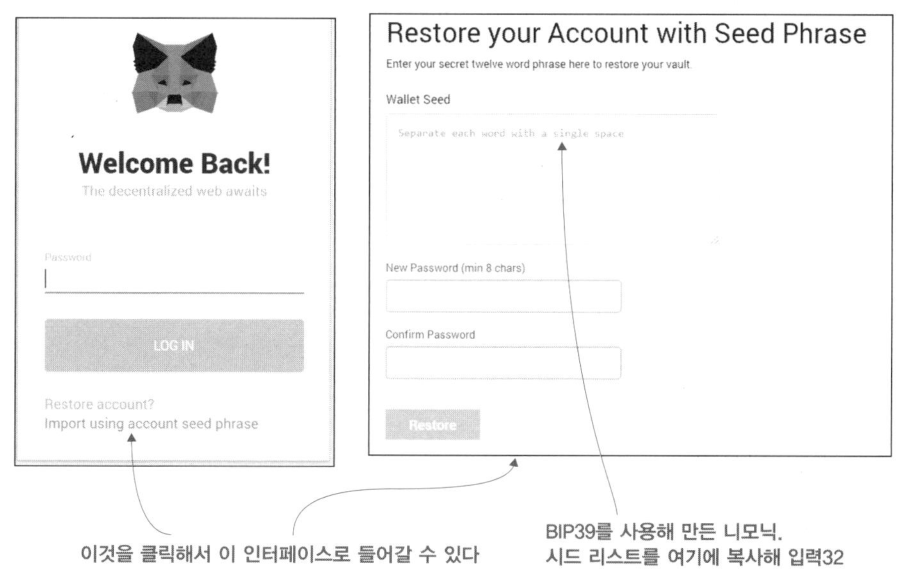

그림 8.7 시드 단어 리스트를 이용해 메타마스크에 어카운트 복구하기

8.4.3 테스트 이더 받기

퍼블릭 네트워크를 사용하려면 이더가 필요하다. 가나쉬 테스트넷은 어카운트당 100이더씩 자동으로 지급해 주지만, 여기서는 배포소에 가서 요청해야 한다. 메타마스크 배포소(*https://faucet.metamask.io*) 또는 롭스텐 배포소(*https://faucet.ropsten.be*)를 추천한다. 그림 8.8은 롭스텐 배포소를 보여주는데, 하루에 1ETH씩 받을 수 있다. 이것보다 많이 신청하면 트랜잭션이 거부된다.

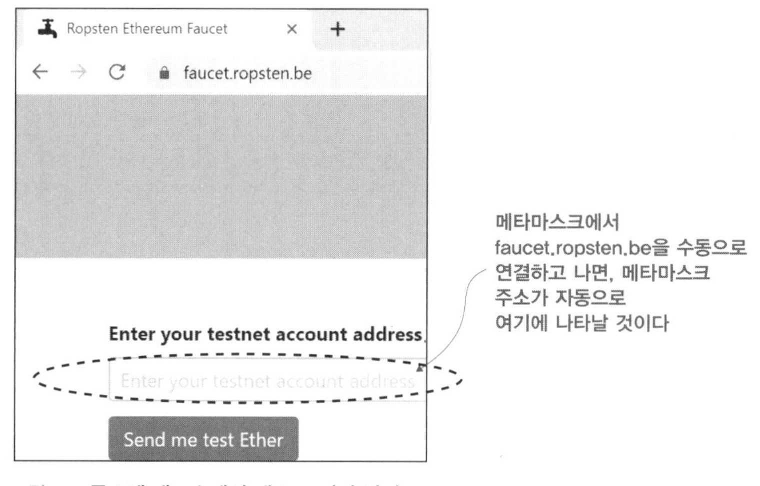

그림 8.8 롭스텐 배포소에서 테스트 이더 받기

메타마스크 배포소는 내장되어 있고(그림 8.9), 한 번에 1ETH, 어카운트당 최고 5ETH 밸런스를 가질 수 있다. 두 방법을 다 사용해서 새로 만든 어카운트에 이더를 모아 보자(그림 8.5의 단계 4를 반복해 이더 수집). 매일 배포소를 방문해서 수집할 수도 있지만, 자동화된 스크립트를 만들 수도 있다. 1ETH 정도만 있으면 트랜잭션 가스비를 내는 데는 문제가 없지만, 블라인드 경매와 같은 Dapp을 사용하기 위해서는 이더가 추가로 더 필요할 수 있다. 다른 방법으로 경매에서 입찰을 시뮬레이션할 때 이더보다 작은 단위(wei 또는 dai 등으로)를 선택하여 이더 사용량을 줄일 수도 있겠지만, 재미가 좀 덜할 것이다.

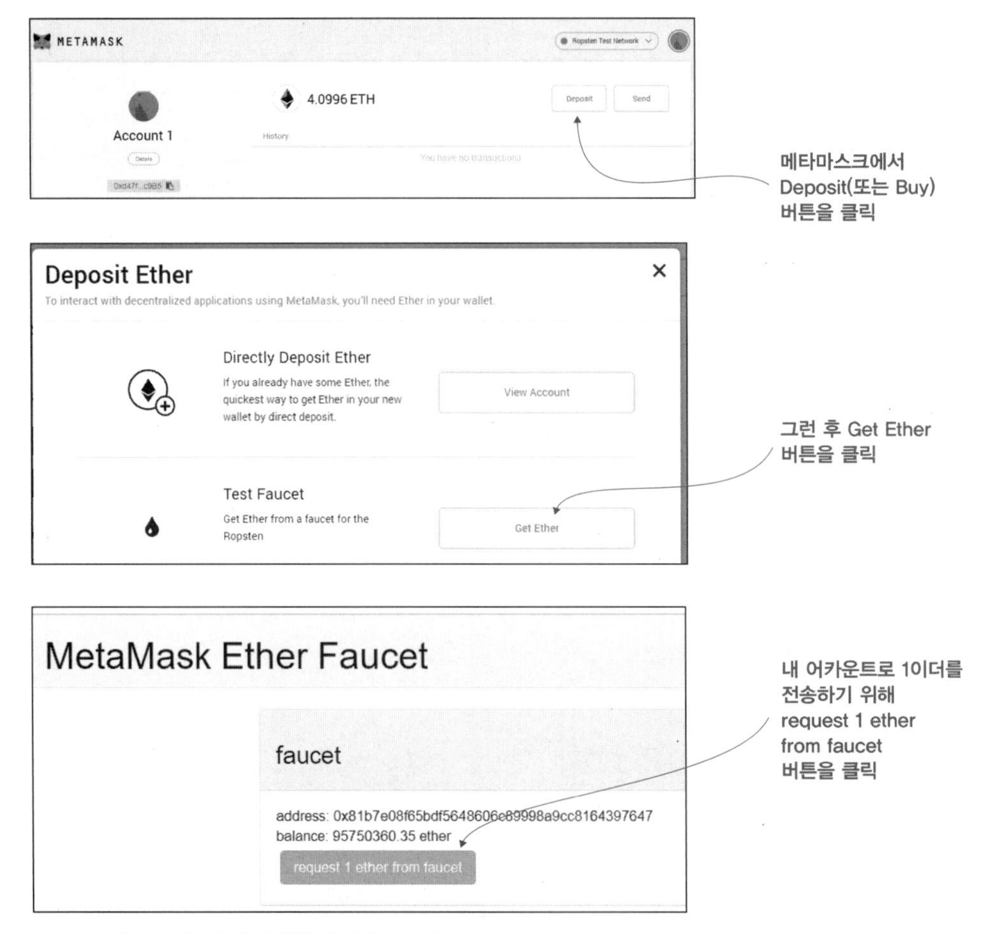

그림 8.9 **테스트 이더를 얻기 위한 메타마스크 배포소**

8.4.4 인퓨라 블록체인 노드 설정하기

인퓨라 블록체인 노드를 설정할 차례다. 우선 8.3절에서 다룬 것처럼 인퓨라 어카운트와 프로젝트를 셋업하자. 언제든지 프로젝트의 속성들을 바꿀 수 있고, 프로젝트를 지우고 다시 만들 수도 있다. 이더리움 메인넷을 비롯한 코반Kovan, 롭스텐, 링키비, 골리 테스트넷을 선택해 노드 설정을 할 수도 있다. 다음은 인퓨라-롭스텐 엔드포인트 주소를 얻는 방법이다.

- 인퓨라 홈페이지의 왼쪽 상단에 있는 Dashboard를 클릭하자.
- 왼쪽 패널에서 이더리움 심벌을 클릭하자.
- 앞에서 만든 프로젝트명을 클릭한 후, 다시 Setting을 클릭하면 그림 8.10과 같은 화면이 뜰 것이다.
- 엔드포인트 드롭다운 메뉴에서 롭스텐 네트워크를 선택하자. 이후 다른 네트워크를 선택하려면 이 드롭다운에서 다른 네트워크를 설정해 주면 된다.

그림 8.10의 엔드포인트 주소는 스마트 컨트랙트와 Dapp 설정에 반드시 필요한 정보이며, 이를 이용해 롭스텐 테스트넷에 접속할 수 있다. 그림 8.10에서 실제 엔드포인트 주소는 가려 놓았는데, 혹시 실수로 같은 주소를 사용하지 않도록 방지하기 위해서다. 인퓨라 엔드포인트는 계정의 종류에 따라 사용량을 제한하므로 엔드포인트 주소를 잘 관리하자.

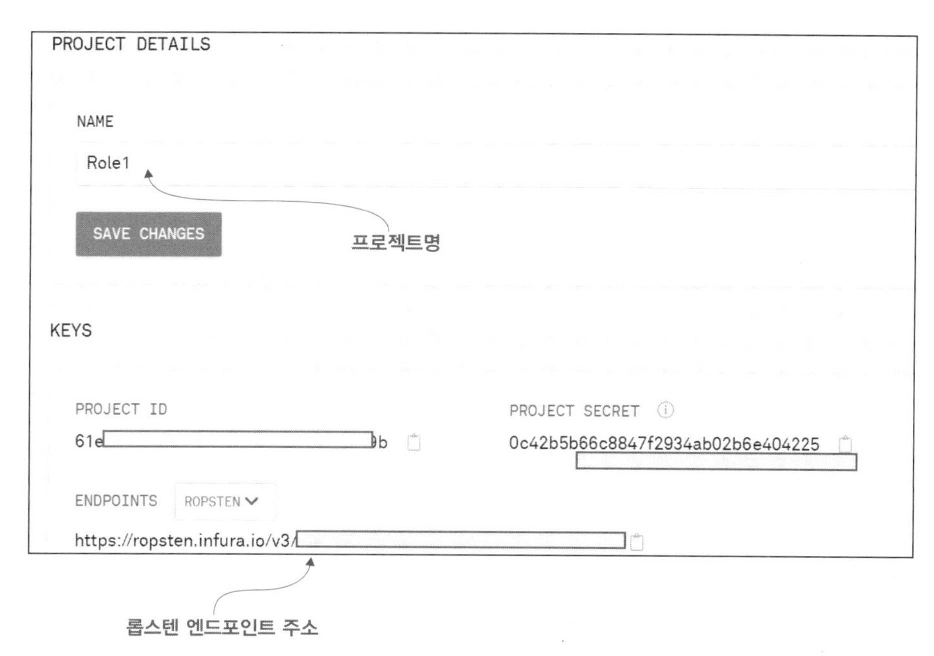

그림 8.10 **인퓨라 노드와 네트워크 엔드포인트 정보**

8.4.5 HDWalletProvider 설치

인퓨라 노드는 블록체인 게이트웨이와 인프라 서비스를 관리한다. 하지만 보안과 프라이버시를 이유로, 트랜잭션을 사인하고 어카운트를 관리할 수 있는 기능은 제공하지 않는다. 지갑 관리를 위해 별도의 소프트웨어 모듈이 필요하다. 트러플은 HDWalletProvider(*http://mng.bz/oRar*)라는 어카운트 관리 기능을 포함한 web3 프로바이더를 제공한다. npm을 사용해 이 모듈을 설치하자. truffle-config.js에 다음과 같이 설치 모듈을 불러오는 설정을 하자. 이 파일은 코드 라이브러리에서 제공하는 코드에 이미 들어 있다.

```
const HDWalletProvider = require('truffle-hdwallet-provider');
```

스마트 컨트랙트와 웹 애플리케이션을 배포하기 전에 설정해야 할 몇 가지 파라미터가 더 있다.

8.4.6 스마트 컨트랙트를 설정하고 배포하기

스마트 컨트랙트를 배포하려면 노드, 네트워크, 어카운트 주소, 그리고 이더 밸런스가 필요하다. 이러한 정보를 truffle-config.js 파일에 추가하거나 수정해 주어야만 컨트랙트를 배포할 수 있다.

- `require('truffle-hdwallet-provider')`를 사용해 설정한 HDWalletProvider
- 트랜잭션 수수료를 위한 배포자의 어카운트 주소를 뽑아낼 니모닉
- 롭스텐-인퓨라 이더리움 노드 엔드포인트 주소

npm 유틸리티를 사용해 HDWalletProvider를 설치한다. 다음 리스트처럼 롭스텐 네트워크 노드 정보와 니모닉을 truffle-config.js 파일에 설정한다.[7] 트러플의 `migrate` 명령어는 이 파일의 설정 정보를 사용해 스마트 컨트랙트를 배포한다.

리스트 8.1 **truffle-config.js**

```
const HDWalletProvider = require('truffle-hdwallet-provider');   ← HDWalletProvider 설치 설정
mnemonic=' add your mnemonic here,,';   ← 어카운트 주소를 추출할 니모닉
module.exports = {
  networks: {
    ropsten: {
      provider: () => new HDWalletProvider(mnemonic,
      ➥ 'https://ropsten.infura.io/v3/...'),   ← 니모닉과 인퓨라-롭스텐 엔드포인트를 이용해 HDWalletProivder 인스턴스를 생성
      network_id: 3,
      gas: 5000000,
```

7 니모닉을 이용하지 않고 직접 개인키를 사용할 수도 있다.

```
privatekey = 'add your privatekey here';
provider: () => new HDWalletProvider(privatekey, ...);
```

```
    ...
  }
},...
```

truffle migrate 명령어에 롭스텐을 네트워크 옵션으로 설정해 스마트 컨트랙트를 배포하자.

```
truffle migrate --network ropsten
```

이 명령어는 다음의 항목을 처리한다.

- 스마트 컨트랙트를 컴파일
- 스마트 컨트랙트의 ABI를 JSON 파일로 빌드 디렉터리에 저장
- 스마트 컨트랙트의 주소를 생성
- truffle-config.js에 설정한 롭스텐 네트워크에 스마트 컨트랙트를 배포

이제 이 스마트 컨트랙트에 액세스할 웹 애플리케이션을 설정하고 구동할 차례다.

8.4.7 웹 애플리케이션을 설정하고 구동하기

웹 애플리케이션을 설정하기 위해 다음의 아이템들이 필요하다.

- **스마트 컨트랙트를 배포할 네트워크** – 네트워크 ID로 네트워크를 식별하는데, 이더리움 메인넷은 1, 가나쉬는 5777, 롭스텐은 3으로 식별하는 식이다. 그림 8.11처럼 메타마스크에서 연결하고 싶은 네트워크를 선택할 수 있다.
- **스마트 컨트랙트 주소** – 정해진 네트워크상의 스마트 컨트랙트에 연결하기 위한 주소
- **ABI** – 스마트 컨트랙트의 함수를 호출하기 위한 인터페이스로, 스마트 컨트랙트를 컴파일할 때 빌드 디렉터리에 JSON 파일로 저장된다.

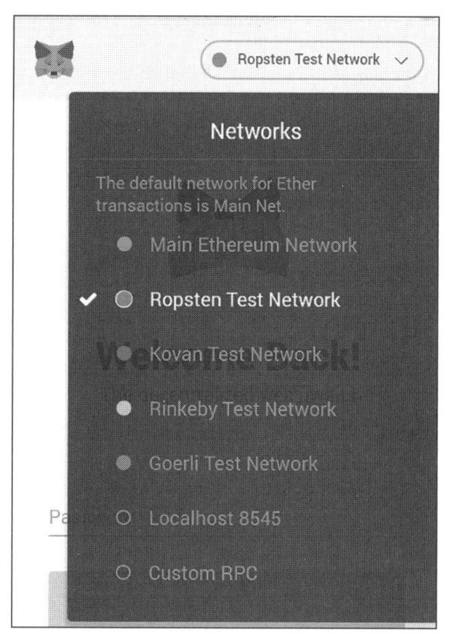

그림 8.11 메타마스크 지갑의 이더리움 네트워크 선택 화면

마지막 두 아이템은 app.js(Dapp의 웹 애플리케이션 파트의 src/js/app.js)에 설정한다. app.js에 이러한 정보를 설정하고 npm으로 모듈을 설치한다. 스마트 컨트랙트와 웹 애프리케이션 배포가 끝났으니, 이제 웹 인터페이스를 사용해 Dapp과 상호작용할 준비를 마친 셈이다.

지금까지 Dapp을 퍼블릭 네트워크에 배포하는 단계들을 살펴보았다. 이제 실제로 배포해 보자. 다음의 절에서 블라인드 경매 Dapp(8.5절)와 MPC-Dapp(8.6절)을 롭스텐 네트워크에 배포해 보도록 하겠다.

8.5 BlindAuction-Dapp을 인퓨라에 배포하기

블라인드 경매 문제와 기본 솔루션은 이미 이전 장에서 다루었기 때문에 상당히 익숙해져 있을 것이다. 만일 자신이 없다면 5장부터 7장까지 다시 훑어보기 바란다. 세 가지 주요 단계를 거쳐야 하는데, 환경 설정, 수혜자 설정과 설치, 마지막으로 입찰자를 설정하는 것이다. 이 패턴은 다른 Dapp의 개발에도 유사하게 활용할 수 있다.

- 환경 설정을 하자.
- 서로 다른 역할을 설정하고 설치하자(수혜자와 입찰자).
- 여러 가지 웹 인터페이스를 사용해 상호작용하자.

8.5.1 블라인드 경매 환경 설정하기

그림 8.5의 로드맵에서 설명한 모든 단계들을 적용해 보자. 다음은 실제 데모에 앞서 준비해야 할 것들이다. 4-7장에서 이미 이 단계에 대해 충분히 살펴보았고, 8.4절에서 상세한 논의를 했다.

- 두 역할(수혜자와 입찰자)을 포함한 블라인드 경매 코드 베이스: 이 장의 코드 파일로부터 다운로드받아서 압축을 풀자.
- 메타마스크 플러그인(*https://metamask.io*)이 설치된 크롬 브라우저
- 각 역할 수행을 위해 BIP39가 생성한 12-단어 니모닉 시드 리스트. 수혜자, 입찰자 1, 입찰자 2 각각에 대해 별도의 니모닉이 필요한데, 리스트 8.2처럼 편의를 위해 BAEnv.txt 파일에 저장하자.
- 각 역할에 대한 어카운트 주소. 메타마스크에 각 역할에 대응하는 니모닉을 사용해 어카운트를 복구하자. 복구 어카운트 주소를 BAEnv.txt에 저장한다.

- 롭스텐과 메타마스크 배포소를 이용해 어카운트별로 5ETH를 확보하자.
- 스마트 컨트랙트를 호스팅할 인퓨라 프로젝트
- 롭스텐 네트워크 엔드포인트 주소[BAEnv.txt에 저장(인퓨라 노드 엔드포인트에 대해서는 8.4절 참고)]
- 그림 8.2와 같이 위의 모든 정보를 BAEnv.txt 파일에 저장한다. 이 장의 코드 베이스에서 BAEnv.txt 파일을 다운로드받은 후 빈 정보 부분을 모두 채워 넣어야 한다.

환경 파라미터를 .env 파일에 저장하고 .env 인스턴스를 생성해 이 정보에 접근할 수 있다. 프로덕션 환경에서 흔히 사용하는 방식인데, 테스팅 목적으로 xyzEnv.txt 파일에 포함해 저장해도 좋다. 이 파일에는 니모닉과 노드 엔드포인트뿐만 아니라, 애플리케이션의 상호작용을 위한 인잣값들도 포함한다.

리스트 8.2 **BlindAuction 설정 파라미터(BAEnv.txt)**

```
BIP39 mnemonic generation tool:
    https://iancoleman.io/bip39/#english

Beneficiary details:
    1. Mnemonic or seed phrase from BIP39 tool:

    2. Account address Account 1 on Metamask:

    3. Infura project name: Role1

    4. Infura endpoint address for Ropsten:
    https://ropsten.infura.io/v3/......

Bidder1 Details:
    1. Mnemonic or seed phrase from BIP39 tool:

    2. Account address Account 1 on MetaMask:

Bidder2 details:
    1. Mnemonic or seed phrase from BIP39 tool:
    2. Account address Account 1 on MetaMask:

BlindAuction contract address on deployment of smart contract from
➥ Beneficiary:    ← 이 주소는 스마트 컨트랙트 배포 때 얻을 수 있다
...

Keccak hash values for 1, 2 and 3: for bids    ← 입찰을 위한 해시 계산에 사용한다
1
0xeef3620c18bdc1beca6224de9c623311d384a20fc9e6e958d393e16b74214ebe
2
0x54e5698906dca642811eb2f3a357ebfdc587856bb3208f7bca6a502cadd7157a
3
0x74bbb8fdcb48d6f82df6e9067fd9633fff4cab1103f0d5cb8b4de7214cbdcea1
```

8.5.2 탈중앙화된 참여자

블라인드 경매 Dapp에서 수혜자와 입찰자는 명확히 구분되는 참여자로서, 각자의 컴퓨터를 사용해 Dapp을 설정하고 설치한다. 하지만 여기서는 편의를 위해 하나의 컴퓨터에 세 가지 역할 모두를 시뮬레이팅한다.

- 다른 역할(수혜자, 입찰자 1, 입찰자 2)을 수행할 때마다 그에 대응하는 메타마스크의 어카운트로 바꾼다.
- (선택 사항) 각 역할에 따라 서로 다른 웹 서버 포트를 사용한다. 수혜자는 3000, 입찰자 1은 3010, 입찰자 2는 3020을 사용함으로써 서로 다른 역할의 상호작용을 쉽게 식별할 수 있다. 이를 위해서 서버의 index.js 파일과 메시지를 수정한다.

블라인드 경매 코드를 다운로드받아서 압축을 풀면, 그림 8.12와 같은 디렉터리 구조를 볼 수 있다. 이 그림은 설계 과정에서 구분했던 서로 다른 역할들을 보여준다. 수혜자 디렉터리 구조는 일반적인 Dapp처럼 auction-contract와 auction-app을 가지고 있고, 입찰자는 오직 auction-app 웹 컴포넌트만 가지고 있다.

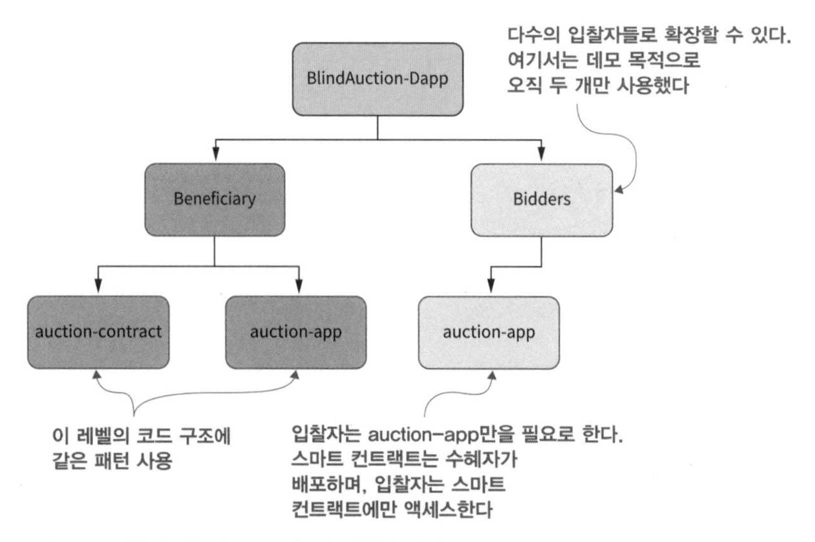

그림 8.12 **인퓨라 퍼블릭 노드 배포를 위한 블라인드 경매 디렉터리 구조**

그림 8.12의 수혜자의 컨트랙트 디렉터리와 앱 디렉터리, 그리고 입찰자의 앱 디렉터리를 확인하자. 각 역할을 설치할 때 이 디렉터리를 바꾸어 가면서 진행해야 한다. 다음의 네트워크 노드 셋업 단계들을 하나도 빼먹지 말고 전부 차례로 실행하자.

8.5.3 수혜자 어카운트 설정과 설치

수혜자 어카운트부터 설치하자. 이 단계를 위해 npm 명령어로 HDWalletProvider 모듈을 설치한다.

```
cd Beneficiary/auction-contract
npm install
```

이 모듈을 설치하면 여러 가지 경고 메시지를 포함한 설치 결과 메시지가 나올 것이다. 트러플과 npm 버전에 따라서 경고 메시지가 뜰 수 있지만, 무시해도 좋다.

다음은 auction-contract 디렉터리로 가서, truffle-config.js 파일을 리스트 8.3과 같이 수정하자. BAEnv.txt에 저장해 두었던 수혜자 니모닉과 롭스텐-인퓨라 엔드포인트를 이용하면 된다. 니모닉을 작은따옴표 안에 복사해 넣고, 롭스텐 엔드포인트 앞에 https://를 포함했는지 확인한 후, 마찬가지로 작은따옴표 안에 엔드포인트를 넣고 저장한다.

리스트 8.3 **truffle-config.js**

```
const HDWalletProvider = require('truffle-hdwallet-provider');
beneficiary=' ';   ← 수혜자 니모닉을 작은따옴표 안에 추가하자
module.exports = {
  networks: {
    ropsten: {
      provider: () => new HDWalletProvider(beneficiary, 'https:// '),   ← 인퓨라-롭스텐 엔드포인트를 추가하자
      network_id: 3,
      gas: 5000000,
      skipDryRun: false   ← 실제 배포에 앞서 배포 시뮬레이션을 실행한다
    }
  },

  compilers: {
    solc: {
      version: "0.5.8"
    }
  }
};
```

이러한 설정을 저장한 후, beneficiary-contract 디렉터리 터미널 창에서 다음의 트러플 명령어를 실행한다.

```
truffle migrate --network Ropsten
```

이 단계는 로컬 테스트넷에서 실행할 때보다 시간이 더 많이 걸릴 것이고, 배포 시뮬레이션이 진행 중이라는 메시지가 뜰 것이다. 배포 과정이 끝나면 롭스텐 퍼블릭 네트워크에 블라인드 경매 스마트 컨트랙트를 성공적으로 배포했다는 확인 메시지가 나온다. 만일 타임아웃에 걸려서 배포 트랜잭션에 실패했다면 명령어를 다시 실행하자. 네트워크 트래픽으로 인해 실패할 수도 있다.

또한, 이 단계에서는 빌드 디렉터리에 BlindAuction.json ABI 파일을 생성한다. 웹 애플리케이션은 스마트 컨트랙트에 액세스하기 위해 이 ABI 파일을 사용한다.

그림 8.13은 실제 컨트랙트 배포 과정에 출력된 메시지의 일부다. 출력된 스마트 컨트랙트 주소를 찾아내어 BAEnv.txt에 복사해 두자. 어카운트 밸런스와 최종 비용 등의 다른 정보들도 유의해서 확인하기 바란다. src/js/app.js 애플리케이션은 배포 과정에서 생성된 ABI 파일(BlindAuction.json)을 사용해 스마트 컨트랙트와 상호작용한다.

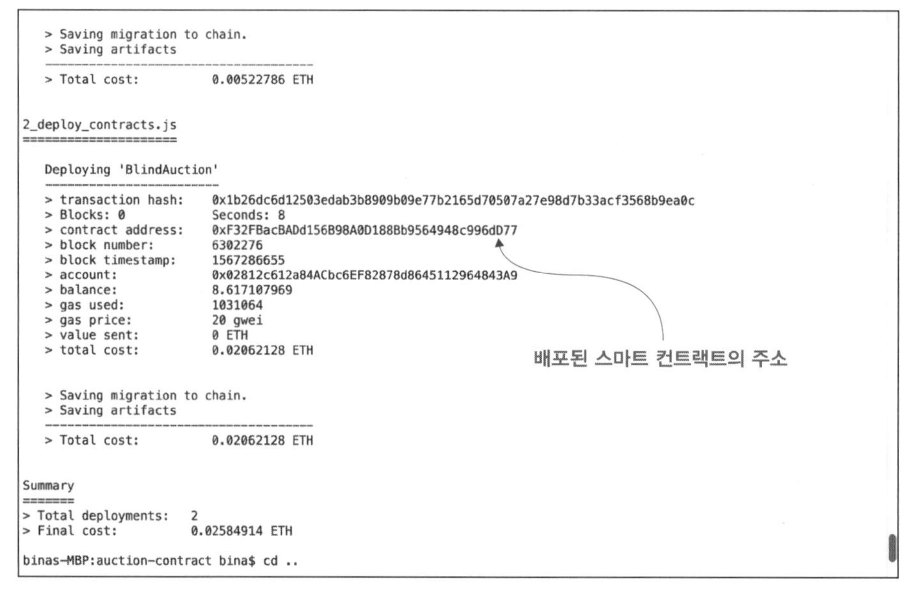

그림 8.13 컨트랙트 배포에서 출력된 내용

컨트랙트의 배포에 성공하면 웹 애플리케이션 디렉터리(그림 8.12의 Beneficiary 파트의 auction-app)로 이동하자. app.js에 인퓨라 엔드포인트 URL 설정을 하고 저장한다. 다음의 명령어로 필요한 노드 모듈을 설치하고, 서버(Node.js 서버)를 실행하자.

```
cd Beneficiary/auction-app
npm install
npm start
```

이 단계에서는 수혜자 애플리케이션을 포트 3000에 실행할 것이다. `Auction Dapp listening on port 3000!`이라는 메시지가 뜨는 것을 확인할 수 있을 것이다.

메타마스크를 롭스텐 네트워크에 연결하자. 크롬 브라우저에서 localhost:3000을 열고 리로딩하자. 수혜자 인터페이스가 나올 것이다. 메타마스크 플러그인을 클릭하고, 메타마스크 창의 바닥에 있는 Import account using seed phrase 명령어를 사용해 BAEnv.txt에 저장해 놓은 수혜자 니모닉과 패스워드를 가지고 어카운트를 복구한다. 이것으로 수혜자 관련 설치를 완료했다.

다음은 각각 별도의 파라미터를 가진 두 입찰자를 설정한다. 이것은 서로 알지 못하는 피어 참여자, 즉 경매 입찰자를 시뮬레이션하고 나타내기 위한 것이다.

8.5.4 입찰자를 설정하고 설치하기

입찰자를 설정하는 것은 각 입찰자별로 app.js 웹 애플리케이션을 업데이트하는 것이다. 데모 목적으로 두 입찰자를 설치한다. 실제 환경에서는 모든 입찰자가 동일한 코드를 사용하지만, 리스트 8.2에서 작성한 BAEnv.txt의 정보처럼 각자 자신들의 환경에 맞추어 설정한 파라미터를 가지고 입찰용 애플리케이션을 설정할 것이다.

Dapp의 베이스 디렉터리에서 Bidders/auction-app/src/js 디렉터리로 이동한 후, app.js 파일을 다음과 같이 업데이트하자. 파라미터는 BAEnv.txt에 입찰자 1을 위해 저장한 값을 사용하면 된다.

```
App = {
    web3Provider: null,
    contracts: {},
    names: new Array(),
    ...
    chairPerson:null,
    currentAccount:null,
address:'...',
... // 스마트 컨트랙트 ABI는 제공된 app.js에 이미 포함되어 있다
```

app.js 파일을 저장한 후, 다시 auction-app 디렉터리로 돌아가서(cd ../..) 필요한 노드 모듈을 설치한 후 index.js 파일에서 포트 넘버를 3010로 변경하고 저장한다. 이제 웹 서버(Node.js 서버)를 실행하자.

```
npm install
npm start
```

이 단계에서는 입찰자 애플리케이션을 포트 3010에 실행할 것이다. `Auction Dapp listening on port 3010!`이라는 메시지가 나오는 것을 확인할 수 있을 것이다.

메타마스크를 롭스텐 네트워크에 연결하자. 크롬 브라우저에서 localhost:3010을 열고 리로딩하자. 입찰자 1을 위한 인터페이스를 볼 수 있을 것이다. 메타마스크 플러그인을 클릭하고, 메타마스크 창의 바닥에 있는 Import account using seed phrase 명령어를 사용해 BAEnv.txt에 저장해 놓은 입찰자 1의 니모닉과 패스워드를 가지고 어카운트를 복구한다. 입찰자 1 관련 설치는 이것으로 마친다.

입찰자 2에 대해서도 같은 작업을 다른 터미널에서 반복하자. 입찰자 2의 index.js 파일 포트 넘버를 다음처럼 3020으로 바꾸어 저장하자.

```
var express = require('express');
var app = express();
app.use(express.static('src'));
app.listen(3020, function() {
  console.log('Bidder 2: Blind Auction listening on port 3020!');
});
```

이제 모든 참여자들 준비가 끝났으니 상호작용을 시작하자.

8.5.5 배포된 블라인드 경매 Dapp을 사용하기

블라인드 경매 Dapp을 사용하기 전에 모든 참여자 각각에 대응하는 어카운트가 메타마스크에 복구되었는지 다시 한번 확인하자. 또한, 모든 어카운트가 최소한 4ETH 이상의 밸런스를 가지고 있는지도 확인하자. 최소한 세 개의 역할, 즉 수혜자, 입찰자 1, 입찰자 2 역할을 모두 롤플레잉하는 것임을 유의하자.

- **수혜자(beneficiary)** – 수혜자를 위한 웹 앱으로 localhost:3000에 바운딩되어 있다. 니모닉이 이를 위해 고유한 어카운트를 복구하였다.
- **입찰자 1(Bidder 1)** – 입찰자 1을 위한 웹 앱으로 localhost:3010에 바운딩되어 있다. 니모닉이 이를 위해 고유한 어카운트를 복구하였다.
- **입찰자 2(Bidder 2)** – 입찰자 2를 위한 웹 앱으로 localhost:3020에 바운딩되어 있다. 니모닉이 이를 위해 고유한 어카운트를 복구하였다.

불편스럽게도 각 참여자의 역할을 스위칭할 때마다, 그 참여자에 해당하는 어카운트를 메타마스크에 다시 복구해야 한다. 다른 컴퓨터들을 사용해 각 역할을 대신하면 이 번거로움을 피할 수 있다.[8]

우리는 이미 5장과 6장에서 로컬 환경에서의 블라인드 경매 Dapp을 다루었다. 그림 8.14는 같은 시퀀스를 퍼블릭 환경에서 수행하는 과정을 도식화하여 위에서 아래로 차례로 수행하는 테스트 플랜을 보여준다. 매 트랜잭션은 로컬 환경 때보다 더 많은 시간이 걸리는데, 이것은 롭스텐 네트워크 트래픽 상황에 따라 차이가 있을 수 있다. 그림 8.14의 숫자는 실행 순서를 의미한다.

- 액션 1, 4, 7, 10은 수혜자가 하는 것인데, 경매 단계를 진행시키고 최종적으로 그것을 종료한다.
- 액션 2는 입찰자 1이 `Bidding` 단계에서 수행한다. BAEnv.txt에 저장해 둔 Keccak 해시(OTP를 이용)를 사용하고, 입찰가로 2ETH, 예치금을 3ETH로 입력한다.
- 액션 3은 입찰자 2가 `Bidding` 단계에서 수행한다. BAEnv.txt에 저장해 둔 Keccak 해시(OTP를 이용)를 사용하고, 입찰가로 1ETH, 예치금을 3ETH로 입력한다.
- 액션 5는 입찰자 1이 `Reveal` 단계에서 수행하고, 입찰가 2ETH와 OTP 0x426526을 공개한다.
- 액션 6은 입찰자 2가 `Reveal` 단계에서 수행하고, 입찰가 1ETH와 OTP 0x426526을 공개한다.
- 액션 8은 옥션 종료 후, 결과를 알고 싶어 하는 누구나 수행할 수 있다.
- 액션 9는 낙찰 탈락자가 아직 반환되지 않은 예치금을 찾아가는 액션이다.

---

8 옮긴이 메타마스크 내장 니모닉을 사용해 여러 개의 어카운트를 생성하면, 매번 니모닉을 사용해 다시 복구할 필요 없이 서로 다른 어카운트 주소로 자유롭게 스위칭할 수 있다.

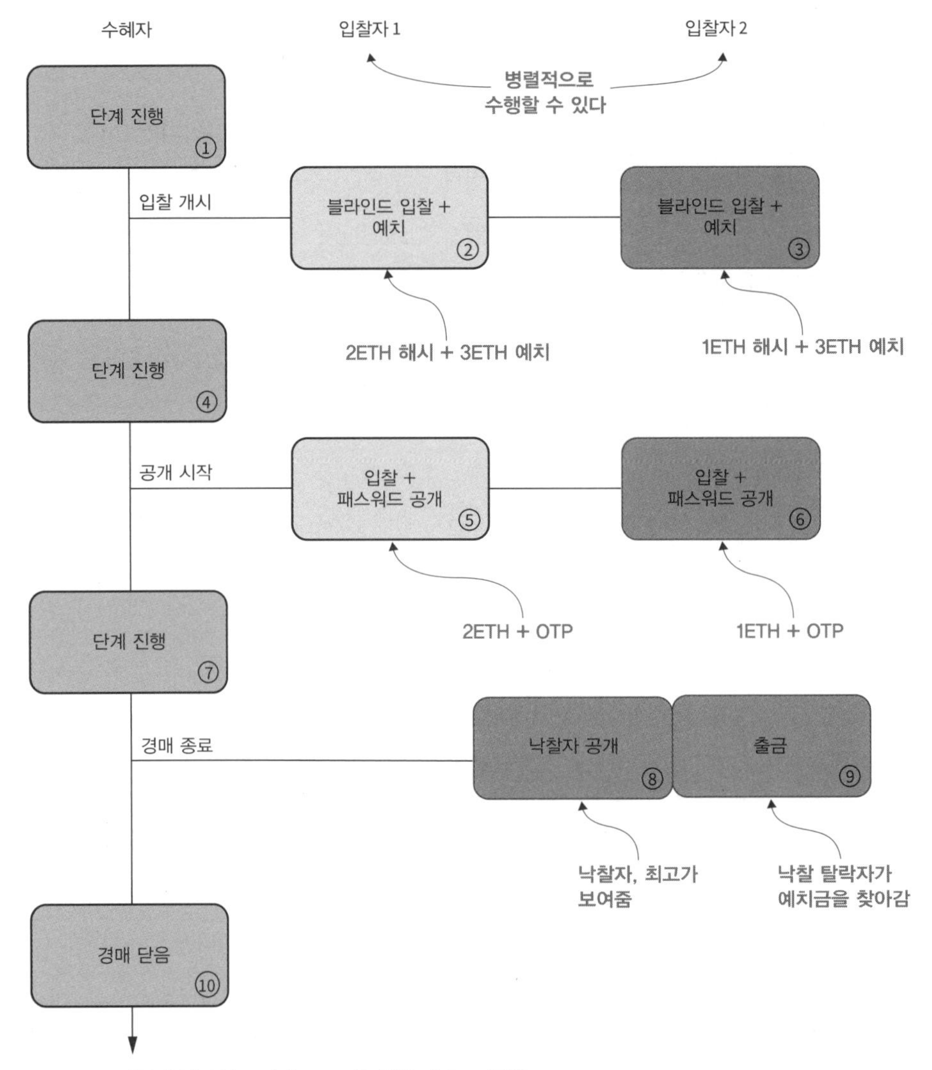

그림 8.14 퍼블릭 블라인드 경매 Dapp을 위한 테스트 플랜

그림 8.14는 테스트 순서를 위한 가이드라인으로 이용할 수 있는데, 각 참여자를 위해 서로 다른 색을 사용했다. 만일 다른 곳에 있는 입찰자 친구를 초대할 수 있다면, 두 개의 입찰 인터페이스를 병렬적으로 사용해 동시에 입찰할 수 있다. 이 경우 메타마스크 어카운트를 스위칭할 필요도 없다.

네트워크는 트랜잭션이 도달하는 순서대로 처리한다. 만일 같은 블록에서 두 개의 트랜잭션을 처리한다면 같은 타임스탬프를 가지게 된다. 그림 8.15의 왼쪽은 수혜자 인터페이스이고, 오른쪽은 입찰자 인터페이스를 나타낸 것이다. 여기에는 Advance Phase나 Bid 같은 상호작용을 위한 버튼들이 있다. 우선 이 인터페이스의 구조에 익숙해지자. 자, 그럼 그림 8.14에서 설정한 순서대로 테스트를 진행해 보자.

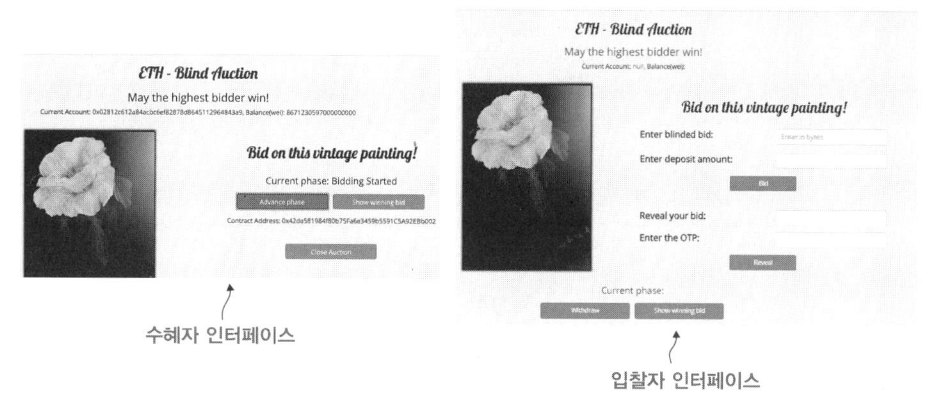

그림 8.15 수혜자와 입찰자 인터페이스

수혜자가 Bidding으로 단계를 진전시킴으로써 상호작용을 시작한다. 메타마스크가 트랜잭션을 컨펌하고 페이지의 왼쪽 위에 알림 메시지가 나타날 때까지 기다리자(그림 8.16).

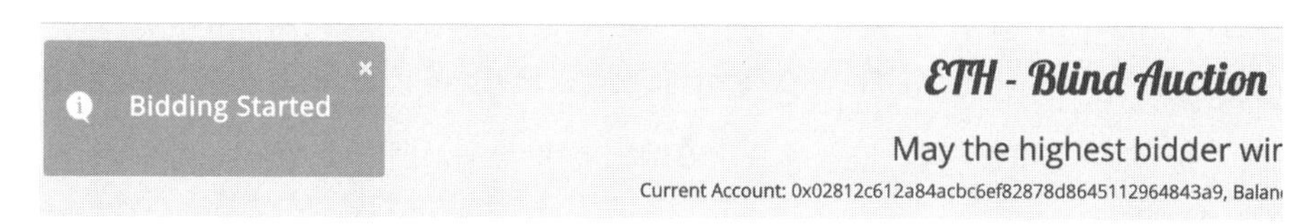

그림 8.16 Bidding 단계 알림 메시지

입찰자들이 예치금을 가지고 블라인드 입찰에 나선다. 편의를 위해 BAEnv.txt에 1ETH와 2ETH 입찰가를 위한 해시값을 포함시켜 놓았다. 두 번째 파라미터인 3ETH는 예치금이다.

```
Bidder 1: (a bid of 2 ETH and deposit of 3 ETH)
0x54e5698906dca642811eb2f3a357ebfdc587856bb3208f7bca6a502cadd7157a
3
Bidder 2: (a bid of 1 ETH and deposit of 3 ETH)
0xeef3620c18bdc1beca6224de9c623311d384a20fc9e6e958d393e16b74214ebe
3
```

입찰자들이 각자의 컴퓨터에서 블라인드를 마친 후(이 경우에는 두 명), 수혜자는 인터페이스 페이지에 있는 Advance phase 버튼을 눌러 Reveal 단계로 진전시킨다. 왼쪽 코너에 공개 알림 메시지가 뜰 때까지 기다리자. 그런 후 입찰자들은 Bidding 단계에서 사용했던 입찰가와 OTP를 공개한다. 여기서는 OTP로 0x426526를 사용했다(0x는 이 값이 16진수라는 것을 나타냄).

```
Bidder 1:
2
```

```
0x426526
Bidder 2:
1
0x426526
```

수혜자는 다시 Advance phase 버튼을 눌러서 경매를 종료 단계로 진전시킨다. 이 실험의 설계상 입찰자 1이 낙찰받는다. 입찰자 2는 Show winning bid 버튼을 눌러 이를 확인할 수 있는데, 낙찰자의 주소, wei 단위로 표현한 입찰가를 인터페이스 왼쪽 아래에 보여준다. 입찰자 2는 Withdraw 버튼을 클릭해서 예치금을 반환해 간다. 낙찰자가 선정되면 낙찰자의 남은 예치금 밸런스도 반환해 준다.

이러한 상호작용이 끝나고 난 후, 사용된 세 어카운트 모두의 밸런스를 확인해 보자. 경매에 사용한 이더 외에 약간의 이더가 가스비로 소모되었다는 것을 확인할 수 있다. 여기서 가스비 소모를 포함한 정확한 밸런스를 적지 않은 이유는, 트랜잭션을 실행하는 시점에 따라 가스비가 다를 수 있기 때문이다. 수혜자는 이제 경매를 닫을 수 있다. 만일 경매 종료 후에 다시 `Bidding`, `Reveal`, `Advance phase` 같은 오퍼레이션을 수행하면 오류 메시지가 나는 것을 확인할 수 있을 것이다. 애플리케이션을 종료한 후에도 인퓨라 롭스텐 노드와 생성한 세 개의 어카운트는 여전히 존속하고 있으며, MPC-Dapp 테스트를 위해 재사용할 수 있다. 다음 절에서 MPC-Dapp을 퍼블릭 노드에 배포해 봄으로써, 지금까지 배운 기법을 좀 더 숙련시켜 보자.

8.6 인퓨라 노드를 통해 MPC-Dapp을 배포하기

그림 8.5 로드맵의 단계를 이제 마이크로 페이먼트 채널에도 적용해 보자. MPC은 스마트 컨트랙트와 마이크로 페이먼트를 위한 오프체인 채널을 이용해 대량의 플라스틱 수거 프로젝트를 진행하는 것이었다. 여기에는 두 개의 주 역할이 있다. 주관자는 지급을 위한 에스크로를 스마트 컨트랙트에 예치하고, 참여자(작업자)는 플라스틱을 박스에 수거하고, 마이크로 페이먼트 메시지를 받는다. MPC 문제와 그 솔루션의 로컬 체인 버전은 7장에서 다루었다. 여기에서는 인퓨라가 제공하는 노드를 이용해 롭스텐 퍼블릭 테스트넷에 올리는 준비, 설정, 배포 과정을 검토해 보려고 한다.

8.6.1 MPC 환경 설정하기

MPC 데모를 론칭하기 전에 필요한 사전 준비부터 하자. 그림 8.5의 단계 1에서 단계 8에 해당하는 사전 작업을 진행하고, Dapp을 배포하기 위한 인퓨라 롭스텐 노드 설정을 하자. 블라인드 경매 애플리케이션에서 사용했던 니모닉, 어카운트(밸런스 포함), 인퓨라 노드 등을 모두 재활용할 수 있다. 먼저, 다음의 아이템들이 필요하다.

- 주관자와 작업자 역할을 위한 MPC 코드 베이스. 이 장의 코드 파일에서 MPC-Dapp-Infura.zip을 다운로드받아서 압축을 풀자.
- 최신 버전의 메타마스크 플러그인(*https://metamask.io*)이 설치된 크롬 브라우저
- 각 역할당 BIP39로 만든 12-단어 니모닉 시드 리스트. 추후에 사용하기 쉽도록 주관자와 작업자 각각에 대해 니모닉을 만들고 MPCEnv.txt(리스트 8.4)에 저장해 두자.
- 롭스텐 또는 메타마스크 테스트 이더 배포소에서 어카운트당 최소 5ETH를 받아 놓기
- 인퓨라 프로젝트. 이미 생성한 인퓨라 롭스텐 엔드포인트 주소를 재사용하자. 이 엔드포인트에 대해서는 8.4.4절을 참고하자.
- 필요한 사전 아이템들을 다 확보했으면 리스트 8.4와 같은 정보를 모은 MPCEnv.txt 파일을 완성할 수 있다. 이 장의 코드 베이스에서 MPCEnv.txt를 다운로드받은 다음, 필요한 데이터를 채워 넣자. 스마트 컨트랙트 주소 외의 모든 데이터를 채워야 한다. .env 파일을 패스워드로 안전하게 보호하자.

리스트 8.4 **MPC 설정 파라미터(MPCEnv.txt)**

```
Organizer details:
    1. Mnemonic or seed phrase for organizer:

    2. Account address Account 1 on MetaMask:

    3. Infura project name: Role2

Infura end point address for Ropsten: https://ropsten.infura.io/v3/
    ...

Worker Details:
    1. Mnemonic or seed phrase from BIP39 tool:

    2. Account address Account 1 on MetaMask:

MPC smart contract address obtained during deployment:
    ...
```

이 데모는 컴퓨터 한 대를 사용해서 진행하기 때문에 주관자와 작업자 역할을 바꿀 때마다 메타마스크 어카운트를 바꾼다. 주관자와 작업자의 역할을 쉽게 인식하기 위해 웹 서버의 포트 3000을 주관자에게, 3010을 작업자에게 할당해 구동한다.

MPC 코드를 다운로드받아서 압축을 풀면 나타나는 디렉터리 구조는 그림 8.17과 같다. 디렉터리 구조는 각 역할에 대응해 나뉘어 있다. 주관자의 디렉터리 구조는 통상적인 MPC-contract와 MPC-app 컴포넌트를 가지고 있는 반면에 작업자는 오직 app 컴포넌트만 가지고 있다. 인퓨라 롭스텐 노드의 파라미터를 코드에 설정한다. 블라인드 경매 Dapp에서 사용했던 단계를 똑같이 따라 하면 된다. 하나의 단계도 빼먹지 말고 순서대로 따라 하자.

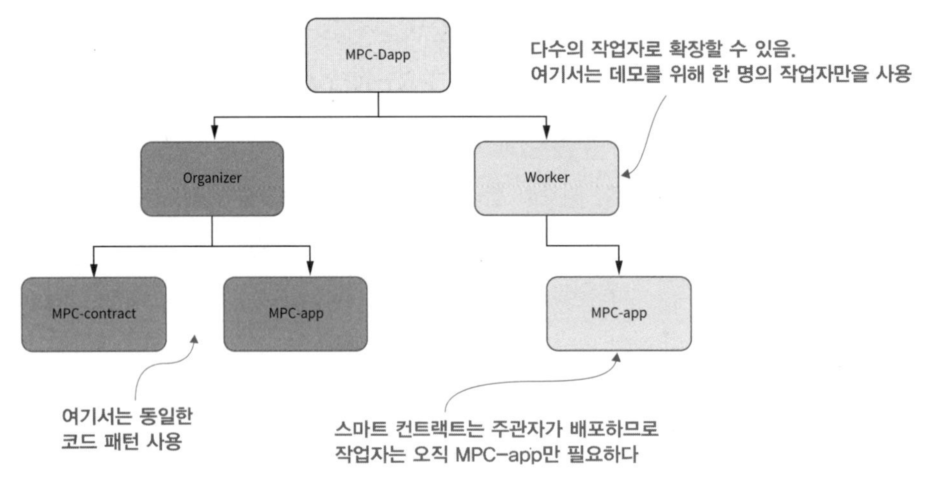

그림 8.17 **인퓨라의 퍼블릭 노드에 배포하기 위한 MPC 디렉터리 구조**

8.6.2 주관자 설정 및 설치하기

블라인드 경매 개발에서 사용했던 단계들을 그대로 반복하되, 별도의 MPC 관련 설정이 필요한 부분이 있다. 스마트 컨트랙트 배포 시 파라미터로 작업자의 주소를 제공하고, 주관자는 채널 에스크로 예치를 해야 한다. MPC 스마트 컨트랙트를 배포하기 위한 인퓨라 롭스텐 노드 엔드포인트도 필요하다. 두 개의 롭스텐 어카운트도 필요한데, 하나는 주관자(마이크로 페이먼트 송신자)를 위한 것이고, 다른 하나는 작업자를 위한 것이다. 이러한 아이템들을 이용해 MPC-contract 디렉터리를 설정한다.

- migrations/2_deploy_contracts.js에 작업자(receiver) 주소를 설정(리스트 8.5)
- migrations/2_deploy_contracts.js에 에스크로 예치(balance) 설정(리스트 8.5)
- truffle-config.js에 HDWalletProvider 주소로 인퓨라 엔드포인트와 주관자의 니모닉 사용(리스트 8.6)

리스트 8.5 **2_deploy_contract.js**

```
var MPC = artifacts.require("MPC");

module.exports = function(deployer, networks, accounts) {
  ...
  if(networks=='ropsten') {
    var receiver='0xd47fEd9f17622d64e154C3af70eE18C4920Bc9B5';   ← MPCEnv.txt에서 작업자(worker) 주소를 복사해 넣는다
    var balance=1000000000000000000;   ← 채널 밸런스(escrow deposit)로 1ETH = 1000000000000000000 설정
    deployer.deploy(MPC, receiver, {value:balance});
  }
};
```

2_deploy_contracts.js에 설정한 파라미터인 작업자의 주소와 에스크로 예치금 밸런스는 스마트 컨트랙트를 배포할 때 constructor 함수가 스마트 컨트랙트에 전달한다. 채널 에스크로 밸런스, 주관자와 작업자의 밸런스는 웹 인터페이스에 모두 나타나도록 했다. 현재 작업 지급에 할당한 밸런스는 1ETH밖에 없기 때문에 마이크로 페이먼트의 누적 금액은 이를 넘지 말아야 한다. 수정한 2_deploy_contracts.js 파일을 저장하자.

이제 주관자의 니모닉과 인퓨라 엔드포인트를 포함시키기 위해 truffle-config.js 파일을 업데이트하자. 리스트 8.6은 그 설정 내용을 보여준다. 블라인드 경매에 사용한 것과 동일하지만, 변수 이름은 바뀌었다. 필요한 파라미터들을 미리 저장해 두었던 MPVEnv.txt에서 복사해 오자. 필요한 환경 파라미터들을 한곳에 저장해 두는 것이 얼마나 도움이 되는지 실감이 나는가! 파라미터 업데이트 후 truffle-config.js 파일을 저장한다.

리스트 8.6 **truffle-config.js**

```
organizer=' ';
module.exports = {   ← 주관자의 니모닉을 추가하자
  networks: {
    ropsten: {
      provider: () => new HDWalletProvider(organizer, 'https:// '),   ← 인퓨라 롭스텐 엔드포인트를 추가하자
      network_id: 3,
      gas: 5000000,
      skipDryRun: false   ← 드라이런(dry run)은 컨트랙트 배포를 시뮬레이션해서 이슈가 있는지 확인해 준다
    }
  },
  ...
};
```

MPC-Dapp 베이스 디렉터리로 가서 다음의 명령어를 실행하자. 스마트 컨트랙트를 컴파일하고 롭스텐 퍼블릭 테트스넷에 배포해 줄 것이다. 두 번째 명령어는 완료하기까지 시간이 좀 걸릴 수 있는데, 이것은 인퓨라 노드를 이용해 퍼블릭 네트워크에 배포하는 것이기 때문이다.

```
npm install
truffle migrate --network ropsten
```

모든 것이 순조로웠다면 성공적인 배포가 이루어졌다는 메시지가 뜰 것이다. 간혹 네트워크에 부하가 많이 걸려 있는 경우, 배포 명령어에 타임아웃이 걸릴 수도 있다. 이런 경우 배포 완료 시까지 `truffle migrate` 명령어를 반복해서 실행하면 된다.

이제 주관자의 MPC-app 디렉터리로 가자. 여기서 웹 서버(Node.js 서버)를 실행시킨다. 로컬 호스트 포트 3000에서 주관자 애플리케이션이 구동한다.

```
npm install
npm start
```

`MPC Dapp listening on port 3000!`이라는 콘솔 메시지를 확인했는가. 이제 크롬 브라우저에서 localhost:3000을 열고 리로드하면 주관자 인터페이스가 나올 것이다. 메타마스크를 열고, 메타마스크 바닥 쪽에 있는 Import account using seed phrase 링크를 클릭해서, MPCEnv.txt에 저장했던 니모닉으로 어카운트를 복구하고 패스워드를 설정해 두자. 그림 8.18은 이미 익숙한 주관자 웹 인터페이스다. 왼쪽 위에서 스마트 컨트랙트 주소를 확인할 수 있는데, 이 주소를 MPCEnv.txt에 저장해 두었다가, 이후 작업자 애플리케이션을 설정할 때 사용한다. 주관자와 작업자의 밸런스도 보여주고 있는데, 여러분의 스크린이 보여주는 숫자와는 다를 수 있다.

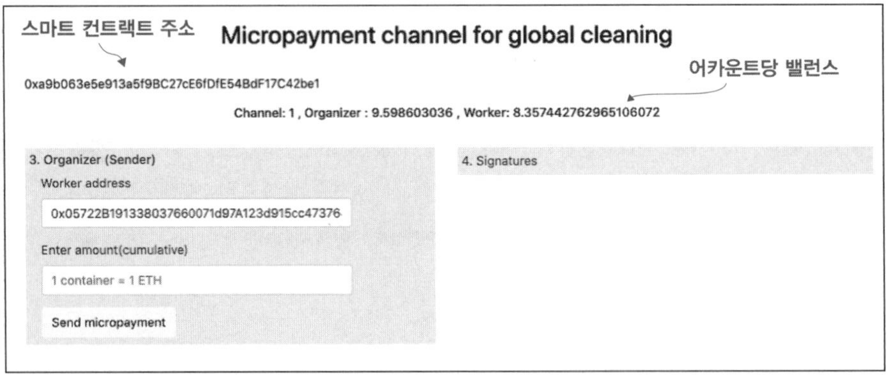

스마트 컨트랙트 주소
Micropayment channel for global cleaning
어카운트당 밸런스
0xa9b063e5e913a5f9BC27cE6fDfE54BdF17C42be1
Channel: 1 , Organizer : 9.598603036 , Worker: 8.357442762965106072
3. Organizer (Sender)
Worker address
0x05722B191338037660071d97A123d915cc47376
Enter amount(cumulative)
1 container = 1 ETH
Send micropayment
4. Signatures

그림 8.18 **주관자 인터페이스**

주관자 애플리케이션 설치가 끝났다. 그림 8.19는 전체 MPC-Dapp의 상호작용 내용을 보여준다. 이 그림에서 주관자와 작업자 인터페이스는 순차적sequential이라는 것을 알 수 있다. 즉,

주관자는 플라스틱 수거 박스가 들어올 때마다 계속해서 오프체인 마이크로 페이먼트를 보내고, 이러한 작업이 모두 끝난 후, 작업자는 누적된 금액에 대해 한 번의 지급 요청을 한다.

주관자
작업자
페이먼트 채널
SC 배포
①
오프체인:
재활용 플라스틱
수거
②
0.1, 0.1, 0.1상자
지불과 마이크로
페이먼트 사인
③
0.1, 0.2, 0.3ETH
클레임 페이먼트
④
페이먼트 채널
SC 파괴
0.3ETH +
마이크로 페이먼트
시그너처
에스크로 잔고를
주관자에게 반환

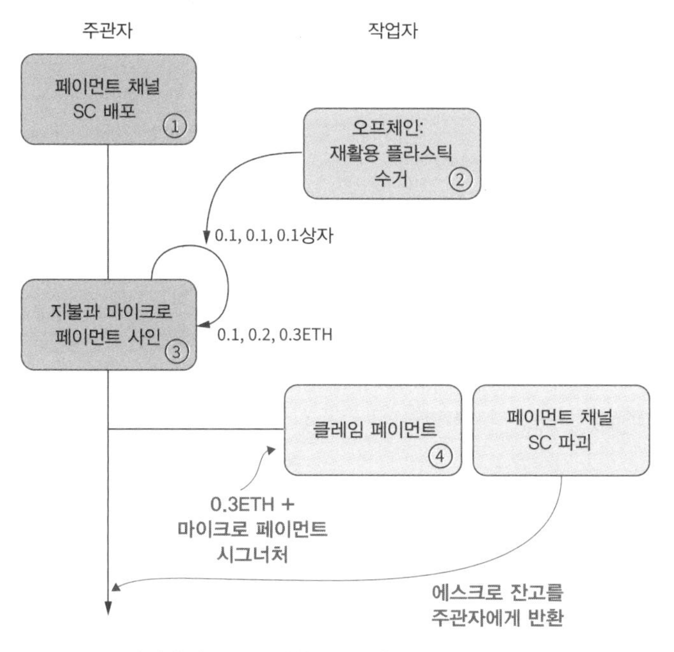

그림 8.19 **주관자와 작업자를 위한 상호작용 플랜**

작업자가 0.1, 0.1, 0.1상자만큼의 플라스틱을 수거했다고 가정하면, 누적 마이크로 페이먼트는 각각 0.1, 0.2, 0.3ETH가 될 것이다. 작업자 인터페이스 한 개씩 마이크로 페이먼트를 입력하자. 이게 주관자 인터페이스가 수행할 작업의 전부이며, 그 결과 페이지는 그림 8.20과 같다. 구체적인 숫자는 여러분의 스크린과 다소 다를 수 있다. 마지막 사인된 메시지를 작업자 인터페이스 작업을 위해 저장해 두자. 다음은 작업자, 즉 마이크로 페이먼트를 받을 수신자를 위한 파라미터를 설정해 보자.

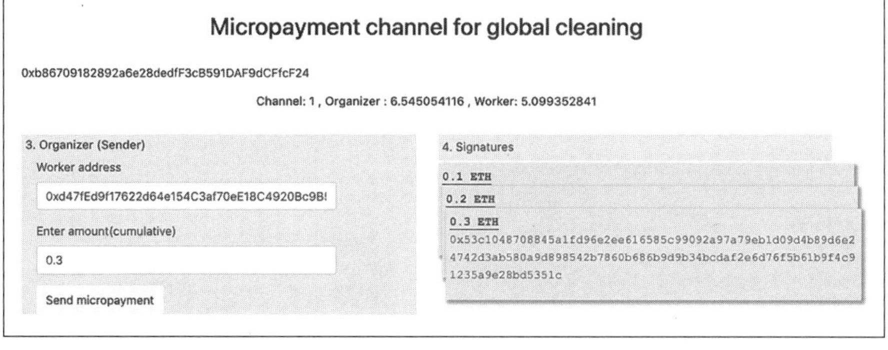

Micropayment channel for global cleaning
0xb86709182892a6e28dedfF3cB591DAF9dCFfcF24
Channel: 1 , Organizer : 6.545054116 , Worker: 5.099352841
3. Organizer (Sender)
Worker address
0xd47fEd9f17622d64e154C3af70eE18C4920Bc9B!
Enter amount(cumulative)
0.3
Send micropayment
4. Signatures
0.1 ETH
0.2 ETH
0.3 ETH
0x53c1048708845a1fd96e2ee616585c99092a97a79eb1d09d4b89d6e2
4742d3ab580a9d898542b7860b686b9d9b34bcdaf2e6d76f5b61b9f4c9
1235a9e28bd5351c

그림 8.20 **세 개의 누적 마이크로 페이먼트: 0.1, 0.2, 0.3ETH**

8.6.3 작업자 설정 및 설치

작업자 설정 및 설치는 MPC-Dapp의 Worker 디렉터리에서 진행하며, 이 디렉터리는 오직 MPC-app 컴포넌트만을 가지고 있다. 그림 8.17의 디렉터리 구조를 상기하자. Worker 디렉터리에 있는 src/js/app/js에 스마트 컨트랙트 주소와 ABI 정보를 업데이트한다(app.js에 포함되어 있음).

```
App = {
  web3: null,
  contracts: {},
  address:'0xb86709182892a6e28dedfF3cB591DAF9dCFfcF24',
  network_id:3,

  ...
```

MPCEnv.txt에서 복사한 MPC 스마트 컨트랙트 주소

app.js 파일을 저장하고, 작업자의 MPC-app 디렉터리로 이동한 후 다음의 명령어를 실행한다.

```
npm install
npm start
```

작업자 애플리케이션 설치에 성공했다면 이제 메타마스크가 설치된 크롬 브라우저에서 localhost:3010을 열자. 작업자의 니모닉 시드 리스트를 사용해 작업자 어카운트를 메타마스크에 복구한다. 그림 8.21과 같은 익숙한 페이지가 로딩될 것이다. 누적 마이크로 페이먼트값으로 0.3을 입력하고, 주관자 인터페이스와 상호작용할 때 저장해 둔 사인된 메시지를 입력하자. Claim payment 버튼을 클릭하고 메타마스크의 컨펌을 확인해 주면, 트랜잭션 펜딩이라는 메시지가 나올 것이다. 트랜잭션의 컨펌이 이루어지면, 작업자의 어카운트로 금액을 전송했다는 알림 메시지를 확인할 수 있다. 그리고 스마트 컨트랙트는 종료된다. 그림 8.21의 밸런스 필드가 비어 있는데, 이것은 스마트 컨트랙트가 이미 폐기되어 더 이상 밸런스 조회를 할 수 없기 때문이다.

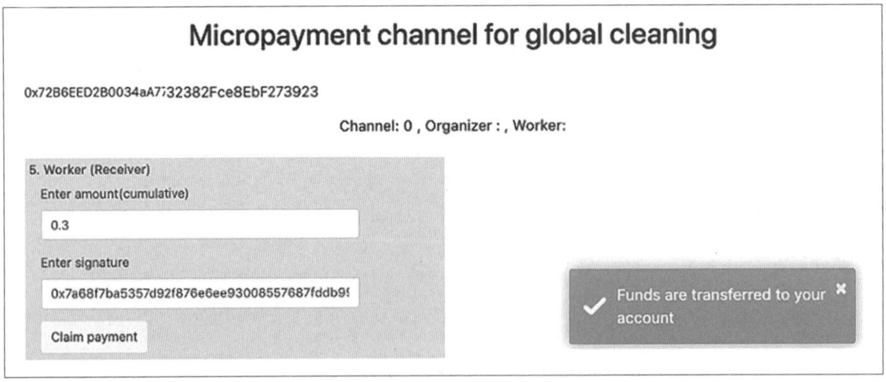

그림 8.21 최종 마이크로 페이먼트 지급 요청을 하는 작업자 상호작용

이것으로 MPC-Dapp의 데모는 끝이 났다. MPC의 결과 상태는 이미 7장에서 다루었으므로 여기서 반복하지는 않았다. 이 장의 목표는 인퓨라 노드를 이용해 Dapp을 어떻게 퍼블릭 이더리움 블록체인 위에 배포하는지를 학습하는 것이다. 두 가지 다른 종류의 상호작용을 테스트해 보았는데, 하나는 해싱되고 블라인드된 입력값과 그것을 해독하기 위해 일회용 패스워드를 사용하는 (블라인드 경매 Dapp) 예제였고, 다른 하나는 마이크로 페이먼트와 오프체인 사이드 채널을 이용하는 (MPC-Dapp) 경우였다.

8.7 되돌아보기

퍼블릭 인프라에 배포하는 것은 여러 가지 측면을 가진 프로세스이지만, 로드맵 분석 측면에서 보면, 블록체인 노드를 세팅하고 시스템 설정을 하는 것이다. 이러한 단계들은 로컬 블록체인 테스트 환경에서 퍼블릭 체인 환경으로 나가는 데 반드시 필요하다. 퍼블릭 환경은 서로 모르는 수천 명의 다른 참여자와 함께 작업을 하는 것이다.

Dapp 배포(`truffle migrate` 명령어)와 트랜잭션 컨펌에 걸리는 시간은 로컬 배포 때보다 길다. 이러한 지연은 많은 피어 참여자들이 그들의 트랜잭션을 처리하고자 동시에 액세스하기 때문에 발생하는 현상이다. 실제 블록체인 네트워크에서 걸리는 컨펌 시간으로 인한 사용자의 불편함을 같이 경험해 볼 필요가 있다.

인퓨라와 같은 노드 인프라를 사용해 이더리움 노드를 셋업하는 것은 다시 중앙화의 길로 가는 것과 매한가지 아닌가 하는 의구심을 가진 사람도 있을 것이다. 하지만 이 셋업은 실험적인 것이고, 실제 프로덕션 환경에서는 다양한 참여자들이 각각의 환경 또는 클라우드에 직접 노드를 호스팅하는 경우도 많다.

애플리케이션을 위한 이더 또는 암호 화폐 밸런스를 관리하는 경제적 측면은 거의 다루지 않았다. 왜 Dapp을 배포하고 사용하는 데 이더 또는 암호 화폐가 필요한지에 대해 궁금할 수도 있다. 이전의 개발 과정은 이러한 어카운트와 밸런스가 별도로 필요하지 않았다. 퍼블릭 네트워크에서는 서로 모르는 피어들과 함께 탈중앙화된 환경에 놓여 있다는 점을 기억하자. 암호 화폐 또는 이더는 탈중앙화 시스템에서 리소스의 오용을 방지하는 신뢰와 보안을 위한 비용이다.

8.8 베스트 프랙티스

블록체인은 내재적으로 퍼블릭 성격을 갖는다. 블록체인은 탈중앙화된 퍼블릭 유스 케이스를 위한 솔루션의 부분이 되어야 한다고 간주하자. 기존의 애플리케이션이 건들지 않았던 새로운 애플리케이션 도메인, 역할, 사용자, 데모그래픽스를 연구하자.

가나쉬를 사용했던 것과 유사하게 인퓨라에 세 개의 영구적 프로젝트들과 역할 환경을 셋업하자. 지금까지 배운 개발의 셋업을 재활용한다. 테스트 이더를 채우기 위한 어카운트도 동일한 것을 사용한다. 테스트 이더 배포소는 하루 제한된 이더양만큼 제공해 주거나 어카운트당 밸런스 제한이 있을 수도 있다. 마치 임시 급여를 받는 것처럼 매일 이더를 모아 보자. 이더리움 메인넷의 트랜잭션을 위한 진짜 이더는 항상 구매할 수 있지만, 테스트 개발을 위해 진짜 이더를 낭비할 필요는 없다.

생성된 니모닉을 항상 안전하게 보관하자. 절대 니모닉을 다른 사람에게 주지 말자. 테스트와 개발을 위해 항상 같은 어카운트 주소를 사용하는 것이 좋다. 최소 세 개의 테스트용 주소와 이더 보관을 위한 한 개의 뱅크 어카운트를 유지하자. Dapp 개발에서 여러 가지 역할을 할 때 같은 어카운트 주소를 재사용하는 것도 좋은 방법이다. 이러한 재사용은 학습 목적으로도 유용한 측면이 있다.

8.9 요약

- 인퓨라 퍼블릭 인프라는 이더리움 블록체인 노드를 서비스로서 제공하고, 이를 이용해 Dapp을 퍼블릭 네트워크에 배포할 수 있다.
- 이 장의 로드맵은 Dapp을 퍼블릭 인프라에 배포하는 단계들을 보여준다. 이 단계에는 환경 셋업을 위한 파라미터, 여러 컴포넌트를 파라미터와 함께 설정하는 것, 스마트 컨트랙트를 배포하는 것, 웹 서버를 패키지 기반으로 운영하는 것, Dapp을 테스팅하기 위한 테스트 플랜을 만드는 것 등을 포함한다.
- 블라인드 경매와 MPC Dapp은 어떻게 퍼블릭 배포를 하는지 보여준다.
- 퍼블릭 네트워크에 작업할 때 해당 네트워크에서 사용하는 암호 화폐가 필요하다. 이는 신뢰 비용이다.
- 메타마스크 지갑은 어카운트 관리를 도와준다. 일상적인 생활 환경처럼 목적에 따라 다른 어카운트를 사용할 수 있다.

PART

III

로드맵과 향후 발전 전망

파트 III에서는 이더리움 생태계로 시야를 넓히고, 자산의 토큰화, 표준, 테스트 주도 개발 등에 초점을 맞추고자 한다. 이것은 파트 I과 파트 II에서 소개한 개념, 도구, 테크닉들을 포함하는 로드맵을 보여주고, 앞으로 가능성 있는 비즈니스 기회를 파악해 보는 것이다. 대체 가능 토큰과 대체 불가능 토큰의 개념과 표준을 부동산 토큰 개발을 통해 보여준다. 자바스크립트 기반 테스트 스크립트 작성법도 배운다. 직관적으로 JS 테스트를 작성하고 트러플 테스트 프레임워크와 명령어를 사용해 실행하는 것을 보여준다. 필자가 일하고 있는 기관의 인증서 프로그램의 비효율성을 논의하고, 이를 해결하기 위한 블록체인 기반 솔루션과 그 로드맵에 대해서도 탐구한다. 현재 직면하고 있는 많은 블록체인 이슈들을 리뷰하고, 이를 해결하기 위한 커뮤니티의 노력을 결론으로 소개한다. 누구나 여기에 기여할 수 있다. 블록체인의 신뢰와 무결성을 이용해 여러 가지 문제를 해결할 수 있는 기회를 계속 찾아 나가야 한다.

9장은 블록체인의 높은 관심 영역, 즉 토큰과 코인에 대해 포커스를 맞춘다. 10장은 테스트 스크립트에 관한 것이다. it(), describe(), beforeEach() 같은 요소를 사용한 자동화 스크립트를 설명하고, Counter.sol, Ballot.sol, BlindAuction.sol 등에 샘플 테스트 스크립트를 사용해 본다. 11장에서는 Dapp 개발을 안내할 로드맵을 제공한다. 로드맵을 사용하는 예제로서, 교육 인증(DCC-Dapp) 애플리케이션을 분석한다. 12장에서는 블록체인 애플리케이션에 고유한 이슈와 솔루션을 살펴보면서 향후 발전 과정에 대해 논의해 보자.

PART III

A roadmap and the road ahead

CHAPTER 9

자산의 토큰화

이 장에서 다룰 내용

- 자산의 토큰화를 위한 스마트 컨트랙트 개발하기
- 이더리움 개선 제안 프로세스와 표준 리뷰하기
- 대체 가능 및 대체 불가능 토큰 이해하기
- 대체 가능한 ERC20과 대체 불가능한 ERC721 토큰 스탠더드 탐구하기
- ERC721 호환 부동산 토큰 설계와 개발하기

스마트 컨트랙트는 어떤 자산이든지, 그것이 유형(실제적인, 금융)이든 무형이든 토큰화할 수 있다. **토큰화**tokenize는 자산을 마치 법정 화폐나 암호 화폐처럼 송신, 거래, 교환, 규제, 관리할 수 있도록 디지털 단위로 나타내는 것을 말한다. 이러한 자산의 예에는 디지털 미디어상의 컴퓨팅 아티팩트, 파일, 사진을 비롯하여, 부동산, 수집품, 주식, 심지어는 보안과 성능 같은 무형의 개념까지도 포함한다. 자산은 가상적일 수도, 실제적일 수도, 상상적인 것일 수도 있다! 크립토키티Crypto-Kitties는 이더리움 블록체인에 상상적인 애완동물을 토큰화시킨 대표적인 사례다. 크립토키티를 디지털 애완동물로서 사고팔고 키울 수 있다. 이더리움상에는 현재 작동하고 있는 여러 가지 토큰들이 있다. 디지털 애완동물이라는 유행을 넘어서서, 토큰화는 블록체인의 혁신을 가시화할 수 있는 응용 사례라고 할 수 있다.

자산의 토큰화가 도움이 될 만한 영역은 많다.

- 스마트 컨트랙트 기능을 사용한 표준화된 자산 운용 관리

- 블록체인의 분산 장부 기술Distributed Ledger Technology, DLT을 사용한 간소화된 정부 기록과 공유
- 공급망 체인과 같은 곳에서 상품과 서비스의 추적 용이성traceability
- 부동산의 매매와 같은 비즈니스 트랜잭션의 빠른 컨펌(몇 개월 걸리는 일을 몇 시간 만에 처리)
- 현재 진행 중인 많은 비즈니스의 디지털화
- 자산의 상품화commoditization와 수익화monetization
- 자산의 온라인 트레이딩을 위한 새로운 수단 개발
- 혁신적인 애플리케이션 모델 개발

전반적으로 토큰화는 블록체인 기술의 적용 가능성을 더욱 확대해 줄 것으로 기대된다.

6~8장에서는 종단 간 탈중앙화 애플리케이션 개발에 초점을 맞추었다. 이 장에서는 토큰 개념의 소개와 함께 블록체인 기술의 광범위한 영향력을 탐구해 보려 한다. 토큰과 관련한 표준을 소개하고, **대체 가능한**fungible 토큰과 **대체 불가능**non-fungible 토큰에 대해서도 다룬다. 새로운 스마트 컨트랙트인 RES4 토큰은 부동산 자산을 암호 자산으로 변화시키는 토큰 개념을 시연해 준다. RES4 토큰을 설계하고 개발해 봄으로써, 블록체인의 신뢰, 변조 불가능한 저장, 부동산 자산을 위한 효율적인 트랜잭션 기능을 어떻게 활용하는지를 설명한다.

서로 다른 토큰 애플리케이션들 간의 경계 없는 상호작용을 위해서 토큰을 표준에 맞추어 개발해야 한다. 이것은 다른 종류의 법정 화폐를 금융시장과 거래소에서 취급하는 방식과 유사하다. 이더리움은 이더리움 개선 제안Ethereum Improvement Proposal, EIP이라는 과정을 통해 이러한 표준을 마련한다. RES4는 그냥 단순한 또 하나의 스마트 컨트랙트가 아니라, 이더리움의 표준 토큰으로서 설계할 것이며, 어떻게 이를 개발하는지 살펴본다.

9.1 이더리움 표준

어떤 기술이 정치에서 애완동물 가게에 이르기까지 우리 삶의 여러 방면에서 깊이 있고 폭넓은 영향력을 행사한다면, 우리는 이러한 상황에 어떤 질서를 부여할 필요를 느낄 것이다. 이러한 기대가 특수한 기술에만 일어나는 것이 아니다. 오퍼레이팅 시스템이 큰 흐름으로 자리 잡게 되었을 때를 생각해 보자. 오퍼레이팅 시스템 간의 상호운용성을 위해 POSIXPortable Operating System Interface라는 표준을 도입했다. RFCRequest for Comment를 통해 인터넷 표준을 정의하기 위해 IEFTInternet Engineering Task Force를 설립했다. 상업용 항공기는 ISOInternational Organization for Standardization 항공 표준을 따르는 모든 국가의 공항에 착륙할 수 있다. 모든 영역에서 표준은 질서, 안전, 규제, 명확성을 가져다준다. 특히, 블록체인과 같이 초기 단계에 이미 관심도가 높은 기술을 위해서는 더욱 그러하다. 토큰의 역사에 대해 좀 더 살펴보자. 비트코인과 스마트 컨트랙트의 출현 이후 많은 독립적인 코인과 토큰이 등장했다. 이러한 확장은 토큰에 관해 많은 이슈와 의문들을 제기했다.

- 이 토큰은 무엇을 나타내는가?
- 이 토큰의 가치는 무엇이고, 어떻게 그 가치를 평가하는가?
- 이것을 가지고 무엇을 하는가?
- 이것은 투자용인가 아니면 유틸리티 토큰인가?
- 이 토큰은 다른 타입의 토큰 또는 법정 화폐와 교환할 수 있는가?
- 이것은 대체 가능한가 아니면 대체 불가능한가?
- 이 토큰은 발행량 한도가 있는가?

이러한 관심사는 투자자뿐만 아니라, 미국증권거래위원회Securities and Exchange Commission, SEC와 규제 당국도 가지고 있었고, 이는 투자자를 사기 상품이나 투자로부터 보호하기 위해 암호 화폐 산업을 규제하려는 목적에 기반한 것이다. 이더리움 커뮤니티는 지속적인 개발, 토론, 표준의 도입을 통해 이러한 이슈들을 해결해 왔다. 블록체인 프로토콜을 개선하고, 애플리케이션 개발을 진전시키기 위한 표준을 제공하기 위한 방법 또한 개발했다.

9.1.1 이더리움 개선 제안

어떻게 이더리움에서 표준이 만들어지는지 알아보자. 이더리움 표준은 EIP(*https://eips.ethereum.org/EIPS/eip-1*) 체계를 바탕으로 이루어진다. EIP는 프로토콜 명세, 개선 사항, 업데이트, 클라이언트 API와 컨트랙트 표준 등을 관리하기 위한 수단이다. EIP는 다음과 같은 서로 다른 카테고리의 이슈를 다룬다.

- 코어 - 코어 이더리움 프로토콜
- 네트워크 - 네트워크 레벨 개선
- 인터페이스 - ABI, RPC 같은 인터페이스
- ERCEthereum Request for Comments - 애플리케이션 레벨 규약 및 표준

9.1.2 ERC20 토큰 표준

이더리움의 등장과 함께, 수많은 암호 화폐 토큰들이 다양한 서비스와 비즈니스를 구현하기 위해 등장했다. 이더리움 기반 토큰의 호환성을 위해 ERC20 표준 인퍼페이스를 도입했다. ERC20 표준은 토큰이 다른 토큰과 상호작용하고, 서로 교환되며, 이더리움 네트워크에서 트랜잭션 처리가 가능하게 하는 규칙을 설정한다.

오픈제플린(*https://openzeppelin.com*)은 이더리움 프로토콜을 지원하는 활발한 커뮤니티 조직이다. 토큰 표준과 개선에 대한 논의가 *https://docs.openzeppelin.com/contracts/3.x/api/token/erc20#IERC20*에서 이루어진다. 다음은 ERC20 인터페이스 정의의 일부분이다.

```
contract ERC20 {
    function totalSupply() public view returns (uint256);
    function balanceOf(address tokenOwner) public view
        returns (uint256 balance);
    function allowance(address tokenOwner, address spender) public view
        returns (uint256 remaining);
    function transfer(address to, uint256 tokens) public
        returns (bool success);
    function approve(address spender, uint256 tokens) public
        returns (bool success);
    function transferFrom(address from, address to, uint256 tokens) public
        returns (bool success);
    // 이벤트들
    event Transfer(address indexed from, address indexed to, uint256 tokens);
    event Approval(address indexed tokenOwner, address indexed spender,
                             uint256 tokens);
}
```

ERC20 컨트랙트는 토큰 name, symbol과 토큰의 소수 자릿수를 나타내는 decimal 속성도 포함한다. ERC20 표준과 호환하는 자산 또는 유틸리티를 위한 토큰을 만들고 배포하려면, ERC20 인터페이스가 요구하는 함수들을 스마트 컨트랙트에 구현해야 한다.

```
contract MyToken is ERC20 {

    // ERC20 인터페이스 표준이 요구하는 함수들을 구현
    // 다른 함수들...
}
```

수백 개의 ERC20 호환 토큰들이 배포되어 왔으며, 이더스캔에서 이를 찾아볼 수 있다. 이러한 토큰은 이더리움 네트워크에 의존적이며, 이더리움 노드에서 사용하는 동일한 주소를 가지고 사용할 수 있다. 이론적으로 모든 ERC20 토큰은 암호 화폐 거래소에서 다른 ERC20 호환

토큰과 교환할 수 있다. 이러한 인식은 완전히 새로운 Dapp의 세계를 열었다!

ERC20 토큰 트랜잭션을 이더스캔(*https://etherscan.io/tokens*)에서 그림 9.1과 같이 확인해 볼 수 있다. 이것은 두 개의 토큰을 한 어카운트에서 다른 어카운트로 전송했다는 것을 보여준다. ERC20 토큰을 위한 토큰 트래커를 탐색해 보면, 이와 같은 수많은 전송 기록을 확인할 수 있을 것이다. 그림 9.1의 Tx는 *http://mng.bz/nzYg*에서 확인해 볼 수 있다. 토큰 Tx 정보를 이해하기 위해 이 링크를 클릭해서 그 내용을 잘 살펴보기 바란다.

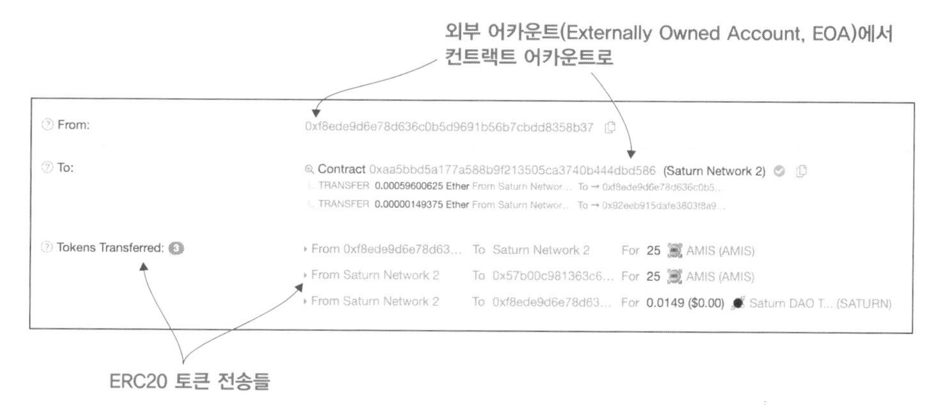

그림 9.1 **ERC20 토큰 전송 트랜잭션**

이 책의 집필 시점을 기준으로 ERC20을 대체하기 위한, 개선 버전의 대체 가능 토큰인 ERC777이 등장했다.

9.1.3 대체 가능 토큰과 대체 불가능 토큰

ERC20 토큰은 어떤 유틸리티나 서비스를 위해 토큰을 지급해서 구매할 수 있는 화폐 같은 역할을 한다. 예를 들어, Grid+ 애플리케이션에서는 전력 소비를 위한 지급 수단으로 ERC20 토큰을 사용한다. 하나의 ERC20 호환 토큰(예를 들어, Augur의 REP 토큰)은 같은 종류의 다른 토큰과 교환 가능하기 때문에 **대체 가능 토큰**Fungible Tonken, FT이라고 부른다.

1달러 지폐는 다른 1달러 지폐와 교환 가능하므로 대체 가능하다. 그런데 실제 강아지를 나타내는 토큰이라면 어떨까? 더구나 세계적인 경쟁에서 우승한 개를 나타내는 토큰의 경우, 토큰 가치는 이에 비례해서 막대하게 증가할 수 있다. 포켓몬 카드도 그런 종류의 예다. 야구 선수 카드나 부동산 토큰은? 이러한 케이스들의 경우, 여러 가지 요인에 의해 각각의 토큰 가치가 크게 오를 수도 있고 떨어질 수도 있다. 이러한 종류의 토큰을 대체 불가능 토큰(NFT)이라고 한다. 이 토큰은 같은 종류라 하더라도, 각각은 같은 가치를 지니고 있지도 않고, 같은 가치로 교환할 수도 없다.

정의 대체 가능 토큰(FT)은 같은 클래스의 다른 토큰들과 각각 동일하다. 한 개의 FT는 주어진 클래스 내의 다른 토큰과 똑같이 교환할 수 있다.

정의 대체 불가능 토큰(NFT)은 주어진 클래스 내에서 고유한 토큰이다. 한 개의 NFT는 주어진 클래스 내의 다른 NFT와 같지 않다.

그림 9.2는 대체 가능 및 대체 불가능 토큰 개념의 예시다.

그림 9.2와 같이 모든 1달러 지폐는 다른 1달러 지폐와 동일한 가치를 지닌다. 이러한 등가는 1ETH와 1BTC에 대해서도 적용 가능하므로 대체 가능한 아이템이라고 간주한다. 한 아이템을 같은 종류의 다른 아이템으로 대체 가능한 것이다. 하지만 한 마리 애완견은 다른 어떤 개와도 다르다. 밀리라는 개는 라일리라는 개와 같지 않다!

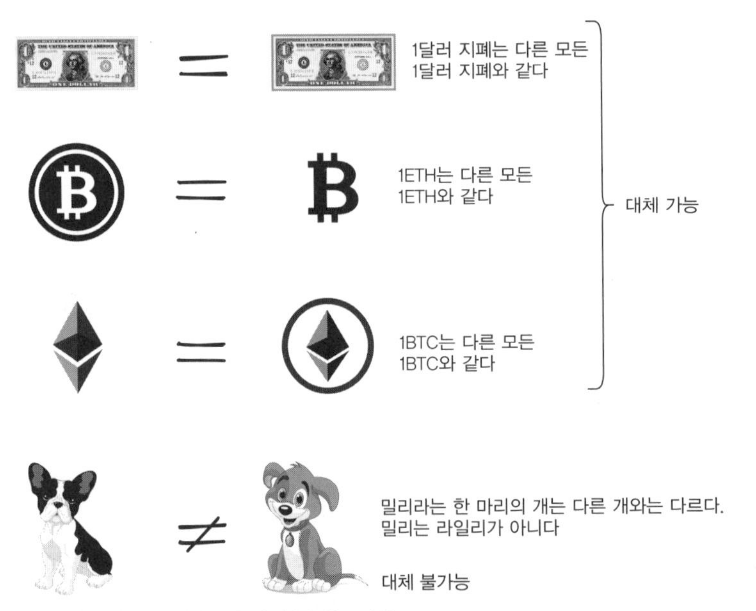

그림 9.2 **대체 가능 자산과 대체 불가능 자산**

매우 인기가 많았던 크립토키티(*https://www.cryptokitties.co*) Dapp에서 토큰(CK 심벌)은 고양이를 나타내고, 고양이의 생성, 라이프 사이클, 교배 등을 위한 규칙은 모두 변조 불가능한 이더리움 블록체인상의 스마트 컨트랙트에 작성되어 있다. 정해진 스케줄에 따라 일정한 수의 새 토큰이 발행되고, 새 토큰은 펀딩을 위해 경매로 판매한다. 자산인 고양이 토큰은 수요와 개별적인 속성에 따라 가격이 오르기도 하고 내리기도 한다. 각 자산은 고유하다. 하나의 자산은 다른 자산과 동일하지 않다. 고양이는 서로 교체할 수 없으므로 **대체 불가능하다**고 표현하는 것이다.

이더리움 커뮤니티는 이러한 대체 가능한 토큰과 대체 불가능한 토큰을 위해 표준을 만들었다. ERC20은 대체 가능한 토큰이고, 수천 종류의 ERC20 호환 암호 화폐가 존재한다. ERC721은 대체 불가능 토큰을 위한 표준이며, 크립토키티가 이 표준의 유행을 이끌었다.

ERC721 토큰 모델은 단순한 흥밋거리뿐만 아니라 중요한 의미를 가지고 있다. ERC721은 더 넓은 범위의 대체 불가능한 자산에 적용할 수 있다. 주식과 부동산에서부터 예술 수집품에 이르기까지 많은 유스 케이스가 있다. ERC721 토큰을 타임셰어와 임대 건물 모델에도 적용할 수 있고, 심지어 화성 토지에도 적용할 수 있을지도 모른다. 그 가능성에 제한이 없다.

9.2절에서 부동산 자산을 나타내는 이러한 ERC721 토큰에 관해 탐구해 볼 것이다.

9.2 RES4: 대체 불가능한 부동산 토큰

토지, 주택, 부동산 소유를 포함하는 자산 소유는 인류의 역사 모든 곳에서 까다로운 문제였다. 많은 전쟁과 불화는 토지 자산에서 불거진 것이었다. 부동산을 대체 불가능한 자산이라고 가정하고, 이를 위한 토큰 Dapp을 설계하고 개발해 보자. 비록 이 장에서는 부동산 자산에만 초점을 맞추지만, 우리가 개발하는 토큰 모델은 수많은 다른 비즈니스와 사회경제적, 문화적, 예술적 애플리케이션에도 적용할 수 있다는 점에 유의하자.

우리는 우선 문제 설정을 하고, 설계 원칙(부록 B)을 적용해 애플리케이션을 설계하고 개발할 것이다. 이 부동산 토큰을 RES4라고 부르기로 하자.

한 마을의 새로운 부동산 개발을 표현하는 탈중앙화된 부동산 토큰을 설계하고 개발하자. 마을 관리자는 부동산 필지를 자산(RES4 토큰)으로 추가하고 그 소유자에게 토큰을 배정한다. RES4 토큰을 생성하는 과정을 통해 이 작업을 수행한다(자산 소유권을 위한 자금 이동의 수단 등에 관해서는 여기서 다루지 않는다고 가정한다). 토큰의 소유자는 그 위에 건물을 건축해서 가치를 더할 수도 있고, 구매자에게 판매를 허가할 수 있으며, 허가받은 구매자는 그 자산을 구입할 수 있다. 해당 부동산 자산은 마을 감정평가사의 평가에 따라 가격이 오를 수도 있고 내릴 수도 있다. 단순한 설계를 위해 마을 관리자와 감정평가사는 동일한 아이덴티티를 가지고 있고, 마을을 대표해서 여러 가지 오퍼레이션을 수행한다고 가정한다.

RES4는 실제 부동산 비즈니스 모델을 단순화한 버전이다. RES4 스마트 컨트랙트와 Dapp 개발을 완료한 후, 이 기본 설계를 더 개선해 봐도 좋을 것이다.

9.2.1 유스 케이스 다이어그램

스마트 컨트랙트 설계를 위해 우선 설계 원칙 2, 유스 케이스 다이어그램을 그려 보자. 그림 9.3은 다음과 같은 RES4의 액터를 가지고 있다.

- 마을 관리자(자산 개발자 또는 생성자)
- 자산 소유자
- 자산 건축사(자산에 가치를 더함)
- 자산 구매자
- 자산 감정평가사

RES4 토큰 Dapp 문제를 해결하기 위해 이러한 요소를 유스 케이스 다이어그램에 나타내 보자. 네 가지의 역할, 마을 관리자, 감정평가사, 소유자, 구매자를 식별할 수 있다. 핵심적인 오퍼레이션을 자산 추가, 건축하기, 구매자 허가, 구매와 소유권 이전, 자산 평가 등의 유스 케이스로 표현할 수 있다.

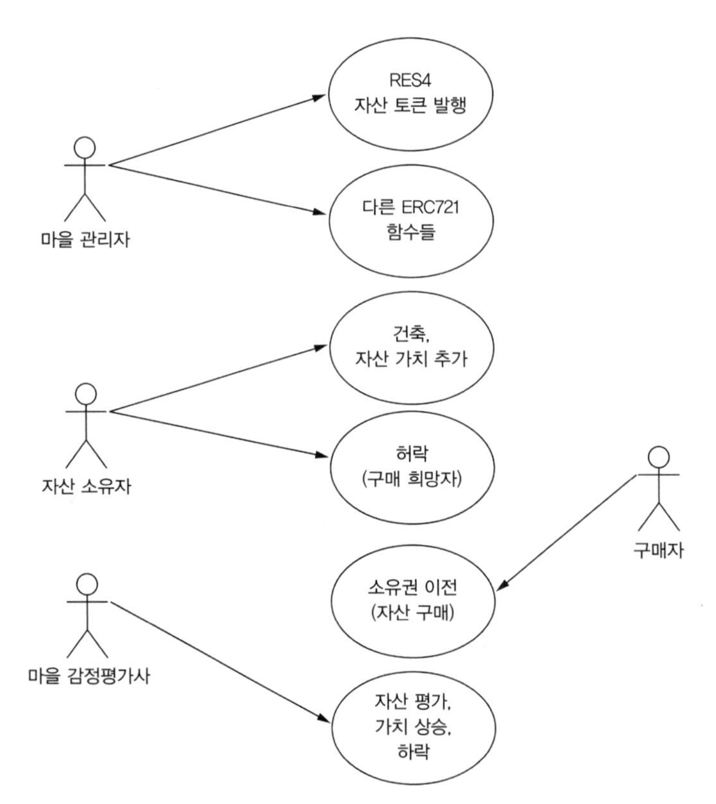

그림 9.3 **RES4 자산 토큰 Dapp을 위한 유스 케이스 다이어그램**

9.2.2 컨트랙트 다이어그램

컨트랙트 다이어그램은 유스 케이스 다이어그램을 바탕으로 여기에 데이터 구조, 수정자, 이벤트, 함수(함수 헤더) 등의 설계 요소를 추가해서 확장한 것이다. 이 컨트랙트 다이어그램은 오직 데이터, 이벤트, 함수만을 포함하고 있다. 액세스 규칙은 함수 안에 `require` 문(`require (condition);`)을 사용해 규정하였다. RES4는 지정된 함수 헤더를 가진 ERC721 표준을 따른다.

그림 9.4는 RES4를 위한 컨트랙트 다이어그램을 보여준다. 데이터와 이벤트 외에 컨트랙트 다이어그램의 RES4 함수는 유스 케이스 다이어그램을 따른다. 여기에는 `addAsset()`, `build()`, `approve()`, `transfer()` 등을 포함한다. `appreciate()`와 `depreciate()`는 보조적인 역할의 오퍼레이션을 위한 것이다. 이 오퍼레이션은 감정평가사가 자산의 가치를 올리거나 내릴 수 있게 해준다. 컨트랙트 다이어그램에 설정한 이벤트는 ERC721 표준 요구 사항이다.

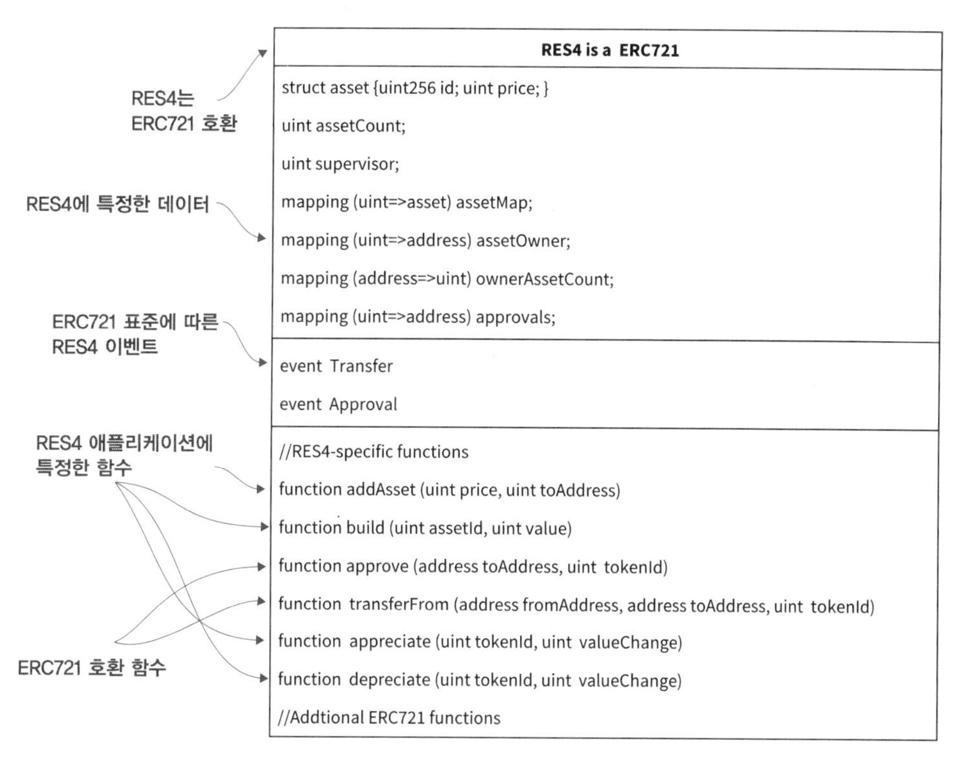

그림 9.4 **RES4 컨트랙트 다이어그램**

9.2.3 ERC721 호환 RES4 토큰

ERC721은 어떻게 규정되어 있을까? 이것은 스마트 컨트랙트를 위해 솔리디티로 작성한 ERC721.sol에 그 명세가 담겨 있다. 이번 절에서는 ERC721 토큰 표준에 대해 알아보고,

ERC721 호환 토큰인 RES4를 만드는 방법을 알아보자.

ERC721 토큰 표준

각 ERC721 토큰은 고유하다. ERC721 토큰 표준의 요구 사항 중 하나는 토큰 공급이 한정된다는 것이다. 토큰 공급이 한정된다는 개념은 부동산 자산의 경우 문제가 되지 않는다. 모든 부동산 자산은 도시 전체로 보나 국가 전체 또는 전 세계 전체로 보아도 그 수가 한정되어 있다. 토큰 표준은 토큰에 어떤 함수(헤더)를 구현해야 하는지를 규정하는 인터페이스다. ERC721 호환 토큰을 만든다는 것은 표준에 정해진 모든 함수를 구현해서 포함한다는 의미다. ERC721 인터페이스 설계는 ERC20 규정을 바탕으로 하고 있다. 또한, ERC721 표준은 진화해 오고 있다. 예를 들어, `safeTransferFrom()`이라는 새로운 함수를 ERC721 인터페이스에 추가하기도 했다. 다음은 RES4 개발에 사용한 ERC721 인터페이스 함수들이다.

```
interface ERC721 {
    function balanceOf(address _owner) external view returns (uint256 balance);
    function ownerOf(uint256 _tokenId) external view returns (address owner);
    function approve(address _to, uint256 _tokenId) external payable;
    function transferFrom(address _from, address _to, uint256 _tokenId) external
    ➥ payable;
    function safeTransferFrom(address _from, address _to, uint256 _tokenId)
    ➥ external payable;
...}
```

이 함수들 외에도 또 다른 ERC721 표준 인터페이스인 `function totalSupply() public view returns (uint256 total)`도 사용했다. `totalSupply()` 함수는 토큰 수를 제한한다. 회화 작품이나 예술 작품, 지구상의 거주 가능 토지 같은 많은 자산의 경우에 아이템의 수는 제한된다. 그 뒤의 두 함수, `balanceOf()`와 `ownerOf()` 함수는 해당 주소가 소유하고 있는 토큰의 상세 정보를 보여준다. `approve()` 함수는 어떤 주소가 토큰을 지급하는 것을 허용하기 위해 ERC721 표준이 요구하는 것이다. 부동산을 자산으로 다루는 RES4에서 이 `approve()`는 다른 의미를 갖고 있는데, 즉 자산(토큰)을 특정한 주소에 판매하는 것을 허용한다는 의미다. `transferFrom()`과 `safeTransferFrom()`은 한 주소에서 다른 주소로 자산을 전송하는 함수다.

이러한 함수를 고려하여 어떻게 ERC721 표준을 스마트 컨트랙트와 Dapp 개발에 통합해야 할까? 이것이 다음 절에서 다룰 내용이다.

ERC 토큰 표준은 넘버링, 지원 클래스, 함수들에서 변화가 있으며 유동적이다. 토큰화 같은 새로운 주제가 급속히 부상하고 있는 것을 고려하면, 이는 당연한 상황이라고 볼 수 있다. 일부 토큰은 표준과 부분적으로만 호환이 되는 것도 있다. 토큰을 개발할 때 이런 측면을 염두에 두어야 한다.

RES4 스마트 컨트랙트

유스 케이스 다이어그램(그림 9.3)과 컨트랙트 다이어그램(그림 9.4)을 가이드라인으로 사용하여 RES4를 위한 스마트 컨트랙트를 개발해 보자. 그림 9.5는 이 Dapp을 위한 블록 다이어그램을 보여준다. 새 요소인 ERC721 토큰 인터페이스에 주목하자. RES4 스마트 컨트랙트는 그림 9.5와 같이 전통적인 객체지향 설계의 상속을 사용해 ERC721 표준을 포함시킨다. 컨트랙트 디렉터리에 ERC721을 별도의 스마트 컨트랙트(ERC721.sol)로 저장해야 한다. 또한, 다른 서포트 스마트 컨트랙트도 포함해야 한다. 이러한 컨트랙트는 `helper_contracts`라는 별도의 디렉터리에 분리해서 저장한다. ERC721 인터페이스는 스마트 컨트랙트에 다음과 같이 코드에 추가해서 결합한다. 하나의 스마트 컨트랙트 기능을 다른 컨트랙트로 상속하기 위해 다음의 단계들을 따라 해보자.

1 RES4 스마트 컨트랙트의 시작 부분에 ERC721 표준 인터페이스를 임포트하자.

```
import "./helper_contracts/ERC721.sol";
```

ERC721 스마트 컨트랙트를 `helper_contracts` 디렉터리로부터 임포트한다. 이 디렉터리에는 ERC721.sol이 사용하는 다른 컨트랙트들도 있다. 이 컨트랙트 디렉터리를 열어서, 여러 지원 컨트랙트들을 확인해 보자.

2 그림 9.5는 RES4와 ERC721의 관계를 보여준다. RES4 스마트 컨트랙트는 하나의 ERC721 토큰이다. 이것은 스마트 컨트랙트에서 상속 방식으로 설정된다.

```
contract RES4 is ERC721
```

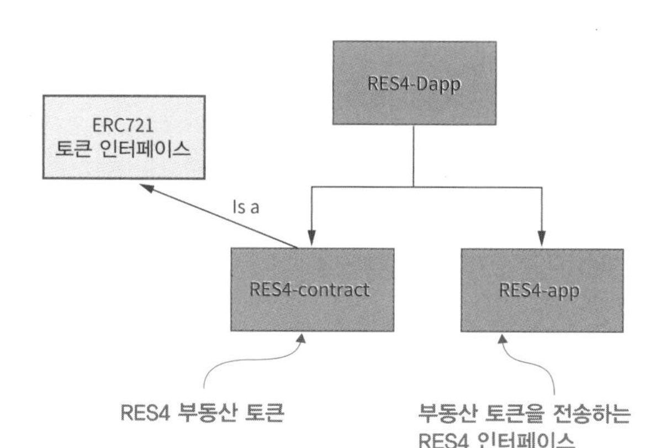

그림 9.5 **ERC721 호환 스마트 컨트랙트를 가진 RES4 Dapp**

9.2.4 RES4 Dapp

그림 9.5는 컨트랙트와 앱 파트를 가진 Dapp의 전체 구조를 보여준다. 리스트 9.1은 RES4 컨트랙트다. 이더리움 EIP 사이트(*http://mng.bz/v9oJ*)에서 ERC721 인터페이스를 임포트한다. 편의를 위해 ERC721 스마트 컨트랙트와 관련 표준 스마트 컨트랙트 파일들을 helper_contracts라는 디렉터리 안의 RES4-contract/contracts에 저장해 두었다.

RES4 스마트 컨트랙트 개발

정의한 데이터는 대부분 토큰의 여러 가지 속성을 관리하기 위한 것이다. 리스트 9.1의 코멘트에 설명한 것처럼 네 가지의 주요 카테고리로 함수를 개발했다.

- 여러 가지 속성을 위한 매핑
- ERC721 호환을 위한 함수, 이벤트, 데이터
- 애플리케이션에 특정한(RES4-specific) 함수
- 이 함수와 다른 유틸리티 함수를 위한 내부$_{internal}$ 함수
- ERC732 호환을 위해 이러한 모든 함수를 구현해야 하지만, Dapp이 모든 것을 반드시 다 사용해야 하는 것은 아니다. 이것은 리스트 9.1을 두 개의 섹션으로 구분한 이유다. 하나는 RES4 Dapp을 위해 반드시 필요한 ERC721 함수들이고, 다른 하나는 ERC721 호환성을 위해 사용한 함수들이다. 이 장의 코드 베이스에 전체 스마트 컨트랙트 코드가 있다.

리스트 9.1 RES4 스마트 컨트랙트(RES4.sol)

```
pragma soldity >=0.4.22 <=0.6.0;
import "./helper_contracts/ERC721.sol";

contract RES4 is ERC721 {     ◄── RES4는 ERC721 토큰을 상속
    struct Asset {
        uint256 assetId;
        uint256 price;
    }

    uint256 public assetsCount;
    mapping(uint256 => Asset) public assetMap;
    address public supervisor;
    mapping (uint256 => address) private assetOwner;
    mapping (address => uint256) private ownedAssetsCount;
    mapping (uint256 => address) public assetApprovals;
```

(토큰 관리를 위한 해시 테이블)

```
// 이벤트들
    event Transfer(address from, address to, uint256 tokenId);
    event Approval(address owner, address approved, uint256 tokenId);   | 블록에 인덱스되고 저장되는 이벤트

    constructor() public {
        supervisor = msg.sender; }

// ERC721 함수들   ◄── RES4가 사용하는 ERC721 함수

    function balanceOf() public view returns (uint256) { ... }

    function ownerOf(uint256 assetId) public view returns (address) { ... }

    function transferFrom(address payable from, uint256 assetId)... { ... }

    function approve(address to,uint256 assetId) public { ... }

    function getApproved(uint256 assetId) ... returns (address) { ... }

// RES4 토큰을 위해 추가한 함수들   ◄── RES4 Dapp에 특정한 함수

    function addAsset(uint256 price, address to) public { ... }

    function clearApproval(uint256 assetId, address approved) public { ... }

    function build(uint256 assetId, uint256 value) public payable { ... }

    function appreciate(uint256 assetId, uint256 value) public { ... }

    function depreciate(uint256 assetId, uint256 value) public { ... }

    function getAssetsSize() public view returns(uint) { ... }

// 내부적으로 사용되는 함수   ◄── 내부 함수

    function mint(address to, uint256 assetId) internal { ... }

    function exists(uint256 assetId) internal view returns (bool) { ... }

    function isApprovedOrOwner(address spender, uint256 assetId) { ... }

// 준수를 위한 다른 ERC721 함수들
```

이 ERC721 호환 스마트 컨트랙트를 가이드라인으로 사용해 다른 NFT Dapp을 구현하자. ERC721 기반 코드를 재활용해서, 베이스 코드 애플리케이션에 특정한 코드를 추가하면 된다.

transferFrom 함수

RES4.sol에 구현한 transferFrom() 함수의 시그너처는 ERC721에 정의한 것과 약간 다르다. ERC721은 세 가지의 파라미터를 가지고 있지만, 여기서는 두 개의 파라미터, 즉 from address와 asset id만을 사용한다. RES4 케이스에서 세 번째 파라미터는 msg.sender로부터 찾아낼 수 있기 때문에 생략했다. 중앙화된 기관이나 임명받은 사람이 전송을 신청하는 것이 아니라 허가받은 사람, 즉 자산을 구매하는 바이어가 전송을 요청한다. 이러한 변경은 당연한 것인데, 왜냐하면 transferFrom()의 RES4 버전은 블록체인을 중개자로 이용해 탈중앙화된 P2P 전송을 하기 때문이다.

9.2.5 RES4 Dapp 상호작용

다음 단계는 RES4의 앱 파트인 RES4-app 모듈을 개발해서 웹 UI가 함수들을 호출하게 하는 것이다. RES4-Dapp.zip 파일을 다운로드받아서 압축을 풀고 디렉터리 구조를 확인하자. 로컬 가나쉬 테스트 체인을 사용해 배포했기 때문에 이미 밸런스를 가진 열 개의 어카운트가 마련되어 있을 것이다. 그림 9.5의 구조를 따라서 Dapp의 여러 파트를 확인하자. 그런 후 다음의 절차를 따라 RES4 Dapp의 설정 및 설치를 하자.

1 QUICKSTART를 클릭해서 가나쉬 테스트 체인을 시작한다. 가나쉬 GUI 맨 위에 있는 니모닉을 복사한다. 메타마스크를 가나쉬에 연결하고, 가나쉬 니모닉을 사용해 메타마스크에 어카운트를 복구시킨다.

2 마을 관리자 및 감정평가사 역할은 Account 1 주소가 맡는다고 가정하자.

3 RES4-contract 디렉터리에서 RES4 토큰을 배포하자. RES4-contract 디렉터리로 이동한 다음, 트러플 명령어를 사용해 스마트 컨트랙트를 배포한다. 디폴트로 가나쉬의 첫 번째 어카운트가 배포자와 마을 관리자가 된다.

```
truffle migrate --reset
```

4 RES4-app 디렉터리에서 웹 애플리케이션을 설치하고 구동한다.

```
npm install
npm start
```

크롬 브라우저에서 localhost:3000을 오픈해 보면, RES4 웹 인터페이스(그림 9.6)가 나올 것이다.

5 메타마스크 지갑으로 가서 가나쉬 테스트 체인을 연결한다. 메타마스크에서 어카운트를 리셋한다. Account 1 아이콘을 클릭하고, Settings > Advanced > Reset Account를 클릭한다. Account 2, Account 3, Account 4에 대해서도 같은 작업을 반복한다.

6 그림 9.6의 웹 UI는 다섯 가지 오퍼레이션을 보여준다. 각 오퍼레이션을 실행하기 전, 브라우저를 리로딩하자.

- **Add an asset** - 마을 관리자이자 RES4 토큰 배포자가 자산 추가 실행
- **Assess** - 마을 관리자이자 RES4 토큰 배포자가 감정 평가 실행
- **Build** - 자산 소유자가 건축 실행
- **Approve** - 자산 소유자가 허가 실행
- **Buy** - 허가받은 바이어가 구매 실행

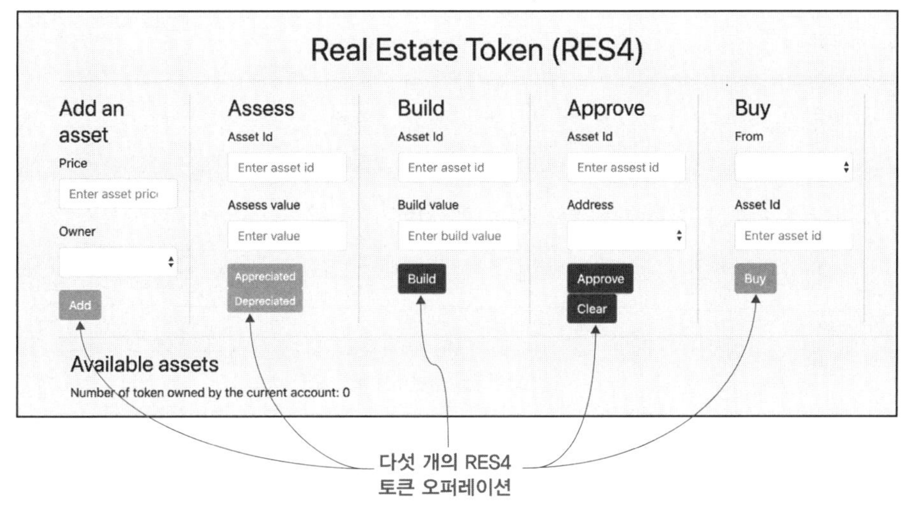

그림 9.6 **RES4 인터페이스**

7 몇 개의 자산을 추가하자(마을 관리자). 자산 번호는 0번부터 자동으로 할당. 프로덕션 환경에서 자산 아이디는 256비트를 사용할 것이다.

메타마스크에서 Account 1(마을 관리자)을 선택하고, 자산의 Price에 20, Owner에 Account 2 주소를 입력한 후 Add를 클릭하고 컨펌하자.

메타마스크에서 Account 1을 선택하고, 자산의 Price에 30, Owner에 Account 3 주소를 입력한 후 Add를 클릭하고 컨펌하자.

그림 9.7과 같이 UI의 아래쪽에 추가 자산들이 보일 것이다.

Asset #0과 Asset #1의 소유자는 각각 Account 2와 Account 3이고, 그 가격은 마을 관리자(Account 1)가 설정한 값 20과 30이라는 것을 확인할 수 있다.

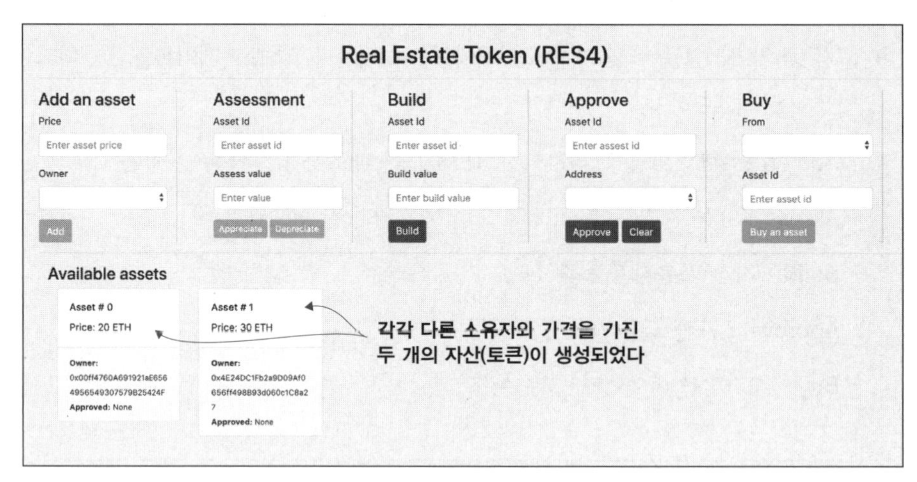

그림 9.7 Asset #0과 Asset #1를 추가한 후의 RES 인터페이스

8 자산을 Build하면(소유자) 그 자산의 가격이 오른다. 브라우저를 리로드한 후, 메타마스크에서 Account 2를 선택하자. Build 인터페이스에서 Asset Id로 0을 넣고 Build value에 5를 입력한 후 Build를 클릭하고 컨펌하자.

그림 9.8과 같이 Asset #0의 가격이 25로 증가되었음을 확인할 수 있을 것이다.

그림 9.8 건축 후 Asset #0의 가격이 25ETH로 변한 RES4 인터페이스

9 두 사람(주소)에게 구매를 허락하고, 그중 하나에 대해서는 허락을 취소하자. 브라우저를 리로드하고, 다음의 오퍼레이션을 진행하자.

메타마스크에서 Account 2를 선택한 다음, Asset Id에 0을, Address에 Account 3의 주소를 입력한 다음 Approve(Account 3에 판매 허락)를 클릭하고 컨펌하자.

여전히 Account 2가 선택된 상태에서, Asset Id에 0을, Address에 Account 3의 주소를 입력한 다음, Clear(Account 3에 판매 허락을 취소)를 클릭하고 컨펌하자.

여전히 Account 2가 선택된 상태에서, Asset Id에 0을, Address에 Account 4의 주소를 입력한 다음 Approve(Account 4에 판매 허락)를 클릭하고 컨펌하자.

그림 9.9와 같은 스크린을 볼 수 있을 것이다.

Asset #0을 구매하고자 하는 구매자 어카운트가 허락을 받음

그림 9.9 Asset #0은 Account 4에게 판매를 허가

10 구매 허락을 받은 구매자가 자산을 구매한다(전송이 일어남).

허락받은 어카운트가 Asset #0을 구매해서 새 소유자가 되었다

그림 9.10 Asset #0은 Account 4로 이전

Account 4(허락을 받은 어카운트)를 선택한 상태에서, Buy 인터페이스에서 Asset ID에 0을, From에 Account 2 주소를 입력한 다음, Buy를 클릭하고 컨펌하자.

그림 9.10과 같이 Asset #0 소유권은 Account 4의 주소로 이전되었다.

그림 9.11과 같이 밸런스의 변화를 확인할 수 있는데, 가나쉬 UI에서도 볼 수 있다. 가나쉬 UI는 트랜잭션에 관여한 모든 어카운트의 밸런스가 각 트랜잭션의 결과에 따라 가감이 된 것을 보여준다. 그림 9.11은 Account 4의 밸런스가 Asset #0을 구매하고 수수료를 낸 후, 밸런스가 100ETH에서 73ETH로 줄어들었음을 보여준다. 그림 9.11에서 Account 2의 밸런스는 약 118ETH로 증가했는데, 이것은 Asset #0을 판매하면서 트랜잭션 수수료를 물고 난 후의 금액이다.

그림 9.11의 오른쪽은 위에서 논의한 트랜잭션들의 로그인데, 메타마스크의 트랜잭션 히스토리에서 볼 수 있다. 여기서 보여주는 밸런스는 여러분의 화면과 일부 다를 수 있다. 여기서 제시한 단계들 외에 추가로 여러 가지 오퍼레이션을 실행해 보자.

이 책의 일부 스크린샷은 선명하지 않을 수 있다. RES4를 직접 배포하고 설치하면 여기서 소개한 UI를 보다 선명하게 볼 수 있다. 여기서 제시한 오퍼레이션을 가이드라인으로 삼아 여러 가지 다양한 오퍼레이션을 시도하기 바란다.

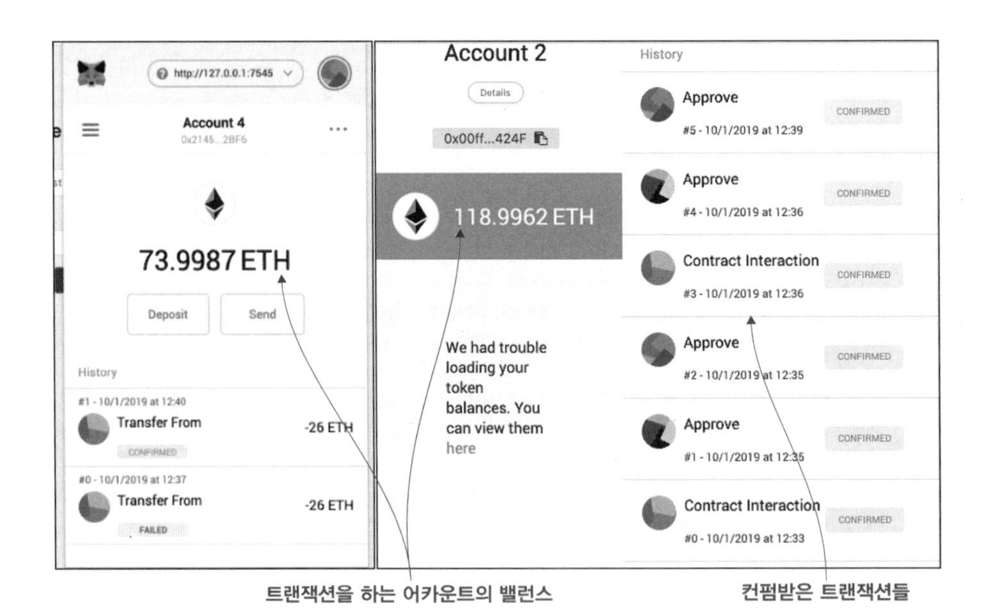

그림 9.11 Account 4와 Account 2의 밸런스와 오퍼레이션 기록

11 이번 실험은 허락받지 않은 어카운트 자산을 구매해 보는 것이다.

Buy 오퍼레이션 인터페이스에서 Account 3을 입력하고, Asset #1을 선택한 다음 Buy를 클릭하자. 메타마스크가 트랜잭션 오류를 발생시킬 것인데, 이는 스마트 컨트랙트 레벨에서 중단시키기 때문이다. 그림 9.12는 이러한 메타마스크 오류 메시지를 보여준다.

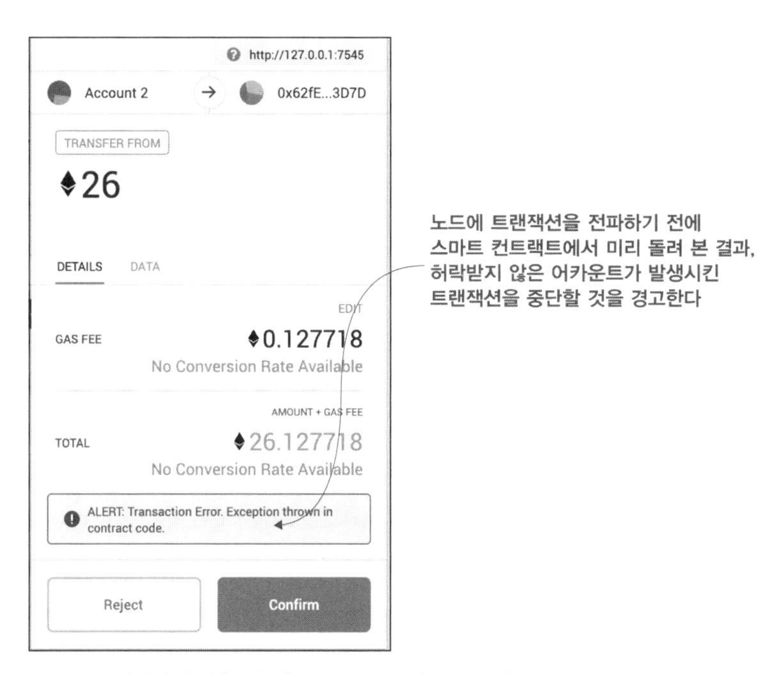

그림 9.12 **허락받지 않은 어카운트로 자산 구매 시 컨트랙트가 중단시킨다**

12 Assess 인터페이스에서 감정평가사가 자산의 가격을 감정한다(가격 상승의 경우).

메타마스크에서 Account 1(마을 관리자와 감정평가사를 겸하는 아이덴티티)을 선택한 후, Asset Id로 1을, 증갓값으로 5를 입력한 뒤, Appreciated 버튼을 클릭하고 컨펌하자.

이제 Asset Id 1의 가격이 5ETH만큼 증가했음을 알 수 있을 것이다.

13 Assess 인터페이스에서 감정평가사가 자산의 가격을 평가한다(가격 하락의 경우).

메타마스크에서 Account 1(마을 관리자와 감정평가사를 겸하는 아이덴티티)을 선택한 후, Asset Id로 0을, 감솟값으로 5를 입력한 뒤, Depreciated 버튼을 클릭하고 컨펌하자.

이제 Asset Id 0의 가격이 5ETH만큼 감소했음을 알 수 있을 것이다. 그림 9.13은 감정평가 후의 자산 가격을 보여준다.

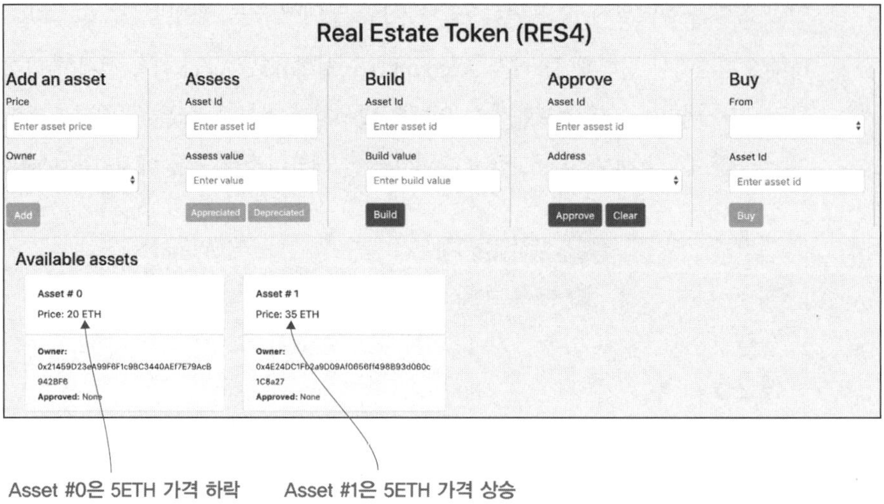

Asset #0은 5ETH 가격 하락 Asset #1은 5ETH 가격 상승

그림 9.13 Asset #0은 5ETH 가격 하락, Asset #1은 5ETH 가격 상승

14 메타마스크의 Account 1에서 같은 가격을 가진 두 개의 자산을 Account 4에 추가로 등록하자.

메타마스크에서 Account 1(마을 관리자)을 선택한 후, 자산의 가격을 10, 소유자로 Account 4의 주소를 입력한 뒤, Add를 클릭하고 컨펌하자.

메타마스크에서 Account 1을 선택한 후, 자산의 가격을 10, 소유자로 Account 4의 주소를 입력한 뒤, Add를 클릭하고 컨펌하자.

Account 4는 자산 #0, #2, #3을 소유

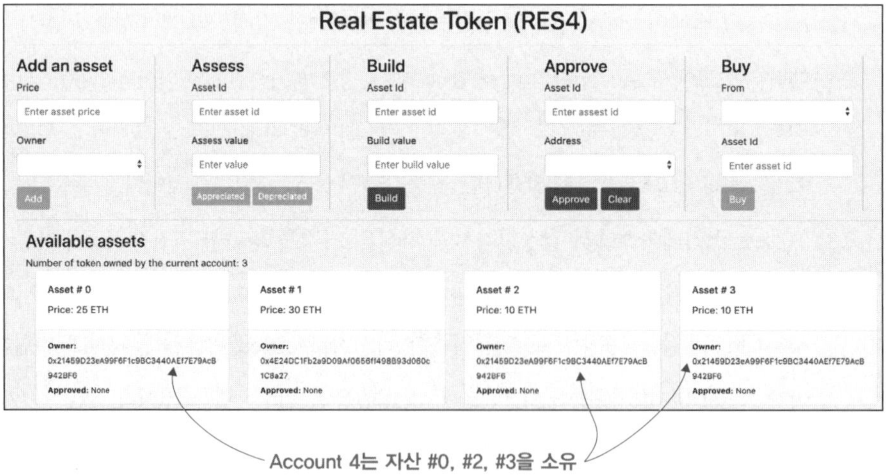

그림 9.14 ERC721 토큰들: Account 4는 서로 다른 세 개의 자산(#0, #2, #3)을 가지고 있다

그림 9.14처럼 새로 추가된 자산이 UI에 나타날 것이다. 비록 가격은 똑같지만, 둘은 동일한 자산은 아니다. 하나는 작은 빨간 집이고, 다른 하나는 개발이 필요한 택지일 수 있다. 하나의 RES4 토큰은 또 다른 RES4 토큰과 동일하지 않다. 여기서 Account 4(0x21459)는 세 개의 자산을 가지고 있고, 각각은 고유하다. 이것이 ERC721 호환 NFT(대체 불가능 토큰)의 근본적 속성이다.

ERC721 호환 토큰인 RES4를 탐구하는 과정에서 이것이 블록체인과 탈중앙화 애플리케이션에 완전히 새로운 관점을 제공해 줄 수 있다는 사실을 발견했다. NFT는 매우 강력하며, 예술, 수집품, 부동산, 금융 포트폴리오, 비디오 게임 아이템, 인재 정보, 스킬 포트폴리오를 포함한 광범위한 영역에 적용할 수 있다. 여러분이 전문성을 가지고 있는 영역에서 NFT를 사용할 만한 곳이 있는지 확인해 보고, 직접 토큰 Dapp을 구현해 보자. 토큰 Dapp은 암호 화폐 혁신에 힘입어 중대한 발전을 이룰 수 있다. 대체 가능과 대체 불가능 토큰을 넘어서는 여러 가지 애플리케이션 모델이 있다. 그중 일부는 3장에서 소개한 신뢰와 무결성 요소를 다루는 것도 있다.

9.3 되돌아보기

이 장에서 구현한 RES4 ERC721 토큰은 NFT 개념 증명이다. 여기서 설계하고 개발한 것은 최소한의 조건을 구현해 본 것에 불과하다. 각 영역에 전문성을 더해서, RES4를 제대로 된 부동산 토큰으로 더 발전시켜 볼 수 있을 것이다. 이 설계에는 거버넌스, 법적 규제 및 기타 여러 가지 제한 요소들을 포함해야 한다.

NFT 개념은 수많은 애플리케이션 도메인에 광범위한 영향을 미칠 수 있다. 이 개념에 기반하여 개발한 모델과 표준은 가치 저장 자산 관리부터 인재 재능 포트폴리오에 이르기까지 광범위한 애플리케이션에 적용할 수 있다. 예술품 수집가, 펀드 매니저, 온라인 게이머들을 블록체인 세계로 끌어들인다면 블록체인 애플리케이션의 생태계가 더욱 풍부하고 다양해질 수 있는 가능성이 무궁무진하다.

FT는 어떤 액면 가격이든지 전송할 수 있다. 예를 들어, 0.5 ERC20 토큰도 전송할 수 있고, 0.00005토큰도 전송할 수 있다. 어떤 FT 토큰이든지 이런 속성은 동일하다. 이와 비교해서 대부분의 NFT는 부분 토큰 전송은 현실적으로 불가능하다. 0.5 고양이를 전송할 수 있는가? 하지만 주택 같은 NFT의 경우에는 부분 소유권을 가질 수 있다. 물론 이 경우에도 하나의 자산(주택)은 다른 자산과 일대일로 교환할 수 없다. 이러한 여러 측면은 ERC721 표준을 더 발전시킬 수 있는 가능성을 열어 준다.

ERC20과 ERC721 토큰은 블록체인 기술을 위한 광범위한 새로운 기회와 애플리케이션 모델을 제공해 준다. 또한, 이러한 토큰은 이더리움 생태계를 더욱 풍부하게 만들어 줄 더 혁신적인 표준과 개선의 출발점이기도 하다. 이 장을 집필하는 동안, ERC20을 개선한 ERC777이 나오기도 했다. ERC165가 ERC721의 보완에 기여하기도 했는데, 이것은 ERC721 토큰이 표준에 제대로 부합하는지를 체크해 주는 역할을 한다.

토큰 Dapp뿐만 아니라 다른 애플리케이션 모델도 흥미로운 것이 있다. 그중에 하나가 탈중앙화 자율 조직Decentralized Autonomous Organization, DAO인데, 여기서는 블록체인에 기록된 사실을 입력값으로 삼아 액션에 필요한 결정을 자율적으로 내린다. 그러한 결정을 내린 이유와 그 결정은 트랜잭션과 관련 스테이트 정보를 기록한 분산 장부를 조사해 보면 추적할 수 있다.

아이덴티티, 거버넌스, 보안 등을 위해 여러 가지 ERC 토큰 표준들을 새로 제안하고 있다. 이러한 토큰과 이더리움 EIP는 새로운 애플리케이션 모델을 촉진할뿐더러 Dapp 생태계를 주류 애플리케이션 프레임워크로 발전시키며 Dapp 개발을 더욱 가속화시키고 있다.

표준에 따라 개선한 토큰 애플리케이션 모델은 에너지Grid+ 시장에서 탈중앙화한 예측Augur 시장에 이르기까지 수많은 서비스와 유틸리티를 수익화할 수 있는 기회를 제공한다. 궁극적으로 광범위한 보급과 수익화의 기회는 기술의 지속 가능성을 위해 매우 중요하다. 블록체인도 예외가 아니다.

9.4 베스트 프랙티스

- 다양한 애플리케이션 모델이 비트코인의 초기 암호 화폐 혁신으로부터 등장했다. Dapp을 설계하기에 앞서, 기존 애플리케이션 모델과 표준을 리뷰하자. 기존 애플리케이션 모델과 표준이 개발하고자 하는 설계를 가이드하고 단순화시켜 줄 수도 있다.
- 표준은 토큰과 그 기능을 간편하게 만들고, 상호 교환성과 상호 운용성을 실현해 준다. 가능한 기존 표준을 활발히 연구하여 여러분의 스마트 컨트랙트 설계를 그 표준에 부합시키는 것이 좋다.
- 여러분의 Dapp을 위해 퍼블릭, 허가형 또는 프라이빗 멤버십이 적절한지를 결정하자. 이 중요한 설계에 대한 고려가 어떤 블록체인을 사용해야 할 것인지를 결정한다. 예를 들어, 이더리움과 비트코인은 퍼블릭 Dapp에 적절하고, 하이퍼레저 프레임워크는 허가형과 프라이빗 배포에 적합한 체인이다. RES4 토큰을 위해서는 모든 사람이 부동산을 사고팔 수 있는 동일한 기회를 부여하는 퍼블릭 블록체인 네트워크가 필요하다.

9.5 요약

- 블록체인은 서로 모르는 탈중앙화된 참여자들 간의 암호 화폐 전송뿐만 아니라, 강력하고 투명한 자산 전송을 위한 애플리케이션도 구현해 준다.
- EIP는 표준을 통한 프로토콜과 애플리케이션 모델을 위한 지속적인 개선 작업을 관리한다.
- 토큰 모델에는 대체 가능한 토큰(FT)과 대체 불가능 토큰(NFT)이 있다.
- FT와 NFT 토큰은 각각 ERC20과 ERC721 표준을 따른다.
- NFT 토큰 모델은 부동산과 수집품 같은 자산에 적합하다.
- NFT 토큰 Dapp 개발 방법론은 상속 기능을 이용해 표준 호환 스마트 컨트랙트를 구현하는 것과, 토큰 관리를 위한 ERC721 인터페이스와 기타 관련 아티팩트를 포함한다.
- 대체 불가능 토큰은 수집품 자산에서 금융 포트폴리오에 이르기까지 다양한 도메인에 걸쳐 혁신적인 애플리케이션 모델을 제공한다.
- 이 장에서는 암호 화폐로부터 암호 자산crypto assets으로 블록체인 애플리케이션을 확장시키는 것을 소개했다.

CHAPTER 10

스마트 컨트랙트 테스트

이 장에서 다룰 내용

- 스마트 컨트랙트 테스트의 중요성
- 자바스크립트로 테스트 스크립트 작성하기
- 스마트 컨트랙트 테스팅을 지원하기 위한 트러플 프레임워크 사용하기
- 테스트 스크립트로부터 나온 출력 내용 해석하기
- 카운터, 투표, 블라인드 경매 스마트 컨트랙트 테스트 스크립트 개발하기

이 장에서는 Dapp의 스마트 컨트랙트를 위한 테스트 스크립트를 작성하는 체계적인 접근 방법을 소개하고자 한다. 테스팅은 하드웨어 또는 소프트웨어 시스템 개발의 핵심적인 단계 중 하나다. 알지 못하는 참여자를 다루어야 하는 탈중앙화 블록체인을 위해서는 더욱 중요하다. 2-9장에서 웹 UI를 사용해 스마트 컨트랙트Dapp-contract와 앱 파트Dapp-app로 구성된 통합 Dapp을 테스트했다. 이러한 방식은 Dapp의 기능성을 테스트해 보는 것에는 적합할지도 모르지만, 탈중앙화 애플리케이션 코어 로직의 견고성을 확인하기 위해서는 스마트 컨트랙트에 대한 시스템적인 테스팅이 필요하다. 이러한 테스팅에는 스마트 컨트랙트의 모든 함수와 수정자 전부를 포함한다. 철저하고 광범위한 테스팅을 하기 위해 모든 가능한 실행 경로와 테스트 명령어 및 파라미터들을 수동으로 입력하는 것은 매우 번거로운 일이다. 그럼 어떻게 처리할 것인가? 테스트 명령어를 자동으로 입력하고, 그 결과가 예상한 것과 일치하는지를 확인하는 스크립트를 작성해서 처리해야 한다. 모든 테스트를 포함하는 스크립트를 작성해서, 테스팅 과정을 자동화할 필요가 있다.

이 장에서는 스마트 컨트랙트를 위한 테스트 자동화 프로세스에 관해 설명한다. 테스트 스크립트를 작성하기 위해서는 `beforeEach`, `it`, `describe`와 같은 기본 요소에 대한 구체적인 지식뿐만 아니라, 이것을 언제 어떻게 사용하는지에 대해서도 알아야 한다. 이미 익숙한 세 가지의 컨트랙트, 즉 카운터, 투표, 그리고 블라인드 옥션 컨트랙트를 테스트하는 스크립트를 작성해 볼 것이다. 단순한 테스트 스크립트에서 시작해 점차 더 복잡한 것으로 확장해 나갈 것이다. 또한, 트러플 스위트를 사용해 테스트 스크립트를 실행하고, 테스트를 통과(또는 실패)했는지를 확인하는 것에 관해서도 살펴본다.

10.1 스마트 컨트랙트 테스트의 중요성

집적 칩과 시스템 칩을 다루어 본 사람은 테스팅이 얼마나 중요한지 잘 알고 있을 것이다. 테스팅은 하드웨어 개발의 필수적인 단계다. 대량으로 생산하는 마이크로 칩은 설사 버그를 발견했다손 쳐도 다시 고칠 수가 없다. 설계 내용은 하드코딩되어 있다. Dapp의 코어 로직인 스마트 컨트랙트는 어떠한가? 스마트 컨트랙트는 하드웨어 칩과 같은 변조 불가능한 코드다. 일단 배포하고 나면 최종적인 것이 되며, 갱신할 수가 없다(특수한 조항이나 탈출 장치를 내장하고 있지 않는 한). 최근에 수백만 달러에 해당하는 해킹이 DAO 공격으로 발생한 적이 있고, 스마트 컨트랙트상의 버그로 인해 대량의 코인을 인출하지 못하는 지갑 사건이 이슈를 모은 적도 있었다. 그러므로 스마트 컨트랙트를 프로덕션용으로 배포하기에 앞서서 철저하게 테스트해야 한다.

10.1.1 테스트 종류

소프트웨어 테스팅은 여러 가지 형식이 있는데, 테스트의 세분성과 개발 단계에서의 테스트 실행 시점에 따라 다음과 같이 구분할 수 있다.

- **단위 테스팅**unit testing - 단일 함수와 같은 개별 컴포넌트 테스트
- **통합 테스팅**integration testing - 통합 시스템의 오퍼레이션 흐름 테스트
- **시스템 레벨에서 테스트 주도 개발**system-level test-driven development - 함수를 추가하고 저장소에 체크인할 때 다른 멤버가 개발한 시스템의 무결성을 확인하기 위한 테스트 수행

이전의 장에서는 Dapp을 테스트할 때 웹 UI에서 필요한 기능을 호출해 Dapp 오퍼레이션을 수행하는 임시적인 방법을 사용했다. 이 장에서는 스마트 컨트랙트의 함수와 수정자를 철저하게 테스트하는 것을 목표로 하는 단위 테스트에 초점을 맞추려고 한다. 이러한 테스트는 스

마트 컨트랙트 함수 수행을 시뮬레이션하는 코드 스크립트다. 트러플 테스트 프레임워크를 사용해 테스트를 패스했는지 실패했는지를 체크(✓) 마크와 X 마크 표식으로 쉽게 확인할 수 있다.

10.1.2 테스트 프로그램을 위한 언어 선택

대개 테스트 대상 애플리케이션을 프로그래밍하는 데 사용한 언어로 테스트 프로그램을 코딩한다. 스마트 컨트랙트의 경우, 솔리디티 언어를 사용해 스마트 컨트랙트 테스트 자체도 작성할 수 있다. 트러플 문서에서 소개하는 Pet Shop 예제는 솔리디티로 작성한 테스트를 보여준다(*https://www.trufflesuite.com/tutorial*). 하지만 투표 컨트랙트와 같은 많은 스마트 컨트랙트는 의장과 투표자를 위해 `address` 데이터 타입을 사용한다. 이것은 다른 스마트 컨트랙트를 테스터tester로 사용할 때 문제를 일으킬 수 있다. 그래서 여기서는 트러플이 지원하는 자바스크립트를 사용해 테스트 코드를 작성하려고 한다. 트러플은 두 언어 모두 지원하며, 자바스크립트 기반 테스터를 지원하는 도구를 가지고 있고, 모카Mocha와 차이Chai 같은 JS 테스트 프레임워크도 지원한다. 이러한 도구들은 깔끔하고 표현력이 뛰어난 테스트 코드를 작성할 수 있도록 디자인된 명령어들을 제공한다. 2-5장에서 개발했던 Dapp을 위한 테스트 코드를 작성해 볼 것이다. 이미 익숙한 Dapp을 통해 테스트 측면 자체에 더 초점을 맞추어 설명한다. 다음의 절에서 아래와 같은 것을 사용할 것이다.

- 이미 익숙한 Counter.sol, Ballot.sol, BlindAuction.sol
- 모카 테스트 프레임워크의 테스트 명령어(`it`, `describe`)
- 차이 내에서 트러플 assertion 프레임워크(`assert`)
- 스마트 컨트랙트에서 리버팅reverting 조건을 포함한 테스트 명령어

10.2 카운터 스마트 컨트랙트 테스트하기

이전 장에서 논의한 카운터 스마트 컨트랙트는 `initialize`, `increment`, `decrement`, `get(value)` 함수를 가진 단순한 컨트랙트였다. 이 카운트가 `0`을 포함한 양수만을 가질 수 있도록 `require` 문을 사용해 보자. 카운트 컨트랙트가 견고해지도록 카운터를 올리거나 내릴 때 카운터값이 오직 양수만을 유지할 수 있어야 한다는 규칙을 강제하는 수정자를 추가해 보자. 리스트 10.1은 이를 포함한 카운터 스마트 컨트랙트를 보여준다. 카운터 스마트 베이스 코드에 카운터값이 오직 양수여만 한다는 요구 조건을 강제하는 수정자를 추가했다.

리스트 10.1 **Counter.sol**

```
contract Counter {
    int value; // 양숫값 카운터

  constructor() public {
    value = 0;
  }
  modifier checkIfLessThanValue(int n) {
    require (n <= value, 'Counter cannot become negative');
    _;
  }
  modifier checkIfNegative(int n) {
    require (n > 0, 'Value must be greater than zero');
    _;
  }

  function get() view public returns (int) {
    return value;
  }

  function initialize (int n) checkIfNegative(n) public {
    value = n;
  }

  function increment (int n) public checkIfNegative(n) {
    value = value + n;
  }

  function decrement (int n) public checkIfNegative(n)
     checkIfLessThanValue(n) {
    value = value - n;
  }
}
```

카운터값이 양수를 유지하도록 하기 위한 수정자

이 수정자를 사용하는 카운터 컨트랙트의 함수들

우선 카운터 스마트 컨트랙트 테스트 스크립트부터 논의해 보자. 그런 후, 투표 스마트 컨트랙트와 블라인드 경매 컨트랙트에 대한 논의로 넘어간다. 카운터 컨트랙트를 위해 스마트 컨트랙트와 이에 대응하는 테스트 스크립트를 제공한다(리스트 10.1와 10.2). 뒤의 두 컨트랙트에 대해서는 오직 테스트 스크립트만을 다룰 텐데, 앞에서 이미 투표와 블라인드 옥션 애플리케이션 내용을 살펴보았기 때문이다.

10.2.1 카운터 테스트 스크립트 작성하기

이 절에서는 트러플 JS 테스트 프레임워크가 제공하는 명령어를 사용해 테스트 스크립트를 작성하는 방법에 대해 설명한다. 테스트 함수 스크립트를 작성하는 것은 다음의 세 가지 단계를 포함한다.

- 테스트할 함수와 수정자 식별하기
- 각 함수를 실행하고 기대한 대로 작동하는지 확인하기 위한 테스트 스크립트 작성하기
- 각 수정자를 실행하고, 이것이 제대로 작동하는지 확인하기 위한 테스트 스크립트 작성하기

어떻게 이러한 테스트 스크립트를 작성할까? 테스트를 작성하기 위해 어떠한 서포트 구조가 필요한가? 트러플 테스팅 프레임워크는 보다 쉽게 테스트를 작성할 수 있도록 다음과 같은 유용한 테스트 구조를 제공한다.

- `beforeEach()` - 이 함수는 다른 테스트를 수행하기 위한 선행 조건을 설정한다. 이것을 사용해 `it()`과 `describe()`로 설정한 테스트 명세에 정의한 모든 테스트를 수행하기에 앞서 실행해야 할 코드를 설정할 수 있다. `beforeEach()` 명령어는 컨트랙트를 초기화하고 테스트 명령어의 수행을 위한 기본 조건을 확립한다.
- `it()` - 이 함수는 하나의 함수에 대한 **독립적인 테스트**independent test다. 단일 독립 테스트 또는 단위 테스트라고 생각하면 된다.
- `describe()` - 이 함수는 복합적인 테스트 구조인데, 관련된 `it()` 테스트의 그룹을 설정한다. 모카 프레임워크는 이러한 테스트 함수를 지원한다. 이 테스트 함수 안에서 (`it`, `describe` 등등) 몇 가지 다른 선언도 사용한다.
  - `async()` - 함수의 비동기 실행을 지원하는데, 이것은 블록체인상의 트랜잭션이 실행에 걸리는 시간이 가변적이라는 사실 때문에 특히 유용하다.
  - `await()` - `async()` 모드를 사용할 때 함수의 콜백을 기다리게 한다.
  - `assert()` - assert할 조건을 설정한다. 일반적으로 스테이트먼트의 실행 결과가 기대한 결과와 일치하는지 확인하기 위해 사용한다. 만일 일치하지 않으면 assertion이 실패한다.

이제 이러한 아이템(`beforeEach()`, `it()`, `describe()`, `async()`, `await()`, `assert()`)을 카운터 스마트 컨트랙트의 테스트 코드를 작성하는 데 어떻게 이용하는지 알아보자. 리스트 10.2는 카운터 스마트 컨트랙트를 테스트하기 위한 JS 코드다. 테스트 코드를 어떻게 개발해야 하나?

첫째, 테스트할 스마트 컨트랙트를 설정하자. 또한, 트러플 assertion 프레임워크를 사용하고, 그 모듈이 필요하다는 것을 선언하자. 그런 후, `beforeEach()` 함수를 사용해 컨트랙트를 배포하고 초기화하는 코드를 작성하자. 모든 `it()` 테스트 실행 전에, `beforeEach()` 함수가 실행된다. 작업 시작을 위한 모델 테스트 스크립트로 리스트 10.2를 활용할 수 있다.

이 리스트는 스마트 컨트랙트 각각의 함수와 수정자를 위한 독립적인 테스트(it())를 보여준다. 각 it() 테스트는 테스트 성공 여부를 체크하는 assert() 또는 truffleAssert() 스테이트먼트를 가지고 있다. 이러한 방식은 단순하지만, 유용한 출발점이 된다.

리스트 10.2 **counterTest.js**

```
const Counter = artifacts.require('../contracts/Counter.sol');
const truffleAssert = require('truffle-assertions');

contract('Counter', function() {
    let counter;
    const negativeCounterError = 'Counter cannot become negative';
    const negativeValueError = 'Value must be greater than zero';

    beforeEach('Setup contract for each test', async function() {
        counter = await Counter.new();
        await counter.initialize(100);
    });

    it('Success on initialization of counter.', async function() {
        assert.equal(await counter.get(), 100);
    });

    it('Success on decrement of counter.', async function() {
        await counter.decrement(5);
        assert.equal(await counter.get(), 95);
    });

    it('Success on increment of counter.', async function() {
        await counter.increment(5);
        assert.equal(await counter.get(), 105);
    });

    it('Failure on initialization of counter with negative number.',
                                             async function() {
        await truffleAssert.reverts(
            counter.initialize(-1),
            truffleAssert.ErrorType.REVERT,
            negativeValueError,
            negativeValueError
        );
    });

    it('Failure on underflow of counter.', async function() {
        await truffleAssert.reverts(
            counter.decrement(105),
            truffleAssert.ErrorType.REVERT,
            negativeCounterError,
            negativeCounterError
        );
```

테스트할 스마트 컨트랙트를 식별하고 테스트 함수를 정의

각 테스트 실행 전에 먼저 이 코드를 실행한다. 컨트랙트를 배포하고 초기화함

initialize()를 위한 테스트 함수

decrement()를 위한 테스트 함수

increment()를 위한 테스트 함수

카운터값이 0 이상이어야 한다는 조건을 통제하는 수정자를 위한 테스트

```
    });

    it('Failure on increment with negative numbers.', async function() {
        await truffleAssert.reverts(
            counter.increment(-2),
            truffleAssert.ErrorType.REVERT,
            negativeValueError,
            negativeValueError
        );
    });

    it('Failure on decrement with negative numbers.', async function() {
        await truffleAssert.reverts(
            counter.decrement(-2),
            truffleAssert.ErrorType.REVERT,
            negativeValueError,
            negativeValueError
        );
    });
});
```

각각의 테스트 함수 실행 전, beforeEach() 함수는 카운터값이 100이 되도록 만든다. 테스트를 위해 각 it() 테스트는 오퍼레이션을 수행하고, 그 결과를 기다렸다가, 그것이 기대한 것과 일치하는지를 체크assert한다. decrement를 위한 it()을 살펴보자. 우선, 테스트를 설명하는 'Success on decrement'라는 문자열 파라미터가 있다. 이것은 beforeEach() 함수가 초기화해서 설정한 카운터값 100을 5만큼 줄인다. 그러고 나서 이 오퍼레이션의 수행이 끝날 때까지 기다렸다가, assert.equal(...)을 사용해 카운터값이 95임을 체크한다. 이 구문을 it() 테스트 스크립트를 작성하기 위한 패턴으로 사용하자.

```
it('Success on decrement of counter.', async function() {
    await counter.decrement(5)
    assert.equal(await counter.get(), 95)
});
```

it() 테스트의 구문을 살펴보면 테스트에 대한 설명 문자열과 수행해야 할 함수를 가지고 있다. 이 함수는 aysnc() 함수이기 때문에 다음 라인에서 decrement() 함수 실행이 끝날 때까지 기다리는 await 명령어를 사용할 수 있다. 뒤따라오는 assert 문은 실행의 결과가 기대한 값과 일치하는지를 체크한다. 이로써 리스트 10.2 테스트 스크립트를 가이드로 it()을 사용한 간결한 독립적 테스트를 작성하는 방법을 알아보았다.

10.2.2 긍정 테스트와 부정 테스트

3장에서 설명한 긍정 테스트와 부정 테스트 개념을 상기해 보자. 스크립트를 개발하고 실행할 때 이러한 긍정 및 부정 테스트를 어떻게 사용해야 할지에 대해 다음과 같은 제안을 할 수 있다.

- **긍정 테스트** - 유효한 입력값이 주어졌을 때 스마트 컨트랙트는 예상한 대로 바르게 수행하는지 확인하자. 모든 긍정 테스트는 테스트 설명에 'Success on'이라는 말로 시작하는 게 좋다. 이 문자열은 스크립트를 실행했을 때 결과에도 나온다.
- **부정 테스트** - 유효하지 않은 입력값이 주어졌을 때 스마트 컨트랙트는 확인과 검증 과정에서 오류를 잡아낼 수 있음을 확인하자. 모든 부정 테스드 설명은 'Failure on'이라는 말로 시작하자. 이 문자열 또한 실행 결과에 나온다.

10.2.3 테스트 스크립트를 실행하기

이제 테스트 스크립트를 실행하고 테스트를 통과하는지 확인해 볼 차례다. 리스트 10.2는 지금까지 논의한 테스트 개념을 보여준다. 스크립트를 counterTest.js라는 이름으로 애플리케이션 컨트랙트 디렉터리의 테스트 디렉터리에 저장하자(4장에서 truffle init 명령어를 사용하면 이러한 테스트 디렉터리를 자동으로 생성해 준다는 것을 설명했다). 그림 10.1은 일반적인 디렉터리 구조를 보여준다. 테스트 디렉터리는 컨트랙트 테스트를 자동으로 수행할 test.js 스크립트를 (이 경우에는 counterTest.js) 보관한다.

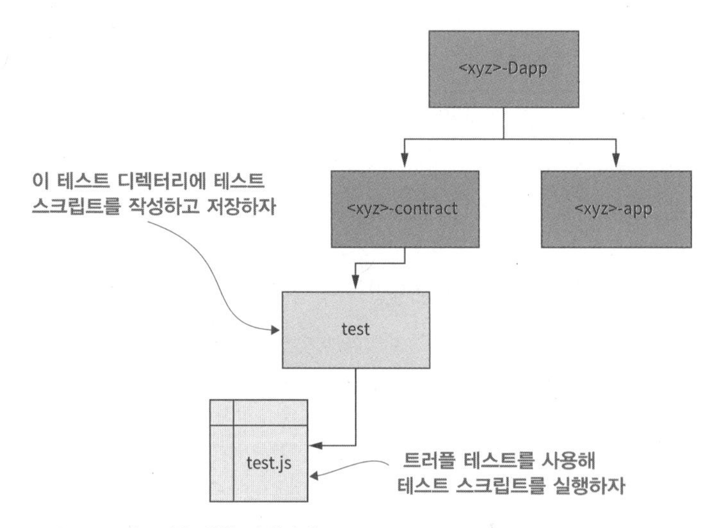

그림 10.1 **테스팅을 위한 디렉터리 구조**

우선 테스트할 컨트랙트를 배포할 가나쉬 테스트 네트워크를 구동시킬 필요가 있다. 가나쉬 아이콘을 더블클릭하고 QUICKSTART를 클릭하면 가나쉬 UI를 볼 수 있다(물론 가나쉬를 커맨트 라인 명령어를 이용해 실행할 수도 있다). 그런 후 다음의 명령어를 실행하자(`npm install` 명령어는 트러플의 테스팅 모듈을 설치하기 위함이다).

```
npm install
truffle test
```

이로써 테스트 스크립트가 자동으로 실행하고, 그림 10.2와 같이 테스트 패스 결과를 확인할 수 있을 것이다. `truffle test` 명령어는 컨트랙트를 컴파일하고 배포하는 것을 포함해 모든 테스트 스크립트를 실행한다. 그림 10.2는 테스트 결과 스크린샷이다.

```
Contract: Counter
  ✓ Success on initialization of counter. (55ms)
  ✓ Success on decrement of counter. (116ms)
  ✓ Success on increment of counter. (132ms)
  ✓ Failure on initialization of counter with negative number. (83ms)
  ✓ Failure on underflow of counter. (71ms)
  ✓ Failure on increment with negative numbers. (65ms)
  ✓ Failure on decrement with negative numbers. (69ms)


7 passing (1s)
```

그림 10.2 **카운터 스마트 컨트랙트의 테스트 결과 출력**

테스트 스크립트 함수 실행 결과를 보면, 함수 세 개와 수정자 네 개 테스트가 예상한 대로 작동했다는 것을 확인할 수 있다. 긍정 테스트를 위한 출력 메시지는 'Success on'으로 시작하고, 부정 테스트의 메시지는 'Failure on'으로 시작한다는 것도 알 수 있다. 테스트 타입을 식별하기 위해 앞에서 제시한 지침을 잘 따르자. 테스트 출력 메시지 맨 앞에 있는 체크 마크는 테스트가 성공했음을 나타낸다. 괄호 안의 시간은 테스트를 수행하는 데 걸린 시간을 나타낸 것이다. 100ms 이상 걸린 테스트는 붉은색으로 표시한다. 이러한 소요 시간에 관해 이더리움 메인넷과 같은 실제 네트워크에서 컨트랙트를 테스트한다면 좀 더 주의를 기울일 필요가 있다. 지금은 이 숫자에 대해 걱정하지 않아도 되는데, 왜냐하면 이 테스트는 스마트 컨트랙트의 기능적 성격을 알아보기 위한 것일 뿐, 타이밍 이슈를 다루기 위한 것이 아니기 때문이다.

이어서 추가적인 테스트 기능을 살펴보고 단순한 카운터 스마트 컨트랙트에서 소개한 테스트 기법에 대한 이해를 강화하자.

10.3 투표 스마트 컨트랙트 테스트하기

이 절에서는 3장과 4장에서 다루었던 투표 컨트랙트를 테스트해 보자. 투표자를 등록하고, 투표하며, 승리자 확인을 요청하고, 투표 단계를 진전시키는 것과 같은 컨트랙트의 기능을 알아본다. 투표 컨트랙트 기능을 리뷰한 후, 이에 대응하는 테스트 스크립트를 작성하자. 이 컨트랙트는 카운터에 비해 더 많은 테스트가 필요하다. 또한, beforEach()와 it() 외에도 새로운 테스트 요소인 describe()를 소개할 것이다.

10.3.1 투표 테스트 스크립트 작성하기

익숙한 투표 스마트 컨트랙트의 테스트를 어떻게 자동화할 수 있을지 알아보자. 리스트 10.3은 축약한 테스트 스크립트다. 통합 테스트인 describe() 안에 많은 it()을 포함시키는 새로운 구조를 보여주고 있다. describe()는 beforeEach()와 it() 테스트를 결합해 놓은 것임에 주목하자. 투표를 하기 전에 투표를 위한 조건을 셋업해야 하고, 위너 함수를 테스트하기에 앞서 먼저 투표를 끝내야 한다.

리스트 10.3 **ballotTest.js**

```
...
contract('Ballot', function (accounts) {

  let ballot

  beforeEach('Setup contract for each test', async function() {
    ballot = await Ballot.new(3)
  });

  it('Success on initialization to registration phase.',
                                        async function() {
    let state = await ballot.state()
    assert.equal(state, 1)
  });

  describe('Voter registration', function() {
    it('Success on registration of voters by chairperson.',
                                async function() {...
    it('Failure on registration of voters by non-chairperson entity.',
                             async function() { ...
    it('Failure of registration of voters in invalid phase.',
                             async function() { ...
  });

  describe('Voting', function() {
    beforeEach() { }
    it() { }
```

(주석) 각 테스트를 하기 전에 투표 스마트 컨트랙트를 먼저 배포해야 한다 → beforeEach

(주석) 투표 상태/단계를 체크하기 위한 독립적인 it() 테스트 → async function() {

(주석) 통합 테스트인 describe()가 투표자 등록을 테스트하기 위해 세 개의 it() 테스트를 포함하고 있다 → describe('Voter registration'

(주석) 투표를 테스트하기 위해 describe() 테스트가 다섯 개의 it() 테스트를 포함하고 있다 → describe('Voting'

```
    it() { }
    it() { }
    it() { }
    it() { } });

  describe('Phase change', function() {   ◄── 단계 변화를 테스트 하기 위해 describe() 테스트가 세 개의 it() 테스트를 포함하고 있다

    it() { }
    it() { }
    it() { } });

  describe('Requesting winner', function() {   ◄── 당선자 요청 함수를 테스트하기 위해 describe() 테스트가 beforeEach()와 여섯 개의 it() 테스트를 포함하고 있다
    beforeEach() { }
    it() { }
    it() { }
    it() { }
    it() { }
    it() { }
    it() { } });
});
```

이제 투표자 등록을 위한 첫 번째 describe() 통합 테스트를 살펴보자. 투표자를 등록하기 위한 등록 절차는 다음의 조건을 만족해야 한다.

- 등록은 의장만이 수행해야 한다.
- 등록은 등록 단계에서만 이루어져야 한다.
- 의장이 아닌 투표자는 등록을 할 수 없다.

이러한 테스트 조건을 하나의 describe() 테스트 안에 세 개의 it() 테스트 케이스로 작성했다. 투표 스마트 컨트랙트 테스트를 소개하는 이유는 describe()가 정의하는 통합 테스트를 잘 보여주기 때문이며, 리스트 10.3에 describe()를 세 개 더 추가했다.

vote() 함수를 테스트하기 위해서는 각 it() 테스트 전에 beforeEach() 스크립트에 의한 셋업이 필요하다. reqWinner()를 테스트하기 위해서는 beforeEach()와 it() 스크립트가 필요하다. 투표 단계를 변화시키기 위한 테스트를 위해서는 세 개의 it() 테스트가 필요하다. 이러한 테스트 예제를 앞으로 다른 테스트 스크립트를 설계하고 작성할 때 샘플로 사용하면 좋을 것이다.

이제 가나쉬와 트러플을 사용해 테스트 스크립트를 실행하고, 그 출력 결과를 살펴보자.

10.3.2 투표 테스트 스크립트 실행하기

이 장의 코드 베이스에서 ballot-contract 코드를 다운로드받자. 가나쉬 테스트 체인 아이콘을 클릭해 실행한 다음 QUICKSTART를 클릭하자. 그런 후, ballot-contract 디렉터리로 이동하라. npm 명령어를 사용해 필요한 노드 모듈을 설치하자. 그다음, truffle test 명령어를 실행하자. 이 명령어는 JS 테스트 파일인 ballotTest.js를 테스트 디렉터리로부터 불러들여 실행할 것이다. 그림 10.3은 아래 두 개의 명령어를 입력한 후의 테스트 출력 내용이다.

```
npm install
truffle test
```

```
Contract: Ballot
  ✓ Success on initialization to registration phase. (55ms)
  Voter registration
    ✓ Success on registration of voters by chairperson.
    ✓ Failure on registration of voters by non-chairperson entity. (69ms)
    ✓ Failure on registration of voters in invalid phase. (281ms)
  Voting
    ✓ Success on vote. (189ms)
    ✓ Failure on voting for invalid candidate. (155ms)
    ✓ Failure on repeat vote. (195ms)
    ✓ Failure on vote by an unregistered user. (56ms)
    ✓ Failure on vote in invalid phase. (184ms)
  Phase Change
    ✓ Success on phase increment (99ms)
    ✓ Failure on phase decrement. (51ms)
    ✓ Failure on phase change by non-chairperson entity. (217ms)
  Requesting winner
    ✓ Success on query of winner with majority. (346ms)
    ✓ Success on query for the winner by a non-chairperson entity. (357ms)
    ✓ Success on tie-breaker when multiple candidates tied for the majority. (595ms)
    ✓ Failure on request for winner with majority vote less than three. (281ms)
    ✓ Failure on request for winner in invalid phase. (126ms)


17 passing (6s)
```

그림 10.3 **투표 스마트 컨트랙트 테스트 출력 결과**

테스트 출력 결과는 열일곱 개의 테스트 케이스를 포함하는 네 개의 세트를 보여준다. 이 네 개의 영역, 즉 Voter registration, Voting, Phase Change, 그리고 Requesting winner에 대한 테스트는 각각 별도의 통합 describe() 테스트 스크립트에 묶어 구현하였다. 각 테스트 케이스 스크립트 작성 시, 출력 메시지 코딩을 통해 긍정 테스트인지 부정 테스트인지를 식별할 수 있도록 만든다. 다음 절에서는 이러한 코드를 어떻게 작성하는 이해하기 위해 이 중 하나의 describe()를 선택해 코드 구조를 분석해 보자.

10.3.3 describe()와 it() 테스트 함수

describe() 함수는 다음 세 가지 요소로 구성되어 있다.

- beforeEach() 함수
- it()으로 코딩한 긍정 테스트
- 또 다른 it()으로 코딩한 부정 테스트

우선 다음의 코드 예제에서 이러한 요소들을 식별해 보자. 각 it()은 비동기 함수이기 때문에 assert 문을 사용해 그 결과를 테스트하기 전에 함수의 실행이 끝날 때까지 기다려야(await) 한다. 첫 번째 it()은 긍정 테스트이며, 등록된 어카운트 소유자가 성공적인 투표를 했는지 테스트한다. 두 번째 it()은 부정 테스트 케이스이며, 존재하지 않는 제안 번호에 투표하는 것을 테스트해 본다. 그러므로 이 테스트는 되돌려져야 한다. 테스트 개념을 이해하고 그 코드를 익혀서 다른 컨트랙트를 위한 테스트 스크립트도 작성해 보자.

```
describe('Voting', function() {
    beforeEach('Setup contract for each voting test', async function() {
      // 두 개의 어카운트를 등록
      await ballot.register(accounts[1], { from: accounts[0]})
      await ballot.register(accounts[2], { from: accounts[0]})
    });

    it('Success on vote.', async function() {
      // 등록 -> 투표
      await ballot.changeState(2)
      let result = await ballot.vote(1, { from: accounts[1]})
      assert.equal(result.receipt.status, success)
      result = await ballot.vote(1, { from: accounts[2]})
      assert.equal(result.receipt.status, success)
    });

    it('Failure on voting for invalid candidate.', async function() {
      // 등록 -> 투표
      await ballot.changeState(2)

      // 제안 수는 3인데 제안 10에 투표하면 이것은 반드시 실패해야 한다
      await truffleAssert.reverts(
        ballot.vote(10, { from: accounts[1]}), wrongProposalError
      )
    });
}
```

10.4 테스트 스크립트 개요

이제까지 두 개의 테스트 샘플을 검토해 보았으니, 테스트 스크립트의 구조와 이것을 코딩하는 기법을 요약해 보자. 그림 10.4는 일반적인 테스트 스크립트 구조를 보여준다. 이 개념들을 또 다른 스마트 컨트랙트인 블라인드 경매에 적용해 보고, 스크립트 작성에 익숙해지자.

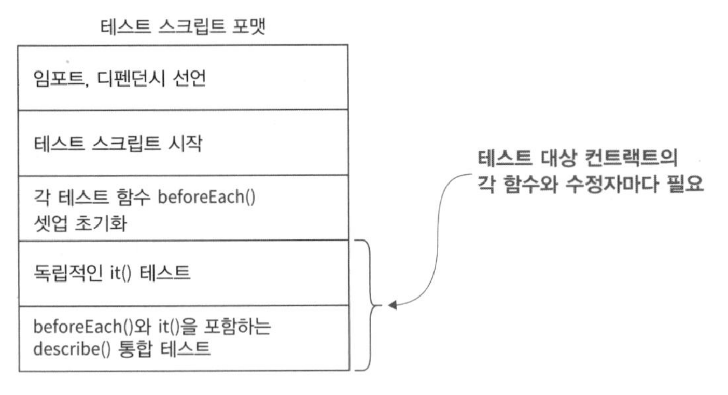

그림 10.4 **테스트 스크립트의 구조**

10.5 블라인드 경매 테스트 스크립트

앞에서 두 개의 컨트랙트 테스트 스크립트를 통해 익힌 테스트 개념과 작성 기법을 이제 블라인드 경매에도 적용해 보자. 이 컨트랙트는 복잡한 스크립트를 포함하고 있으므로 더 많은 테스트가 필요하다. 그림 10.4를 가이드라인으로 사용해 테스트 스크립트를 분석해 보자. 이 테스트를 위해 필요한 디펜던시는 다음과 같다.

```
const BlindAuction = artifacts.require('../contracts/BlindAuction.sol')
const truffleAssert = require('truffle-assertions');
```

다음 단계는 블라인드 경매의 여러 가지 변수를 초기화하는 것이다. 필요한 최소한의 입찰자 수와 입찰 금액을 설정해야 한다.

```
const success = '0x01'
let blindAuction
const onlyBeneficiaryError = 'Only beneficiary can perform this action'
const validPhaseError = 'Invalid phase'
const badRevealError = 'Not matching bid'

// 이더 단위로 표시한 입찰금 입력란
let BID1 = 1
```

```
    let BID2 = 2
    let BID3 = 3

    // 테스트를 위한 어카운트 입력란
    let BEN = accounts[0]
    let ACC1 = accounts[3]
    let ACC2 = accounts[4]
    let ACC3 = accounts[5]
```

이러한 데이터 설정 후, 테스트 함수를 코딩하면 된다(리스트 10.4). 이 함수는 카운터와 투표 스마트 컨트랙트에서 다루었던 것보다 훨씬 더 복잡하다는 점에 유의하자. 블라인드 경매는 암호화와 해싱을 포함하는 실제적인 애플리케이션이다.

리스트 10.4 **blindAuctionTest.js**

```
beforeEach('Setup contract for each test', async function() { ... });

describe('Initialization and Phase Change.', async() => {
    it('Success on initialization to bidding phase.',async function() { ... });
    it('Success on phase change by beneficiary.', async function() { ... });
    it('Success on change from DONE phase to INIT phase.',
    async function() {...});
});

describe('Bidding Phase.', async() => {
    it('Success on single bid.', async function() { ... });
    it('Failure on bid in invalid state.', async function() { ... });
});

describe('REVEAL Phase.', async() => {
    it('Success on refund of difference when sent value is > bid amount.', { ... });
    it('Success on refund when sent value is less than bid amount.',{ ... });
    it('Success on refund if bid amount is less than highest bid.', { ... });
    it('Failure on incorrect key for reveal.', async function() { ... });
    it('Failure on incorrect bid value for reveal.', async function() { ... });
    it('Failure on reveal in invalid state.', async function() { ... });
});

describe('Withdraw.', async() => {
    it('Success on withdraw on loosing bid.', async function() { ... });
});

describe('Auction end.', async() => {
    it('Success on end of auction on single bid.', async function() { ... });
    it('Failure on end of auction in invalid phase.', async function() { ... });
});

describe('Full Auction Run.', async() => {
    it('Success on run with 3 accounts.', async function() { ... });
});
```

리스트 10.4의 블라인드 경매 테스트 스크립트를 살펴보자. 이 테스트 스크립트는 통상적인 beforeEach()를 가지고 있는데, 이것은 describe()를 통해 설정한 모든 테스트를 하기 이전에 컨트랙트를 배포시킨다. describe-it 조합으로 이루어지는 테스트 구조는 카운터와 투표 경매를 통해 이미 익숙할 것이다. 각 describe() 함수는 다수의 it() 테스트 케이스를 가지고 있고, 각 테스트 케이스는 특정한 조건의 성공과 실패를 테스트한다. it() 테스트의 문자열 메시지가 'Success on'으로 시작하면 긍정 테스트이고, 'Failure on...condition'을 가지고 있으면 부정 테스트다. 리스트 10.4에서 describe()가 정의한 여섯 개의 테스트 중 다섯 개가 블라인드 경매 함수의 상태를 테스트하기 위한 것이다.

- 초기화와 단계 변화
- 입찰 단계
- 공개 단계
- 출금 단계
- 경매 종료

각 describe()는 개별 오퍼레이션과 이에 대응하는 테스트에 기초한 다수의 it()을 통해 세부적으로 정의한다. 리스트 10.4의 여섯 번째 describe()는 블라인드 경매의 출발부터 끝까지의 전체 오퍼레이션을 테스트하는 것이다.

withdraw() 함수를 위해서 두 개의 테스트를 추가할 수 있는데, 하나는 낙찰자가 출금을 시도해서 실패하는 테스트이고, 다른 하나는 잘못된 상태(단계)에서 withdraw() 실행 실패를 테스트해 보는 것이다. 여러분이 직접 코드를 작성해 보도록 과제로 남겨 놓았다.

10.5.1 describe()와 it() 코드 분석

이 장의 코드 베이스에서 blindAuctionTest.js 파일을 다운로드받아서 그 내용을 분석해 보자. describe() 테스트를 어떻게 정의하고 코드를 작성하는지 이해하기 위해 우선 입찰 단계를 위한 describe()의 it() 테스트 하나를 살펴보자.

```
describe('Bidding Phase.', async()=> {
    it('Success on single bid.', async function() {
        // 입찰 전
      let balanceBefore = Number(web3.utils.fromWei(await
                 (web3.eth.getBalance(ACC1), 'ether'));
        // 입찰
    let bidInWei = web3.utils.toWei(String(BID1), 'ether');
    let valueInWei = web3.utils.toWei(String(BID1+1), 'ether');
```

```
let hashValue = web3.utils.keccak256(..);
await blindAuction.bid(hashValue, {from: ACC1, value: valueInWei});
      // 입찰 후
let balanceAfter = Number(web3.utils.fromWei(await
                   web3.eth.getBalance(ACC1), 'ether'));
assert.isAbove(balanceBefore - balanceAfter, BID1+1);
assert.isBelow(balanceBefore - balanceAfter, BID1+2);});
```

이 입찰 함수에는 세 가지 파트가 있다.

- 입찰을 시작하기 전 셋업과 초기화
- 입찰을 위한 입력
- 입찰 완료 때까지 기다리고, 그 결과를 체크

이러한 오퍼레이션을 위한 실제 코드 예제는 블라인드 경매 코드에서 추출할 수 있다. let 문을 통해 수행하는 초기화 내용을 확인하자. 트랜잭션을 블록체인상에 실행하고 기록하는 데 시간이 걸리기 때문에 입찰 오퍼레이션 자체는 비동기 방식으로 수행한다. 그러므로 입찰 오퍼레이션이 끝날 때까지 await로 대기한다. 입찰을 완료하면 그 결과를 assert 문으로 확인할 수 있다. 이 경우에는 assert.isAbove()와 assert.isBelow()를 사용했다.

10.5.2 블라인드 경매 테스트 스크립트 실행하기

이제 테스트 스크립트를 실행하고 그 오퍼레이션을 관찰해 보자. 테스트 스크립트를 구동하는 명령어는 투표 스마트 컨트랙트에 사용한 것과 동일하다. 이 장의 코드 베이스에서 blindAuction-contract 코드를 다운로드받자. 가나쉬 테스트 체인을 실행한 후, blindAuction-contract 디렉터리로 이동하자. 다음의 명령어를 사용해 테스트 스크립트를 구동하자.

```
npm install
truffle test
```

이 테스트 실행 결과는 열여섯 개의 테스트 케이스를 포함하는 여섯 개의 그룹으로 이루어져 있는데, 초기화와 단계 변화, 입찰, 공개, 경매 종료, 출금, 전체 경매 실행 등이다. 각 그룹은 describe()로 묶여 있다. 각 describe()는 테스트를 셋업하는 beforeEach()와 다수의 it()을 포함하고 있다. 또한, 각 describe()는 테스트의 성격을 설명하는 문자열 파라미터를 가지고 있는데, 이것은 그림 10.5가 보여주는 것처럼 출력문에서 테스트 내용을 식별할 수 있도록 해준다.

```
Contract: BlindAuction
  Initialization and Phase Change.
    ✓ Success on initialization to bidding phase.
    ✓ Success on phase change by beneficiary. (177ms)
    ✓ Success on change from DONE phase to INIT phase. (233ms)
    ✓ Failure on phase change by a non-beneficiary. (64ms)
  Bidding Phase.
    ✓ Success on single bid. (1049ms)
    ✓ Failure on bid in invalid state. (117ms)
  Reveal Phase.
    ✓ Success on refund of difference when sent value is greater than bid amount. (215ms)
    ✓ Success on refund when sent value is less than bid amount. (170ms)
    ✓ Success on refund if bid amount is less than highest bid. (297ms)
    ✓ Failure on incorrect key for reveal. (165ms)
    ✓ Failure on incorrect bid value for reveal. (171ms)
    ✓ Failure on reveal in invalid state. (108ms)
  Withdraw.
    ✓ Success on withdraw on loosing bid. (349ms)
  Auction end.
    ✓ Success on end of auction on single bid. (272ms)
    ✓ Failure of end of auction in invalid phase. (49ms)
  Full Auction Run.
    ✓ Success on simulated auction with 3 bidders (accounts). (754ms)

16 passing (6s)
```

그림 10.5 **블라인드 경매 테스트 결과 출력**

10.5.3 전체 경매 실행

블라인드 경매 스마트 컨트랙트를 위한 테스트 스크립트는 전체 경매 테스트를 실행하는 스크립트를 포함하고 있다. 자동화된 이 테스트 스크립트는 배포된 스마트 컨트랙트 전체를 수동으로 한번 테스트해 보는 것과 같다. blindAuctionTest.js를 오픈하고 다음의 설명을 따라 해보자. 이 코드는 다음의 테스트를 자동화한 것이다.

- 경매 컨트랙트 전체 테스트는 세 명의 입찰자 어카운트를 포함하고 있다. 수혜자는 스마트 컨트랙트를 배포한다. 입찰 프로세스를 시작하기 전, 세 개의 어카운트 밸런스는 나중에 비교해 보기 위해 따로 기록해 두자.
- Bidding 단계에서 각 입찰자는 입찰가를 정한다. 이 값의 문자열 표현값과 시크릿 단어의 16진수 값은 Keccak256 함수와 일회용 패스워드로 해시한다. 입찰에서 예치금은 입찰가보다 1ETH 크게 설정한다. 수혜자가 Reveal 단계로 진전시킨다.
- Reveal 단계에서 모든 입찰자는 자신의 입찰가와 시크릿 단어를 스마트 컨트랙트에 보내야 한다. 컨트랙트는 입찰가에 사용한 값과 이 값이 같은지 유효성을 확인한다. 경매는 이제 Done 단계로 넘어간다. 수혜자는 경매를 종료하고, 낙찰가에 해당하는 금액이 수혜자의 어카운트로 전송된다. 경매의 결과가 반영된다.
- 입찰자는 입찰금을 출금할 수 있다. 만일 입찰에 실패했을 경우 입찰금을 돌려받는다.

- 모든 어카운트의 밸런스가 갱신된다. 경매 결과는 낙찰자 주소(이 경우 ACC3)와 낙찰금(BID3)을 포함한다. 종료 시의 밸런스를 확인한다. 낙찰에 실패한 어카운트의 밸런스는 시작 때의 밸런스보다 조금 작은데, 그 이유는 트랜잭션 비용으로 사용했기 때문이다. 경매 낙찰자의 밸런스는 입찰금과 Tx 비용을 뺀 만큼 줄었다.

이러한 전체 통합 테스트에서 스크립트가 블라인드 경매의 모든 개별 테스트를 전부 수행하고, 그 결과가 기대한 것과 같은지 확인한다.

10.6 되돌아보기

세 개의 테스트를 성공적으로 실행해 보았다. 실제 개발 과정에서는 이렇게 한 번에 모든 테스트가 성공하지 않을 수도 있다. 이 장에서 다룬 테스트에서 일부 파라미터값을 바꾸어서 테스트하다 보면 테스트를 통과하지 못하는 경우가 생길 것이다(테스트 결과 출력에서 마크 표식 대신 X로 나타나는).

테스트 주도 개발에서는 테스트 스크립트를 먼저 작성한다. 그런 후 이 테스트에서 설정한 요구 조건을 만족시키는 스마트 컨트랙트를 개발하는 것이다. 여러 명의 개발자가 각자의 파트를 맡아서 개발할 때 이러한 테스트는 코드 베이스의 무결성integrity을 유지시키는 수단으로 활용할 수 있다.

테스트 스크립트는 복잡해 보일 수 있지만, 이러한 테스트 프로그램은 이전의 장에서 수동으로 입력했던 값을 자동으로 처리하는 실행 가능한 스크립트일 뿐이다. 또한, 테스트는 프로덕션 환경에서 스마트 컨트랙트를 론칭하기 전에 해야 하는 정규적인 절차이기도 하다.

10.7 베스트 프랙티스

블록체인 기반 탈중앙화 애플리케이션 개발에서 테스팅은 매우 중요한 단계다. 다음과 같은 지침을 따라서 테스트하자.

- 테스트할 함수를 정한다.
- 테스트할 수정자를 정한다.
- 올바른 입력값에 대해 성공하는 긍정 테스트를 코딩하자.
- 실패하거나 중단되는 것을 테스트하기 위한 부정 테스트를 코딩하자(대개 수정자 또는 require 문을 사용).

- 각 테스트에 대해 의미 있고 간결한 설명을 추가하자. 이 내용은 함수 테스트 결과 출력문에 나온다는 점에 유의하자.
- 테스트의 타입을 식별하기 쉽도록 긍정 테스트에는 'Success on'을 앞에 붙이고, 부정 테스트에는 'Failure on'을 앞에 붙이도록 하자.
- 테스트 파일 이름은 표준 명명 양식을 따르자(<스마트 컨트랙트 이름>Test.js).

10.8 요약

- 이 장에서 소개한 세 개의 테스트 스크립트인 counterTest.js, ballotTest.js, blindAuctionTest.js는 스마트 컨트랙트를 위한 테스트 스크립트를 어떻게 작성하는지 보여준다.
- 테스트 스크립트의 주요 구성 블록은 `beforeEach()`, `it()`, `describe()`이다.
- `beforeEach()` 함수는 각 테스트 수행 이전에 설정해 두어야 하는 조건들을 코딩하는 데 사용한다.
- `async()`, `await()`, `assert()`는 테스트 중 함수의 실행을 관리하는 데 도움이 된다. 테스트를 셋업하고 실행하는 명령어는 단순하다. 가나쉬 테스트 체인을 실행한 후, `npm install` 명령어로 필요한 모듈을 설치하고, `truffle test` 명령어로 테스트 코드를 실행하면 된다.

CHAPTER 11

Dapp 개발 로드맵

이 장에서 다룰 내용

- 로드맵의 가이드에 따라 종단 간 Dapp 개발 진행하기
- 교육 수료 증명 애플리케이션 설계와 개발하기
- 로컬 테스트 체인상에서 테스트 주도 프로토타입 개발하기
- 퍼블릭 배포를 위해 프로토타입 Dapp을 설정하고 변경하기
- 탈중앙화된 참여자가 사용할 수 있고 배포 가능한 웹 앱 만들기

이 장에서는 Dapp 개발 시작에서 끝까지 아우르는 로드맵을 제공한다. 이전 장에서 스마트 컨트랙트와 탈중앙화 웹 애플리케이션을 설계, 개발, 배포, 그리고 테스트하는 것을 살펴보았다. 다시 말해 블록체인 기반 애플리케이션의 코어 개념에 대해 알아본 것이다. 간단한 카운터에서부터 자산 토큰화 애플리케이션에 이르기까지 여러 가지의 애플리케이션 또한 스마트 컨트랙트를 프로그래밍하는 새로운 솔리디티라는 언어도 학습했고, 리믹스와 트러플 같은 개발과 테스트를 위한 도구도 다루어 보았다. 블록체인 프로그래밍은 데이터 집약적인 이미지 프로세싱을 위한 것도, 집약적인 과학적 연산을 위해 특화된 것도 아니다. 예를 들어, 스마트 컨트랙트를 사용해 다차원적인 이미지 프로세싱을 하거나, 장시간 동작하는 복잡한 연산을 위한 프로그래밍을 하는 것은 바람직하지 않다.

이 장에서는 이러한 모든 개념을 다 모아 그 의미를 다시 환기해 보면서 블록체인 프로그래밍이 전통적인 웹 애플리케이션 개발과 어떻게, 그리고 왜 다른지에 대해서 설명한다.

블록체인 프로그래밍은 자바와 같은 다른 고수준의 언어로 작성한 프로그램을 솔리디티 또는 다른 스마트 컨트랙트에 특화된 언어로 포팅하고자 하는 것이 아니다. 이것은 기록해야 할 데이터와 트랜잭션을 주의 깊게 선정하고, 그것을 확인하고 검증하는 것에 관한 것이다. 이 장은 적절한 데이터 구조와, 확인 및 검증을 위한 통제 구조를 잘 선택하는 것이 얼마나 중요한지 보여줄 것이다. 이를 위해 실제 교육 자격 검증 애플리케이션을 살펴보려고 한다. 이전 장에서 설명한 탈중앙화 솔루션을 위해 설계, 개발하고, 로컬에서 테스트하고 퍼블릭 배포를 하며, 직접 상호작용해 보는 기법과 지식들을 모두 활용한다. 실제 유스 케이스를 이용해 종단 간 개발을 해보는 것이다. 즉, 로드맵을 이용한 이더리움 기반 탈중앙화 애플리케이션 개발 전체 과정을 이 장에서 요약한다. 완성한 코드 베이스를 다운로드받고 설명에 따라 각 단계를 따라 해보자.

이 장에서 선택한 시나리오의 동기를 우선 살펴보자.

11.1 시나리오 동기: 교육 관련 증명서

교육 관련 수료 증명은 모든 영역에 걸쳐 많은 관심을 받고 있는 광범위한 문제 영역이다. 모든 수준에서 다양한 이해 관계자가 있는데, 정부기관, 온라인 교육 서비스 제공자, 전통적인 대학, 수강생 등을 포함한다. 보통 이러한 광범위한 문제는 내부에 더 작은 단위로 쪼갤 수 있는 다수의 문제를 가지고 있고, 이것 중에는 블록체인 솔루션이 도움이 될 영역도 있을 것이다. 이 장에서 탐색할 블록체인 기반 솔루션은 통상적인 대형 시스템 안에서 작동할 수 있고, 특정한 하위 시스템의 확장성과 효용성을 개선하기도 한다.

도대체 블록체인이 교육 관련 인증서나 증명서와 무슨 관계가 있는지 의아할 수도 있다. 사실 대단히 유용하다. 여러분이 여러 가지 디지털 미디어와 온라인 강좌를 통해 많은 주제와 기술에 대한 강의를 들었다고 가정해 보자. 교육적 내용을 전달하는 방식은 지난 10년간 매우 다양화되었지만, 이러한 교육을 이수했다는 증명서나 학위증의 처리는 대부분 여전히 수동으로 처리하거나, 전통적인 학생 데이터베이스에 저장한 기록을 이용하는 레거시 애플리케이션을 사용해 이루어진다. 여기서 우리가 시도해 보려는 것은 중앙화된 데이터베이스에 의존하지 않는 독립적인 애플리케이션을 제공하는 것이다. 학생들과 다른 주요 이해 관계자(어드바이저)는 중앙화된 데이터베이스의 도움 없이, 학생들의 교육적 성취를 보여주는 수료증이나 학위증 같은 인증서를 검증할 수 있어야 한다.

중앙화된 학생 데이터베이스를 사용해 전통적인 웹 애플리케이션을 만들어 이런 문제를 해결해 볼 수도 있지만, 다음과 같은 상황을 고려해 보자.

- 프로그램의 참여자가 탈중앙화되어 있다.
- 교육 과정과 증명이 다양한 교육 환경에서 이루어진다(온라인 코스나 현장 경험 등).
- 참여자는 대학과 같은 전통적인 교육기관에 등록되어 있지 않다.

이러한 특성으로 인해 학생들이 획득한 학위나 수료증을 독립적으로 검증할 수 있는 탈중앙화 애플리케이션의 필요성이 대두되었다. 이 애플리케이션은 학위와 수료증 검증에 있어서 주요 이해 관계자들이 스스로 관리할 수 있는 도구를 제공해 준다.

이 장에서 다루는 유스 케이스는 버팔로대학에서 실제 사용하고 있는 증명서 프로그램이다. 이 증명서는 데이터 집약적인 연산 강의 프로그램을 위한 것이다. 자세한 요구 조건은 *http://mng.bz/4Bja*에서 확인할 수 있다. 이런 애플리케이션처럼 여러분 주위에서 블록체인 솔루션을 사용해서 개선할 수 있고 블록체인 접근 방식을 이용하는 것이 효과적인 문제를 찾아볼 것을 권장한다. 이것이 이 장에서 다룰 문제의 핵심적인 목표이기도 하다.

11.2 로드맵

2-10장에서 블록체인 기반 Dapp을 개발하는 여러 가지 퍼즐 조각들을 다루었다. 이 장에서 이러한 조각을 모두 모아서 하나의 문제를 해결하는 데 사용해 보자. 개념을 모두 모아서 보는 것이 쉽지 않으므로 Dapp 개발 전체 과정을 가이드해 줄 로드맵을 먼저 정리하는 것이 좋다. 그림 11.1은 이 장의 절들과 서로 매핑이 되는데, 각 절은 각 로드맵에서 처리해야 할 작업을 보여준다. 다음 절로 넘어가기 전 이 로드맵을 리뷰해 보자.

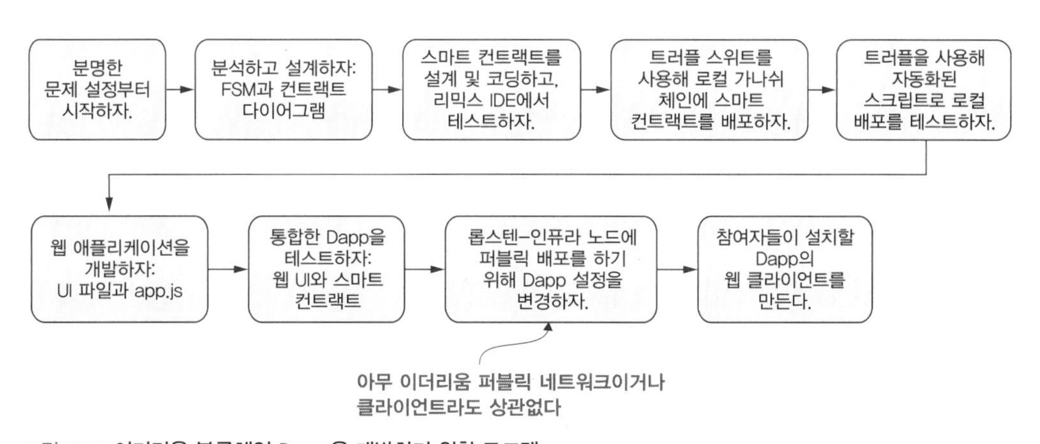

그림 11.1 이더리움 블록체인 Dapp을 개발하기 위한 로드맵

그림 11.1은 가나쉬 로컬 테스트 체인에 배포하는 것부터 시작해서, 롭스텐 인퓨라 노드에

web3 프로바이더를 이용해 배포하는 것까지 포함하는 로드맵을 보여준다. 이 장에서는 롭스텐 네트워크를 사용했지만, 메인넷을 포함한 다른 이더리움 테스트넷을 사용해도 상관없으며, 네트워크는 배포 설정 변경을 통해 쉽게 바꿀 수 있다. 이 로드맵은 이 장의 내용을 가이드해 줄 뿐만 아니라 앞으로 여러분이 개발할 Dapp에도 도움이 될 것이다.

11.3 문제 설정

해결해야 할 분명한 문제 설정부터 시작하자.

학부용 데이터 집약적인 연산 트랙 수료 자격증(Data-intensive Computing Certificate, DCC) 프로그램은 신청자가 이 방면의 강의 네 개를 이수했고, 이 과목들에서 평균 학점(GPA)이 최소 2.5가 넘어야 한다. 학부 안내 페이지에 이 프로그램에 대한 상세한 설명이 나와 있지만, 자격증 이수를 검증하는 전통적인 도구는 없다. 이 프로젝트의 목표는 이 프로그램에 관심이 있는 학생 누구나 이용할 수 있도록 독립적인 블록체인 기반 도구를 만드는 것이다. 이 자격증 프로그램에 등록한 학생은 어디서든 이 프로그램을 통한 진행 상황을 스스로 확인할 수 있다.

다시 말하면 이 프로그램에 참여하는 학생은 다음과 같은 것을 확인할 수 있다.

- 이 자격증 프로그램에 등록하고 이후 과목을 선택할 수 있는 요건
- 자격증 프로그램에서 코스를 이수해 나가는 진행 과정
- 필요한 과목을 모두 이수한 후, GPA를 포함한 자격증 취득 상태

이런 내용을 확인하는 학생은 가정 교육권 및 프라이버시법(Family Educational Rights and Privacy Act, FERPA)을 위반하지 않는다. 왜냐하면 오직 자신만의 성적을 다룰 뿐 중앙화된 학생 데이터베이스에 접속하는 것은 아니기 때문이다.

현재 학생들은 이 자격증 취득 상태를 확인하기 위해 어드바이저와 일대일 약속을 잡아야만 한다. 수천 명의 학생이 이 프로그램에 가입하려고 할 경우, 이 모델은 확장 가능한 솔루션이 될 수 없다. 이 DCC-Dapp은 학생뿐만 아니라 어드바이저의 시간을 절약해 주고, 자격증 처리를 어느 정도 단순화시켜 준다. 더욱 중요한 것은 이해 관계자들이 호출한 트랜잭션의 기록이 코스 계획, 상담, 자원 배분 분석을 위한 매우 귀중한 데이터와 참고 자료가 된다는 점이다.

11.3.1 DCC 애플리케이션 맥락

이 프로그램은 내가 상세한 정보를 잘 알고 있는 분야다. 그림 11.2는 이 프로그램의 전체적인 개관이다. 자격증은 필요한 코스를 네 개의 카테고리로 구분하고, 이 카테고리에서 최소 GPA

기준 이상을 만족해야 한다. 이해 관계자인 학생과 어드바이저는 처음 탈중앙화된 아이덴티티로 등록하고, 이후에는 이것으로 로그인할 수 있으며, 코스를 추가하고 확인 요청을 한다. 입력한 코스가 요구 조건을 만족하면, GPA를 계산하고 확인한다. 이 DCC 시스템은 대학의 중앙화된 데이터베이스와는 다르며, 추가적인 어떠한 보안상 또는 법적 위험을 시스템에 부과하지 않는다.

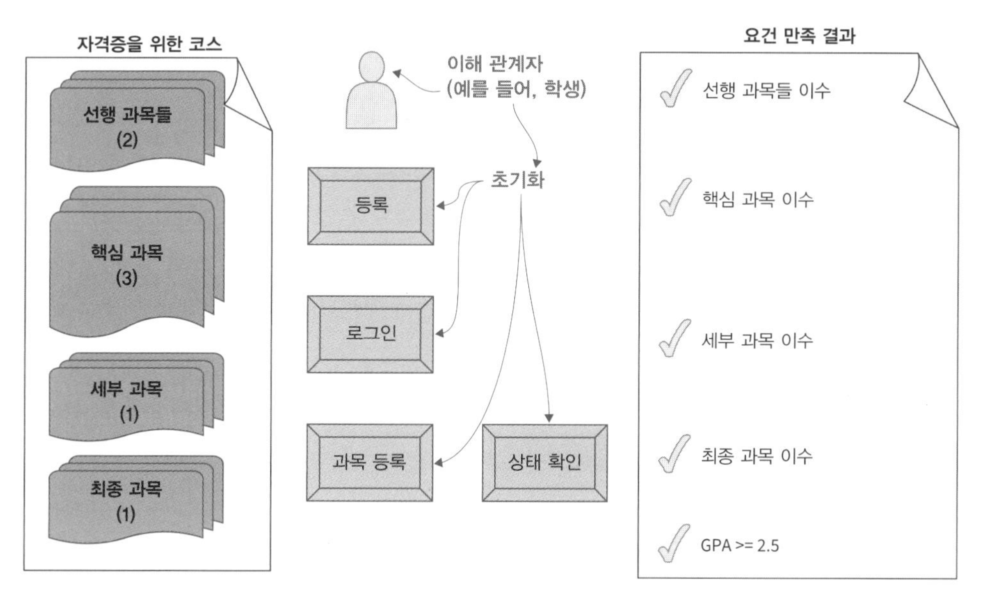

그림 11.2 **DCC 개념: 자격증 과목, 이해 관계자용 함수들, 결과**

그림 11.2를 리뷰하고, 중앙화 시스템을 사용하지 않는 자체 서비스 도구를 사용하는 사용자를 가정해 보자. 이 도구는 중개자(어드바이저) 없이 학생들이 직접 의사 결정을 할 수 있도록 한다. 더 많은 정보를 오픈하기 때문에 더 많은 학생들이 참여할 가능성이 높아진다. 블록체인에 저장된 타임라인과 트랜잭션 정보 같은 데이터는 추가적인 분석과 서비스 개선을 위한 귀중한 자료가 된다. 이후의 논의에서 이 앱을 DCC-Dapp Data-intensive Computing Certificate Dapp이라고 부르기로 하고, 이제 그 설계를 검토해 보자.

11.3.2 설계 선택

이 문제를 해결하기 위해 몇 가지 애플리케이션을 선택할 수 있다.

- 중앙화 시스템이 필요 없는 독립 모바일 앱
- 중앙화된 학생 관리 시스템과 통합된 웹 또는 엔터프라이즈 애플리케이션
- 중앙화 시스템이 필요 없는 블록체인 기반 탈중앙화 애플리케이션

처음 두 가지 솔루션은 전통적인 방식인 반면, 마지막 것은 블록체인에 기록된 변조 불가능한 장부를 이용하는 탈중앙화 애플리케이션이다. 우리가 선택할 방식이 바로 이것이다.

11.4 분석과 설계

지금까지 알아본 설계 원칙을 이 문제 해결을 위해 적용해 보자. 그림 11.2의 DCC-concept를 가이드라인으로 해서 역할, 규칙, 애셋, 함수 등을 식별해 보자. 이 단계는 해결해야 할 문제 전반에 기초해서 컨트랙트 다이어그램과 그 요소를 설계할 수 있도록 해준다.

- **역할**roles - DCC에는 학생, 어드바이저, 그리고 DCC 자격증 프로그램에 관심이 있는 모든 사람이라는 역할이 있다. 이러한 사람들은 대학과 관련이 있고, 개인별 번호를 가진 학생 관리 시스템을 통해 식별할 수 있다. 이 애플리케이션은 DCC 프로그램에 관심이 있거나 등록된 학생들이 사용할 것이라고 전제한다. 대학 시스템의 개인별 번호 아이덴티티는 DCC 애플리케이션과 대학 전체 관리 시스템을 연결시켜 준다. 각 DCC 사용자는 탈중앙화된 (자가 생성한) 고유한 256비트 아이덴티티를 가진다. (8장에서 웹 툴을 사용해 탈중앙화 아이덴티티를 생성했음을 상기하자.)
- **규칙**rules - 첫 번째 규칙은 사용자의 아이덴티티에 관한 것이다. 학생은 대학 시스템이 부여한 아이덴티티인 개인 번호를 가지고 자가 등록을 한다. 이 규칙은 가입자의 탈중앙화된 아이덴티티와 중앙화 시스템의 이이덴티티를 매핑시켜 준다. 두 번째 규칙은 오직 등록된 사용자(validStudent)만이 DCC 애플리케이션 수강 신청을 할 수 있다는 것이다.

블록체인 트랜잭션의 msg.sender 속성은 트랜잭션 송신자의 256비트 탈중앙화된 아이덴티티를 나타낸다.

- **애셋**assets - 애셋에는 과목 카테고리, 각 카테고리에 배정된 과목들, 그리고 GPA가 있다. 블록체인 기반 탈중앙화 아이덴티티를 가진 각 학생 사용자는 각자의 데이터 세트를 가지고 있다.

  - 효율적인 과목과 학점 구조
  - 각자의 256비트 주소와 이에 대응하는 개인 번호 매핑

- **이벤트**events - 학생이 각 과목의 카테고리 요구 조건을 만족시켰을 때 이벤트를 발생시킨다. 발생한 이벤트는 블록에 로그된다. 이러한 로그는 사용자에게 알림 또는 데이터 분석을 위한 용도로 쓰인다. 이벤트는 각 과목의 카테고리를 끝냈을 때도 발생시킬 수 있

고, 자격증을 획득했을 때도 발생시킬 수 있다. 발생한 이벤트는 UI상에서 자격증 상태를 나타내는 알림 내용으로 쓰인다.

11.4.1 오퍼레이션 흐름과 유한 상태 머신

유한 상태 머신(FSM) 다이어그램(그림 11.3)을 사용해 DCC 오퍼레이션과 흐름을 분석해 보도록 하자. 이 그림은 사용자가 상호작용하는 시퀀스에 대한 아이디어를 얻는 데도 도움이 된다.

이 DCC-Dapp은 필수 과정을 완료하는 데 4년이나 걸릴 수 있으므로 장기 실행 프로그램이라 할 수 있다. 더 중요한 것은 대학이 DCC의 과거 일정과 참여 내용에 대한 장부 기록을 요구한다는 점이다. 사용자는 이 DCC-Dapp을 자격증 프로그램의 진행 상황표로 활용할 수 있다.

이러한 맥락에서 그림 11.3에서 보는 것과 같이 필요한 기능에 번호를 매겨 보았다.

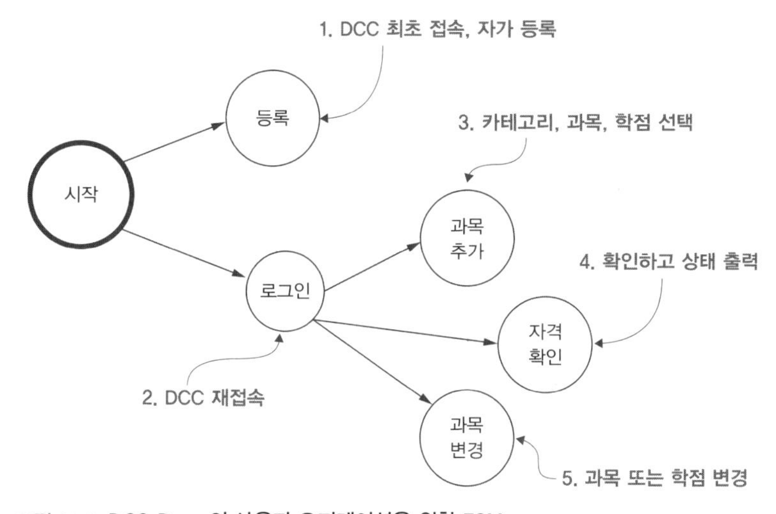

그림 11.3 **DCC-Dapp의 사용자 오퍼레이션을 위한 FSM**

1. **등록.** 탈중앙화된 256비트 어카운트 주소로 식별되는 사용자가 대학 또는 기관에서 부여한 개인 번호를 가지고 등록한다. 이 오퍼레이션은 프로세스가 시작할 때 한 번만 수행하면 된다.
2. **로그인.** DCC-Dapp에 재접속할 때 로그인을 위한 개인 번호와 이에 매칭하는 탈중앙화된 아이덴티티가 필요하다. 없을 경우 접속은 거부당한다.
3. **과목 추가.** 수강한 과목을 자격증 프로그램에 포함시키기 위해서는 카테고리, 과목, 그 과목의 학점을 입력해야 한다.

4 **자격 확인.** 이 함수는 자격증 프로그램에서 각 학생이 성취한 상태를 판별하는데, 여기에는 네 개의 과목 카테고리와 전체 GPA를 포함한다.

5 **과목 변경.** 이 함수는 자격증 프로그램에서 과목을 대체한다. 학생은 평균 GPA를 올리기 위해 기존에 수강한 과목을 다른 과목으로 바꾸거나, 같은 과목을 재수강할 수도 있다.

이러한 오퍼레이션이 DCC-Dapp을 위한 스마트 컨트랙트 설계를 가이드할 것이다. 스마트 컨트랙트 설계를 완성하기 위해서는 몇 가지 다른 지원 함수도 필요하다.

11.4.2 컨트랙트 다이어그램

그림 11.3에서 논의한 역할, 애셋, 이벤트 등을 고려해 그림 11.4와 같이 컨트랙트 다이어그램을 작성할 수 있다. 컨트랙트 다이어그램은 컨트랙트의 데이터 구조, 이벤트, 수정자, 함수 헤드 등을 보여준다.

문제 설정(11.3절)의 세부 사항을 이용해 DCC 컨트랙트 다이어그램을 설계해 보자.

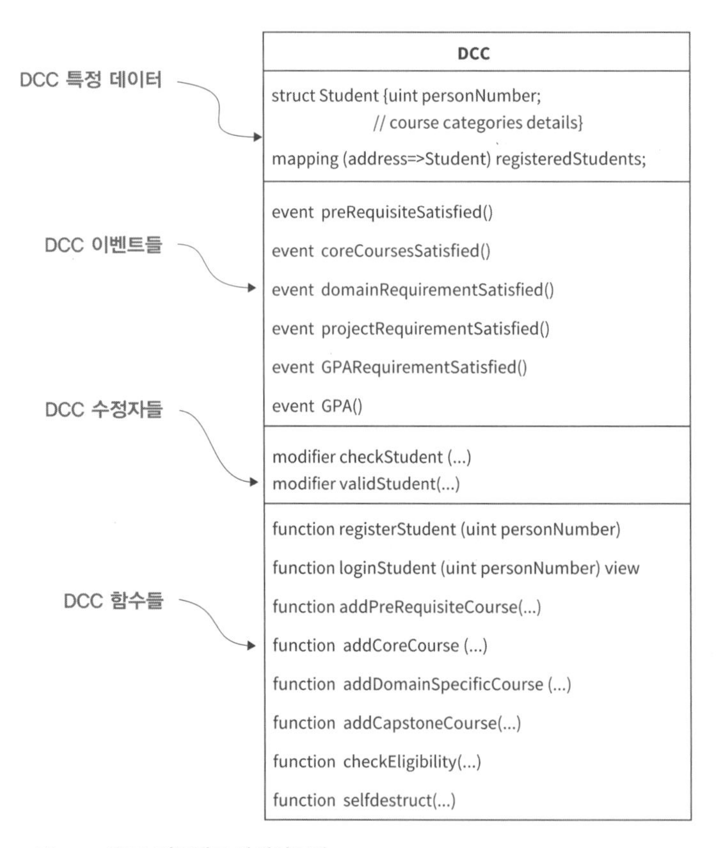

그림 11.4 DCC 컨트랙트 다이어그램

11.5 스마트 컨트랙트 개발하기

컨트랙트 다이어그램을 사용해 스마트 컨트랙트를 개발하고 리믹스 IDE에서 간단한 테스트를 진행하자. 리믹스 테스트를 성공적으로 마쳤으면 DCC-Dapp 코드 베이스를 열고, DCC-contract 디렉터리에 있는 스마트 컨트랙트를 리뷰하자. 자, 이제 각 단계를 상세히 살펴보자.

11.5.1 데이터 구조

리스트 11.1은 학생들의 과목, 수정자, 이벤트, 함수에 대한 데이터를 저장하는 데이터 구조를 보여준다. 아이템의 이름을 보면 어떤 용도인지 쉽게 알 수 있을 것이다. 캐멀 케이스 표기법을 사용했다.

11.5.2 이벤트

과목의 카테고리당 하나씩, 여섯 개의 이벤트 정의가 있다. 카테고리별 필수 과목을 모두 끝냈을 때 이벤트가 발생한다. 추가로 두 개의 이벤트가 더 있는데, 하나는 필요 GPA를 끝냈을 때 발생하고, 다른 하나는 현재 GPA값을 보여주는 이벤트다.

11.5.3 수정자

두 개의 수정자가 있다. `checkStudent`는 학생의 중복 등록을 방지하고, `validStudent`는 오직 등록된 학생만이 과목을 추가할 수 있는 수정자다. 달리 말하면, 학생이 과목을 추가하려면 자신의 학번(대학 시스템이 부여한 아이덴티티)과 탈중앙화 시스템이 부여한 아이덴티티(256비트 어카운트 주소)를 DCC 시스템에 등록해야 한다는 것이다.

11.5.4 함수

그림 11.4의 컨트랙트 다이어그램을 살펴보면 과목을 더하는 함수는 있어도 삭제하는 함수가 없다는 것을 알 수 있다. 다음과 같은 경우 과목을 삭제하고 싶을 것이다.

- 현재 학점을 더 나은 학점으로 갱신하고 싶은 경우
- 기존 과목을 더 나은 학점을 받은 다른 과목으로 대체하고 싶은 경우. 학점 갱신은 어느 카테고리에도 적용할 수 있지만, 과목 대체는 세부 과목과 최종 과목에만 한정된다.

과목을 추가하는 함수는 삭제나 대체 오퍼레이션에도 재사용할 수 있다. 즉, 사용자가 과목을 추가한 카테고리에 과목이 있을 경우 이를 덮어씌운다. 이 오퍼레이션은 과목 삭제와 대체를 동시에 수행하는 것과 마찬가지다. 이와 같이 솔루션을 구현할 때 이미 개발한 함수를 재

사용할 수 있는지 여부를 검토해야 한다. 또한, 퍼블릭 네트워크에 배포한 테스트용 컨트랙트를 삭제 시 유용한 자폭(selfdestruct) 함수에 유의하자.

리스트 11.1에서 여러 함수 중 addCoreCouse() 함수를 보여준다. 간단한 함수인데, course 파라미터가 115 또는 116(핵심 과목)이면 이 과목 학점을 갱신한다. 과목 115와 116 변수는 학점 이외에 다른 데이터는 저장하지 않기 때문에 저장 공간을 절약한다. 각 학생에게 할당하는 저장 공간은 약 아홉 개의 단어 크기 정도다.

리스트 11.1 **DCC.sol**

```
contract DICCertification {
    uint constant private MINIMUM_GPA_REQUIRED = 250;

    struct Student {   ◀── 각 참여 학생을 위한 데이터 구조
        uint personNumber;

        uint prereq115;
        uint prereq116;

        uint core250;
        uint core486;
        uint core487;

        uint domainSpecificCourse;
        uint domainSpecificGrade;
        uint capstoneCourse;
        uint capstoneGrade;

    }
                                                          어카운트 주소를 학생
                                                          데이터 구조에 매핑
    mapping(address => Student) registeredStudents;   ◀──

    event preRequisiteSatisfied(uint personNumber);
    event coreCoursesSatisfied(uint personNumber);
    event GPARequirementSatisfied(uint personNumber);
    event projectRequirementSatisfied(uint personNumber);   이벤트 정의
    event domainRequirementSatisfied(uint personNumber);
    event GPA(uint result);

// ------------------------------------------
// 수정자들
// ------------------------------------------
    modifier checkStudent(uint personNumber) {   ◀── 수정자 정의
        require(registeredStudents[msg.sender].personNumber == 0,
                                    "Student has already registered");
        _;
    }
```

```
    modifier validStudent() { // #D
        require(registeredStudents[msg.sender].personNumber > 0,
                                    "Invalid student");
        _;
    }

// ---------------------------------------------
// 함수들
// ---------------------------------------------
    function registerStudent(uint personNumber) public
                            checkStudent(personNumber) {
        registeredStudents[msg.sender].personNumber = personNumber;
    }

    function loginStudent(uint personNumber) public view
                                            returns (bool) {
        if(registeredStudents[msg.sender].personNumber == personNumber) {
            return true;
        } else {
            return false;
        }
    }
```

학생 추가를 위한 함수

```
    function addPreRequisiteCourse(uint courseNumber, uint grade)
                                    public validStudent {
```

과목 추가를 위한 함수

```
        if(courseNumber == 115) {
            registeredStudents[msg.sender].prereq115 = grade;
        }
        else if(courseNumber == 116) {
            registeredStudents[msg.sender].prereq116 = grade;
        }
        else {
            revert("Invalid course information provided");
        }

        ...}

    function addCoreCourse(uint courseNumber, uint grade) public
                                        validStudent {
        ...}

    function addDomainSpecificCourse(uint courseNumber, uint grade) public
                                    validStudent {
        ...}

    function addCapstoneCourse(uint courseNumber, uint grade) public
                                    validStudent {

        ...}
```

과목 추가를
위한 함수

```
    function checkEligibility(uint personNumber) public validStudent
                                                 returns(bool) {   ← 증명서 취득 자격을 판정하기 위한 함수
        ...
// 각 카테고리의 과목들을 조사해서 요건을 모두 충족하면 이벤트를 발생
// 모든 과목 요건을 충족하면 전체 GPA를 계산
   if(registeredStudents[msg.sender].prereq115 > 0 &&
        registeredStudents[msg.sender].prereq116 > 0) {

            preRequisitesSatisfied = true;
            emit preRequisiteSatisfied(personNumber);
            totalGPA += registeredStudents[msg.sender].prereq115 +
                        registeredStudents[msg.sender].prereq116;
        ...
        ...
   }
}
```

함수 코딩

코드 베이스에서 DCC.sol 파일을 다운로드하고 그 내용을 리뷰하자. 데이터 구조와 함수를 간결하게 정의하고 있다. 이 중 두 개의 코드 예제를 논의해 보자.

- 선행 과목(115 또는 116) 더하기
- DCC의 필수 선행 과목 자격 검사하기

다음은 선행 과목을 등록하는 함수다.

```
function addPreRequisiteCourse(uint courseNumber, uint grade) public validStudent {
    if(courseNumber == 115) {
        registeredStudents[msg.sender].prereq115 = grade;
    }
    else if(courseNumber == 116) {
        registeredStudents[msg.sender].prereq116 = grade;
    }
    else {
        revert("Invalid course information provided");
    }
```

함수의 헤더에서 validStudent 수정자는 이 함수의 호출자(Tx 송신자, 즉 msg.sender)가 사전에 등록한 아이덴티티를 가지고 있는 사용자라는 것을 확인한다. 이 함수에 전달되는 파라미터는 과목 번호와 이 과목 학점이다. 함수의 본문은 과목 번호를 체크하고, 과목 학점을 갱신하는 간단한 오퍼레이션을 수행한다. 즉, 이 코드는 새 과목(115 또는 116)을 추가하고, 이 과목의 학점을 업데이트하기 위한 것이다. 코드 마지막에 있는 revert 문은 예외적이거나 잘못된

입력값을 처리하기 위한 것이다.

다른 카테고리에 과목을 추가하는 것도 이와 유사하다. 다음은 핵심 과목의 수강 여부를 테스트하는 코드 예제다.

```
if(registeredStudents[msg.sender].prereq115 > 0 &&
    registeredStudents[msg.sender].prereq116 > 0) {

        preRequisitesSatisfied = true;
        emit preRequisiteSatisfied(personNumber);
        totalGPA += registeredStudents[msg.sender].prereq115 +
                    registeredStudents[msg.sender].prereq116;
```

여기서 기록된 학점이 0보다 큰지 확인하는 방식으로 과목 115와 116을 수강했는지 여부를 체크한다. 만일 0보다 크다면 preRequsiteSatisfied 변수를 true로 설정하고 이를 알리는 이벤트를 발생시킨 다음, 전체 증명서 GPA를 계산하기 위해 학점 총합에 더해 준다. 또한, 발생한 이벤트로 학번(personNumber)을 파라미터로 전달하는데, 이를 통해 외부의 애플리케이션이 발생한 이벤트에 접근할 수 있다.

설계 선택

스마트 컨트랙트에 사용하는 데이터 구조와 접근 방법에는 선택 사항이 있다. DCC 설계를 위한 최적의 선택을 해보자. DCC 스마트 컨트랙트를 위해 다음과 같은 설계 선택을 했다.

- **학생 데이터를 위한 온체인 데이터 구조** – 학생 데이터는 오프체인 데이터 구조로 정의하고, 오직 그 해시값만을 보안과 DCC 데이터의 변조 불가능성을 위해 온체인에 저장한다. 만일 데이터가 오프체인에 있다면, 그 데이터를 확인하는 규칙도 오프체인 오퍼레이션이어야만 하고, 블록체인에 기록하지 않는다. 이러한 선택은 강의 코스에 대한 최소한의 데이터만을 온체인에 저장하는 것이다. 이 데이터는 더 넓은 시스템의 외부 데이터베이스에 있는 학생 기록의 작은(9개 단어 크기의) 서브 세트다.
- **이벤트 파라미터로 학번을 사용할지 256비트 어카운트 주소를 사용할지 선택** – 모든 이벤트 파라미터로 어카운트 주소 대신 학번을 사용한다. 왜냐하면 외부의 대학 시스템은 학번으로 학생을 식별하기 때문이다. 학번이나 주소 모두 Tx 송신자를 식별할 수 있지만, 대학 시스템 내의 다른 비개발자 입장에서 보면 익숙한 학번을 사용하는 것이 시스템을 파악하기가 더 쉽다.

- 이론상으로는 컨트랙트 코딩 전에 테스트 케이스를 먼저 작성해야만 하지만, DCC 개념을 이해하기 쉽도록 스마트 컨트랙트 설계에 초점을 맞춘다. 따라서 리믹스 IDE에서 탐색을 해본 다음, 체계적인 테스트 스크립트 작성에 들어갈 것이다.

점진적으로 코드 추가하기

이 장에서 살펴본, 선행 과목을 추가하는 함수를 바탕으로 다른 카테고리에 있는 과목을 더하는 코드도 점진적으로 추가한다. 또한, 각 카테고리의 필수 과목 이수 여부를 확인하고, 이벤트를 발생시키며, GPA를 계산하는 `checkEligibility()` 함수를 추가하자.

리믹스 IDE로 테스트하기

DCC.sol 파일을 리믹스 IDE 에디터에 로드하고 컴파일을 하자. 자바스크립트 VM을 사용해 스마트 컨트랙트를 배포하고, 그림 11.5와 같은 UI가 나타나는지 확인한다. 컨트랙트 다이어그램에서 정의하고 코딩한 대로 일대일로 대응하는 인터페이스를 볼 수 있을 것이다. 학생 등록, 로그인, 과목 추가, 자격 체크를 시뮬레이션해 보고 모든 함수가 기대한 대로 작동하는지 확인하자. 이 리믹스 IDE UI는 이후 웹 UI 설계를 할 때 가이드라인으로 사용하자.

`loginStudent()` 함수는 오직 등록된 학생에게만 과목 추가를 허용하는 게이트키퍼 같은 역할을 한다. 이것은 `view` 함수이기 때문에 이것의 호출은 체인에 기록하지 않는다. 만일 로그인 기록을 남기고 싶다면, 함수 헤더 정의에서 view 키워드를 삭제하면 된다.

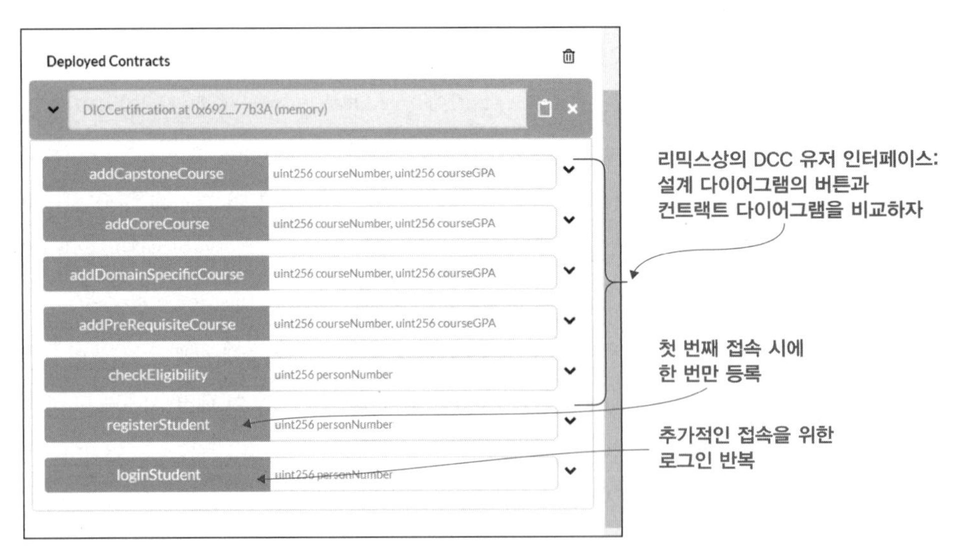

그림 11.5 DCC.sol 스마트 컨트랙트를 위한 리믹스 IDE UI

11.6 로컬 배포

로드맵의 다음 단계는 로컬 가나슈 테스트 체인에서 DCC.sol을 테스트해 보는 것이다. 이제 이러한 단계 순서에 익숙해졌을 것이다. 가나쉬를 구동하고, 코드 베이스에서 DCC-Dapp-local.zip을 다운로드해 압축을 풀자. 그런 후 DCC-contract로 이동해 `truffle` 명령어를 실행한다.

```
cd DCC-contract
truffle migrate --reset
```

이 명령어는 컨트랙트 디렉터리에 있는 컨트랙트를 컴파일하고 배포한다. DCC.sol과 Migrations.sol 컨트랙트 두 개가 있을 것이다. 컴파일하고 배포하는 동안 여러 가지 메시지가 나타나고 배포를 마치면 그림 11.6과 같은 메시지가 뜰 것이다. 이 메시지는 DCC.sol과 Migrations.sol 컨트랙트를 성공적으로 배포했다는 것을 나타낸다. 마이그레이션 자체도 솔리디티 스마트 컨트랙트로 작성되었음을 상기하자.

```
   > Saving migration to chain.
   > Saving artifacts
   -------------------------------------
   > Total cost:          0.02545488 ETH

Summary
=======
> Total deployments:   2
> Final cost:          0.03068274 ETH
```

그림 11.6 **성공적인 로컬 배포의 출력 메시지**

다음 단계는 가나쉬 테스트 체인에 배포한 DCC.sol을 테스트하는 것이다.

11.7 트러플을 사용한 자동화된 테스트

로드맵의 다음 단계는 스마트 컨트랙트의 자동화된 테스트다. DCC-Dapp을 위한 웹 애플리케이션을 개발하기 전, 10장에서 논의한 자바스크립트 테스트를 이용해 DCC 스마트 컨트랙트를 테스트해 보자(자동화된 테스트 주도 개발에 관해서는 10장을 다시 참고하자).

DCC.sol을 위한 자동화된 테스트 스크립트는 이 장의 코드 베이스에 DCCTest.js로 저장되어 있다. 이 단계에서 디렉터리 구조는 그림 11.7과 같다.

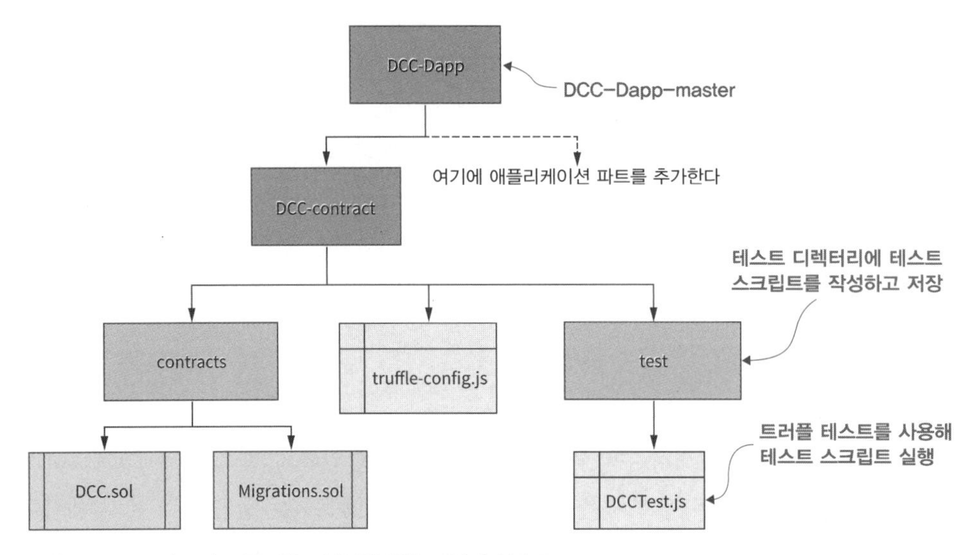

그림 11.7 **DCC의 스마트 컨트랙트 부분을 위한 디렉터리 구조**

이제 테스트를 실행할 준비가 되었다. DCC-contract 디렉터리로 이동하자. 가나슈 테스트 체인이 작동하고 있는지 확인한다. 그런 후 `truffle test` 명령어를 실행하면 된다.

```
cd DCC-contract
npm install
truffle test
```

테스트 실행 후, 긍정 테스트와 부정 테스트 결과를 보여주는 메시지가 나타날 것이다. 그림 11.8은 전체 38개의 테스트 중 최종 과목 카테고리 프로젝트를 위한 일부 결과만을 보여준다. DCCTest.js에는 다른 세 개의 카테고리(선행 과목, 핵심 과목, 세부 과목)를 위한 테스트도 포함하고 있다. 이 38개의 테스트를 전부 수동으로 한다고 가정해 보자!

10장에서 알아보았듯이, 긍정 테스트의 결과 메시지는 'Success on'으로 시작하고 부정 테스트 메시지는 'Failure on'으로 시작한다. 테스트 디렉터리에 있는 DCCTest.js 내용을 자세히 리뷰하고 앞으로 작성할 테스트 스크립트를 위한 모델로 사용하자. 스크립트에는 개별적인 테스트도 있지만, 스마트 컨트랙트 전체를 관통하는 프로세스를 테스트하는 것도 있다. 웹 애플리케이션과 UI 코딩에 앞서 스마트 컨트랙트를 테스트하는 것을 습관화하자. 테스트 스크립트 작성 요령에 대해서는 10장을 참고하자.

```
    Capstone Project
      ✓ Success on adding grade for a capstone course. (52ms)
      ✓ Success on adding grades for 2 different capstone courses. (104ms)
      ✓ Success on adding grade for a capstone course twice. (100ms)
      ✓ Failure on adding grades for invalid capstone course. (96ms)
      ✓ Failure on adding grades for invalid student. (185ms)
  Events and Eligibility
    ✓ Success on capturing emitted event preRequisiteSatisified. (154ms)
    ✓ Success on capturing emitted event coreCoursesSatisfied. (225ms)
    ✓ Success on capturing emitted event domainRequirementSatisfied. (100ms)
    ✓ Success on capturing emitted event projectRequirementSatisfied. (107ms)
    ✓ Success on capturing emitted event GPARequirementSatisfied. (526ms)
    ✓ Success on capturing emitted event GPA. (485ms)
    ✓ Success on capturing emitted event GPA even if GPA < 2.5. (466ms)
    ✓ Success on eligibility criteria. (447ms)
    ✓ Failure on capturing emitted event preRequisiteSatisified with partial data. (158ms)
    ✓ Failure on capturing emitted event coreCoursesSatisfied with partial data. (251ms)
    ✓ Failure on capturing emitted event domainRequirementSatisfied with no data. (49ms)
    ✓ Failure on capturing emitted event projectRequirementSatisfied with no data. (42ms)
    ✓ Failure on capturing emitted event GPARequirementSatisfied with GPA lower than 2.5. (
ms)
    ✓ Failure on eligibility criteria. (254ms)
  Complete runs
    ✓ Success on run with 3 concurrent users. (1461ms)


 38 passing (12s)
```

그림 11.8 DCC.sol 자동 테스트 후의 출력

11.8 웹 애플리케이션 개발하기

스마트 컨트랙트를 코딩하고 테스트했으니 이제 DCC-app을 개발해 보자. Dapp의 웹 애플리케이션 개발과 관련해서는 6-10장을 리뷰하자. Dapp은 필요한 모듈을 설치하고(package.json), 웹 UI (index.js, src) 설정을 하는 파일들을 포함하고 있다. web3 API 호출과 스마트 컨트랙트를 연결하는 코드는 app.js에 있는데, 이것은 이 장의 코드 베이스에 수록한 DCC-app에 포함되어 있다. 이러한 파일들을 리뷰하고 웹 애플리케이션 개발을 위한 베이스로 사용하자. 그림 11.9와 코드 베이스의 디렉터리 구조를 비교해 보자.

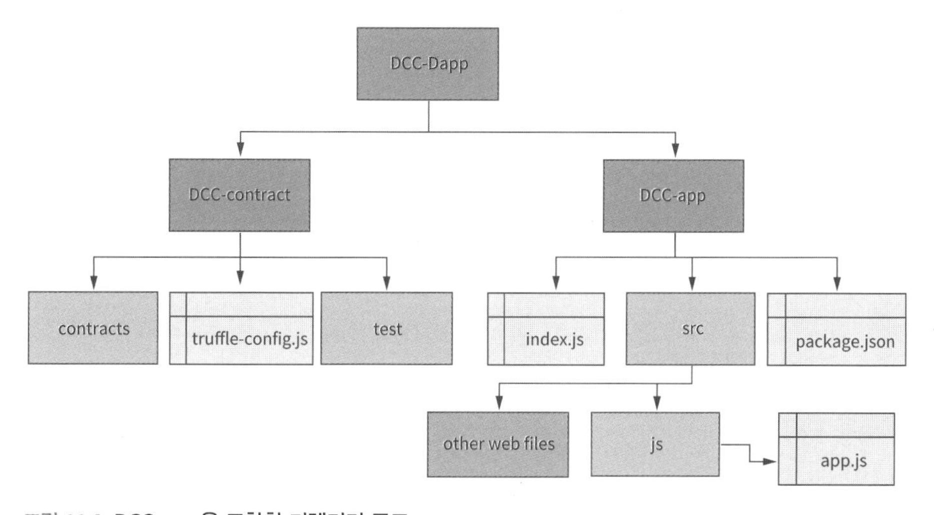

그림 11.9 DCC-app을 포함한 디렉터리 구조

UI 디자인과 스마트 컨트랙트 함수는 app.js 파일에 코딩한다. 스마트 컨트랙트 세부 내용은 11.5절에서 논의했다. 이제 app.js 코드에 뒤따라오는 UI 디자인에 대해 논의해 보자.

11.8.1 UI 디자인

DCC-app의 오프닝 화면에는 그림 11.10과 같이 `Register`와 `Login` 함수를 구동하는 버튼이 있다. 이 버튼 이름은 이에 대응하는 스마트 컨트랙트 함수 이름과 동일하다. 첫 번째 접속자는 입력 창에 학번을 넣고 REGISTER 버튼을 누른다. 추후 접속을 위해서는 마찬가지로 입력 창에 학번을 넣고 LOGIN 버튼을 클릭한다. 이때 등록하지 않은 학번을 넣으면 로그인에 실패한다.

그림 11.10 DCC-Dapp 오프닝 화면

등록과 로그인에 성공하면 그림 11.11과 같이 과목을 추가할 수 있는 인터페이스가 열린다. 필요한 두 개의 UI 화면만 있는 단순하고 직관적인 구성이다.

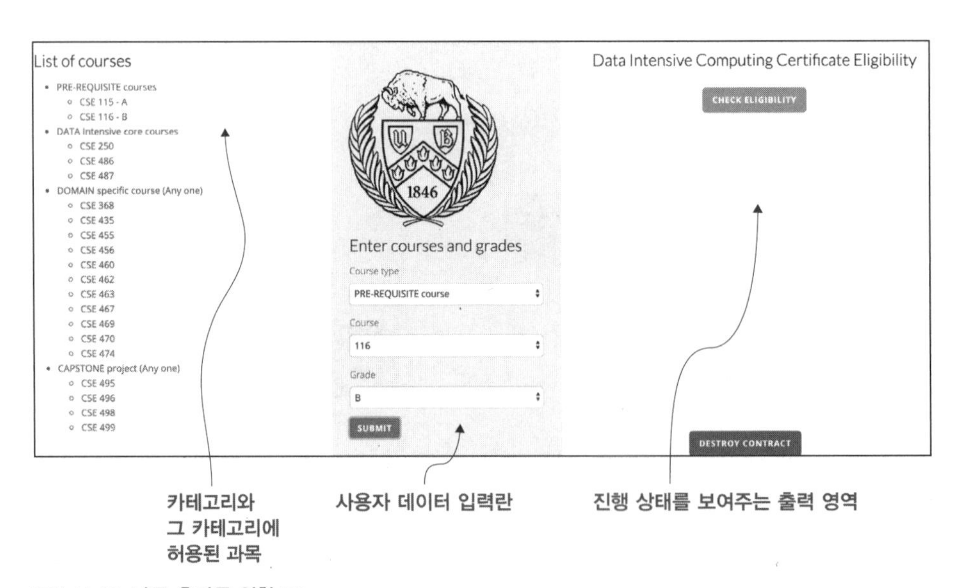

그림 11.11 과목 추가를 위한 UI

과목을 추가하는 UI 에는 세 개의 패널이 있다.

- 첫 번째 패널은 과목 카테고리 리스트와 각 카테고리 - 선행 과목, 핵심 과목, 세부 과목, 최종 과목 카테고리 프로젝트에 등록을 허용하는 과목 리스트를 보여준다.
- 두 번째 패널은 대학 로고와 그 밑으로 과목 카테고리와 과목을 선택할 수 있는 드롭박스를 보여준다.
- 세 번째 패널은 증명서 자격 진행 상태를 보여주는 버튼과 스마트 컨트랙트를 내리는(파괴하는) 버튼을 보여준다. DESTROY CONTRACT는 테스트 버전에서만 보이고, 프로덕션 버전의 UI에는 보이지 않는다.
- 그림 11.11의 빈 공간은 DCC 프로그램을 위한 각 카테고리별 과목 이수 상태와 GPA 요구 조건에 만족하는지 여부를 보여주기 위한 것이다.

만일 과목을 하나도 더하지 않은 상태에서 CHECK ELIGIBILITY 버튼을 클릭해 보면, 그림 11.12와 같이 증명서 자격을 위한 조건을 하나도 만족하지 못했다는 상태를 보여줄 것이다. 프로그램을 시작하면 모든 항목에 X 마크가 표시되어 있을 텐데, 이는 자격증 취득에 필요한 요건을 하나도 만족시키지 못했음을 의미한다. 모든 조건들을 충족하면 모든 항목들에 체크 마크가 나타난다. 만일 일부 조건만 충족했다면 충족한 조건에만 체크 마크가 나타나고 나머지는 X 마크를 보여준다. 모든 과목 조건을 충족하면 GPA를 계산해서 확인 후 표시해 준다. 그림 11.12는 이러한 상세 정보를 나타낸 것이다.

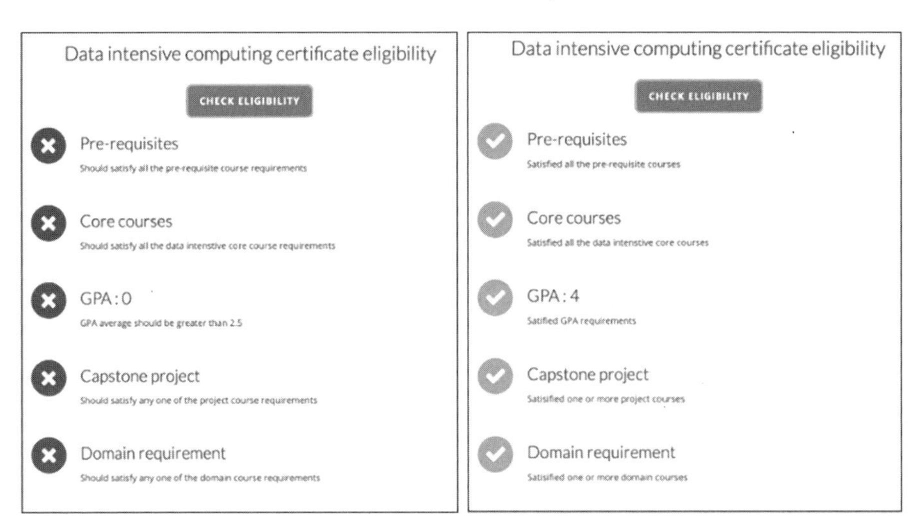

그림 11.12 **과목 요구 조건을 전혀 충족하지 못한 상태와 모두 충족한 상태를 보여주는 UI**

11.8.2 app.js 코딩하기

UI의 구조적 요소와 사용자의 요청을 스마트 컨트랙트 함수로 연결하는 app.js 코드를 추가하자. 과목과 그 카테고리를 함께 추가하는 UI 오퍼레이션은 app.js에서 호출할 스마트 컨트랙트 함수를 결정한다. 과목을 추가하기 위한 두 개의 입력값을 호출 함수의 파라미터로 전달한다. 아래의 app.js의 코드 로직을 리뷰하자.

```
...
else if (course_type == "core") {
      App.contracts.Certification.methods.addCoreCourse(course, grade)
        .send(option)
        .on('receipt', (receipt) => {
         App.courseGrades(course, grade);
        })
        .on('error', (err) => {
         console.log(err);
        });
}
```

이 코드 예제는 스마트 컨트랙트의 addCoreCourse를 호출해 과목 번호와 학점을 파라미터로 전달하는 것을 보여준다. 이 트랜잭션의 컨펌이 이루어지면, UI를 업데이트하기 위해 학점을 웹 콘텍스트에 저장한다. 이 코드 예제는 다른 세 개의 과목 카테고리에 적용해도 무방한 공통의 패턴이다. app.js 코드를 지원하기 위한 두 개의 데이터 파일이 있는데, 하나는 디스플레이할 사용자 학점을 유지하는 data.json이고, 다른 하나는 숫자로 표기된 학점을 문자형으로 매핑하기 위한 grades.json이다. 로컬에 저장하는 웹용 데이터는 JSON 포맷을 사용하는데, 이 포맷은 몽고 DB와 같은 많은 데이터베이스와의 호환성이 뛰어나다.

11.9 DCC-Dapp 테스트하기

스마트 컨트랙트는 이전 절에서 테스트할 때 이미 배포했지만, 완벽한 전체 테스트를 위해 다시 재배포해도 좋다. 가나쉬 로컬 테스트 체인이 작동하고 있는지 우선 확인한다. 이제 Node.js 서버에 DCC-app을 설치하고 통합된 시스템을 테스트해 보자. 이러한 단계들에 이미 익숙해져 있을 것이다.

```
cd ../DCC-app
npm install
npm start
```

크롬 브라우저로 localhost:3000을 열고, 가나쉬 테스트 체인에서 시드 단어 리스트를 복사해 메타마스크에 어카운트를 복구하자. 브라우저를 재구동하고 다음의 오퍼레이션을 실행하자.

1 학번으로 13567890을 사용해 등록하자.
2 같은 학번을 파라미터로 사용해 로그인하자.
3 각 카테고리에 해당하는 과목과 학점을 추가하자(가운데 패널).
4 과목을 추가하면서 아무 시점에나 CHECK ELIGIBILITY 버튼을 눌러 자격 상태를 체크해 보자.
5 같은 과목을 다시 추가해도 된다. 이 경우 이전 입력 정보는 덧씌워질 것이다. 이것이 과목을 대체하는 방법이다.
6 모든 과목을 전부 입력한 후 자격 상태를 확인해 보자.
7 다른 학생을 등록하고, 학점을 C 이하로 입력해 보자. 자격 상태에서 요건 충족에 실패했다는 것을 확인할 수 있다.

이것으로 최소한의 테스트를 완료했다. DCC-Dapp에 공개되어 있는 정보와 UI를 이용해 학생들은 여러 가지 방법으로 수강 계획을 짜는 데 도움을 받을 수 있을 것이다. 이 장에서 제공한 베이스 UI 설계를 기반으로 다른 요소를 결합하고 테스트해 보면서 Dapp을 개선해 나가자.

11.10 퍼블릭 배포

지금까지 로컬 테스트 체인에서 Dapp을 배포하고 테스트했다. 이제 로드맵에서 다음 단계로 넘어갈 차례인데, 그것은 퍼블릭 체인에 배포하는 것이다. 8장에서 퍼블릭 배포에 관해 상세하게 설명했다. 우리가 사용할 퍼블릭 체인은 롭스텐이고, 배포를 위한 인프라(web3 프로바이더 노드와 게이트웨이)는 인퓨라에 호스팅되어 있다. 퍼블릭 배포에 앞서 처리해야 할 몇 가지 단계가 있다. 만일 이미 8장에서 이야기한 아이템들이 준비되어 있다면, 그것을 재활용해도 좋다. 롭스텐과 인퓨라 퍼블릭 인프라에 대한 상세한 정보는 8장을 참고하자.

- 롭스텐 어카운트 주소와 이 주소를 복구할 시드 니모닉이 필요하다(8장). 256비트 어카운트 번호와 니모닉을 이후에 사용하기 편하도록 별도의 파일(DCCEnv.txt)에 저장하자.
- 롭스텐 어카운트에 이더 밸런스가 있어야 한다. 롭스텐 무료 배급소(8장)를 통해 테스트 이더를 받을 수 있다.

- 인퓨라 어카운트가 필요하다. 인퓨라에 가입하고 프로젝트를 생성하자. 롭스텐 엔드포인트 넘버를 DCCEnv.txt 파일에 저장해 두자. 그림 11.13은 인퓨라 어카운트 샘플을 보여준다.

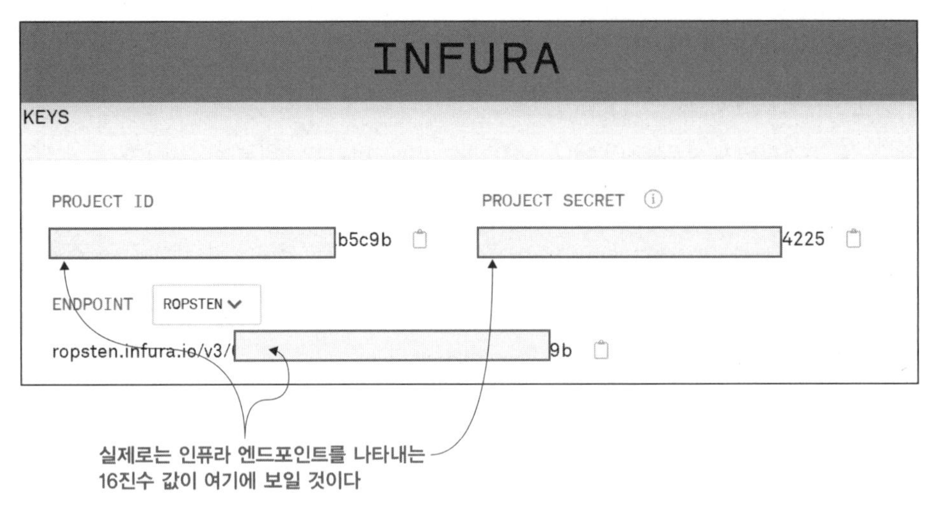

그림 11.13 인퓨라 롭스텐 엔드포인트

11.10.1 인퓨라 롭스텐에 배포하기

이 절에서는 퍼블릭 인프라에 배포하기 위해 Dapp을 어떻게 전환시켜야 하는지 살펴본다. 여기서 Dapp은 DCC-Dapp이고, web3 프로바이더와 블록체인 네트워크는 인퓨라 롭스텐을 사용한다. 코드 베이스에서 DCC-Dapp-public.zip을 다운로드받자. 압축을 풀고, DCC-Dapp 마스터로 이동한 후, 다음의 단계를 위해 DCC-contract와 DCC-app을 사용한다.

1 DCC-contract 디렉터리에서 어카운트 관리를 위해서 HDWalletProvider와 인퓨라의 롭스텐 엔드포인트를 사용할 수 있도록 truffle-config.js 파일을 수정하자. 롭스텐 어카운트를 위한 어카운트 시드 니모닉을 mnemonic.secret 파일에 저장하자. 리스트 11.2의 truffle-config.js 파일 내용을 복사하고 니모닉과 인퓨라 롭스텐 엔드포인트 정보를 수정한 후 저장하자.

리스트 11.2 truffle-config.js

```
const HDWalletProvider = require('@truffle/hdwallet-provider');   ← 어카운트 관리를 위한 트러플의 HDWalletProvider
// mnemonic.secret 파일은 롭스텐 네트워크에 연결하고 배포하는 데 사용할 니모닉을 가지고 있다
const fs = require('fs');
const mnemonic = fs.readFileSync("mnemonic.secret").toString().trim();   ← 시크릿 파일에서 니모닉 받아 옴
module.exports = {
```

```
networks: {
  ...

ropsten: {
  provider: () => new HDWalletProvider(mnemonic,
                    'https://ropsten.infura.io/v3/...'),
  ...
```

인퓨라 롭스텐 엔드포인트를 여기에 입력

2 DCC-contract로 돌아가서 다음의 명령어를 실행해 컨트랙트를 롭스텐 네트워크에 배포한다.

```
npm install
truffle migrate --network ropsten
```

그림 11.14에서 강조해서 표시한 스마트 컨트랙트 주소를 확인하자. 롭스텐 네트워크에 배포한 트랜잭션의 컨펌이 이루어질 때까지 시간이 좀 걸릴 수도 있다. 생성된 컨트랙트 주소를 다음 단계를 위해 DCCEnv.txt 파일에 저장해 두자.

```
1cbe9fe4e101
   > Blocks: 1            Seconds: 4
   > contract address:    0x08E20bf72087aCb5a8F59e8E52d3638DE526e490
   > block number:        7114375
   > block timestamp:     1578857671
   > account:             0x02812c612a84ACbc6EF82878d8645112964843A9
   > balance:             44.000187612995945396
   > gas used:            2513062
   > gas price:           20 gwei
   > value sent:          0 ETH
   > total cost:          0.05026124 ETH


   > Saving migration to chain.
   > Saving artifacts
   -------------------------------------
   > Total cost:          0.05026124 ETH


Summary
=======
> Total deployments:   2
> Final cost:          0.0547271 ETH
```

그림 11.14 롭스텐상에 배포 후 출력 내용

3 스마트 컨트랙트를 성공적으로 배포했다. 이제 웹 애플리케이션 파트인 DCC-app으로 이동해서 app.js 파일을 업데이트하자. app.js는 스마트 컨트랙트 주소와 ABI를 이용해 스마트 컨트랙트 함수에 액세스한다. app.js 파일 맨 위쪽에 있는 스마트 컨트랙트 주소를 찾아서, 방금 배포한 스마트 컨트랙트 주소로 업데이트하자. app.js 코드는 DCC 스마트 컨트랙트를 위한 ABI 코드를 이미 포함하고 있다.

4 스마트 컨트랙트에 접속하기 위한 웹 애플리케이션을 설치하는 명령어를 실행하자. 웹 애플리케이션은 로컬 머신에 설치되지만, 롭스텐 퍼블릭 네트워크에 접속하게 될 것이다.

```
npm install
npm start
```

5 이제 웹 페이지, 메타마스크, 롭스텐 어카운트를 사용해 애플리케이션을 사용해 보자. DCCEnv.txt에 저장한 니모닉을 사용해 메타마스크에 어카운트를 복구하는 것을 잊지 말자. 퍼블릭 배포를 테스트하기 전에 어카운트를 리셋하고 웹 페이지를 리로딩한다. 이제 Dapp은 로컬 배포 때와 같은 방법으로 테스트할 준비를 마쳤다. UI 다이어그램(그림 11.10과 그림 11.11)을 DCC-app과 상호작용을 하기 위한 가이드라인으로 사용한다.

6 트랜잭션의 컨펌까지 시간이 걸릴 수도 있음을 감안하자. 수많은 다른 참여자와 스마트 컨트랙트가 롭스텐 네트워크를 같이 사용하고 있다. 메타마스크에서 트랜잭션을 클릭해서 시작한 다음, 그 결과가 컨펌 대기 중, 컨펌 확인, 실패 등으로 표시되는 것을 확인할 수 있을 것이다.

관리자, 배포자 또는 테스터로서 퍼블릭 배포를 테스트해 보는 것은 이것으로 마친다. 학생 또는 탈중앙화된 사용자로서 스마트 컨트랙트를 테스트할 때는 스마트 컨트랙트를 배포하는 것을 걱정하지 않아도 된다(단계 1-3에 해당하는). Dapp의 Dapp-app 파트인 웹 애플리케이션만 설치하면 된다. 다음 절에서 이 부분을 다루어 보자.

11.10.2 배포용 웹 클라이언트 만들기

스마트 컨트랙트는 관리자가 한 번만 배포하면 많은 사람들이 이를 이용한다. 참여자와 학생은 이 스마트 컨트랙트와 상호작용하는 웹 애플리케이션 인터페이스만 설치하면 된다. 이 클라이언트 모듈은 DCC-Dapp-app-only.zip 파일에 저장되어 있다. 압축을 풀어 보면 오직 DCC-app만 들어 있을 것이다. 블록체인 애플리케이션을 개발할 때 사용자에게 배포하는 것은 오직 이 파트뿐이며, 사용자는 이것이 블록체인 기반 탈중앙화 애플리케이션인지 알아채지 못할 수도 있다. 사용자는 필요한 모듈을 설치하고 웹 클라이언트를 시작해야만 한다. DCC-app을 실행하기 위해 필요한 것은 Node.js와 npm이다.

1 DCC-Dapp-app-only를 다운로드받아서 압축을 풀자. src/js/app.js에 DCCEnv.txt에 저장해 둔, 새로 배포한 스마트 컨트랙트의 주소로 업데이트하고 저장하자(11.10.1절에서 설명한 방식으로 관리자가 스마트 컨트랙트를 미리 배포해 놓아야 스마트 컨트랙트 주소를 알 수 있다).

2 DCC-app으로 이동한 후, 필요한 모듈을 설치하고 Node.js 서버를 실행하기 위해 다음의 명령어를 실행하자.

```
npm install
npm start
```

3 11.10.1절에서 배포한 스마트 컨트랙트와 상호작용하자. 이 코드 베이스(DCC-Dapp-app-only.zip)만을 친구들에게 배포하고 스마트 컨트랙트와 상호작용하도록 시도해 보자.

이러한 단계들을 앞으로 개발할 다른 애플리케이션에도 적용할 수 있다. 또한, 탈중앙화된 참여자들에게는 오직 Dapp의 앱 파트(이 경우에는 DCC-Dapp-app)만을 배포하면 된다.

11.11 되돌아보기

블록체인 기반 프로젝트를 코딩하려면 여러 가지 파트가 필요하며, 적절한 테크닉, 도구, 설정 등을 이용해야 한다. 이것은 상당히 복잡한 과정이므로 여러 가지 파트를 어떻게 처리해야 하는지 보여주는 로드맵이 필요하다. 이 장에서는 로드맵의 주요 포인트를 코드와 함께 소개했다. 이것은 문제 설정에서 출발해서 로컬 프로토타입 개발, 테스팅, 퍼블릭 배포, 그리고 클라이언트 애플리케이션 배포에 이르는 전 과정을 포함한다. 하나의 애플리케이션 안에서 2-10장에서 살펴본 개념들을 총망라해 사용했다. 이 장의 내용은 Dapp 개발 프로젝트를 위한 원스톱 모델로 기능할 수 있다.

11.12 베스트 프랙티스

Dapp 개발에서 따라야 할 베스트 프랙티스를 다음과 같이 요약할 수 있다.

- 문제를 신중히 분석하고, 맥락을 평가하고, 전통적인 솔루션을 분석하고, 필요하다면 그 대안을 논의하자.
- 솔루션 개발을 시작하기 전, 설계부터 한다. 컨트랙트 다이어그램과 스테이트 다이어그램 등의 표준적인 다이어그램을 사용해 설계하자.
- 스마트 컨트랙트와 유저 인터페이스를 위한 가이드라인으로 FSM 다이어그램과 컨트랙트 다이어그램을 사용하자.
- 표준적인 디렉터리 구조와 중요한 파일의 위치를 사용하자. XYZ-Dapp을 예로 들면, XYZ-contract, XYZ-app, XYZ.sol, app.js 등을 사용한다.

- 규칙을 표현하기 위한 수정자를 사용하자. 수정자는 규칙에 위반되는 트랜잭션을 되돌릴 수 있고, 블록체인상에 불필요한 기록을 하는 것을 방지하는 데 도움이 된다.
- 중요한 마일스톤milestone을 표시하기 위한 이벤트를 정의하고 사용하자. 발생한 이벤트는 블록에 기록하는데, UI 알림 내용으로 활용하거나 이후의 분석을 위해서도 이용할 수 있다.
- 스마트 컨트랙트에는 오직 필요한 데이터 구조와 오퍼레이션만을 담는다. 스마트 컨트랙트는 단순하고 직선적인 로직을 사용해 간단명료하게 만들어야 한다. 루프를 가능한 피하고, 복잡한 연산이 필요한 것은 Dapp의 비블록체인 컴포넌트인 app.js로 옮기는 것이 좋다.
- 롭스텐과 같은 퍼블릭 네트워크에 Dapp을 배포하기 전에 트러플과 가나쉬 테스트 환경 등을 사용해 테스트하자.
- 인퓨라와 같은 클라우드 환경의 블록체인 노드를 사용해 Dapp을 배포해도 좋다.
- 개발 목적을 위해 간단하고 직관적인 설계를 한다. 이러한 디자인은 이후 프로덕션 수준의 UI를 개발하기 위한(이 주제는 이 책의 범위를 넘어선다) 가이드가 될 것이다.
- 사용자들에게 배포하기 전, 통합한 Dapp을 충분히 테스트하자. 피어 참여자들에게는 오직 클라이언트 파트만 배포하자. 사용자는 가벼운 웹 애플리케이션 또는 모바일 클라이언트를 선호한다.

11.13 요약

- 통상적으로 블록체인 기반 솔루션은 보다 큰 시스템의 일부분이다. 이 장에서 개발한 증명서 프로그램을 용이하게 처리하기 위한 DCC-Dapp은 보다 넓은 대학 시스템의 일부분이다.
- 로드맵은 블록체인 기반 탈중앙화 애플리케이션을 분석, 설계, 개발하는 데 도움이 된다.
- 스마트 컨트랙트 개발을 가이드할 각 참여자의 역할, 규칙, 데이터 구조, 함수, 이벤트 등을 분석하자.
- 과목을 추가하기 위한 단일한 복잡한 오프체인 오퍼레이션을 온체인 트랜잭션으로 기록할 수 있도록 네 개의 작은 스마트 컨트랙트 함수로 나누었다(선행 과목 추가, 핵심 과목 추가 등과 같이).

- 자바스크립트 테스트 스크립트와 트러플 테스트 도구는 자동화된 스마트 컨트랙트 테스트를 위해 도움이 된다.
- Dapp 개발은 스마트 컨트랙트 개발부터 시작하고, 로컬 배포와 테스트를 한다. 그 이후 프로덕션 인프라로 마이그레이션하고, 참여자를 위한 배포 가능한 모듈을 개발한다.
- 이벤트, 오프체인과 온체인 데이터와 오퍼레이션, 그리고 확인과 검증을 위한 수정자 등은 효과적인 블록체인 기반 솔루션을 설계하는 데 도움을 준다.
- 리믹스 IDE, 트러플 스위트, Node.js 기반 패키지 관리, 인퓨라 web3 프로바이더, 롭스텐 퍼블릭 네트워크, 그리고 메타마스크 지갑 등은 코드 베이스를 관리하고, 표준적인 배포와 테스트를 위한 설정을 하는 데 도움이 된다.
- DCC-Dapp 코드 베이스는 Dapp 개발 프로젝트를 위한 도구, 테크닉, 베스트 프랙티스를 보여주는 원스톱 모델이다.

CHAPTER 12

블록체인 전망

이 장에서 다룰 내용

- 탈중앙화된 아이덴티티 관리 살펴보기
- 탈중앙화된 참여자 간의 합의 이해하기
- 확장성, 프라이버시, 시큐리티, 기밀성 문제 리뷰하기
- 퍼블릭, 프라이빗, 허가형 블록체인 네트워크 분석하기
- 블록체인 개념이 기반하고 있는 과학적 연구 포착하기

새로 등장하는 어떤 기술이든지 간에 그 성숙 과정에서 어려움을 겪기 마련이다. 블록체인도 예외는 아니다. 이 분야는 지속적인 기술 개선을 위한 노력과 계획들로 분주하다. 블록체인은 트랜잭션, 사회적 상호작용, 상거래 등에 뛰어난 기술이지만, 오픈되고 탈중앙화되어 있다. 탈중앙화된 참여자의 개방성과 포괄성은 이 기술을 채택하는 데 장애물이 되기도 한다. 블록체인은 신뢰할 수 있는 트랜잭션을 가능하게 함으로써 이러한 우려를 해소한다. 이제까지 배운 지식에 기반하여 탈중앙화 애플리케이션 개발에서부터 프로토콜 개선을 위한 기여에 이르기까지 블록체인 스택의 모든 수준에서 극복해야 할 과제들을 조사해 보기를 바란다.

이 장에서는 블록체인 애플리케이션과 관련되어 있는 비기능적 속성nonfunctional attributes에 대해 알아본다. Dapp을 설계하고 개발하면서 이러한 속성에도 주의를 기울여야 한다. 이 장은 이러한 속성, 과제, 기존의 솔루션, 잠재적인 기회, 전망 등에 대해 개괄적으로 소개할 것이다.

12.1 탈중앙화된 아이덴티티

당신의 이름은 무엇인가? 무엇으로 당신을 식별할 수 있나? 아이덴티티는 컴퓨터를 사용하건 아니건 간에 어떠한 시스템과 상호작용하기 위해서는 기본적으로 필요한 조건이다. 수표를 현금으로 바꾸거나 비행기에 탑승할 때와 같이 많은 일상생활에서 본인을 식별할 수 있는 운전면허증과 같은 수단이 필요하다. 대학의 서비스를 이용하기 위해서는 학생증을 쓴다. 하지만 이러한 아이덴티티는 중앙화된 기관이 발행하고, 이를 위해 사회안전번호 같은 인증 확인 절차를 거쳐야 한다. 탈중앙화 애플리케이션에는 참여자를 위한 아이덴티티를 부여하는 중앙화된 기관이 없다. 탈중앙화 시스템은 잠재적으로 세계 어디서나 참여할 수 있는 서로 알지 못하는 참여자들로 구성되어 있다. 이러한 시스템에서는 다음과 같은 문제를 해결해야 한다.

- 참여자를 위한 고유한 아이덴티티를 정의하기
- 참여자에게 아이덴티티를 생성하고 부여하기
- 모든 참여자에게 고유하게 아이덴티티 만들기
- 그것을 관리하기(복구하고 기억하는 것)

이러한 문제를 다루기 위해 블록체인은 두 가지의 근본적 개념에 의존하는데, 하나는 암호학적 알고리즘이고, 다른 하나는 큰 주소 영역(64비트가 아닌 256비트)이다. 5장에서 다룬 것처럼 이더리움 참여자의 아이덴티티는 160비트다. 이 주소는 256비트 크기의 개인키-공개키 쌍에서 고유성을 위한 해시 알고리즘을 사용해 자체적으로 추출할 수 있다. 이러한 자체 관리 아이덴티티는 전통적인 중앙화 애플리케이션과 블록체인 기반 탈중앙화 애플케이션을 구분하는 중요한 기준이다.

12.2 자체 관리 아이덴티티

자체 관리 아이덴티티 개념을 이해하기 위해 직접 블록체인 아이덴티티를 만들어서 사용해 보자. 이를 위해 이더리움 테스트 코인을 얻어야 한다. 우선 개인키-공개키 쌍과 니모닉을 생성하고 니모닉을 이용해 메타마스크 지갑에 넣을 어카운트 주소를 추출해 보자. 이 니모닉은 메타마스크 같은 지갑에서 사용할 **결정론적**인 어카운트 주소들을 나타낸다. 이미 5장과 8장에서 Dapp을 개발하면서 이러한 단계를 실행해 보았다.

1 크롬 브라우저를 시작하자.

2 브라우저에서 *https://iancoleman.io/bip39* 사이트에 접속하자.

그림 12.1은 이 웹 페이지 스크린샷을 보여준다. 이 웹 사이트를 이용해 다른 코인용 주소를 생성할 수도 있다.

3 그림에서 표시된 것과 같이 다음을 선택하자.

- 12-단어 니모닉을 생성
- 니모닉을 위한 언어로 영어를 선택
- 코인으로 ETH(이더리움)를 선택

4 BIP39 니모닉 상자에 니모닉이 나타날 것이다. 복사해서 안전하게 보관하자. 생성할 때마다 다른 니모닉 단어 리스트가 보일 것이다.

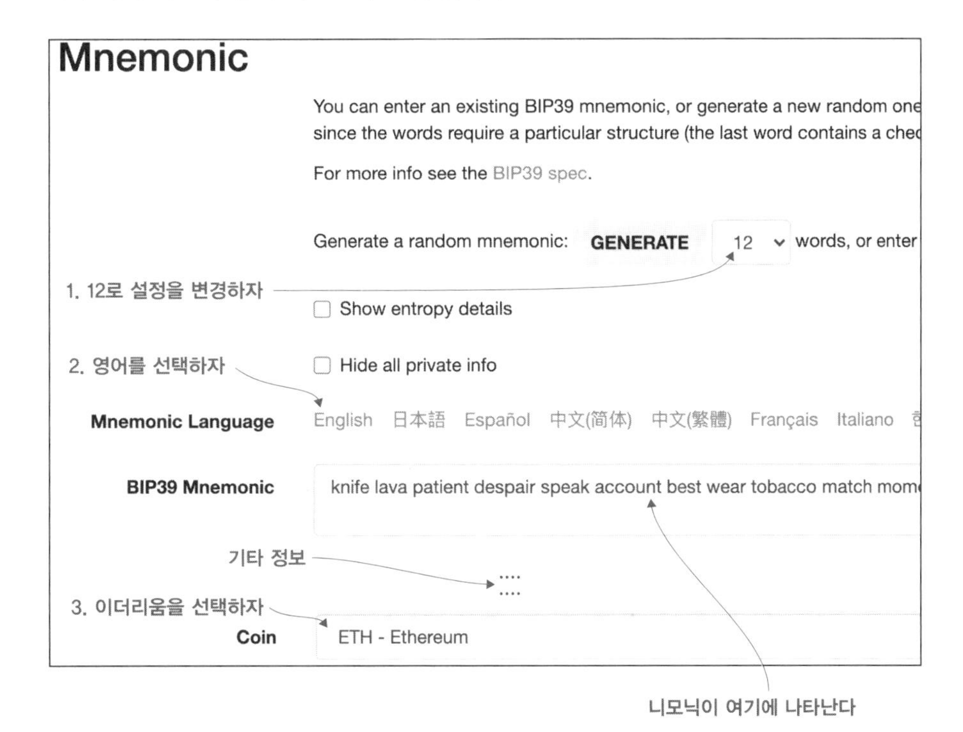

그림 12.1 **시드 니모닉 리스트를 생성하기 위한 BIP39 인터페이스**

> **시드 단어를 안전하게 보관하자**
>
> 시드 단어 리스트는 프라이빗키를 나타낸다. 만일 이 시드 리스트를 잃어버리거나 도둑맞는다면, 신용카드 분실로 인해 손해를 입는 것과 마찬가지다. 누군가 이 시드 리스트를 획득한다면, 지갑에 어카운트를 복구해서 여기에 있는 코인을 빼 갈 수 있다.

다음 단계에서 탈중앙화된 아이덴티티를 나타내는 어카운트 주소를 생성해 보자. 롭스텐 테스트넷에 사용할 수 있는 이더리움 테스트 암호 화폐는 무료로 받을 수 있다.

5 크롬 브라우저에서 메타마스크 아이콘을 클릭하자.

6 그림 12.2와 같이 롭스텐 네트워크를 선택하자.

7 이후 다른 네트워크를 선택해 실험해 볼 수도 있다.

8 메타마스크 드롭다운 박스 아래에 있는 Import account using seed phrase를 클릭하자.

9 그림 12.2와 같은 화면에서 이전에 만든 니모닉을 입력하자.

10 패스워드를 반복해서 입력하고 Restore를 클릭한다. 메타마스크 드롭다운 박스에 어카운트 주소가 보일 것이다.

이 예제에서 내 어카운트 주소는 0xCbc16bad0bD4C75Ad261BC8593b99c365a0bc1A4였다. 여기서 0x는 주소가 16진수로 표시되어 있음을 알려 주고, 20바이트 또는 160비트 주소가 따라온다. 이 주소가 여러분의 탈중앙화된 아이덴티티이며, 다른 애플리케이션에 공유해 사용할 수 있다. 외부의 사람이나 애플리케이션에 이 주소는 자유롭게 공유해도 좋으나, 개인키를 나타내는 니모닉을 공유해서는 안 된다. 여러 가지 용도, 예를 들어 학교용, 가정용, 적금용, 현찰용 등의 목적으로 다수의 어카운트 주소를 생성할 수 있다.

11 메타마스크에서 Account 1 로고를 클릭하면 드롭다운 박스가 나타나는데, Create Account를 선택해 다른 어카운트를 추가할 수 있다. 메타마스크 드롭박스는 그림 12.2와 유사하지만, 실제 어카운트 정보는 다를 것이다.

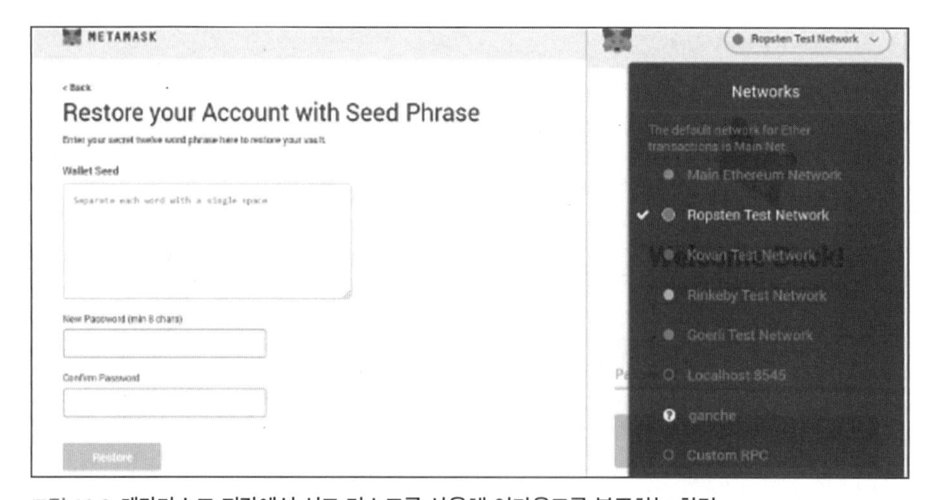

그림 12.2 메타마스크 지갑에서 시드 리스트를 사용해 어카운트를 복구하는 화면

메타마스크 지갑의 어카운트 밸런스는 0으로 나타날 것이다. 롭스텐 네트워크를 이용하기 위해서 테스트 이더가 필요하다. 테스트 이더 배포소에서 테스트용 이더를 받자.

12 메타마스크에서 어카운트 주소를 복사하자. 테스트 이더를 얻기 위해 이 주소가 필요하다.

13 롭스텐 배포소(*https://faucet.ropsten.be*)를 방문해 1.0ETH를 받아 보자.

14 배포소 주소 박스에 단계 10에서 복사한 주소를 붙여넣고 Send me test Ether 버튼을 클릭한다. 메타마스크에서 롭스텐 네트워크에 연결되어 있고, 이 주소를 사용하고 있어야 한다. 잠시 후 메타마스크 지갑에 1.0ETH 밸런스가 생길 것이다. 24시간 동안에 오직 1ETH만 받을 수 있다.

니모닉은 지갑에서 사용하는 고유한 어카운트 집합을 정의한다. 메타마스크가 설치된 브라우저와 니모닉만 있으면 어디서건 이 어카운트를 액세스할 수 있다. 이 장에서 소개한 솔루션은 개인 사용자의 자체 생성 아이덴티티를 위한 것이다.

이렇게 생성한 어카운트 주소는 어떠한 이더리움 기반 블록체인 네트워크에서도 식별할 수 있다. 주의할 점은 사용자들이 이 시드 리스트를 사회보장번호보다 더 안전하게 보관해야 한다는 점이다. 프로덕션 환경에서는 아이덴티티를 관리하는 것이 핵심적인 개념이다. 아이덴티티를 관리하기 위해 소브린Sovrin 기구는 본인이 소유하고 있는 신원 정보를 이용하는 오픈 아이덴티티 관리 기능을 제공하는 포괄적인 자기주권신원self-soveriegn identity 프레임워크(*http://mng.bz/QxWw*)를 정의했다. 소브린은 발행인-검증인issuer-verifier 모델을 사용해 아이덴티티와 신뢰를 관리한다.

12.3 합의와 무결성

합의 모델은 블록체인 기술의 핵심적인 논쟁 대상이다. 그림 12.3이 보여주는 것처럼, 본인이 생성한 아이덴티티를 사용하는 참여자가 트랜잭션을 보내고, 이러한 트랜잭션들은 블록체인 노드(마이너)에게 보내져 서로 다른 블록에 포함된다. 많은 새로운 블록 후보 중에 하나의 블록을 선택해 체인에 추가한다. 문제는 네트워크의 참여자들이 동의해야만 블록을 추가할 수 있다는 것이다. 이 문제를 좀 더 알아보자.

합의consensus는 피어 간의 동의를 의미한다. 이 합의는 어떤 블록을 체인에 추가해야 하는지에 대한 풀 노드들의 동의이며, 이것이 체인의 무결성을 보증한다. 이 문제를 다루기 위해 작업증명, 권위 증명, 지분 증명 등 여러 가지 시도를 하는 합의 모델이 등장했다.

비트코인은 합의를 위해 작업 증명Proof of Work, PoW을 사용한다. 그림 12.3은 PoW 합의의 개요를 나타낸 것이다. 마이너는 연산 문제 풀기 경쟁을 해서, 체인에 추가할 블록을 결정한다. PoW는 연산 집약적이며, 그 결과 새 블록을 체인에 포함시킬 권리를 얻기 위한 경쟁에서 막대한 전기 소모를 야기하는 전문화된 컴퓨터들을 사용할 수밖에 없다. 비트코인이 소모하는 전기는 아일랜드 전체가 소모하는 전기보다 더 많다고 추정을 한다. 이것은 해결해야 할 매우 심각한 문제다. 어떻게 PoW의 문제를 극복할 수 있는지를 보여주는 두 가지 대안을 알아보자.

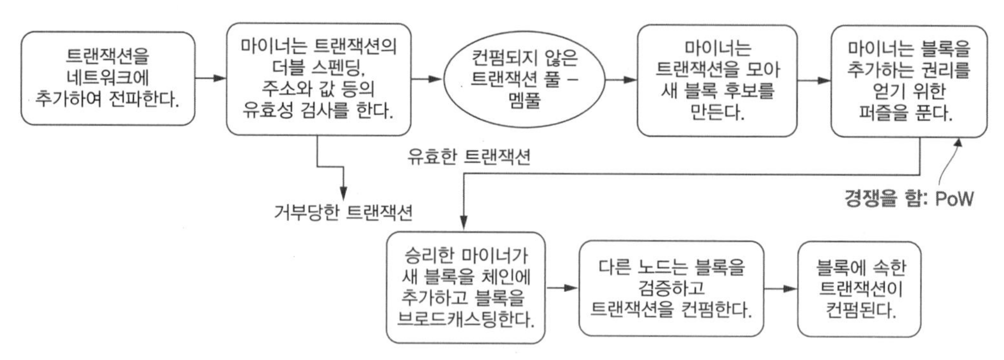

그림 12.3 PoW 합의 모델을 사용한 블록 생성과 트랜잭션 컨펌

12.3.1 작업 증명

PoWProof of Work 알고리즘은 비트코인이 탄생한 후, 10년 이상 작동해 왔다. 이더리움도 탄생한 후, PoW를 사용해 왔다. PoW는 새로 등장한 많은 합의 알고리즘의 기반이므로 이를 리뷰하는 것이 좋다. PoW는 다음과 같은 방식으로 작동한다. 블록 헤더 요소(고정됨)와 논스(변수)의 해시 H를 계산한다.

1. `H= hash(header, nonce)` // nonce는 헤더의 변수
2. `If H <= function(difficulty)` // 이 퍼즐을 풀면 단계 4로 간다. difficulty는 헤더의 변수
3. `Else change the nonce and repeat steps 1 and 2.` // 퍼즐을 못 풀었으면 논스값을 증가시키고 다시 단계 1, 2를 반복
4. `Puzzle has been solved.` // 퍼즐을 해결

단계 2의 문제를 해결하는 조합(헤더, 논스)을 찾기는 매우 힘들지만, 그것을 검증하는 것은 쉽다. 예를 들어, 만일 현재 난이도(`difficulty`)가 2^{128}이라고 가정할 때 $H <= 2^{128}$을 어떻게 확인할 수 있을까? H 앞에 붙는 128비트(256-128=128)가 0인지 확인하면 된다. 여기서 모든 데이터와 연산이 256비트로 이루어지기 때문이다.

12.3.2 지분 증명

지분 증명Proof of Stake, PoS에서는 코인을 스테이킹한 풀 노드가 체인에 추가해야 할 블록을 결정한다. 네트워크에 지분이 있는 노드가 네트워크를 분기시키는 악의적인 공격을 하지 않을 거라는 아이디어다. 스테이킹을 가장 많이 한 노드가 독점하지 않도록 라운드 로빈round robin 방식을 사용한다. 블록 생성마다 주어지는 블록 보상 이외에 PoW의 마이너 수수료처럼, 트랜잭션 수수료를 모아 밸리데이터에게 지급함으로써, 블록을 생산하고 검증하는 밸리데이터의 경제적 동기를 충족시킨다. PoS 방식은 친환경적이고 더 효율적일 것으로 기대하고 있다.

12.3.3 PBFT 합의

PBFTPractical Byzantine Fault Tolerance는 랜덤하거나 비잔틴한 노드 실패(악의적인 노드를 포함)의 상황을 견뎌 내는tolerate 기능을 가지고 있음을 증명해 왔다. PBFT에서 노드들은 리더를 선정하고, 리더는 체인에 다음 블록을 추가한다. 노드들은 서로 메시지를 교환한다. 노드들은 이 메시지와 저장된 스테이트를 이용해 랜덤한 독립적인 오류나 악한 노드가 있더라도 합의를 이룰 수가 있다. 선택 노드는 유효한 트랜잭션으로 구성된 다음 블록을 추가한다. PBFT는 하이퍼레저와 같은 허가형 블록체인에서 많이 사용한다.

합의는 블록체인 프로토콜의 핵심적 요소이며, 효율적인 알고리즘은 블록체인의 무결성과 확장성을 위해 매우 중요하다. 확장성에 대해 다음 절에서 더 다루어 보자.

12.4 확장성

확장성은 비즈니스 애플리케이션의 폭넓은 확산을 방해하는 장애물이다. 많은 비즈니스가 던지는 질문은 블록체인 프로토콜, 인프라, 네트워크, 노드가 과연 기존의 신용카드 트랜잭션 처리 속도를 달성할 수 있을까 하는 것이다. 평균 트랜잭션 컨펌 속도는 평균 블록 타임, 즉 하나의 블록을 컨펌하는 데 필요한 시간에 의존한다. 그림 12.3이 보여주는 것처럼 모인 트랜잭션은 블록에 포함되고, 이 블록은 체인에 추가되어야 한다. 컨펌된 블록 안에 포함된 모든 트랜잭션은 같은 블록 타임스탬프를 가진다. 애플리케이션에서 컨펌 시간을 계산할 때 이런 점을 유의해야 한다.

정의 **확장성(scalability)**은 시스템이 실제 모든 부하 수준에서 만족스럽게 기능을 수행할 수 있는 능력이다. 블록체인 문맥에서 부하는 트랜잭션 시간, 트랜잭션 빈도, 노드 수, 참여자와 어카운트 수, 트랜잭션 수 등 여러 가지 속성들을 포함할 수 있다.

블록체인 도입을 위해서는 트랜잭션 처리율, 즉 초당 트랜잭션 수를 고려해야만 한다. 지급 시스템에서 공급 체인 관리에 이르기까지 많은 애플리케이션은 이러한 수치가 매우 중요하므로 확장성을 위한 지표로서 초당 트랜잭션 수에 초점을 맞추어 보자.

블록체인은 트랜잭션을 확인, 검증하고 저장하는 것을 포함하는 중개자로의 역할을 담당한다. 체인의 무결성을 위한 합의 과정도 시간이 많이 걸린다. 이런 모든 기능은 시간을 많이 잡아먹을뿐더러 중앙화 시스템에 비해 트랜잭션을 컨펌하는 데 많은 오버헤드를 초래한다. 트랜잭션은 순차적으로 처리한다. 풀 노드는 전체 체인 데이터를 저장한다. 그러므로 중앙화 시스템에 비해 초당 트랜잭션 수는 만족할 만큼의 수준이 되기 어렵다. 이 절에서 이러한 확장성 문제를 다루는 솔루션을 알아보자.

그림 12.4는 2016년 1월부터 2020년 7월까지의 평균 트랜잭션 시간을 etherscan.io에서 가져와 보여준다. 평균 시간은 2017년 최고 30초에서부터 2020년 12초에 이르기까지 편차가 있다. 신용카드는 컨펌되는 데 1초가 안 걸리지만, 이더리움에서는 평균 10초대가 걸린다. 이더리움의 최신 버전은 여전히 비자 카드가 제공하는 초당 65,000 트랜잭션 수 정도의 확장성에 도달하지 못하고 있다. 그러므로 확장성 문제는 더 많은 관심과 창의적인 해결 노력이 필요하다.

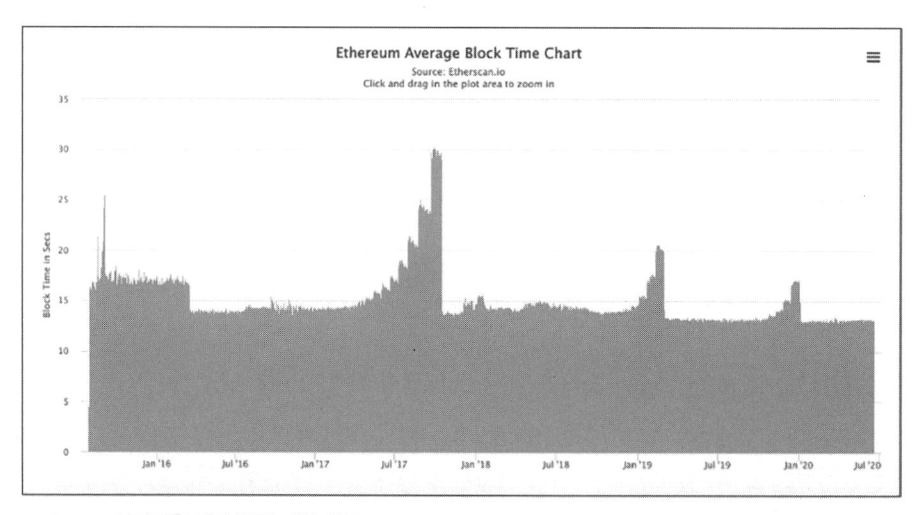

그림 12.4 **이더리움 평균 블록 타임 차트**

12.5 확장성 솔루션

이제껏 많은 솔루션을 제안해 왔고, 그중 일부는 이미 프로덕션 네트워크에 적용하고 있다. 이더리움 커뮤니티는 확장성 이슈를 해결하기 위해 매우 열심히 노력하고 있다. 모든 스택 레벨에서 여러 가지 시도가 이루어지고 있다.

12.5.1 사이드 채널

사이드 채널은 블록체인 애플리케이션 레벨에서의 솔루션이다. 이더리움의 스테이트 채널과 비트코인의 라이트닝 채널의 예가 있다. 기본 개념은 컨펌과 저장에 필요한 트랜잭션 정보만을 온체인에 기록하자는 것이다. 신뢰하는 당사자 간의 다른 트랜잭션 정보는 사이드 채널로 내림으로써, 메인 채널의 트랜잭션 부하를 줄이는 것이다. 정기적으로 오프체인에서 일어난 일의 요지를 메인 채널상의 트랜잭션으로 싱크한다. 오프체인 채널에서 일어나는 트랜잭션 속도는 블록체인 온체인상에 일어나는 트랜잭션 속도보다 훨씬 더 빠른데, 그 이유는 블록체인 분산 장부에 기록할 필요도, 합의 과정도 필요 없기 때문이다.

7장에서 MPC-Dapp에서 사용했던 사이드 채널을 떠올려 보자. 이 Dapp은 애플리케이션 레벨에서 어느 정도의 확장성 문제를 다루고 있다. MPC-Dapp을 개발한 경험을 살려 이러한 사이드 채널 개념을 다른 곳에도 적용해 볼 수 있을 것이다. 사이드 채널이 필요한 Dapp 개발에 적절히 활용하기 바란다.

12.5.2 블록 크기

블록 크기를 키우는 것은 프로토콜 레벨 솔루션이다. 트랜잭션 시간은 블록 타임에 의존한다. 그러므로 한 블록에 더 많은 트랜잭션을 담을 수 있게 그 크기를 증가시키면, 같은 시간 안에 더 많은 트랜잭션을 처리할 수 있다. 비트코인의 Segwit2X는 블록 사이즈를 두 배로 늘리고 블록 헤더 데이터를 일부 분리함으로써, 더 많은 트랜잭션을 하나의 블록에 포함시켰다.

12.5.3 네트워크 속도

네트워크 속도를 향상시키는 것은 네트워크 수준의 솔루션이다. 확장성 문제는 네트워크 수준의 문제라고 보는 연구자들은 네트워크 레벨에서 대역폭을 늘리는 게 도움이 된다고 생각한다. 빠른 네트워크 속도는 트랜잭션과 블록을 더 빠르게 릴레이하므로 블록 선택과 합의가 빨리 이루어질 수 있다. 네트워크와 프로토콜 레벨에서 기존 솔루션 또는 새로운 확장성 솔루션을 위해 기여할 기회가 아직 많이 열려 있다.

12.6 프라이버시

블록체인을 대중에게 소개할 때 흔히 받는 질문이 프라이버시에 관한 것이다. 퍼블릭 블록체인은 누구나 스스로 참여하고 떠날 수 있는 오픈 네트워크인데, 어떻게 프라이빗하게 만들 수 있을까? 필자는 이런 질문을 받을 때 되묻는다. 일상생활에서는 어떻게 프라이버시를 지키는가요? 다른 사람이 그것을 볼 수 없게 만들면 된다.

프라이버시를 문제를 위한 첫 번째 솔루션은 블록체인에 참여해서 트랜잭션을 할 수 있는 사람을 제한하고 컨트롤하는 것이다. 이런 방식의 솔루션은 블록체인에도 있다. 한 국가의 투표 블록체인 네트워크를 전 세계에 오픈할 필요가 없다. 그래서 프라이버시를 지원하는 허가형 블록체인이 생겼고, 블록체인의 세 가지 주요 모델(퍼블릭, 프라이빗, 허가형) 중의 하나가 되었다.

12.7 퍼블릭, 프라이빗, 허가형 네트워크

비트코인은 퍼블릭 블록체인 또는 비허가형 블록체인의 대표적인 예다. 비트코인 블록체인의 주된 목적은 탈중앙화된 P2P 지급 시스템을 지원하기 위한 것이다. 이것은 투명하고 허가가 필요 없는 **퍼블릭**public 시스템이며, 현찰 같은 다른 무기명 지급 시스템처럼 누구나 자신이 원하는 바에 따라 참여하거나 떠날 수 있다. 예를 들어, 가게에서 물건을 사고 현찰을 내면, 누구도 서명을 요구하거나 결제 요청을 하지 않는다. 유사하게 비트코인은 아무런 중개자가 없는 P2P 전자 지급 시스템이다.

블록체인이 간단한 지급 시스템의 영역 이상으로, 예를 들어, 개인 의료 시스템이나 금융 시스템 등으로 확장되면, 프라이버시와 제한된 액세스가 필요하다. 심지어는 퍼블릭 지급 시스템에서도 체인 전체가 모든 참여자와 관련이 없을 수도 있다. 예를 들어, 버팔로 학군은 나이로비관광이사회와는 아무런 상관이 없다. 이러한 생각과 아이디어는 허가형 블록체인(그림 12.5)으로 귀결되었고, 여기서는 오직 허가받은 참여자만이 트랜잭션을 생성하고, 블록체인 오퍼레이션에 참여할 수 있다.

또한 허가형 블록체인은 컨소시엄 체인으로 알려졌는데, 자동차 또는 식품 서비스 컨소시엄 같은 수직적 비즈니스 도메인 유스 케이스에서 많이 활용한다. 2장과 6장에서 소개한 ASK 항공 컨소시엄도 허가형 블록체인이 적합한 Dapp이다. 7장에서 다룬 마이크로 페이먼트 채널의 경우는 퍼블릭 체인이 적합하다.

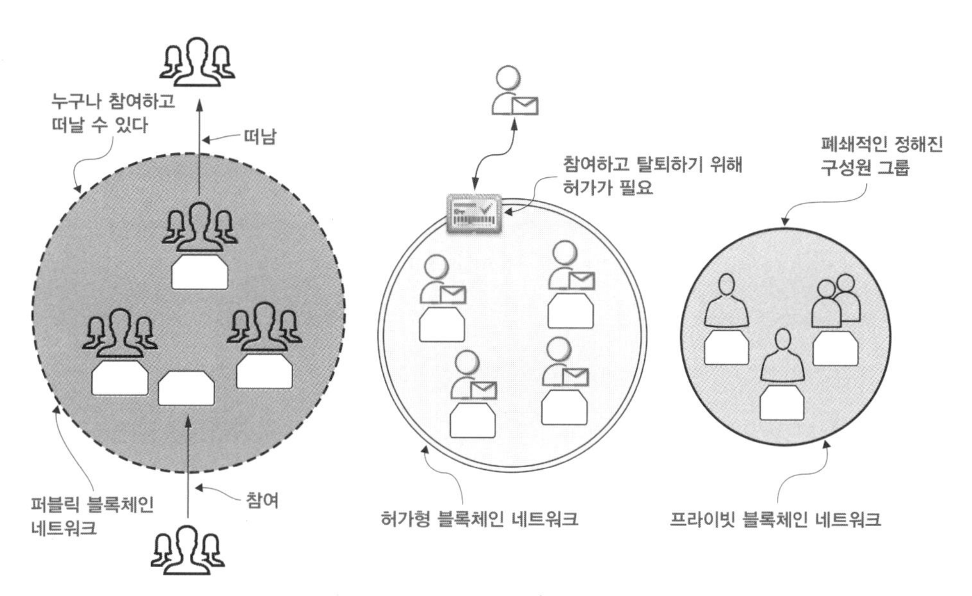

그림 12.5 **퍼블릭, 허가형, 프라이빗 블록체인 네트워크**

세 번째 타입인 **프라이빗**private 체인은 허가형 네트워크의 극단적인 유형으로서, 구성원의 선정은 매우 선택적이고 종종 제한적인 데다 영구적이다. 프라이빗 블록체인은 이미 서로 아는 참여자 간의 중앙화 시스템과 아무런 차이가 없다는 비판도 있지만, 여전히 유용한 애플리케이션이 있다. 때로는 가족의 구성원, 회사 이사회 구성, 또는 민감한 국가적 보안에 관여하는 연구자 그룹 같은, 이미 알고 있거나 관계된 구성원 간에도 중요한 신뢰 이슈가 있을 수 있다. 이런 경우 폐쇄적인 주체의 집합 간에 프라이빗 블록체인을 만들어 논의와 결정 사항을 기록해서 검색용으로 사용하거나 또는 일부 소송에 대비할 수도 있다. 적은 수의 구성원을 가진 프라이빗 체인이 안고 있는 큰 문제는 51퍼센트 공격이다. 이 경우 소수의 멤버가 담합하면 쉽게 체인이 일관성을 잃어버리게 만들 수 있다.

퍼블릭, 프라이빗, 허가형 블록체인 모두 블록체인 애플리케이션 도메인과 관련이 있다. 이것은 주로 회원을 결정하는 방식에 따라 차이가 난다. 폐쇄된 회원 구조에서는 막대한 에너지를 소비하는 비트코인의 PoW보다 훨씬 효율적인 합의 메커니즘을 구현할 수 있다. 하지만 폐쇄된 프라이빗 시스템에서는 중앙화 시스템과 동일하게 소수의 지정된 참여자에 대한 신뢰로 회귀한다. 주어진 문제에 적합한 블록체인 타입을 결정할 때 이러한 사실을 염두에 두어야 한다. 선택한 방식이 퍼블릭, 프라이빗 또는 허가형 체인이건 간에 데이터를 보호하기 위한 시큐리티 메커니즘은 공통적으로 필요하다.

12.8 기밀성

많은 사람이 프라이버시와 기밀성을 동일시한다. 기밀성은 트랜잭션에 대한 상세 정보(또는 메타 정보)를 공개하지 않는 프라이버시와는 다르다. 어떤 상황에서는 트랜잭션이 기밀이어야만 한다. 환자와 의사 관계를 생각해 보자. 만일 환자와 의료 제공자 간에 하루에 열 번의 트랜잭션이 일어났다는 사실은, 설사 트랜잭션의 내용을 프라이빗하게 보관해 모른다고 하더라도, 어떤 의미를 전달할 수 있다. 열 번의 트랜잭션이 있었다는 사실 자체가 의미 있는 정보가 될 수 있는 것이다.

우리가 Dapp을 배포했던 롭스텐 네트워크에서는 트랜잭션을 어떻게 공개하고 있는지 살펴보자.

12.8.1 공개 정보

퍼블릭 블록체인이건 프라이빗 체인이건, 특정한 주소를 기준으로 블록체인 레저를 검색해 이 주소와 연관된 모든 트랜잭션을 그림 12.6과 같이 찾을 수 있다. 트랜잭션 해시, 블록 번호 등 다른 필터를 사용해 검색할 수도 있다. 롭스텐을 위한 이더스캔에서 특정한 주소를 검색해 보라(*https://ropsten.etherscan.io*).

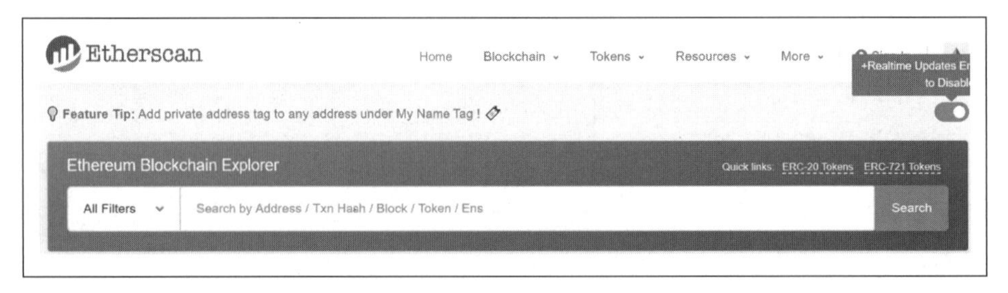

그림 12.6 **특정한 필터를 이용해 블록체인 기록을 검색**

예를 들어, 만일 어떤 아이덴티티로부터 발생한 모든 트랜잭션을 검색하고 싶다면, 그림 12.7과 같이 어카운트 주소로 검색할 수 있다. 트랜잭션 데이터 자체는 암호화해서 감출 수 있지만, 트랜잭션이 일어났다는 사실 자체는 기밀이 아니다. 이것은 어카운트 0x28...로 시작된 모든 트랜잭션을 다른 상세 정보와 함께 보여준다. 트랜잭션의 내용은 암호화되어 있어도 트랜잭션 자체는 기밀이 아니다.

Latest 25 from a total of 243 transactions

Txn Hash	Block	Age	From		To
0x492e38c31eae88...	7154352	13 days 4 hrs ago	0x02812c612a84ac...	OUT	0x1ea37336c8416d...
0x86dc8215b1b9d3...	7154340	13 days 4 hrs ago	0x02812c612a84ac...	OUT	0x1ea37336c8416d...
0x6a2d624efe286fa...	7154339	13 days 4 hrs ago	0x02812c612a84ac...	OUT	0x1ea37336c8416d...

From address: msg.sender

To address

그림 12.7 **롭스텐 퍼블릭 체인상에 있는 어카운트 0x2812c...에서 비롯된 트랜잭션**

만일 이것이 나의 주소라는 것을 알면, 내가 주소가 0x1e...인 스마트 컨트랙트를 자주 호출했음을 알 수 있다. 이것은 어떤 정보를 알려 주는 것이다. 만일 스마트 컨트랙트가 주식 브로커였다면, 내가 금전적인 이동을 고려하고 있다고 유추하는 식이다. 다른 말로 하면 트랜잭션은 보안성이 있지만 기밀은 아니라고 할 수 있다.

12.8.2 솔루션

블록체인 애플리케이션의 기밀성을 어떻게 획득할 수 있을까? 데이터의 기밀성을 보호하기 위해 영지식 증명zero-knowledge-proof이라는 새로운 개념을 도입했다. Zcash(*https://z.cash/technology*)는 암호 화폐 전송의 기밀성을 실현하는 솔루션이다. 이것은 차폐 트랜잭션shielded transactions 또는 z Txs라고 불리는 새로운 트랜잭션을 구현함으로써 기밀성을 보호한다. 보호되지 않은 트랜잭션은 언실디드unshielded 트랜잭션 또는 t Txs라고 부른다. 강력한 과학적 배경 지식을 바탕으로 구축한 Zcash는 네 가지 유형의 트랜잭션을 제공한다.

- 송신자(z)와 수신자(z) 모두 보호함(완전히 프라이빗)
- 오직 송신자(z)만 보호하고 수신자(t)는 보호하지 않음
- 오직 수신자(z)만 보호하고 송신자(t)는 보호하지 않음
- 송신자와 수신자 모두 보호하지 않음(퍼블릭)

여기서 z는 실드 또는 감추어졌다는 것이고, t는 일반적인 언실드라는 의미다. 이 솔루션은 오직 Zcash가 제공하는 암호 화폐에만 적용하는 것이지만, 비슷한 솔루션을 의료, 금융, 군사 목적의 다른 애플리케이션 도메인에도 적용하고 있다.

12.9 보안

보안은 모든 연산 시스템이나 네트워크가 공통적으로 가지고 있는 어려운 문제이지만, 통상적으로 서로 알지 못하는 참여자들로 구성된 오픈 탈중앙화 시스템에서는 더욱 그러하다. 지난 여러 해를 거쳐 네트워크 시스템 보안은 네트워크 레벨(http://에서 https://로), 인프라 레벨(방화벽), 그리고 시스템 레벨(이중 패스워드 인증)에서, 여러 가지 대응책들 덕분에 많은 개선을 이루었다. 통상적으로 블록체인 기반 애플리케이션은 이러한 시스템의 일부분이다. 거기에 덧붙여서 강력한 암호학적 알고리즘과 해싱 알고리즘은 블록체인의 보안을 프로토콜 레벨과 애플리케이션 레벨에서 더욱 강화했다. 다음은 그러한 기법들의 예다.

- **블록체인 오퍼레이션을 위한 256비트 프로세서와 연산** - 256비트 주소 영역은 64비트에 비해 네 배 크다. 넓은 주소 영역은 해시 충돌이 일어날 가능성을 낮추며, 이는 블록체인 오퍼레이션의 무결성과 보안성을 유지한다.
- **개인키-공개키 쌍** - 블록체인에 참여하고 트랜잭션을 처리하는 데 필요한 여권과 같은 것이다. 신용카드를 안전하게 보관하는 것보다 더 신경을 써서 프라이빗 키와 이에 대응하는 니모닉을 안전하게 잘 보관해야 한다.
- **타원형 곡선 암호** - 프로토콜 레벨에서 블록체인 프로토콜은 전통적인 RSA(Rivest-Shamir-Adelman) 알고리즘 대신에 ECC(Elliptic Curve Cryptography) 계열 알고리즘을 사용한다. 왜 RSA 대신 ECC를 사용한 것일까? 키의 크기가 똑같다면, ECC의 보안 강도가 RSA보다 높다. 256비트 ECC 키 쌍은 3072비트 RSA 키 쌍과 동일한 암호 강도를 갖는다.
- **트랜잭션과 블록 해시** - 트랜잭션 해시와 블록 해시는 생성 시에 계산이 된다. 1비트의 작은 수정이라도 일어나면 해시값이 달라지고, 해당 Tx와 그 Tx를 담은 블록은 거부되므로, 체인의 보안성과 무결성을 유지할 수 있다.
- **오프체인 데이터 보안** - 애플리케이션의 오프체인 데이터는 그 해시값을 온체인에 기록함으로써 보안성을 얻는다. 이 개념은 2-6장에서 논의했는데, 비행기편 오프체인 데이터가 블록체인에 기록된 그 해시값에 의해 안전해졌다.
- **온체인 데이터 보안** - 애플리케이션 레벨에서 데이터의 암호화, 해싱, 일회용 패스워드 등을 사용해 Tx에 전송되는 데이터의 보안성을 확보했다. 7장과 8장의 MPC-Dapp에서 입찰가의 보안을 위해서 해싱과 일회용 패스워드를 사용한 암호화 기법을 이용했다.

그러므로 해싱과 암호학의 결합은 블록체인의 생성 프로세스뿐만 아니라, 트랜잭션의 무결성과 데이터의 보안을 위해 결정적인 역할을 한다. 개발자는 자주 암호학과 해시 알고리즘을 개발에 적용한다. 9장에서 알아보았듯이, web3 API는 Dapp의 보안이 용이하도록 Keccak과 SHA3 함수를 제공한다.

전형적인 Dapp에서 암호 화폐가 무슨 역할을 하는지 궁금한 적이 있는가? 암호 화폐를 사용하지 않고 블록체인상의 비즈니스 로직에만 초점을 맞출 수는 없을까? 다음 절에서 이를 논의해 보자.

12.10 암호 화폐를 이용한 보안

블록체인 애플리케이션에서 고려해야 하는 또 다른 중요 사항은 암호 화폐인데, 보통의 네트워크 연산에서는 볼 수 없던 측면이다. 블록체인의 기원은 비트코인의 등장과 함께 떠오른 암호 화폐 전송이었다. 지금까지 이 책에서 살펴본 대로 Dapp을 배포하고, 트랜잭션을 만들고, 스마트 컨트랙트 함수를 실행하는 데 ETH 암호 화폐가 필요하다. 정상적인 블록체인의 작동과 신뢰를 구축하는 데 암호 화폐, 마이너 블록 보상, 트랜잭션 수수료, 가스 등을 사용했다. 다른 말로 하면, 이러한 비용은 신뢰를 구축하기 위한 비용인 셈이다. 블록체인 플랫폼은 신뢰를 구축하는 데 암호 화폐뿐만 아니라 프로토콜 로직도 사용한다. 이러한 측면은 그 주요 목적에 근거해서 플랫폼을 구분시켜 준다. 비트코인, 이더리움, 그리고 리눅스재단의 하이퍼레저(그림 12.8)는 주요 목적에 따라 구분할 수 있는 세 가지의 다른 플랫폼이다. 다른 플랫폼들도 많으므로 어떤 것이 여러분의 애플리케이션 도메인에 적절한지 탐구해 보기 바란다.

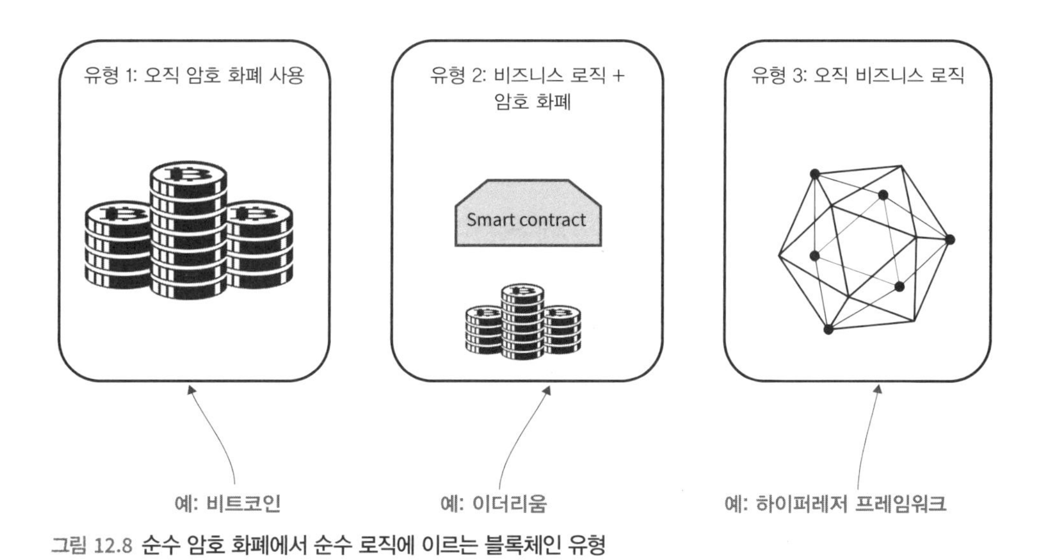

그림 12.8 순수 암호 화폐에서 순수 로직에 이르는 블록체인 유형

다음은 여러분의 애플리케이션을 위해 고려해 볼 만한 몇 가지 플랫폼이다.

- 비트코인은 암호 화폐 전송을 위한 것이고, 스마트 컨트랙트와 같은 임의적인 로직을 지원하지 않는다. 비트코인 프로토콜은 조건적 암호 화폐 전송을 위한 최소한의 스크립트를 지원한다.
- 이더리움 메인넷은 퍼블릭 네트워크이지만, 이더리움은 프라이빗, 퍼블릭, 허가형 네트워크 모두에 사용할 수 있다. 컨소시엄 체인뿐만 아니라 허가형 또는 프라이빗 이더리움 네트워크를 지원하기 위해 엔터프라이즈 이더리움 얼라이언스Enterprise Ethereum Alliance, EEA가 출범했다. 이더리움은 암호 화폐뿐만 아니라 스마트 컨트랙트상의 연산 로직도 지원한다.
- 하이퍼레저 프레임워크는 연산 로직에 초점을 맞추며 현재 암호 화폐를 지원하지 않는다. 하이퍼레저 프레임워크에는 아이로하Iroha, 인텔의 소투스Sawtooth, 파브릭Fabric, 인디Indy, 버로Burrow, 그리고 IBM의 파브릭Fabric 버전 2 등 여러 가지의 구현체가 있다. 현재 이러한 플랫폼은 순전히 비즈니스 로직 기반이며 암호 화폐와 관련이 있는 것은 없다.[9]

그림 12.8과 같이 블록체인 스펙트럼의 양 끝에 실제 암호 화폐 중심 플랫폼과 순수 비즈니스 로직 플랫폼을 위치시킬 수 있다. 블록체인 기반 솔루션을 설계할 때 암호 화폐를 내적인 영역으로도 고려해야 한다. 블록체인은 단지 가치를 전송하고 수신하는 것을 목적으로 하는 것만은 아니다. 참여자를 위한 인센티브 모델이나 여러 가지 행위에 대한 수수료 시스템에 암호 화폐를 사용할 수 있고, 지구적 수준을 위한 솔루션(7장에서 논의한 MPC) 같은 창조적인 모델이나 디지털 화폐 중심의 새로운 경제 모델을 위해서도 사용해 볼 수 있다. 암호 화폐는 탈중앙화된 블록체인 기반 애플리케이션을 위한 신뢰 비용이다.

12.11 오프체인 데이터 액세스(오라클)

스마트 컨트랙트가 어떻게 외부 데이터에 액세스할 수 있는지 생각해 보았는가? 스마트 컨트랙트는 샌드박스 안에서 작동한다. 스마트 컨트랙트는 외부 함수를 호출할 수도 없고, 외부 리소스에 링크시킬 수도 없다. 왜 스마트 컨트랙트는 외부 소스에 접근할 수 없는가? 호출된 소스에 따라 다르겠지만, 스마트 컨트랙트가 액세스하는 외부 데이터는 블록체인의 글로벌 일관성consistency에 영향을 미칠 수 있다. 블록체인상의 모든 오퍼레이션의 결과는 결정론적이어

9 옮긴이 실험적인 암호 화폐 프로젝트가 일부 있지만 활발한 것은 아니다.

야만 한다. 이러한 측면은 스마트 컨트랙트를 외부 세계로부터 사실, 데이터, 자산 등을 얻는 많은 실제 세계의 애플리케이션에 적용하는 데 한계를 만든다. 더구나 데이터는 컨트랙트를 배포할 때는 이용이 불가하다가, 컨트랙트를 실행하는 시점에 주어져야 할 수도 있다. 몇 가지 사례를 살펴보자.

- **특정 일자의 킬리만자로산의 온도** - 기온은 보편적 사실이지만, 검증받은 외부 기상 소스로부터 획득해야만 한다.
- **주식 시장 데이터** - 이 데이터는 특정 날짜의 나스닥 시장 특정 주식의 최고가와 최저가일 수 있다. 이러한 조건은 체인의 모든 참여자가 스마트 컨트랙트 오퍼레이션을 위해 항상 일관성 있는 결과를 얻도록 보장한다.

어떻게 외부 리소스에 액세스할 수 있는가? 스마트 컨트랙트의 외부에 있는 데이터 소스를 액세스하는 문제는 **오라클**oracles이라는 개념으로 다루어진다. 오라클 서비스가 스마트 컨트랙트를 위해 외부 데이터를 가져온다. 메리엄-웹스터Merriam-Webster 사전은 오라클을 '권위가 있거나 현명한 표현 또는 대답'이라고 정의한다. 이 정의는 스마트 컨트랙트 개발에 있어 오라클의 역할에 잘 부합한다.

정의 오라클 서비스는 웹 리소스(API와 URL)와 스마트 컨트랙트 간의 데이터 통신사다. 오라클 서비스는 블록체인 프로토콜 외부에 존재한다.

오라클은 특정 스마트 컨트랙트의 작동을 위해 필요한 실제 세계의 사실을 공급해 주는 유용한 컴포넌트다. 프루버블Provable(*https://provable.xyz/index.html*)은 이러한 오라클을 구현한 서비스이며, 체인 링크Chainlink(*https://chain.link/features*)는 스마트 컨트랙트가 외부 데이터 피드, API, 페이먼트 정보를 액세스할 수 있도록 지원하는 비교적 최근의 서비스다.

오라클 서비스는 외부 소스에 액세스할 수 있는 조회 함수를 제공하는 스마트 컨트랙트로서 구현된다. 오라클 스마트 컨트랙트는 호출하는 스마트 컨트랙트로 임포트되고 상속된다. 그런 후 쿼리를 사용해 오라클에 접속해 필요한 데이터를 얻는다. 요청 데이터를 콜백 함수로 리턴하는데, 이는 데이터를 액세스하고 확인하는 데 시간이 걸리기 때문이다. 그림 12.9는 스마트 컨트랙트, 오라클 서비스, 외부 데이터 소스의 관계를 간단한 클래스 다이어그램으로 나타낸 것이다.

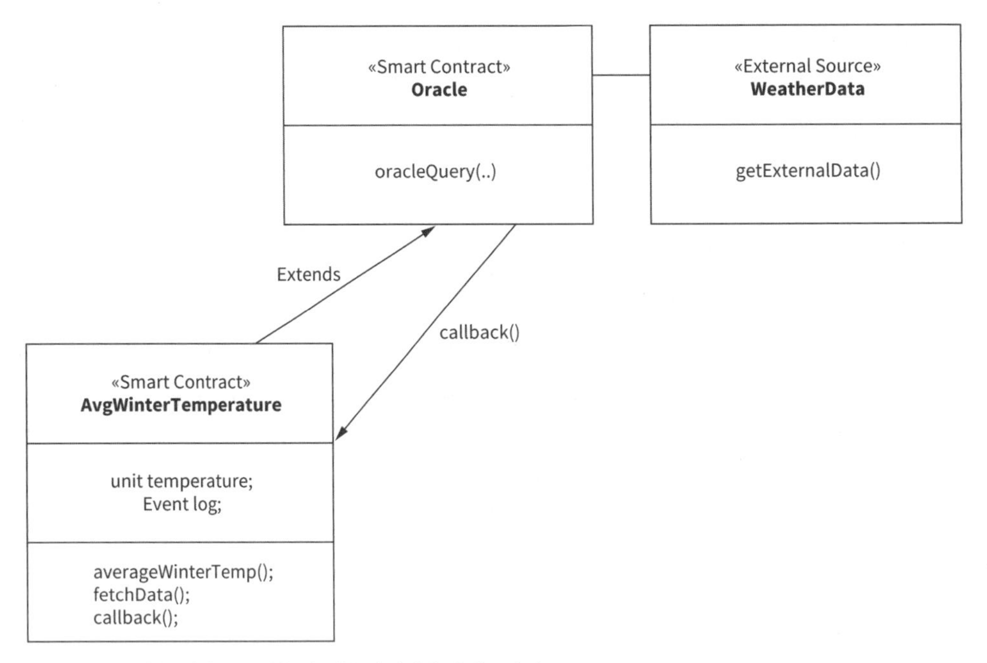

그림 12.9 **오라클 서비스를 이용해 외부 데이터에 액세스하기**

AvgWinterTemperature 스마트 컨트랙트 배포 시 `fetchData()`를 호출하고, 이것은 데이터 소스 URL을 가지고 오라클 서비스의 쿼리를 호출한다. 데이터를 받는 데 시간이 걸릴 수 있기 때문에 데이터를 다 받은 다음 콜백 함수를 호출하도록 한다. 오라클 서비스는 외부 데이터 소스를 액세스해서 요청 데이터를 검증하고, 이것을 호출했던 스마트 컨트랙트에 보낸다. 추가적으로 오라클 서비스는 요청받은 데이터의 진위를 확인하는 방법을 제공하기도 한다.

12.12 기초에서 실용적인 시스템으로

블록체인은 거의 40년에 걸친 암호학과 수학 알고리즘 영역의 과학적인 연구에 기초하고 있다. 나비효과는 중요한 결과를 초래하는 초기의 작은 상태 변화를 말한다. 이 개념은 카오스 이론chaos theory의 문맥에서 정의한 것이다. 비트코인의 등장은 기술에 대한 나비효과를 가졌다. 비트코인은 그림 12.10과 같이 40년간의 과학적 연구에서 얻은 성과를 결합해 P2P 디지털 지급 시스템을 위한 혁신적이면서도 작동 가능한 모델을 제시했다. 이러한 발견은 해싱과 암호학적 알고리즘과 더불어 비트코인과 그것이 기반하는 블록체인의 기초를 구축했다. 이러한 모든 개념은 블록체인 분산 장부, 탈중개, 스마트 컨트랙트, 탈중앙화 앱, 그리고 지구적 수준의 포괄적 시스템으로 집약되었다.

블록체인은 그림 12.10의 스마트 컨트랙트 개념을 실현해 준다. 스마트 컨트랙트는 하나의 토큰과도 같다. 다른 말로 하면, 스마트 컨트랙트는 실제 세계 또는 디지털 세계에 있는 주식, 부동산 택지(9장에서 다룬), 디지털 게임 상금 등 여러 가지 자산의 명쾌한 형상을 제공한다. 이러한 토큰화된 자산은 교환할 수 있고, 할인할 수 있고, 분할할 수 있고, 장기 보관할 수 있으며, 파괴할 수도 있다. 토큰(또는 그 일부분)은 쇼핑 쿠폰이나 참여 보상과 같은 인센티브 제공 목적으로도 사용할 수 있다. 자산의 생성부터 그 자산에 관련된 모든 트랜잭션이 신뢰할 수 있는 변조 불가능한 분산 장부에 기록하여 감사와 진본 검증에 사용할 수 있다. 이러한 기능은 새로운 토큰 경제를 탄생시킬 잠재성을 가지고 있다.

그림 12.10에서 보는 것처럼, 블록체인이라는 하나의 아이디어가 기술적이고 사회적인 혁명을 예고하고 있다. 블록체인과 암호 화폐에 의한 중앙화 애플리케이션에서 탈중앙화 애플리케이션으로의 전환을 목도하고 있는 것이다. 이렇게 부상하고 있는 기술은 세대를 아우르고 국경을 넘어서는 새로운 애플리케이션으로 귀결될 것이다. 이 장에서 설명했듯이, 이 영역은 매우 변화가 많으며, 많은 작업을 필요로 한다.

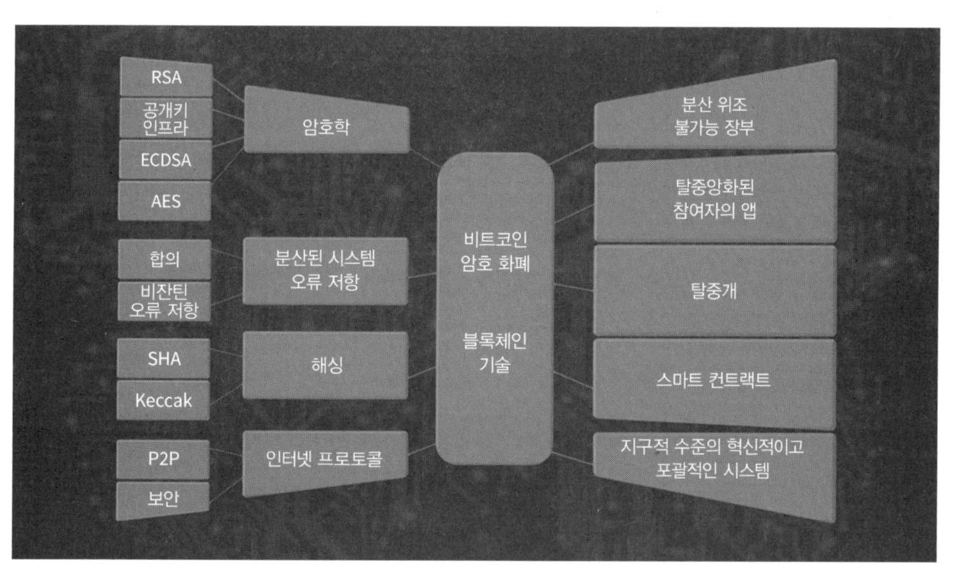

그림 12.10 블록체인 나비효과: 기여를 위한 기초

이러한 강력한 기반 지식을 실용적이고 유용한 Dapp으로 전환시키기 위해서는 신뢰 컴포넌트를 포함시켜 전통적인 애플리케이션을 재구성해야 한다. 여러분은 이러한 혁명에 참여자로서, 협업자로서, 그리고 기여자로서 중요한 역할을 맡을 수 있다.

12.13 전망

글로벌 수준에서 UN 같은 기구는 블록체인 애플리케이션을 사용해 볼 수 있는 많은 기회를 가지고 있다. 여기에는 검증 가능한 재난 구호, 백신 보급, 신뢰를 통한 세계 평화 유지, 민주적 프로세스 강화 등 여러 가지 프로젝트를 아우른다. 7장과 8장에서 우리는 대규모의 글로벌 플라스틱 수거 프로젝트 예를 살펴보았다.

어느 국가에서나 정부 관계자와 정책 입안자는 블록체인의 확산을 위한 정책과 규정을 마련할 수 있다. 뉴욕과 델라웨어 같은 미국 주는 블록체인 솔루션의 광범위한 보급을 위한 법안을 고려 중이다. 다른 전통적인 기술과는 달리, 정부가 풀 노드 또는 탈중앙화된 오퍼레이션을 용이하게 하는 노드를 운영할 수 있다. 이것은 완료된 타임스탬프 Txs 장부를 저장하는 풀 노드의 추가적 이점을 제공한다. 장부의 정보는 감사와 재검토 목적으로 활용할 수 있다. 예를 들어, 교육부는 전국적인 졸업 증명서 같은 교육 목적의 블록체인 확산에 중요한 지도적 역할을 할 수 있다(11장에서 이런 증명서의 프로토타입인 DCC-Dapp을 다루었다).

애플리케이션 레벨에서 자율주행 자동차와 매장 및 홈케어 로봇은 현실로 다가왔다. 블록체인과 이러한 혁신의 결합으로 자율적인 활동을 모니터링하는 신뢰 레이어를 만들 수 있다. 이러한 자율 주체에 암호 화폐를 사용해 자율적으로 지급하고 관리하는 기계를 설계할 수 있다. 이 기계의 서비스에 대해 암호 화폐를 지급할 수도 있고, 이 기계가 암호 화폐를 사용해 스스로 고치고, 다시 보급받고, 다른 서비스에 지급하도록 할 수 있다.

블록체인의 변조 불가능한 분산 장부에 저장된 데이터에 대해 생각해 보았는가? 타임스탬프된 이 데이터는 패턴, 실행 가능한 인텔리전스, 비정상적인 징후를 발견하기 위한 분석을 하는 데 매우 중요한 리소스가 된다.

많은 개발자와 종사자들이 이 장에서 논의한 도전적 과제들을 해결하는 데 초점을 맞추고 싶어 한다. 신속한 프로토타이핑과 테스팅을 위해 더 많은 도구, 프레임워크와 테스트 베드가 필요하다. 모든 수준에서의 교육 관련자, 학습자, 그리고 개발자가 블록체인을 적절히 활용하는 것이 중요하다. 문제를 창조적으로 해결하기 위해 블록체인에 정통한 기획자와 설계자가 필요하다.

12.14 베스트 프랙티스

이 장에서 살펴본 것을 다음의 베스트 프랙티스로 요약할 수 있다.

- 애플리케이션의 회원 조건을 기준으로 하여 블록체인 유형, 즉 프라이빗, 퍼블릭(비허가형), 허가형(컨소시엄)을 선정하자.
- 암호 화폐 필요 여부의 환경에 따라 블록체인 플랫폼을 결정하자.
- 문제를 신중히 검토하자. 블록체인이 필요 없는 문제일 수도 있다.
- Dapp 개발을 위해 스마트 컨트랙트 언어, 프런트엔드 프레임워크, 리믹스 및 트러플 같은 도구, 테스트 베드(가나쉬), 클라우드 지원(인퓨라), 그리고 테스트 계획 등을 결정하자.
- 개발을 하기 전 설계부터 한다. 테스트 주도 개발 방법을 사용하자(4, 6, 10장에서 논의한 것처럼).
- 이 책 전반에서 소개한 Dapp 개발을 위한 베스트 프랙티스에 유의하자.

12.15 되돌아보기

블록체인은 지속될 것이다. 비트코인은 개발자 커뮤니티의 지원 아래 자율적으로 실행되어 온 블록체인의 예다. 이 책에서 논의한 이더리움 같은 블록체인은 비즈니스 문제를 해결하기 위한 로직 실행 레이어를 가능하게 했다. 블록체인 역시 진화하고 있고, 생태계가 성장하면서 많은 도전적 과제가 제기되고 있다. 이 책에서 여러 가지 탈중앙화 애플리케이션과 관련 개념을 소개하면서 다음과 같은 일곱 개의 예제를 다루었다.

- 다목적 카운터(Counter-Dapp)
- 디지털 민주주의(Ballot-Dapp)
- 비행기 빈 좌석을 위한 시장(ASK-Dapp)
- 블라인드 경매 프레임워크(BlindAuction-Dapp)
- 인센티브 모델과 마이크로 페이먼트를 위한 사이드 채널(MPC-Dapp)
- 부동산 거래를 위한 토큰 모델(RES4-Dapp)
- 교육 증명서 모델(DCC-Dapp)

이러한 Dapp은 학습과 개발 과정에 도움이 되는 애플리케이션 모델을 제공한다. 또한, 이 책에서는 Dapp 개발 시 고려해야 할 다음과 같은 개념도 다루었다.

- 신뢰와 무결성
- 보안과 프라이버시
- 오프체인과 온체인 데이터
- 로컬과 퍼블릭 배포
- 자동화된 테스트

모든 개념을 코드 예제를 통해 개발 과정에서 어떻게 활용하는지도 설명했으니, 블록체인 기술을 이해하고 개발하는 데 유용하게 사용하기 바란다.

12.16 요약

- 탈중앙화된 아이덴티티, 합의, 암호 화폐는 블록체인과 관련된 고유한 이슈이며, 전통적인 네트워크 시스템에서는 잘 다루지 않는 종류의 것이다.
- 확장성은 블록체인 네트워크의 주요 과제다. 확장성 문제를 해결하고 블록체인의 광범위한 보급을 위해서는 혁신적인 솔루션이 필요하다.
- 중앙화된 정책 및 관리 기관이 없는 블록체인 시스템은 프라이버시, 기밀성, 보안이 매우 중요하다.
- 블록체인은 거의 40년간의 강력하고 높은 수준의 수학적 및 과학적 연구에 바탕을 두고 있다.
- 블록체인은 자율화된 애플리케이션을 가능하게 하는 신뢰 레이어를 제공한다. 이러한 애플리케이션은 우리를 새로운 인터넷 혁명으로 이끌 혁신의 파도를 몰고 올 것이다.

UML 블록체인 설계 모델

소프트웨어 애플리케이션 개발은 반드시 명쾌한 문제 설정부터 시작해야 한다. 문제 설정은 풀어야 할 문제, 요구 조건, 범위, 한계, 예외, 기대하는 결과 등을 포함한다. 이러한 문제 설정을 분석해서 설계 형상을 얻는다. 애플리케이션의 설계 형상은 주택 건설을 하기 전에 만드는 설계도나 제품을 생산하기 전 만드는 엔지니어링 설계와 마찬가지다.

종종 소프트웨어 애플리케이션 개발자가 설계하기 전에 코딩에 바로 뛰어드는 경우가 있는데, 이것은 바람직하지 않다. 모범적인 방법은 표준적인 포맷을 사용해 문제를 해결하는 솔루션을 분석하고 설계부터 하는 것이다. 이렇게 함으로써 이해 관계자들과 함께 구현 방법 자체와는 무관하게 모든 파라미터들을 비주얼한 설계 컴포넌트를 이용해 논의할 수 있다. 통합 모델링 언어Unified Modeling Language, UML(*https://www.uml.org*)는 설계 형상을 위한 여러 가지 다이어그램 모델을 제공한다.

UML 설계 방법론은 개발 과정에서 소프트웨어의 규모와 복잡성이 점증하고 소규모 시스템이 대규모의 다중 모듈 시스템으로 대체되면서 이에 대한 대처 방안으로서 약 30년 전에 등장했다. 광범위한 많은 조직이 UML 모델링을 채택했고, UML 다이어그램은 소프트웨어 설계를 위한 표준적인 비주얼 모델로 자리 잡았다. UML 모델과 문서화는 비영리단체인 오브젝트 매니지먼트 그룹Object Management Group, OMG에서 지원하고 있다. 최신 버전인 UML 2.0은 열세 가지의 다이어그램 유형을 세 개의 그룹(구조적, 행동적, 상호작용 다이어그램)으로 구분하고 있다. 아마도 여러분은 이미 이러한 다이어그램 중 일부를 사용하고 있을 것이다. 부록 A에서 이 책의 탈중앙화 블록체인 애플리케이션 설계에 활용한 UML 다이어그램을 리뷰해 보고자 한다. UML 다이어그램을 그리기 위한 많은 유료 및 무료 툴들이 있다. 이 책에서 애플리케이션을 위한 설계 개발에 사용한 것은 무료 옵션 중의 하나인 draw.io(*https://app.diagrams.net/*)다.

A.1 문제 분석과 설계

설계도 없이 집을 짓고 싶은가? 그럴 수가 없다. 계획을 가지고 있는 것만으로 끝나는 것이 아니고, 감독 기관이 리뷰하고 이해하고 허가할 수 있도록 표준적인 형식으로 작성한 설계도가 있어야 한다. 마찬가지로 UML 다이어그램은 이해 관계자들이 솔루션을 개발하고 코딩하기 전에 솔루션을 이해하고 논의하고 결정할 수 있도록 도와주는 다이어그램 집합이다.

이 책의 탈중앙화 애플리케이션을 위해 사용한 행동, 구조 및 상호작용 다이어그램을 살펴보자.

A.2 행동 다이어그램

이 책에서 두 개의 UML 행동 다이어그램behavioral diagrams을 사용했다. 하나는 설계 과정에서 첫 번째 단계로 요구 조건을 모아 보는 유스 케이스 다이어그램이고, 다른 하나는 블록체인 코드(스마트 컨트랙트)의 실행으로 인한 상태 변화를 정의하는 유한 상태 머신(FSM) 다이어그램이다.

A.2.1 유스 케이스 다이어그램

유스 케이스 다이어그램은 문제 설정과 문제에 의거해 정의한 액터 또는 사용자를 식별하며, 이러한 액터들이 어떻게 시스템을 사용하는지에 대한 분석에 도움을 준다. 액터는 반드시 사람일 필요는 없으며, 사람, 애플리케이션, 디바이스 등이 될 수 있다. 액터는 문제 설정에 따라 판별된 유스 케이스 중의 하나를 활성화시키는 자극stimulus을 제공하는 어떤 사물이나 사람 모두를 의미한다. 그러므로 유스 케이스 다이어그램은 그림 A.1과 같이 세 가지의 아이템을 정의한다.

- 시스템의 액터
- 시스템의 유스 케이스
- 액터가 제공하는 자극

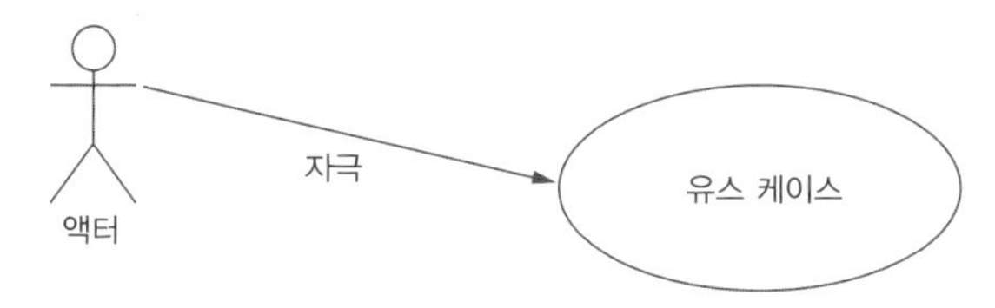

그림 A.1 **액터, 유스 케이스, 자극**

액터actor는 설계하고 있는 시스템과 상호작용을 하는 어떤 사람 또는 사물이다. **유스 케이스**use case는 어떤 가치value를 액터에게 제공한다. 이 과정을 명료하게 나타내기 위해 한 가지 문제를 분석하고 유스 케이스 다이어그램을 설계해 보자.

자판기를 설계하자. 고객이 코인을 넣고 음료수를 선택하면 그 음료수가 나온다. 단순화를 위해 예외 없이 오직 정확한 양의 코인을 사용하는 경우만을 고려하자.

그림 A.2는 자판기 코인 카운터와 음료수 디스펜서를 위한 유스 케이스 다이어그램을 보여준다. 코인 주입, 음료수 보기, 음료수 선택, 그리고 음료수 받음이라는 네 개의 첫 번째 레벨 유스 케이스가 있는데, 이것은 고객에 의해 호출되는 직접적인 자극 또는 오퍼레이션이다. 코인 주입 오퍼레이션은 다시 코인 카운트 유스 케이스를 호출하고, 음료수 보기는 음료수 디스플레이를 필요로 하며, 음료수 선택은 음료수 전달을 발생시킨다. 이 두 번째 유스 케이스들은 고객에 의해 호출되거나 사용되는 것은 아니다. 유스 케이스 다이어그램은 전통적인 플로차트와는 다르다는 점에 유의하자. 이것은 단순히 오퍼레이션들을 타원의 유스 케이스 심벌로 열거하는 것일 뿐이다. 오퍼레이션 플로는 여기서 정의하지 않는다.

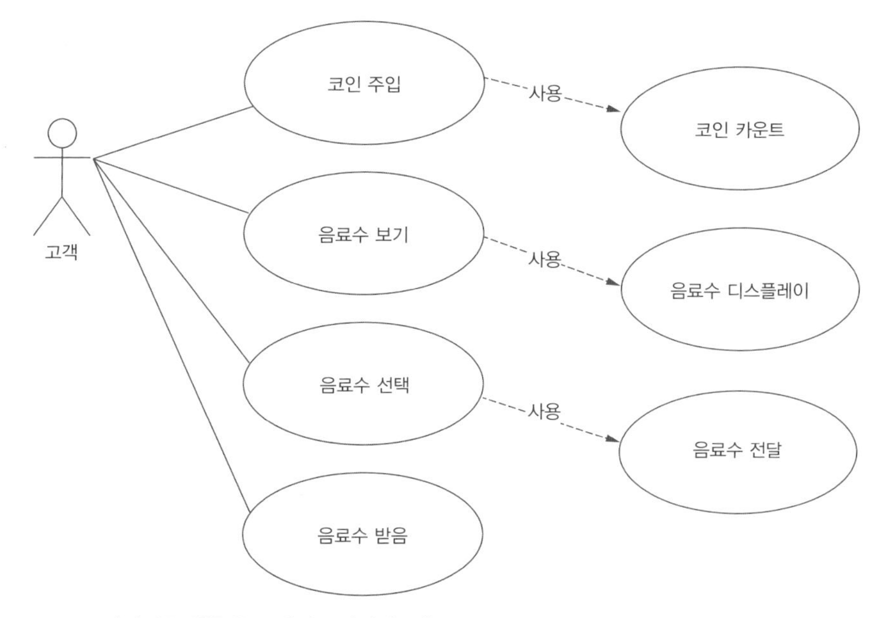

그림 A.2 **자판기를 위한 유스 케이스 다이어그램**

draw.io, 마이크로소프트 Visio, 또는 원하는 도구를 이용해 유스 케이스 다이어그램을 만들어 보고 연습하자.

A.2.2 유한 상태 머신 다이어그램

유한 상태 머신(FSM) 다이어그램은 코드 실행상의 오퍼레이션 플로와 그들 간의 변화를 정의하는 다이어그램으로 수학과 컴퓨터공학에 이론적 기반을 둔 고전적인 다이어그램 유형이다. 블록체인 문맥에서 FSM 다이어그램은 스마트 컨트랙트 실행 시 상태와 상태 변화를 정의하기 위해 사용하는데, 스마트 컨트랙트의 행동을 표현하는 데 편리한 도구다.

정의 **유한 상태 머신(Finite State Machine, FSM)**은 상태의 집합(최초 상태와 하나 이상의 종료 상태), 하나의 상태에서 다른 상태로의 변화, 이러한 변화를 일으키는 이벤트 등으로 구성된다.

FSM의 요소들을 그 예제를 통해 살펴보자. A.2.1절에서 사용한 자판기 유스 케이스 다이어그램의 로직을 FSM 형식으로 설계해 보자. 단순화를 위해 자판기는 25센트까지만 카운트를 하고 입력으로 5와 10센트 코인만을 받는다고 가정하자. 그림 A.3은 FSM이 25센트를 세는 것을 보여준다.

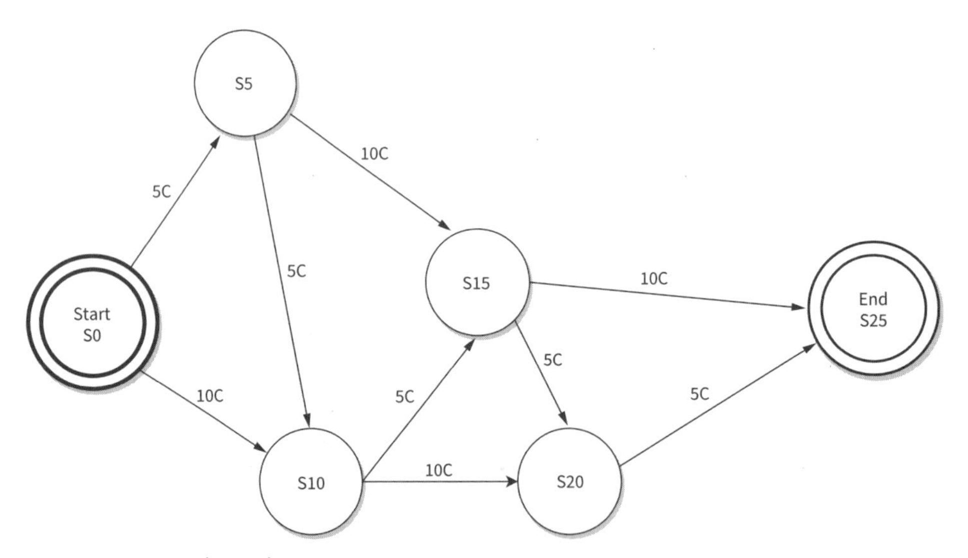

그림 A.3 정확한 금액(25센트)을 계산하는 FSM

시작 상태는 S0이고 FSM 설계 다이어그램의 최종 상태는 S25다. 중간에 가능한 상태는 S5, S10, S15, S20이다. 5센트와 10센트 동전을 넣어 25센트가 되는 여러 가지 변화 상태를 확인해 볼 수 있다. 그림 A.3의 FSM은 모든 논리적 가능성을 전부 열거한다. 고객은 잔돈 교환이 필요 없도록 정확한 코인 액수를 넣어야 한다는 조건을 인식하고 있다고 가정한다.

선택한 아무 도구나 이용해서 다이어그램을 그린다. 여기서 사용한 버전은 draw.io에서 제공하는 위젯을 이용해서 만들었는데, draw.io는 명시적으로 FSM 다이어그램을 제공하지는 않지만, 일반적인 템플릿을 사용해 원과 화살표 등을 그릴 수 있다.

A.3 구조적 다이어그램

이 다이어그램은 솔루션의 정적인 구조 설계를 정의하는 데 도움을 준다. 우리는 이 중 클래스 다이어그램 한 가지만을 학습했다. 표준적인 표기법을 사용해 다수의 클래스와 그 관계를 나타낼 수 있다. 클래스 다이어그램은 스마트 컨트랙트 솔루션이나 모듈의 전체적인 구조를 정의하는 데 유용하다.

A.3.1 클래스 다이어그램

클래스 다이어그램은 객체지향적 설계상의 클래스를 표현하기 위한 것이었으나, 어떤 클래스든지 표현할 수 있다. 문제 설정에서 사용한 명사들을 뽑아 리스트로 만들어 보면 어떻게 클래스를 구성해야 할지 알 수 있다. 명사의 복잡도를 분석해서 독립적인 클래스로 만드는 것이 좋을지, 클래스 내의 구조 또는 단순한 스칼라 변수로 정의할지를 결정한다.

그림 A.4가 보여주는 것처럼 클래스 다이어그램은 세 개의 칸, 즉 클래스의 이름, 각 데이터의 타입과 필드를 보여주는 데이터 영역, 함수 영역으로 나뉘어 있다. 이 템플릿은 draw.io 도구에서 가져온 것인데, 여러분이 익숙한 아무 UML 도구나 드로잉 패키지를 이용해서 클래스 다이어그램을 그릴 수 있다.

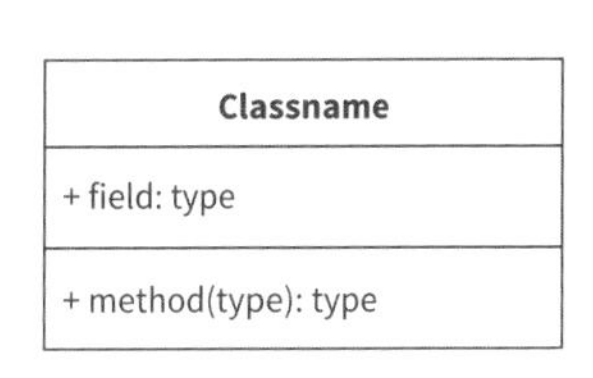

그림 A.4 클래스 다이어그램 템플릿

자동차 예를 사용해 간단한 클래스 다이어그램을 정의해 보자.

일반적인 자동차를 나타내는 클래스 다이어그램을 설계하자.

클래스 이름을 Auto라고 단순하게 짓고, 클래스 다이어그램의 다른 파트를 설계해 보자. 데이터 아이템을 발견하기 위한 가장 좋은 방법은 다음의 질문에 대한 답을 해보는 것이다. '이 객체 클래스의 속성은 무엇인가?', '어떤 데이터가 자동차를 규정하는가?' 자동차 대리점에서 어떤 차를 살지 원하는 속성을 전부 열거한다고 생각해 보자. 여러 가지가 있을 수 있겠지만, 여기서는 색상, 연비, 제조 연도만 결정하는 것으로 가정하자. 그림 A.5의 첫 번째 칸에 이러한 속성들을 열거했다.

다음으로 함수를 추가한다. 이번에는 이런 질문을 해보자. '이 객체 클래스는 어떤 행동을 하는가?' 이 문제에 대한 답도 대답하는 이가 어떤 사람인가에 따라, 즉 단순한 사용자인지, 자동차를 고치는 정비사인지에 따라 달라질 수 있다. 그림 A.5의 두 번째 칸에 자동차의 단순한 기능들을 열거했다.

Auto
color autoColor; make autoMake; float mpg;
accelerate() brake() startEngine()

그림 A.5 자동차를 위한 클래스 다이어그램

클래스의 데이터 필드는 이런 질문에 대한 답을 통해 얻을 수 있다. '이 클래스 객체의 속성은 무엇인가?' 함수를 얻기 위해서는 이 질문을 해보면 된다. '이 클래스 객체는 무엇을 할 수 있는가?'

다음은 객체들의 관계 유형에 대해 알아보자.

A.3.2 클래스와 관계

클래스 간의 관계 유형은 다음과 같은 것을 포함한다.

- 상속inheritance
- 구성composition
- 연계association

다른 관계도 가능하지만, 위의 유형이 스마트 컨트랙트와 블록체인 기반 탈중앙화 애플리케이션 문맥에서 유용하다.

상속

상속 계층inheritance hierarchy이라고 하는 클래스와 일반화generalization와 특수화specialization는 그림 A.6처럼 클래스의 계층 구조를 표현하기 위해 사용한다. 자동차 예를 계속해서 사용해서, 우리는 여러 가지 속성과 행동 양식을 더해서 기본 디자인을 특수화시킬 수 있다. 이 경우에 Auto 클래스의 Sedan, Truck, Van과 같은 특수화된 클래스를 만들 수 있다. 여기서 오직 한 가지 아이템을 각 클래스의 데이터 필드에 추가했는데(문짝 수, 짐칸 존재 여부, 승차 인원수를 위한 파라미터), 이러한 클래스를 특수화하기 위한 다른 기능을 생각해 볼 수도 있을 것이다. 관계는 분명하게 표시되어 있다. 이 클래스들은 다이어그램에서 Extends 화살표로 나타낸 것처럼 베이스 Auto 클래스를 확장한다. 채워지지 않은 삼각형 모양의 화살표 머리가 이 관계를 표현한다. Sedan, Truck, Van은 모두 베이스 클래스인 Auto와 동일한 속성을 상속받지만, 각각 자체적인 클래스 정의를 충족시키는 특수한 기능을 가지고 있다.

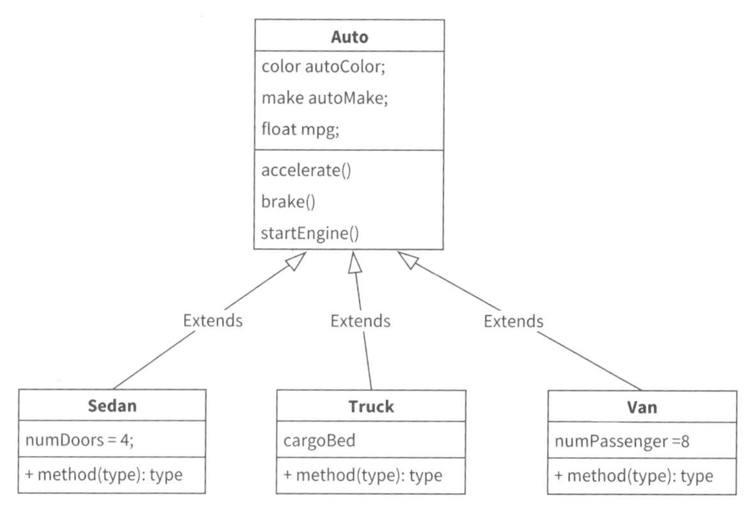

그림 A.6 Auto 계층 클래스 다이어그램

구성

구성 또는 집적 관계는 하나의 클래스가 한 개 이상의 다른 클래스 객체로 구성될 때 사용한다. 그림 A.7은 Auto 클래스가 여러 개의 다른 클래스 객체로 구성 또는 집적되어 있음을 보여준다. 채워진 다이아몬드형의 화살표 머리는 이 관계 유형을 나타낸다. `FuelInjection`, `CruiseControl`, `AntiLockBreakes`가 이러한 클래스들이다. 이 클래스의 데이터 필드나 함수 내용을 채워 넣지 않았는데, 그것은 필자가 이쪽 영역에 대한 지식이 없기 때문이다. 만일 여러분의 팀 내에 도메인 전문가가 없다면, 이러한 정보를 채워 넣기 위해 다른 사람과 협업을 해야 한다.

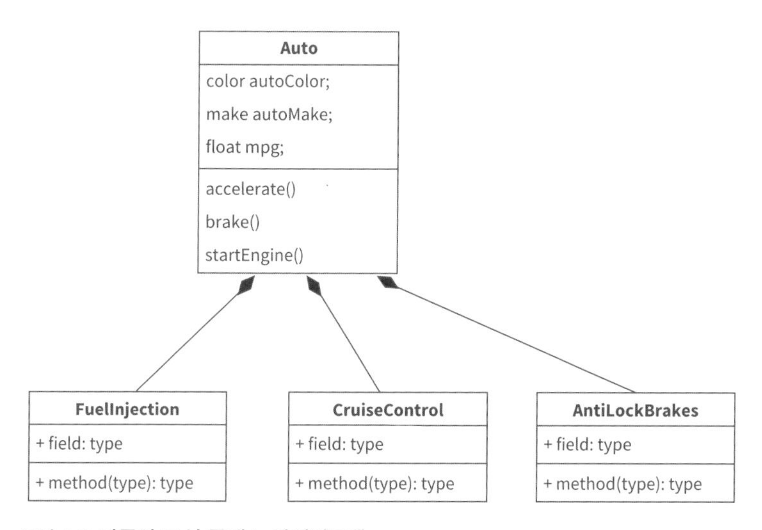

그림 A.7 자동차 구성 클래스 다이어그램

연계

클래스 간의 연계 관계는 하나의 클래스가 다른 클래스의 함수를 이용할 필요가 있을 때 사용한다. 그림 A.8의 Teacher 클래스와 GradingSheet 클래스를 예로 들어 보자. 이 두 클래스의 관계는 Teacher가 GradingSheet를 사용한다는 것이다. 이 관계는 상속 관계가 아닌데, 그 이유는 GradingSheet는 Teacher 타입이 아니며, 또한 Teacher는 GradingSheet로 구성될 수 없다는 점도 명확하기 때문이다. 그러므로 이 관계는 연계다. 그림 A.8 다이어그램에서 연계 관계는 **uses**다. 또한, 두 클래스를 연결하는 화살표에서 한 명의 Teacher는 다수의 GradingSheet를 가질 수 있다는 것을 표현하는 일대다 지명(1..n)도 확인할 수 있다.

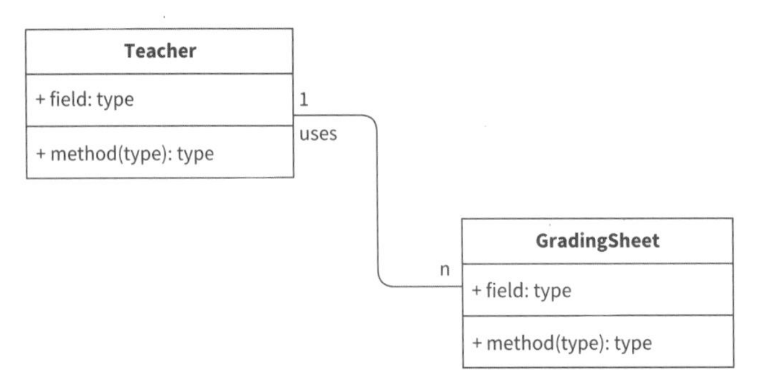

그림 A.8 Teacher-GradingSheet 연계 다이어그램

A.4 상호작용 다이어그램

이 카테고리에 속하는 시퀀스 다이어그램을 이용해 블록체인 애플리케이션의 다양한 소프트웨어 컴포넌트 간의 상호작용을 설계하고 분석할 수 있다. 시퀀스 다이어그램은 디자인에 임시적인 요소를 추가할 수 있는데, 이를 이용해 어떤 함수를 호출해야 하는 시간과 순서를 설정할 수 있다. 다이어그램에서 수직 라인은 타임라인/진행을 나타낸다. 그림 A.9는 평균 온도를 계산하기 위한 기상청과 데이터 소스 간의 상호작용을 나타낸 것이다. WeatherStation과 WeatherSource라는 두 개의 클래스가 있다. 시퀀스 다이어그램은 상호작용과 타임라인을 보여준다. 이러한 다이어그램 타입은 스마트 컨트랙트 사용 시 시간과 관련하여 일어나는 오퍼레이션의 순서를 설명하는 데 유용하다.

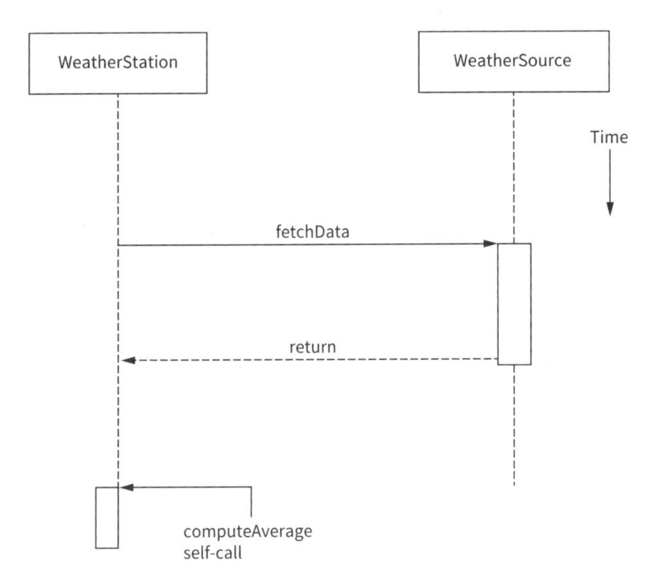

그림 A.9 **날씨 시퀀스 다이어그램**

APPENDIX B

설계 원칙

테스트 체인에서 스마트 컨트랙트를 코딩, 개발, 배포하기 전에 우선 설계부터 한다. 또한, 프로덕션 블록체인에 배포하기 전에 철저한 테스트를 거쳐야 한다. 왜냐하면 스마트 컨트랙트는 변조 불가능하기 때문이다.

시스템 사용자와 유스 케이스를 정의한다. 사용자란 행위와 입력값을 발생시키고, 설계하고 있는 해당 시스템으로부터 그 출력값을 받는 주체다.

데이터 애셋, 피어 참여자, 그들의 역할, 강제할 규칙, 설계하고 있는 시스템에 기록해야 할 트랜잭션을 정의한다.

컨트랙트 이름, 데이터 애셋, 함수, 함수의 실행과 데이터 접근을 위한 규칙을 정의하는 컨트랙트 다이어그램을 작성한다.

스마트 컨트랙트 내에서 일어나는 상태 변화와 같은 시스템 역동성을 표현하기 위해 유한 상태 머신 UML 다이어그램을 활용한다.

스마트 컨트랙트에서 규칙과 조건을 명시하는 수정자를 사용함으로써 신뢰 중개를 위한 확인과 검증을 구현한다. 통상적으로 확인은 참여자에 대한 일반적인 규칙을 담당하고, 검증은 애플리케이션에 특정한 데이터를 체크하는 역할을 맡는다.

7 설계 원칙
일회용 시크릿 패스워드를 사용해 함수의 파라미터를 시큐어 해싱을 함으로써 프라이버시와 보안을 확보한다.

스마트 컨트랙트는 규칙의 강제, 준수, 규정, 출처, 리얼타임 알림을 위한 로그, 타임스탬프 활동 정보와 오프라인 오퍼레이션에 대한 메시지에 필요한 함수와 데이터만을 포함하도록 설계한다.

스마트 컨트랙트 안의 함수들을 호출하는 것을 표현하는 UML 시퀀스 다이어그램을 활용한다. 시퀀스 다이어그램은 시스템의 다이내믹한 오퍼레이션을 효율적으로 파악할 수 있다.

어떤 데이터와 오퍼레이션을 온체인으로 코딩해야 하고, 어떤 것을 오프체인으로 구현해야 하는가는 블록체인 애플리케이션 설계의 중요한 결정 사항이다.